<sup></sup>2판

# 상담 및 심리교육 프로그램 개발

김창대 · 김은하 · 김형수 · 신을진 · 이상희 · 최한나 공저

Program Development in Counseling and Psychoeducation

학지사

# 2판 머리말

『상담 및 심리교육 프로그램 개발』의 초판이 출간된 지 만 10년이 지났다. 당시와 비교해 볼 때 상담 및 심리교육 분야의 프로그램 개발과 평가에 많은 변화가 있었다. 당시만 해도 프로그램의 체계적 개발이나 평가를 지금처럼 중요하게 여기지 않았다. 그러나 지금은 다행스럽게도 이것들에 대한 전문가들의 자각이 매우 높아졌다. 당시 저자들은 프로그램 개발의 체계성과 더불어 프로그램 운영의 충실도와 효과 점검의 중요성을 역설하기 위해 초판을 저술했다고 해도 과언이 아니며, 이 책의 초판이 상담 및 심리교육 영역에서 프로그램의 체계적 개발이나 평가의 중요성에 대한 전문가들의 자각을 높이는 데 일정 부분 기여했다고 생각한다.

이번에 출판된『상담 및 심리교육 프로그램 개발』(2판)도 여전히 같은 목적으로 집필되었다. 다만, 여러 가지 면에서 대폭 수정 · 보완되었다.

첫째, 가장 크게 보완된 부분은 프로그램의 개념 속에 증거기반 실무(EBP)의 관점을 도입했다는 점이다. 서구에서 상담 및 심리치료 영역의 심리치료 또는 프로그램 형태의 개입 방법을 개발할 때 오래전부터 채택해 온 증거기반개입은 국내에서 여러 형태의 개입 절차를 개발하고 표준화할 때 간과할 수 없는 관점이다.『상담 및 심리교육 프로그램 개발』(2판)은 이와 관련된 내용이 대폭 추가되었다.

둘째, 프로그램 개발과 평가과정에 관한 이해를 돕기 위해 프로그램 개발의 실제 사례를 대폭 추가했다. 이 사례들은 국내외에서 출판된 학위논문, 학술지 게재 논문, 연구보고서에 수록된 것들로 프로그램 개발 절차를 잘 보여 준다고 평가되는 것으로 선정했다. 사례는 두 가지 방식으로 제시되었다. 한 가지 방식은 각 장에서 해당 주제를 논의하면서 사례의 일부를 발췌, 편집하여 제시하는 방식이다. 이렇게 함으로써 각 장에서 다루는 주제에 대한 독자의 이해도를 높이고자 했다. 다른 방식은 프로그램을 개발하는 전체 과정을 보여 주는 방식이다. 저자들은 국내 상담 및 심리 교육 영역 중에서 프로그램 개발이 활발히 이루어지고 있는 심리교육(제11장)이나 집단상담(제12장) 영역, 그리고 앞으로 눈여겨보아야 할 증거기반 심리상담(제13장) 영역에서 대표적인 프로그램을 하나씩 선정하여 제시함으로써 프로그램의 기획, 설계, 실행과 평가 등 전 과정에 대한 독자의 이해를 돕고자 했다.

셋째, 이번 개정판은 소폭 개정이 아닌 대폭 개정으로 부와 장의 구성과 구체적 내용이 다음과 같이 많이 수정 · 보완되었다.

- 1판의 제2장의 내용은 좀 더 간결하게 축소되어 2판의 제1장으로 통합되었다.
- 1판의 제3장(프로그램 기획의 기초)과 제4장(요구분석)은 장 이름과 내용 구성이 대폭 수정 · 보완되었다.
- 1판의 제2부(프로그램 기획)에 속했던 제5장(프로그램의 이론적 기초 확립)은 내용을 보완하여 제3부(프로그램 설계)의 제4장으로 이동했다.
- 1판의 제3부(프로그램의 구성)는 명칭을 '프로그램 설계'로 변경하고, 제4장(프로그램의 이론적 모형 개발), 제5장(프로그램 내용 개발), 제6장(프로그램 내용의 선정과 조직)으로 구성하면서 내용도 대폭 수정 · 보완했다.
- 1판의 제8장(프로그램의 실행을 위한 준비), 제9장(프로그램 실행과 모니터링)은 내용과 사례를 보완하여 2판의 제7장과 제8장으로 이동했다.
- 1판의 제3부(프로그램의 평가)는 원래 제10장(프로그램 평가의 기초), 제11장(객관적 효과평가), 제12장(주관적 효과평가)으로 구성되어 있었다. 2판에서는 제9장(프로그램 평가 절차), 제10장(프로그램 효과평가)으로 장의 개수는 줄여 단순화했지만, 내용은 대폭 수정 · 보완되었다.
- 2판의 제6부(영역별 프로그램 개발의 실제)에 속한 제11장(교육 프로그램 개발의 실제), 제12장(집단상담 프로그램 개발의 실제), 제13장(증거기반 심리상담 프로토콜 개발의 실제)은 완전히 새로운 내용이다. 독자들은 이 사례를 통해 상담 및 심리교육 영역에서 대표적인 프로그램 개발과정을 처음에서부터 마무리까지 구체적으로 이해할 수 있을 것이다.

2판 역시 1판의 집필 영역과 관심 영역을 반영하여 집필 영역을 분담했다. 이 책의 기획과 제1장의 집필은 김창대 교수가 맡았다. 제2장, 제3장, 제4장은 최한나 교수, 제5장, 제6장은 신을진 박사, 제7장, 제8장은 이상희 박사, 제9장, 제10장은 김형수 박사가 집필했다. 그리고 새롭게 추가된 제11장, 제12장, 제13장은 이번에 새로 합류한 김은하 교수가 맡았다. 저자들은 이 책이 한국 상담의 프로그램 개발 발전에 조금이나마 도움이 되기를 기대한다. 끝으로 이 책을 출간해 주신 학지사 김진환 사장님과 편집을 성심성의껏 도와준 박나리 선생님, 그리고 여러 방면에서 도와주신 관계자 여러분께 깊은 감사의 마음을 전한다.

2022년 9월

저자 일동

# 1판 머리말

오랫동안 저자들의 소망 중 하나였던 『상담 및 심리교육 프로그램 개발과 평가』를 마무리하게 되어 매우 기쁘다. 저자들이 이 책을 저술하기로 의기투합하게 된 데에는 프로그램 개발에 대한 저자들의 관심이 높다는 데 있었지만 현재 상담 영역에서 활용할 수 있는 프로그램 개발 및 평가절차를 찾아보기 어렵다는 데 대한 아쉬움도 중요하게 작용했다.

저자 중 김창대, 김형수, 최한나 박사는 대학교수로 재직하기 전에 한국청소년상담원과 청소년상담센터에서 청소년과 부모를 위한 프로그램의 개발과 운영을 담당했다. 그리고 이상희 박사는 현재 삼성그룹 생활문화센터 상담실에서 근무하면서 직원을 위한 상담과 교육을 담당하고 있으며, 신을진 박사는 오래전부터 학습전략에 대한 연구를 수행하고 그 전략을 교육할 수 있는 프로그램의 개발과 운영에 깊은 관심을 가져왔다. 이처럼 저자들은 자신의 진로발달 과정에서 상담 영역의 프로그램 개발과 운영에 참여해 왔고 더 좋은 프로그램을 만들기 위해 노력해 왔기에 프로그램 개발에 관심을 가질 수밖에 없었다. 그런데 저자들은 자신의 영역에서 상담 관련 프로그램을 개발하고 운영하면서 심각한 문제를 경험하게 되었다.

우선 각 저자가 자신의 영역에서 프로그램을 개발하여 운영하면서 느꼈던 아쉬움 중 하나는 국내에서 개발되는 프로그램의 대부분이 표준화 작업이나 객관적인 개발 절차를 밟지 않은 채 개발자의 '감'에 의존하고 있다는 점이었다. 또한 상담 관련 프로그램을 개발한 후 그 과정이나 효과를 평가해야 할 필요성을 잘 깨닫지 못하여 아예 평가절차가 생략되거나 좀 더 객관적인 평가절차를 도입하지 않는 경우가 많았다.

'감'에 의존해서 프로그램을 개발하거나 평가가 없이도 프로그램을 운영할 수 있었던 것은 다음과 같은 이유에서 가능했다. 첫째, 상담자가 하는 상담적 개입을 살펴보면 직관적이고 예술적인 측면이 강한데, 소위 상담 실무의 대가들은 자신의 '감'에 의존하여 개입의 방식과 시점을 선택하고, 심지어 자신의 개입에 대해 설명하지 않는 것이 허용되는 경향이 있다. 둘째, 상담 관련 종사자는 '상담'을 통해서 이루어지는 인간의 변화에서 인지적 변화나 행동적 변화보다는 '정서적' 변화를 중시하는 경향이 있고, 그러한 '정서적' 변화는 그리 쉽게 눈에 띄지 않을 수도 있다는 생각을 가지고 있다. 상담자의 이러한 성향은 프로그램 개발에도 영향을 미쳐 개발자의 '감'에 의존하여 프로그램 요소를 선정하고 조직하는 것이나 혹은 객관적인 변화를 관찰하거나 측정할 수 없는 것에 대해서 허용하게 된 것으로 보인다.

그러나 이제 상황이 달라졌다. 첫째, 많은 상담자가 개인상담이나 집단상담 외에 심리교육을 자신의 영역으로 받아들이기 시작했다. 전통적으로 상담자는 상담실에서 둘이 앉아서 하는 개인상담이나 10명 내외의 치료적 집단상담에 관심을 많이 가졌다. 그러나 상담 영역이 넓어지면서 그동안 이루어졌던 일방적인 지적 교육이 아니라 상담의 고유한 원리(즉, 프로세스를 중시한다는 점, 관계 경험을 중시한다는 점, 집단 역동을 활용할 수 있다는 점 등)를 활용해서 교육 프로그램을 제작하고 운영하는 상담자가 많아졌다. 그리고 그러한 교육 프로그램이 밟아야 할 과학적이고 객관적인 절차에 대한 요구가 높아졌다.

둘째, 수많은 상담자가 양성되고 그들이 일하게 되는 영역이 넓어지면서 상담은 한국 사회에서 중요한 역할과 기능을 담당하게 되었고 동시에 사회가 요구하는 상담자의 책무성 또한 높아졌다. 즉, 국가나 지자체에서는 상담자에게 학생, 저소득층, 소외계층, 정서적 문제를 경험하는 사람들을 조력하라는 의미에서 재정 지원을 하면서 상담자가 어떤 방법으로 어떤 프로그램을 사용할 것인지에 대한 계획을 세우고, 그러한 방법이 계획대로 잘 수행되며, 지원된 재정 규모에 걸맞은 효과를 산출하는지 보여 주기를 원한다. 이때 상담자는 프로그램을 계획하고 개발할 때 재정 지원을 제공하는 주체가 이해할 수 있을 만큼 구체적이고 객관적인 방식으로 계획서를 작성하고 프로그램을 운영하며 그 결과를 보여 주어야 한다. 이렇게 '감'에 의존하여 개입방식을 결정하고 '정서적' 문제는 원래 그 변화가 잘 보이지 않는다는 방식의 논리를 펴는 것은 더 이상 통하지 않는다.

셋째, 상담자가 중요한 시장으로 생각하는 기업체에서는 투자와 산출에 대해 더 분명한 자료를 요청한다. 상담자는 그동안 자신들이 주로 종사했던 중 · 고등학교 상담교사, 대학 상담실, 사설 상담실을 벗어나 기업체 내에서 상담을 하고 교육 프로그램을 운영하려고 한다. 상담자가 그러한 의지를 현실화하기 위해서도 이전처럼 '감'에만 의존하여 프로그램을 개발하거나 상담 효과는 비용에 대한 산출로 계산하기 어렵다는 말만 해서는 안 된다. 상담자는 교육 프로그램을 개발할 때 자신만의 '직관'을 가지고 창의적이고 예술적인 감각을 발휘해야 하지만, 동시에 개발 절차와 효과를 구체적인 자료로 보여 주어 설득할 수도 있어야 한다.

저자들은 프로그램을 개발하면서 경험했던 다양한 어려움을 극복하기 위해 그동안 여러 가지 시도를 해 왔다. 우선 대학원 과정에 프로그램 개발 및 평가 강좌를 개설했다. 그러면서 기존 프로그램 관련 교재가 주로 평생교육이나 사회복지 영역에 관한 교재이며 상담 관련 교재는 아니라는 점을 알게 되었다. 평생교육이나 사회복지 영역 프로그램도 매우 중요하지만 앞서 언급했던 상담 고유의 특성, 즉 인간 변화를 위해 프로세스와 관계 경험을 활용한다는 점, 집단 역동을 활용한다는 점 등이 반영되지 않고 있었다. 그래서 상담 및 심리교육 프로그램 개발에 맞는 별도의 저서가 필요하다는 생각을 하게 되었다.

이러한 생각하에 저자들은 자신의 관심 영역을 살려 집필 영역을 분담했다. 이 책의 기획은 김창대 교수가 맡았다. 제1부 상담 및 심리교육 프로그램 개발의 기초 중 프로그램의 개념, 영역, 원리, 기존모형을 다룬 1장은 신을진 교수가, 이 책이 제안하는 프로그램 개발 절차를 소개한 2장은 김창대 교수가 집필했다. 프로그램 기획의 기초(3장), 요구분석(4장), 프로그램의 이론적 기초(5장)로 구성된 제2부 프로그램 기획은 최한나 교수가 집필했다. 프로그램 구성의 기초와 프로그램 요소의 수집(6장), 프로그램 활동요소의 선정과 조직(7장)으로 구성된 제3부 프로그램 구성은 신을진 교수가, 프로그램 실행을 위한 준비(8장), 프로그램 실행과 모니터링(9장)으로 구성된 제4부 프로그램 실시는 이상희 박사가 집필했다. 끝으로 제5부 프로그램의 평가는 평가의 기초(10장), 객관적 효과평가(11장), 주관적 효과평가(12장)로 구성되어 있는데, 이는 김형수 교수가 집필했다.

저자들이 최선을 다했음에도 이 책은 여전히 부족한 점이 남아 있다. 이러한 부분은 지속적인 수정과 개정을 하며 보완해 나갈 것이며, 이 책이 앞으로 한국 상담 영역에서 이루어지는 다양한 프로그램 개발에 지침이 될 수 있도록 저자들은 계속하여 노력할 것이다. 끝으로 이 책을 출간해 주신 학지사 김진환 사장님과 편집과정에서 수고해 주신 관계자 여러분께 감사의 마음을 전한다.

2011년 5월

저자 일동

# 차례



## 제1부 프로그램 개발의 기초

# 제2부 프로그램 기획

제3부

# 프로그램 설계

제5부

# 프로그램 평가

## 제6부

## 영역별 프로그램 개발의 실제

제1부

# 프로그램 개발의 기초

제1장

# 프로그램 개발의 이해

프로그램은 다양한 의미가 있지만, 대체로 '하나의 목적을 이루기 위해 계획에 따라 설계되고 일정한 순서를 따라 실행되는 것'을 의미한다. 프로그램 중에서 상담, 교육, 사회복지 영역의 프로그램은 '심리 · 사회적 안녕과 복지를 높이기 위한 적극적 개입'이라는 의미도 담고 있다. 이 장은 상담 및 심리교육 프로그램의 개발과정을 설명한 이 교재가 근거하고 있는 개념 틀을 제시하고 프로그램의 개발에 관한 전반적인 지식을 다룬다. 1절은 프로그램의 의미를 다룬 절로 프로그램이 성립되는 필수 조건과 '좋은' 프로그램이 가져야 할 조건을 설명한다. 특히 이번 개정판에서는 상담 및 심리교육 프로그램의 한 가지 유형으로 볼 수 있는 증거기반 실무(Evidence-Based Practice: EBP)에 관한 내용이 추가되었다. 2절에서는 프로그램의 유형을 주제, 대상, 방법, 학문영역 등의 기준으로 구별한 후, 이 교재에서 다룰 프로그램의 범위를 규정한다. 3절은 그동안 제시된 대표적인 프로그램 개발 절차와 이 교재에서 채택하고 있는 프로그램 개발 절차를 제시한다.

### 이 장에서 다룰 주제

- 프로그램이란 무엇이며, 좋은 프로그램의 조건은 무엇인가?
- 최근 인간 대상 서비스의 주요 지침인 증거기반 실무란 무엇이며, 이 지침은 프로그램 개발에 어떻게 적용할 수 있는가?
- 생태학적 관점에서 볼 때, 상담 및 심리교육 프로그램은 어디에 위치하는가?
- 프로그램의 개발 단계를 보여 주는 프로그램 개발모형에는 어떤 것이 있으며, 각 모형은 어떤 시사점을 제공하는가?
- 이 교재에서 제안하는 프로그램 개발모형은 무엇인가?

## 1. 프로그램의 의미

프로그램은 다양한 것을 지칭한다. 프로그램은 TV나 라디오 같은 방송에서 제공하는 내용물, 음악회에서 연주하는 순서, 컴퓨터의 연산을 지시하는 일련의 부호 등을 의미한다. 그뿐만 아니다. 가난, 노숙자, 청년실업, 가정폭력 등 사회경제적 문제를 해결하기 위해 정부에서 실시하는 제도적, 경제적, 교육적 장치들도 프로그램이라고 하며, 심지어 미국항공우주국(NASA)의 화성 탐사를 위한 일련의 사업 같은 것도 프로그램이라 부른다. 그렇다면 이 교재에서 염두에 두는 프로그램은 무엇이며 그것은 어떤 특성을 가지고 있는가?

사전적 의미에서 프로그램이란 '특정 장기 목표를 지닌 상호 관련된 일련의 수단이나 활동들'(Oxford Dictionary, 2021),[1] 또는 '사람들이 특정 목적을 성취하게끔 공적으로 조직된 서비스, 활동, 기회들의 체계'(Cambridge Dictionary)[2]이다. 이 정의들에 의하면 프로그램은 ① 목적, ② 하위 수단이나 활동, ③ 체계성이라는 특성을 가지며, 이 중 하나라도 빠뜨리면 프로그램이라고 부르기 어려운 것 같다. 개별 프로그램은 각각이 가진 목적의 고유성, 하위 수단과 활동의 특수성, 그리고 그러한 수단과

1) https://www.lexico.com/definition/programme (2022. 2. 26.)

2) https://dictionary.cambridge.org/dictionary/english/program (2022. 2. 26.)

활동이 유기적으로 조직되는 방식의 독특성에 의해 서로 구별된다. 목적, 하위 수단이나 활동, 체계성에서 보이는 차이는 각 프로그램의 정체성을 좌우한다.

예를 들면, TV 프로그램은 다양한 스토리와 장면으로 시청자에게 즐거움을 주고, 음악회는 청중에게 예술적 절정 경험을 제공한다. 정부에서 실시하는 각종 공공 프로그램은 가난, 노숙, 실업, 폭력 등의 문제를 해결하여 시민들의 안녕을 꾀한다. 이처럼 각 프로그램은 각자의 고유한 목적을 가진다. 그리고 프로그램은 각자의 고유한 목적을 달성하기 위해 가장 적합한 하위 수단과 요소들이 가장 효과적이라고 여겨지는 방식으로 조직되어 있다. TV 프로그램은 드라마, 예능, 시사 등으로, 연주회는 여러 개의 작품과 악기로, 공공 프로그램은 교육, 상담, 심리교육 등으로 구성된다. 그뿐만 아니라 프로그램은 하위 수단과 요소들을 무작위로 나열하지 않고, 나름 최적의 순서와 방법으로 체계화하고 조직하여 구성된다.

여러 가지 프로그램 중에서 이 교재는 전문적 인간 대상 서비스(Human Professional Service)에 초점을 두고 있다. 그중에서도 의료서비스와 같은 신체적 건강이 아닌 교육 · 심리 · 사회적 성장과 안녕을 추구하는 프로그램, 좀 더 구체적으로는 상담 및 심리교육이라는 방법으로 제공되는 프로그램의 목적, 특성, 개발과정 등이 주요 주제이다.

### 1) 프로그램의 조건

교육 · 심리 · 사회적 전문서비스 영역에서도 프로그램은 '특정 목표를 달성하기 위해 체계적으로 조직된 활동'(Royse, Thyer, Padgett, & Logan, 2015)을 의미한다. 교육 · 심리 · 사회적 전문서비스의 이웃이라고 할 수 있는 의학/간호학에서는 프로그램을 '어떤 개인, 집단, 지역사회의 안녕과 복지의 증진 또는 그 이상의 문제를 예방, 경감 또는 제거하기 위해 설계된 일련의 조직된 활동'[3]으로 정의한다. 이 절에서는 교육 · 심리 · 사회적 전문서비스 프로그램에서 추구하는 목적이 무엇이고, 그 목적을 달성하기 위해 어떤 하위 수단이나 활동이 동원되며, 어떤 방식으로 조직되어 체계화되는지를 개괄적으로 살펴보려고 한다.

3) https://medical-dictionary.thefreedictionary.com/program+development (2022. 2. 26.)

### (1) 목적

교육 · 심리 · 사회적 전문서비스 프로그램의 목적은 참여자들의 심리 · 사회적 문제를 예방하거나 경감 또는 해결하는 것이다. 바꾸어 말하면, 예방 또는 해결해야 할 문제가 없거나 현재 상태가 개선할 여지가 없을 정도로 만족스럽다면 새로운 프로그램은 불필요할 수도 있다.

교육 · 심리 · 사회적 전문서비스 프로그램은 가난, 노숙자, 청년실업, 가정폭력, 아동학대, 약물 남용, 청소년 혼전 임신, 각종 범죄, 여러 형태의 적응 문제(예: 학생의 학교 적응, 북한이탈주민의 남한 사회 적응, 직장인의 적응)의 개선을 목적으로 한다. 그뿐만 아니라 청소년과 성인의 진로 발달, 대인관계, 정서조절, 자아개념 및 가치관 형성, 그리고 정신질환의 개선과 같은 많은 문제의 개선 등도 이 분야에서 운영되는 프로그램의 중요한 목적이다.

언뜻 보면 교육 · 심리 · 사회적 전문서비스 분야에서 프로그램의 범위는 사람들이 겪는 모든 문제를 포괄하는 것 같지만 분명히 한계도 있다. 교육 · 심리 · 사회적 전문서비스 분야의 프로그램은 의학 · 생물학적, 물질적 · 경제적 문제의 직접 해결을 목적으로 하지 않는다. 이 분야의 전문가와 그들이 운영하는 프로그램은 학습, 교육적 성장, 가치관의 확립, 정신건강, 취업, 보호와 같은 심리 · 사회적 안녕 등을 목적으로 하는데, 이는 의학, 행정, 경제 영역의 전문가들이 개발, 운영하는 프로그램의 목적과 구별된다.

### (2) 하위 수단이나 활동

하나의 프로그램은 여러 가지 하위 수단이나 활동(activity)으로 구성된다. 프로그램 내의 활동은 개인이나 집단의 변화를 촉진하는 사건(event) 또는 자극(stimulus)들로, 프로그램은 변화를 촉진하는 수단이나 활동의 모음이며 이것들은 프로그램의 목표를 달성하기에 도움이 될 것으로 기대되거나 확인된 것들이다.

하위 수단이나 활동을 구성하는 사건이나 자극은 여러 가지 범주로 구분해 볼 수 있다. 예컨대, 자극은 그 특성에 따라 물질적–비물질적, 일방적–상호작용적, 직접적–암시적인 사건과 자극 등으로 구분해 볼 수 있다. 또한 자극은 신체에 영향을 끼치는 것, 정서, 인지, 행동에 영향을 끼치는 것 등으로도 구분할 수 있다.

### (3) 체계

프로그램을 구성하는 활동들은 무작위로 선정되고 아무렇게나 나열되는 것이 아니라, 참여자의 문제를 가장 효과적으로 해결하고 개선할 수 있는 방식으로 선정되고 조직된다. 프로그램이 기초하는 변화이론은 특정 대상과 목적을 위하여 어떤 활동이 선정되고 어떤 순서와 방법으로 그 활동들을 제시할지에 관한 지침을 제공한다. 이처럼 프로그램을 구성하는 활동은 변화이론에 기초하여 하나의 체계를 이루어 참여자에게 제공된다.

**예시: 서울특별시에서 운영하는 서울시 청년지원사업 내 서울 청년 포털**

서울 청년 포털을 살펴보면 서울시 청년을 지원하기 위한 다양한 프로그램이 제공 중임을 알 수 있다. 서울 청년 포털에는 ① 서울청년정책, ② 일자리, ③ 주거, ④ 복지, ⑤ 교육 · 문화, ⑥ 참여 · 공간 등의 하위 메뉴가 있으며, 각 하위 메뉴마다 관련된 다양한 목적을 가진 프로그램이 제시되어 있다. 그중 일자리 메뉴와 교육 · 문화 메뉴 중 일부를 살펴보면 다음과 같다(https://youth.seoul.go.kr/site/main/home 참고: 2021년 7월 26일).

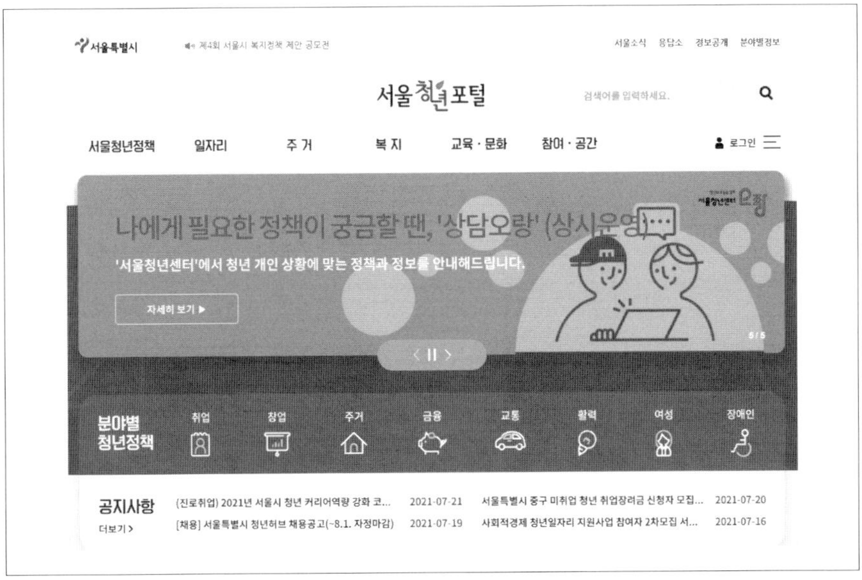

일자리 메뉴: 일자리 메뉴에는 ① 취업지원, ② 창업지원, ③ 청년 프로젝트, ④ 근로환경 지원 등 다양한 목적을 위한 구체적인 프로그램이 소개되어 있다. 각 프로그램은 특성에 따라 정보제공, 직접 지원, 교육, 체험, 지지집단 구성 등 다양한 성격의 활동으로 구성된다.

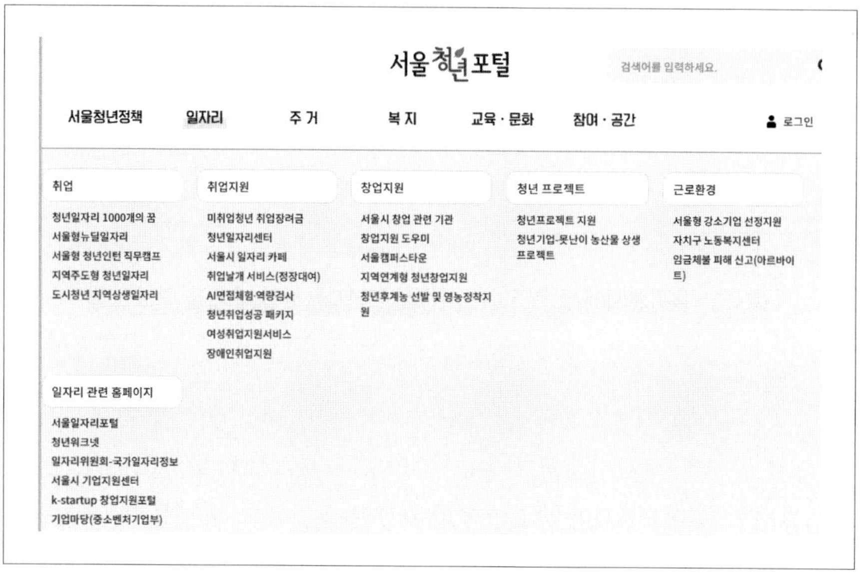


교육 · 문화 메뉴: 교육 · 문화 메뉴에는 직접적 경제적 지원(예: 대학생 장학금), 교육 프로그램 지원(예: 교육훈련), 각종 정보 지원(예: 교육 및 문화 관련 홈페이지) 등으로 구성된다. 이처럼 프로그램은 다양한 목적과 특성을 가질 수 있다. 여기에 제시된 프로그램은 성격이 다르지만 각각 목적이 있고 그 목적을 달성하기 위한 활동과 자극이 있으며 그러한 활동과 자극이 체계적으로 구성되어 있다는 점에서 프로그램이라고 할 수 있다.

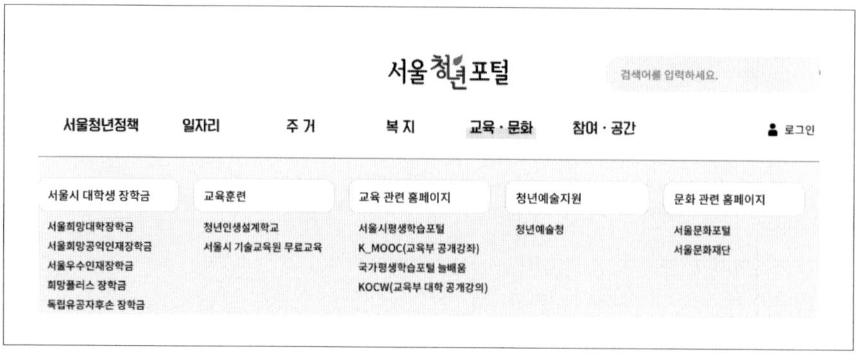

### 2) '좋은' 프로그램의 조건

모든 프로그램에는 추구하는 목적이 있지만, 모든 프로그램 각각이 추구했던 목적을 달성하는 것은 아니다. 원래 가지고 있던 목적을 효과적으로 달성하는 프로그램이 '좋은' 프로그램이며, 같은 목적을 달성하더라도 가능한 한 적은 시간과 자원을 투자하여 목적을 달성할 수 있다면 더 '효율적'인 프로그램이다. Royse 등(2015)은 '좋은' 프로그램이 갖출 여덟 가지 조건을 제시했다. 그 조건에는 인력, 예산계획, 안정적 재정 지원, 명료한 정체성, 서비스 철학, 개념적(또는 이론적) 기초, 경험에 기초한 체계적 평가, 그리고 증거기반 실무 등이 포함된다. 이 여덟 가지 조건은 그것이 주로 담당하는 기능에 따라 세 가지 범주로 구분할 수 있다. 인력, 예산계획, 안정적 재정 지원은 프로그램의 실행 및 지속 가능성을 높인다. 명료한 정체성과 서비스 철학은 프로그램의 인지도와 가시성을 높인다. 그리고 프로그램의 개념적 · 이론적 기초, 경험에 기초한 체계적 평가, 증거기반 실무 원칙에 근거 등은 프로그램의 효과성을 높이는 조건이다(〈표 1-1〉 참조). 각각의 조건을 구체적으로 논의하면 다음과 같다.

첫째, '좋은' 프로그램은 적정한 규모의 인력이 마련되어 있다. 예를 들면, 약물중독치료 거주 기관에서는 많은 인력이 필요하다. 요양 치료나 외래 약물 치료 프로그램을 운영하려면 각 프로그램에 별도의 인력이 필요할 수 있다. 프로그램 내의 인력은 하나의 역할을 하기도 하지만, 여러 가지 역할을 동시에 하기도 한다. 같은 인력이 요양 치료나 외래 약물 치료에만 관여하는 것이 아니라 중고등학교나 지역 센터를 방문하여 약물중독 강의를 할 수도 있다. 이 경우에 각 업무에 배치된 인력의 업무가 과중해도 안 되지만, 인력의 낭비가 있어서도 안 된다. 모든 인력을 전일제로 채용하면 인력 수급의 안정에 도움이 되지만 프로그램 운영 비용이 급격히 상승하

**표 1-1 '좋은' 교육 · 심리 · 사회적 전문서비스 프로그램의 조건**

| 실행 및 지속 가능성 제고 | 인지도, 가시성 제고 | 효과성 제고 |
|---|---|---|
| • 인력<br>• 예산계획<br>• 안정적 재정 지원 | • 명료한 정체성<br>• 서비스 철학 | • 개념적 또는 이론적 기초<br>• 경험에 기초한 체계적 평가<br>• 증거기반 실무 원칙에 근거함 |

출처: Royse et al. (2015)에서 수정.

며, 반대로 시간제로만 채용하면 프로그램 운영의 안정성을 위협하기도 한다. 이처럼 '좋은' 프로그램은 적정한 규모의 인력이 마련되고 그들이 적절한 자리에 배치되어 있다.

둘째, '좋은' 프로그램은 예산계획이 수립되어 있다. 좋은 프로그램 중에는 최소한의 예산만 확보한 후 많은 자원봉사자에 의존하여 운영되는 프로그램도 많다. 그러나 전일제든 시간제든 인력을 활용하려면 재정(funding)이 필요하며, 대부분의 프로그램은 그들의 예산에 의해 그 정체성이 확인되곤 한다. 단단한 예산계획과 일정 기간 어디에서 얼마나 재정 지원을 받을 수 있는지 사전에 계획되어 있다면, 그 프로그램은 '좋은' 프로그램으로 개발, 유지될 개연성이 크다. 때때로 인적 서비스 영역에 종사하는 사람들이 '좋은 뜻'은 있지만, 재정의 중요성에 대한 이해가 부족하여 뜻이 좋아도 '좋은' 프로그램을 개발, 유지하지 못하는 경우가 있다. 재정지원에 대한 상세하고도 현실적인 계획은 인적 서비스 영역에 종사하는 사람들이 좋은 뜻을 펼치게 하는 중요하고도 핵심적인 요소이다.

셋째, '좋은' 프로그램은 안정적인 재정 지원이 보장되어 있다. 직원이 정기적으로 경제적 보상을 받지 못하거나 그들의 정상적 업무를 미뤄 두고 모금 활동이나 프로그램을 2~3개월 더 유지하기 위한 사업비 계획서를 작성하는 일에 관여하느라 정상적으로 해야 하는 업무를 하지 못한다면 그들의 사기나 수행 수준이 떨어진다. 단기 사업비(soft money, 예: 보조금이나 일시적 재원)로 시작한 프로그램은 일정 수준의 안정적 재정 지원이 마련되기 전까지는 이직률이 높다.

넷째, '좋은' 프로그램은 명료한 정체성을 가지고 있다. 좋은 프로그램은 일반인의 눈에 띄고 각인된다. 국내의 '방과후 학교 프로그램'이나 미국의 Big Brothers Big Sisters(BBBS)는 하나의 프로그램이지만 전국적으로 인지도가 있다. 특정 지역에서 지역의 특성을 고려하여 만들어진 프로그램도 있는데, 서울시 청년활동지원센터에서 운영하는 프로그램이나 서울대학교의 '대인관계능력향상 프로그램'이 그 예이다. 이 프로그램들은 프로그램의 이름이나 슬로건을 독특하게 만들면서 정체성을 확보해 나가는데, 가령 서울대학교 대학생활문화원의 프로그램 중에서 20년 이상 운영되어 온 대인관계능력향상 프로그램은 'T-Talk'(teeter-totter talk, 집단상담을 시소 타듯이 상호작용하는 것으로 묘사), 의사소통 프로그램은 '스친'(SNU 친구라는 의미)으로 이름을 붙여 운영한다. 때로는 슬로건을 통해서 프로그램의 정체성을 드러내기도 하는데, 서울대학교 대학생활문화원에서 이루어지는 여러 프로그램을 '당신의 날개를 받쳐 주는 한 줄기 바람이 되어(Wind beneath your wings)'라고 하여 내담자들의 지지 체계가 되겠다는 의미를 은유적으로 묘사하기도 했다.

다섯째, '좋은' 프로그램은 서비스 제공 철학을 가지고 있다. 한 기관 내에서도 프로그램에 따라서 서비스 제공 철학(또는 정책, 절차, 임무 등)이 달라질 수 있다. 예를 들면, 어떤 상담 기관의 프로그램은 '그 어떤 내담자도 되돌려 보내지 않는다'는 철학에 따라 운영하는 한편, 다른 기관(또는 같은 기관의 다른 프로그램)은 '특정 기준에 부합하는 내담자에게만 서비스를 제공한다'는 철학을 가질 수 있다. 이러한 철학은 프로그램 소비자를 대하는 방식을 명료하게 전달한다. 예를 들면, '고객이 만족할 때까지', '고객을 가족처럼', '마음을 이어 사람을 세운다', '우리는 소비자의 신체적, 영적, 심리적, 사회적 안녕을 돌볼 때 그들의 존엄성과 가치를 존중한다', '소비자는 항상 옳다'는 식의 철학을 전달한다.

여섯째, '좋은' 프로그램은 탄탄한 이론모형에 근거한다. 프로그램에서 이론모형이란 특정 문제가 발생하는 이유와 그 문제를 예방하거나 해결하기 위해서 고려할 변인 및 밟아야 할 절차에 대한 가설을 의미한다. 예를 들어, 어떤 대학에서 신입생들이 입학 초기에 학교 적응과 교우관계에 어려움을 겪는다는 사실을 알게 되었다. 대학은 신입생의 학교 적응과 교우관계를 돕기 위해 몇 가지 방법을 고려하고 있다. 그중 하나는 신입생의 학교 적응과 교우관계의 문제는 중고등학교 시절에 사회적 기술을 배우지 못해 발생한 것으로 보고 학생들에게 사회적 기술을 습득하는 프로그램을 제공하는 방법이다. 다른 하나는 신입생이 학교 적응과 교우관계를 잘하기 위해서는 우선 내면세계에 대한 자각이 중요하고, 자신에 대한 자각과 이해가 바탕이 되어야 사회적 기술을 제대로 습득하고 활용할 수 있다고 보는 관점이다. 이때에는 프로그램을 제작할 때 사회적 기술을 습득하는 활동 이전에 자신의 내면세계를 자각하는 활동을 포함할 것이다.

일곱째, '좋은' 프로그램은 경험적 자료에 근거하여 체계적으로 평가하는 과정이 있다. 평가란 타당하고 신뢰할 수 있는 연구방법을 사용하여 특정한 사회의 요구를 충족하기 위한 조직(기관)의 과정 또는 성과를 검토하는 행위이다(Royse et al., 2015). 프로그램을 평가하는 동기는 다양하다. Royse 등(2015, p. 21)은 프로그램 평가는 크게 두 가지 동기, ① 무엇인가를 보여 주려는 동기, ② 무엇인가 알고 싶은

표 1-2 프로그램 평가의 동기

| 무엇인가 알고 싶은 동기 | 무엇인가 보여 주려는 동기 |
|---|---|
| 1. 내담자가 도움을 받고 있는지? | 1. 내담자가 도움을 받고 있음 |
| 2. 내담자가 받는 서비스에 만족하는지? | 2. 내담자가 서비스에 만족함 |
| 3. 프로그램이 어떤 변화를 촉진하는지? | 3. 프로그램이 사회적 문제에 영향력이 있음 |
| 4. 프로그램이 소비하는 재원만큼의 가치가 있는지? | 4. 프로그램이 가치가 있음 |
| 5. 새로운 개입이 이전 개입보다 더 나은지? | 5. 어떤 프로그램이나 접근이 다른 것보다 더 나음 |
| 6. 우리가 이 프로그램을 어떻게 개선할 수 있는지? | 6. 프로그램이 직원이나 자원이 추가로 필요함 |
| 7. 직원이 그들의 시간을 효율적으로 사용하고 있는지? | 7. 직원이 잘 활용되고 있음 |

출처: Royse et al. (2015), p. 21.

동기에 의해 이루어진다고 했다(〈표 1-2〉 참조). 무엇인가 알고 싶은 동기는 프로그램 개발자 및 운영자가 프로그램의 효과와 성과에 대해 예상하기 어려울 때 가지는 동기인 반면, 무엇인가 보여 주려는 동기는 프로그램의 효과와 성과가 있다고 어느 정도 확신한 상태에서 그 확신이 옳음을 다른 사람에게 보여 주려고 할 때 가지는 동기이다. 전자는 이론모형이 없거나 이론모형에 대한 확신이 적을 때, 후자는 이론모형에 대한 어느 정도의 확신이 있을 때 가지게 된다.

또한 프로그램 관련 주체에 따라 프로그램을 평가하려는 목적이 다르다. 예컨대, 프로그램에 대한 행정적 의사결정(즉, 프로그램의 존속과 폐지, 재정 지원 지속 여부 등)을 내리는 사람에게 프로그램 평가는 일종의 관리 행위이다. 프로그램에 대한 관리 행위란 어떤 프로그램을 개발할 것인지, 특정 프로그램의 개발과 운영을 지속할 것인지, 재정을 지원할 것인지 등에 대한 의사결정을 하는 것을 의미하는데, 이들이 프로그램의 효과성을 평가할 때는 다음과 같은 점에 관심이 있다.

① 이 프로그램은 원래의 목표를 달성했는가?
② 다음 해에도 재정 지원을 할 필요가 있는가?
③ 비용을 덜 들여서 같은 효과를 산출할 프로그램은 없는가?
④ 효과가 같다면 비용을 절감할 수 있는 프로그램으로 변경하는 것이 낫지 않은가?
⑤ 비용이나 효과 외에 프로그램을 유지 또는 중단할 다른 이유는 없는가?(예: 정치적 이유, 직접적 효과는 적어도 홍보효과가 큰 경우 등)

이에 반해 프로그램 개발자나 운영자가 프로그램을 평가하는 이유는 다른데, 그들의 이유는 다음과 같다.

① 프로그램의 개발과 운영에 관한 인적, 재정적 지원을 하는 기관에 책무를 다하고 있다는 사실을 근거에 기반하여 보여 줄 수 있는가?
② 사업을 수주할 때 경쟁하는 프로그램보다 이 프로그램이 더 나음을 보여 줄 수 있는가?
③ 이전에 적용되던 프로그램에 비해 더 적은 비용으로 더 큰 효과를 보여 줌으로써 이 사업이 유지될 수 있는가?
④ 프로그램을 개선할 여지가 있는가? 개선한다면 어떤 부분을 어떻게 개선하면 좋은가?

즉, 프로그램 개발자와 운영자, 특히 정부, 공공기관, 기업체로부터 재정 지원을 받는 개발자에게는 프로그램에 투입한 재정에 대한 책무성을 다하려는 목적 외에 자신이 개발한 프로그램이 재정 지원을 받을 만한 가치가 있는지, 재정을 지원한 주체의 마음에 드는지를 가늠하는 것도 중요한 이유가 된다.

프로그램 평가와 관련해서 다룰 또 하나의 주제가 있다. 그것은 순수과학자들이 진리 발견이라는 목적으로 수행하는 실험연구에서의 측정과 프로그램에서의 평가는 유사점도 있지만 차이도 있다. 유사점과 차이점을 요약하면 〈표 1-3〉과 같다.

표 1-3 프로그램에서 평가와 실험연구에서 측정의 유사점과 차이점

| 유사점 | 차이점 |
|---|---|
| 1. 연구와 프로그램 평가는 분명한 목적이 있음 | 1. 연구의 목적은 일반화할 수 있는 지식의 산출이지만, 프로그램 평가는 프로그램의 유지 및 개선 여부에 대한 의사결정임 |
| 2. 문제, 질문 또는 가설로 시작함 | 2. 연구는 일반화된 지식, 프로그램의 평가는 의사결정을 돕는 지식을 산출하기 위한 문제와 가설을 설정함 |
| 3. 관심 주제에 대한 이전의 노력, 이미 알려진 것들에 대한 리뷰가 있음 | 3. 연구는 일반화된 지식을 산출하려고 했던 노력, 프로그램 평가는 효과적 프로그램을 개발하려고 했던 노력을 리뷰함 |
| 4. 관심 주제의 해결을 위해 사전에 설계한 엄격하고 논리적인 검증 순서를 밟아 자료를 수집하고 분석하여 결과를 도출함 | 4. 연구는 최대한의 엄격함과 논리성을 추구하지만, 프로그램 개발은 의사결정을 할 수 있을 정도, 즉 실용적 수준의 엄격함과 논리성만 있어도 됨 |

여덟째, 증거기반 실무(Evidence-Based Practice: EBP)의 원칙을 따른다. 증거기반 실무란 의학, 심리학, 교육학, 사회복지학을 포함한 여러 인간 대상 서비스 분야의 실무자들이 서비스를 제공할 때 그들의 실무적 전문성에 과학적 증거를 통합할 것을 주문하는 지침이다. 이것은 앞에서 나열한 인간 대상 서비스 분야에서 최상의 서비스 질을 보장하기 위해 준수해야 할 지침으로 여겨지지만, 이 지침은 프로그램 개발과 운영에도 적용될 수 있다. 이 지침은 아직 윤리적, 법적 강제력이 없고 논란의 여지도 있지만, 현재 미국, 캐나다, 영국 그리고 다른 나라의 정부가 강력히 촉구하고 있다. Royse 등(2015, p. 13)은 인간 대상 서비스 실무자들이 EBP를 받아들여 서비스 대상자를 도우려고 할 때 밟을 수 있는 절차를 다음의 다섯 단계로 요약했다(〈표 1-4〉 참조).

표 1-4 EBP 기반 인간 대상 서비스 제공 시 밟아야 할 절차

- 증거에 관한 정보의 필요성을 답변 가능한 질문으로 전환하라.
- 그 질문에 대해 답할 수 있는 최상의 증거를 추적하라.
- 증거의 타당성, 효과, 자신의 상황에의 적용성에 대한 증거를 비판적으로 평가하라.
- 이러한 비판적 평가를 자신의 임상적 전문성, 환자의 고유한 가치, 상황, 선호 등과 통합하라.
- 앞의 네 단계를 수행하고 있는 자신의 효과성, 효율성을 평가하라.

사실 EBP는 '좋은' 프로그램이 갖추어야 할 여덟 개 조건 중 하나가 아니라 '좋은' 프로그램이 갖추어야 할 핵심적인 조건이며, 나머지 조건들은 이 조건을 만족한 프로그램이 현실에서 살아남고 지속되며 많은 사람에게 알려져서 실용성을 높이는 데 필요한 조건인 것으로 보인다. 이러한 이유로 인간 대상 서비스 프로그램은 EBP 지침의 준수 여부로 평가되며 이러한 지침을 준수한 프로그램이나 정책들이 관련 웹사이트에 수록되고 있다(〈표 1-5〉 참조).

**표 1-5 증거기반 연구에 기초한 교육 · 심리 · 사회적 전문서비스 프로그램, 정책 관련 웹사이트**

| 영역 | 웹사이트명 | 웹 주소 |
|---|---|---|
| 보건 | The Cochrane Collaboration | https://www.cochrane.org/ |
| 사회복지, 사법, 교육, 사회적 발달 | The Campbell Collaboration | https://campbellcollaboration.org |
| 증거기반 실무 및 프로그램 자료 센터 | SAMHSA's Evidence-Based Practices Resource Center | https://www.samhsa.gov/resource-search/ebp |
| 아동복지 | California Evidence-Based Clearing House for Child Welfare | https://www.cebc4cw.org/ |
| 의료/정신건강서비스 | National Institute for Health and Care Excellence | https://www.nice.org.uk/GuidanceMenu/Conditions-and-diseases |
| 의료 | Agency for Healthcare Research and Quality-Evidence-Based Reports | https://ahrq.gov/research/findings/evidence-based-reports/overview/index.html |
| 심리치료 | Therapy Advisor-Consumer oriented website on research supported psychotherapies | https://therapyadvisor.com/defaultSub.aspx |
| 효과 있는 사회적 프로그램 | Coalition for Evidence-Based Policy-Social Programs that Work | https://evidencebasedprograms.org/ |
| 교육 | What Works Clearinghouse (focuses on Educational Interventions) | https://evidencebasedprograms.org/ |

출처: Royse et al. (2015), p. 11, 표 1.2에서 수정.

인간 대상 전문적 서비스는 EBP의 원칙을 따르는 방향으로 움직이고 있으며, EBP 정신은 인간 대상 서비스 중에서 프로그램의 개발과 평가에도 큰 영향을 끼치고 있다. 다만, 그만큼 EBP에 대한 오해도 있는 것 같다. 이 시점에서 프로그램 개발과 EBP의 관련성을 조금 더 상세하게 살펴볼 필요가 있다.

### 3) '좋은' 프로그램의 조건과 증거기반 실무

정신건강, 의학, 교육, 사회복지 서비스 분야는 증거기반 실무를 그들이 제공하는 서비스가 갖추어야 할 당연한 조건으로 삼고 있었다(APA, 2006). 1986년 최초로 심리학적 클리닉을 설치한 Witmer(1907/1996)는 "순수과학과 응용과학은 공동 전선을 구축하고 있다. 하나가 후퇴하면 다른 것도 후퇴하며, 하나가 전진하면 다른 것도 전진한다. 그리고 한쪽은 다른 쪽을 발전시킨다."라고 했다. 이와 같은 맥락에서 Thorne(1947)은 실무자들이 그들의 실무에 과학을 통합하는 방법의 하나로 "실험적 접근을 내담자 개별 상황과 임상가 자신의 '경험'에 더 많이 적용"할 것을 제안했다. 그러나 실제로 EBP를 가장 먼저 명시적으로 들고나온 분야는 의학이다. 의학에서 증거기반 실무란 "환자를 보살필 때 현재 가용한 것 중에서 최상의 증거가 있는 것을 양심적이고 명시적이며 신중하게 사용하는 것"(Sackett, Rosenberg, Gray, Haynes, & Richardson, 1996)이며, "임상적 전문성과 각 환자의 고유한 가치 및 상황에 최상의 연구 증거를 통합하는 것"(Straus, Glasziou, Richardson, & Haynes, 2018, p. 1)을 의미한다.

**표 1-6 경험적 증거가 지지하는 처치의 기준: 미국심리학회(임상심리분과)**

1. 다음의 조건 중 하나 또는 그 이상의 방법으로 효과성(efficacy)을 보여 주는 집단 간 비교 실험연구가 최소한 2개 이상 있어야 함
   a. 약 또는 심리 · 사회적 형태의 플라세보 또는 다른 처치에 비해 우월한 효과
   b. 적절한 통계적 검증력을 확보한 실험에서 기존에 사용해 온 처치와 동일한 수준의 효과
   또는
2. 효과를 보이는 대규모(N > 9) 단일사례 실험연구로서, 이러한 실험은 다음의 조건을 만족해야 함
   a. 양호한 실험설계를 사용해야 함
   b. 1a와 같은 방식으로 다른 처치와 비교한 결과가 있어야 함

출처: APA (2006).

증거에 기반한 서비스는 EBP만 있는 것은 아니다. 미국심리학회의 임상심리분과는 '경험적 증거가 지지하는 처치(Empirically Supported Treatment: EST)'로 인정되기 위해서는 〈표 1-6〉에 있는 기준에 부합해야 한다고 했다. 그 밖에 실험이 처치 매뉴얼을 사용해서 수행되어야 하고 내담자의 특성도 명료하게 구체화되어야 할 뿐만 아니라 최소한 둘 이상의 연구자 또는 연구팀에 의해 효과가 확인되어야 한다.

요약하면 '경험적 증거가 지지하는 처치'가 되려면 일정 수준 이상의 엄격성을 지닌 실험연구 또는 단일사례 연구방법을 통해 증거가 축적되어야 할 뿐만 아니라, 동일한 절차로 반복해서 효과가 객관적으로 확인되어야 한다. 이처럼 상당한 정도의 경험적 근거를 가진 심리 · 사회적 처치, 프로그램 또는 정책은 '경험적 증거가 지지하는 처치(EST)' 또는 '연구가 지지하는 처치(Research-Supported Treatment: RST)'라고 하며, 이와 같은 기준을 충족한 심리사회적 접근은 '연구가 지지하는 처치'라고 하여 미국심리학회 임상심리 분과 홈페이지[4]에 수록되어 있다.

EBP는 EST나 RST와 유사한 점이 있지만, 추구하는 바와 철학이 다소 다르다. EBP의 관점에 의하면, 실험으로 얻은 증거를 좋은 실무의 중요한 기준으로 삼으며 연구 결과를 고려해야 하는 것은 맞지만, 연구가 실무를 '지배해야 한다'고 주장하지는 않는다(In EBP, there is no assertion that research rules!). 연구나 경험적인 객관적 증거 외에 전문가의 전문성, 윤리, 가용자원, 기술, 그리고 내담자의 가치관, 문화, 선호 등 고려해야 할 점이 많으며, 실무자의 전문성에 경험적 연구자료를 통합한다는 원칙에 따라 실무를 할 것을 추천한다. 이에 대해 Royse 등(2015)은 EBP에는 명사로서의 '증거기반 실무' 같은 것은 없다고 했다. 다시 말하면, EBP는 하나의 의사결정 모형이고 지침이지, 그러한 처치 방법을 찾아야 한다는 주장이 아니다. EBP는 RST나 EST를 찾는 것 이상으로 다른 요인들(예: 전문가의 전문성, 전문가 윤리, 내담자의 가치관, 문화, 상황, 맥락 등)을 신중하게 고려하는 과정이다(Thyer & Myers, 2011; Thyer & Pignotti, 2011).

EBP의 이러한 지침과 관점은 프로그램 개발자와 평가자에게 매우 중요하다. 왜냐하면 프로그램은 임상심리학 분야에서 주로 서비스 제공자가 내담자와 1:1의 관계에서 개입하는 '처치(treatment)' 절차보다는 규모가 크고 서비스를 받는 내담자

4) https://div12.org/psychological-treatments/

도 문화나 가치관 측면에서 다양성이 크기 때문이다. 따라서 프로그램 개발이나 평가에서는 RST나 EST의 원칙보다 EBP의 지침이 더 적합하다. 그리고 이 책에서도 프로그램을 개발하는 과정에서 EBP의 지침을 반영하고자 한다. 따라서 이쯤에서 EBP의 의미와 지침을 살펴봄으로써 프로그램 개발에 어떻게 적용할 수 있는지를 알아보고자 한다.

### (1) EBP의 의미

EBP[5)]는 내담자의 특성, 문화, 선호 등의 맥락에서 전문가의 실무적 전문성에 현재 가용한 최고의 연구를 통합하려는 노력이다(APA, 2006, p. 273). EBP는 RST나 EST와 달리 좀 더 포괄적인 개념으로서, EST는 특정 처치가 아주 구체적인 상황에서 특정 장애나 문제에 도움이 되는지에 관한 관심에서 시작하는 한편, EBP는 어떤 연구 증거가 최고의 성과를 성취하기에 도움이 되는지에 관한 질문에서 시작한다. EBP는 처치의 패키지라기보다 복수의 연구 증거(예: 무선 통제집단 실험연구를 포함한 여러 가지 연구)를 통합하여 구체적 상황에서 하나의 개입으로 수렴시키는 의사결정 과정에 관한 지침이다(APA, 2006, p. 273). 따라서 EBP의 관점에서 어떤 연구 증거 또는 어떤 지침이 좋은 지침인지를 가늠할 때 RST나 EST처럼 특정 '처치'를 선정하지 않고 좋은 증거와 지침을 평가하는 개념적인 틀을 기준으로 제시했다.

### (2) EBP에서 사용할 수 있는 증거

EBP에서는 개입전략의 효과나 성과에 대한 증거 외에도 효율성(efficacy), 비용 대비 효과(cost-effectiveness), 비용 대비 이익(cost-benefit), 개입의 생태학적 유용성에 대한 증거도 중시한다. 그뿐만 아니라 무선 통제집단 실험연구나 반복적인 단일사례 연구 설계를 통해 얻은 효과에 대한 증거만을 양질의 증거로 간주하지 않는다. 연구 문제의 종류에 따라 적합한 연구설계가 다르다(Greenberg & Newman, 1996)는 점을 고려하여 EBP는 다양한 종류의 연구설계를 수용하는데, 그 종류와 특성은 다음과 같다(APA, 2006, p. 274).

---

5) 원래 이 문헌은 EBPP(Evidence-Based Practice in Psychology)로 표기되어 있지만, 여기에서는 학문 분야에 무관한 일반적인 개념인 EBP(Evidence-Based Practice)를 사용한다.

- 임상적 관찰(clinical observation)(사례 연구 포함)과 초보적 심리과학: 이것들은 새로운 혁신과 (과학적 탐구의 맥락에서는) 새로운 가설 형성을 위해 귀한 자원이 된다.
- 질적 연구(qualitative research): 이것은 (상담사와 내담자를 포함하여) 사람들의 주관적이고 생생한 경험을 묘사한다.
- 체계적 사례 연구(systematic case studies): 이것은 한 내담자를 유사한 특성을 가진 다른 내담자들과 비교하기 위해 (연구 네트워크의 형태로) 자료를 모두 합쳤을 때 유용하다.
- 단일사례 실험연구(single-case experimental designs): 개인적 개입의 맥락에서 인과관계를 확보하고 싶을 때 특히 유용하다.
- 공공보건 및 민족지 연구(public health and ethnographic research): 이것은 여러 정신건강 개입 방법의 가용 수준, 활용 수준, 그리고 수용 수준의 추적뿐만 아니라, 주어진 사회적 맥락에서 개입 방법의 활용 수준을 극대화하기 위해 이러한 개입을 수정하는 방안을 제시하기에 특히 유용하다.
- 과정–성과 연구(process-outcome studies): 이것은 변화 기제의 확인에 특히 유용하다.
- 효과성 연구(effectiveness research): 이것은 자연스러운 일상 상황에서 제공된 개입 연구로 개입의 생태학적 타당도를 평가하기에 적합하다.
- 무선 통제집단 연구(randomized control trials: RCT)[또는 효능(efficacy) 연구]: RCT 또는 이와 동일한 논리를 따르는 방법은 특정 개입의 효능에 대한 인과적 추론을 하기 위한 표준적 절차를 따른다. 이것은 주로 과학적 맥락에서 이루어지는 검증이다.
- 메타분석(meta-analysis): 이것은 여러 편의 연구 결과를 종합하고 가설을 검증하며 효과의 크기를 양적으로 추정하는 체계적인 방법이다.

### (3) 개입의 효능성과 임상적 활용 가능성

미국심리학회(2002)는 증거기반 여부를 가늠하기 위해 앞에서 제시한 연구방법 외에도 두 개의 차원을 제시했는데, 개입의 효능(efficacity)과 임상적 활용 가능성(clinical utility)이다. 이 주제와 관련하여 미국심리학회의 정책을 잘 기술한 '개입 지침의 평가 기준(Criteria for Evaluating Treatment)'(APA, 2002)은 다음과 같이 기술하고 있다.

> 첫 번째 차원은 개입의 효능(treatment efficacy) 차원인데, 이것은 개입의 작동 여부를 체계적이고 과학적으로 평가하는 것을 의미한다. 두 번째 차원은 임상적 활용 가능성(clinical utility) 차원으로, 이것은 개입이 제공되는 지역이나 구체적인 장면에서 해당 개입의 적용성(applicability), 실행 가능성(feasibility), 유용성(usefulness)을 의미한다. 이 차원은 효능이 확인된 개입의 일반화라는 차원도 포함한다(p. 1053).

다시 말하면, 효능성 차원은 개입과 내담자 문제 사이의 인과관계에 대한 증거가 탄탄한 정도를 의미한다. 즉, 특정 처치가 작동하는지에 대한 체계적이고 과학적인 평가이다. 한편, 임상적 활용 가능성 차원은 특수한 집단, 지역, 개인에 대한 일반화 가능성 또는 적용 가능성(generalizability/applicability), 실행 가능성(feasibility)(내담자가 개입을 수용할 가능성 포함), 개입의 비용과 이익 등을 의미에 관해 가용한 증거를 고려함을 의미한다. 즉, EBP는 이 두 개의 차원에서 가용한 증거 중, 최고의 성과를 성취하기에 도움이 되는 경험연구가 어떤 것인지를 찾아 그것을 바탕으로 의사결정을 진행한다.

개입 연구에서 효능을 추론할 때 사용할 수 있는 방법과 증거를 낮은 수준에서 높은 수준의 순서로 나열하면 다음과 같다(APA, 2002, p. 1054).

| 기준 2.1 | 기준 2.2 | 기준 2.3 |
|---|---|---|
| 임상적 의견, 관찰, 특정 분야에서 잘 알려진 전문가의 동의 | 체계적 임상 관찰 | 유사 실험, 무선 통제집단 실험, 기타 유사한 논리로 설계된 연구로 얻은 증거 |

기준 2.3에 해당하는 증거 중에서 무선 통제 실험연구가 개입의 효능을 평가하기에 가장 엄격한 방법인데, 그 이유는 단일 실험에서 내적 타당도 위협요인을 배제할 수 있는 가장 효과적인 방법이기 때문이다(APA, 2002, p. 1054).

한편, 임상적 활용 가능성 역시 매우 중요하다. 미국심리학회의 정책(APA, 2002)

에 따르면 임상적 활용 가능성이란 특정 개입을 적용할 다양한 특성과 배경을 가진 내담자, 상담사, 장면과 이들 간의 상호작용에도 불구하고 그 개입을 얼마나 일반화해서 적용할 수 있는지, 개입을 제공하는 방식이나 매체가 달라도 얼마나 효과적인지, 실제 장면에서 내담자에게 얼마나 실행 가능한지, 끝으로 개입의 비용 대비 효과가 얼마나 큰지 등의 주제를 포함한다.

### 4) 증거기반 실무 원칙의 적용

EBP는 개인적 심리치료나 상담 같은 미세한 규모의 개입에만 적용되는 원칙이 아니다. EBP는 의학, 심리학, 사회복지학 등 인간을 대상으로 다양한 목적과 규모로 제공되는 서비스에 적용되는 지침이다. EBP는 개인 심리치료나 상담뿐만 아니라 인간 대상 서비스 프로그램도 증거에 기반하여 개발하고 적용할 것을 요구한다. 앞에서 보았듯이 EBP는 어떤 증거가 타당하며, 타당한 증거를 확보하는 방법에는 어떤 것이 있는지 제안하고 있는데, 이 제안은 '좋은' 인간 대상 서비스 프로그램의 개발, 그 프로그램의 효능 및 효과성의 평가, 그리고 개선과정에도 적용할 만하다.

EBP가 인간 대상 서비스 프로그램 개발에 제공하는 시사점 중에서 가장 중요하고 포괄적인 것은 인간 대상 서비스 프로그램은 최대한 과학적 원리를 따라 효능과 효과에 관한 증거를 확보하고 그 증거를 기반으로 프로그램을 개발할 필요가 있다는 점이다. 물론 과학적 원리라고 해서 자연과학에서 요구하는 수준의 정밀한 연구설계를 따르고 탄탄한 증거를 확보해야 한다는 의미는 아니다. 인간이 생활하는 환경이나 심리 · 사회적 서비스를 주고받는 환경은 생태학적으로 매우 복잡하며 복합적인 요인의 영향을 받는다. 따라서 프로그램을 개발할 때 자연과학에서 적용하는 수준의 정밀성을 요구할수록 프로그램의 외적 타당도는 낮아진다. 이러한 이유로 EBP는 인간 대상 서비스 프로그램이 최대한 과학적 원리를 따라 개발되어 프로그램의 효능성을 높이고 확인해야 하지만, 그것의 생태학적 타당성과 활용 가능성도 동시에 고려할 것을 제안한다. EBP 지침이 인간 대상 서비스 프로그램 개발에 제공하는 시사점을 세 가지로 요약하면 다음과 같다.

첫째, 인간 대상 서비스 프로그램이 최대한 과학적 원리를 따라 효능 및 효과에 관한 증거를 수집하고 그 증거를 기반으로 프로그램을 개발할 필요가 있다. 그러나 동시에 그 프로그램의 제공자 및 수혜자의 특성, 프로그램이 운영될 장면과 맥락 등을 고려한 생태학적 활용 가능성도 고려할 필요가 있다.

둘째, 과학적 원리를 따라 프로그램의 효능과 효과에 관한 증거를 수집하는 방법은 무선 통제집단 설계 외에 다양한 방법이 있다. 예를 들면, 임상적 관찰, 질적 연구, 체계적 사례 연구, 단일사례 연구, 단일사례 실험연구, 공공보건 및 민족지 연구, 과정-성과 연구, 생태학적 타당도를 고려한 효과성 연구, 메타분석 등의 방법을 사용할 수 있다.

셋째, 효능과 효과에 관한 증거도 중요하지만, 적용 가능성, 실행 가능성, 비용-이익의 분석 등도 고려할 필요가 있다. 인간 대상 서비스 프로그램 개발은 (비용과 관계없는) 진리 탐구가 일차적 목적인 순수 연구와 달리 개발이나 운영에 소요되는 비용, 재정 제공자의 의도와 정책 등의 정치적, 행정적 요소를 고려해야 하는 활동이다. 따라서 프로그램 개발, 유지, 개선 등에 관한 의사결정은 효능과 효과성 외에 실용적인 측면도 중요한 고려 사항이다.

## 2. 프로그램 유형

인간 대상 전문서비스 프로그램은 주제, 대상, 방법, 학문 분야, 운영 주체 등 다양한 기준으로 종류를 구분해 볼 수 있다. 예컨대, 주제별로는 개인 내적 주제(예: 자아개념 증진, 가치관 명료화, 진로, 학습, 적응, 잠재력 개발, 자기표현 증진, 심성 계발, 성교육, 불안 및 우울 같은 심리적 문제 개선 등), 관계 내 주제(예: 가족관계, 대인관계, 직장 내 팀 빌딩 등), 사회적 주제(예: 가난, 약물 남용, 노숙자, 혼전 임신, 실업, 아동학대, 문맹, 가정폭력, 높은 유아 사망률, 범죄, 기아, AIDS, 코로나 팬데믹 등) 등으로 구분할 수 있다. 대상으로 구분한다면, 연령별(예: 유아, 아동, 청소년, 청년, 장년, 노인), 문제의 심각도를 기준으로 한 대상(예: 임상 집단과 비임상 집단. 장애 집단과 비장애 등)으로 구분할 수 있다. 또한 방법에 따라서는 심리·사회적 개입(예: 개인상담, 심리교육, 집단상담, 코칭 등), 경제적 개입(예: 재난지원금 직접 지원 등을 포함한 수많은 프로그램), 사회복지적 개입(예: 쉼터 운영, 북한이탈주민 지원 프로그램 등을 포함한 수많은 프로그램) 등을 생각해 볼 수 있다. 그 밖에 학문 영역(예: 교육학, 심리학, 의학, 사회복지학, 간호학

등)이나 프로그램 운영 주체(예: 학교, 기관, 단체, 지역사회, 지방행정부, 중앙행정부 등)에 따라서도 구분할 수 있다. 이처럼 프로그램의 종류를 구분하는 방법이나 구체적인 종류는 그 수가 너무 많아 종류를 구분하는 일 자체가 무의미한 것 같다. 그럼에도 교재에서 다루는 프로그램의 규모와 대상을 규정하기 위해 생각해 볼 수 있는 틀 중 하나는 Bronfenbrenner(1977)의 생태학적 체계모형이다.

### 1) 유형 구분의 개념 틀: 생태학적 체계모형

Bronfenbrenner는 원래 발달심리학자로서 아동의 생물심리학적 발달이론으로 유명하다. 그는 아동 발달에 있어 환경적, 사회적 영향에 주목할 뿐 아니라 영향의 양방향성에 대해 주목하게 함으로써 발달심리학의 관점을 전환했다. 그의 이론은 원래 아동 발달에 초점이 맞추어져 있지만, 그의 생태학적 체계이론은 개인의 성장과 발달에 영향을 주는 환경적, 사회적 요인을 개인을 둘러싼 위계적 체계 속에서 이해할 수 있는 틀을 제공한다.

생태학적 체계이론은 이 책의 주제인 프로그램의 유형과 종류의 다양성을 좀 더 체계적으로 이해하고 포착할 수 있는 개념적 구조를 제공한다. 앞에서 언급했듯이 인간 대상 서비스 프로그램은 개인, 집단, 지역사회의 안녕과 복지의 증진 또는 그 이상의 문제를 예방 또는 경감하기 위해 설계된 일련의 조직된 활동이다.[6] 이러한 조직된 활동의 유형과 종류는 헤아릴 수 없이 많으며 그 특성 또한 다양하다. 어떤 프로그램은 개인에게 심리적인 측면에 직접 영향을 끼치게끔 설계되었으며, 어떤 프로그램은 관계에, 또 어떤 프로그램은 특정 집단이나 조직 전체에 영향을 미친다. 심지어 어떤 프로그램은 일종의 제도 형태를 띠면서 사회 전체 체계에 영향을 끼치려는 목적을 가지기도 한다. 이처럼 수많은 유형, 종류, 특성을 가진 프로그램을 포착하고 이해하며 논의하기 위해 최소한의 개념적 틀이 필요하다. 이 책에서는 Bronfenbrenner의 생태학적 체계이론을 적용하고자 하며, 논의를 위해 그 이론에서 제시하는 개념적 모형을 간략히 살펴보고자 한다.

Bronfenbrenner(1977)는 인간발달의 맥락을 설명하는 한 가지 방법으로 생태학

6) https://medical-dictionary.thefreedictionary.com/program+development (2022. 2. 26.)

적 체계이론과 그 체계를 포착하는 개념 모형을 개발했다. 이 모형은 발달을 "인간의 전 생애와 세대에 걸친 생물심리학적 특성의 안정과 변화(stability and change in the biopsychological characteristics of human beings over the life course and across generations)"라고 매우 포괄적으로 정의했다(Bronfenbrenner & Morris, 1998, p. 995).

그는 인간의 발달이 실제 세상에서 발생하는 것으로 이해할 필요가 있다고 생각했다. 그의 초기 이론은 인간발달을 복잡한 환경 체계(environmental system) 내에서 발생하는 것으로 설명했다. 환경 체계는 마치 러시아 인형처럼 내포된 구조(nested structure)를 가지고 있으며, 체계 내 또는 체계 간, 그리고 발달하는 인간하고도 양방향으로 영향을 주고받는다. 각각의 체계는 인간발달에 강력한 영향력이 있는 것으로 간주된다. 내포된 구조들은 ① 미시체계(microsystem), ② 중간체계(mesosystem), ③ 외체계(exosystem), ④ 거시체계(macrosystem), ⑤ 연대체계(chornosystem)로 구성된다(Bronfenbrenner, 1977).

미시체계는 발달하는 개인에게 가장 근접한 환경으로 가족, 또래, 학교, 유치원 등 아동에게 직접 영향을 주는 맥락(또는 사물 따위가 서로 이어져 있는 관계나 연관)을 의미하며, 사람들 간의 활동이나 양방향적인 상호작용으로 구성된다. 이 체계는 집의 크기, 운동장의 시설물, 도서관 장서 규모와 같은 물리적 특성도 포함한다.

중간체계는 두 개 이상의 미시체계 간의 관계와 연결로 구성된다. 예를 들면, 가정과 이웃, 가정과 학교가 연결되어 구성된 체계를 의미하는데, 교사가 부모를 만나 상담을 한다든지, 부모가 학교에서 개최하는 학부모회에 참석하는 것, 자녀 친구의 부모가 서로 만나는 것 등을 의미한다.

외체계는 개인의 발달에 간접적으로 영향을 미치는 외부 환경으로서 부모의 직장, 이웃, 대중매체, 학교의 운영진, 부모의 직장 동료, 친척, 가족의 친구, 지역사회, 대중매체, 지역사회 공공기관 등을 의미한다. 외체계는 아동이 직접 참여하지 않지만, 아동에게 영향을 미치는 사회적 환경이다. 가령, 부모의 직장에서 자녀 양육을 위해 유연근무제를 도입하면 부모-자녀 간의 관계가 증진되는 것을 예로 들 수 있다.

거시체계는 특정한 환경이 아니라 개인이 속해 있는 큰 맥락을 의미하며, 미시, 중간, 외체계에 영향을 줌으로써 개인에게 간접적으로 영향을 미친다. 거시체계에는 문화적 가치, 풍습, 제도, 법률, 규정, 사회의 정책, 자원 등이 포함된다. 아동을 예로 들면, 아동복지 정책이 잘 수립되어 있을 때 아동의 바람직한 발달을 촉진한다.

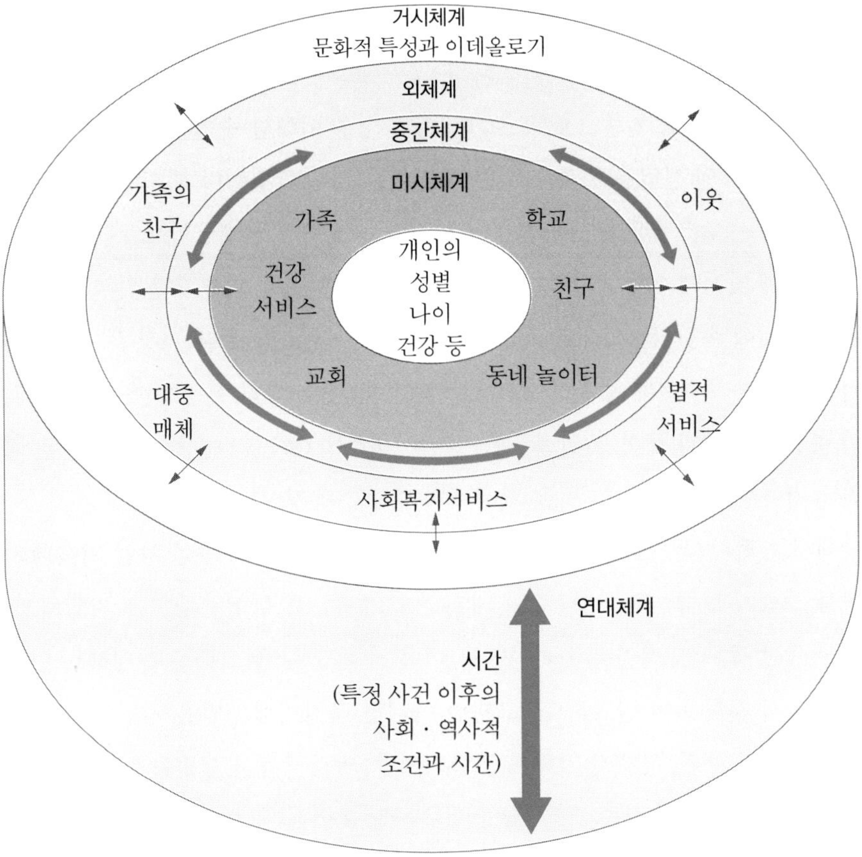


[그림 1-1] Bronfenbrenner의 생태학적 체계모형

출처: Guy-Evans, O. (2020, Nov 09).

연대체계(또는 시간체계)는 이 생태학적 체계모형의 시간 차원을 의미하는데, 전 생애에 걸쳐 일어나는 변화와 사회 · 역사적인 환경을 포함한다. 미시체계, 중간체계, 외체계, 거시체계는 고정된 것이 아니라 시간의 흐름에 따라 역동적으로 변화하는데, Bronfenbrenner와 Morris(1998)의 모형은 계속 변화하는 환경 내에서 발생하는 인간발달의 맥락적 영향을 고려한다.

## 2) 생태학적 체계모형에 따른 프로그램 유형

Bronfenbrenner의 생태학적 체계모형은 인간의 발달에 영향을 주는 공간적, 시간적 환경을 개념적으로 포착하는 모형이다. 그리고 인간 대상 서비스 프로그램은 인간의 발달을 촉진하는 환경 자극의 한 형태로 간주할 수 있다. 그렇다면 개별 인간 대상 서비스 프로그램의 특성에 따라 그 프로그램이 생태학적 체계모형 내에서 어디에 위치하는지를 기준으로 프로그램의 특성을 이해할 수 있을 것이다. 예를 들어, 대학에서 개인 상담을 위해 도입한 증거기반 실무 방법이나 대인관계 향상을 위한 집단상담 프로그램은 학생들에게 직접적인 상호작용을 제공함으로써 변화를 꾀하기 때문에 미시체계에 해당한다고 볼 수 있다. 가정폭력 피해자를 위한 쉼터 같은 것은 외체계에 속한다. 그리고 북한이탈주민 지원 프로그램 같은 경우는 사회복지서비스이므로 외체계에 해당하며, (아직까지는 없지만) 만약 온 국민을 대상으로 그들의 마음의 건강과 행복을 위해 '전문상담서비스법'(또는 '전문상담사법') 같은 법과 관련 규정들이 생긴다면, 그 법은 거시체계에 해당할 것이다.

앞에서는 하나의 프로그램이 하나의 체계와 1:1로 대응하는 것처럼 기술했지만 사실상 그렇지 않다. 북한이탈주민 지원 프로그램은 북한이탈주민을 지원하기 위해 사전에 법적, 제도적인 장치가 마련되어야 하며, 그 프로그램을 운영하는 인력이 일할 건물과 사무실이 필요하다. 그뿐만 아니라 북한이탈주민을 지원하는 프로그램에는 거주지 마련, 경제적 지원도 포함되지만, 인간적 상호작용을 통해 그들의 심리적 성장을 촉진하는 각종 교육, 상담 활동들도 포함된다. 이처럼 미시체계에 속하는 작은 프로그램도 사실은 법적, 제도적인 장치가 뒷받침되는 경우가 많다. 따라서 독자들은 자신이 관심을 가진 하나의 작은 프로그램(예: 집단상담 프로그램)을 생각할 때, 그 프로그램이 생태학적 체계모형 내에서 어느 체계에 속하는지도 고려해야 하지만, 그 프로그램과 그것을 둘러싼 중간체계, 외체계, 거시체계, 시간체계의 특성, 그리고 그 체계들 사이의 관련성도 고려할 필요가 있다. 대학상담센터에서 아주 작은 집단상담 프로그램을 하나 개발하려고 해도, 대학의 정책 방향과 결을 같이하는지, 재정 지원은 받을 수 있는지, 대학에서 그러한 활동을 할 수 있는 물리적 환경은 있는지, 혹시라도 특정 활동을 제한하는 규정은 없는지, 대학의 문화를 생각해 볼 때 과연 지금 이 시점에서 가능한 프로그램인지 등을 고려할 필요가 있다.

일반적으로 전문상담사나 교육자는 주로 내담자에게 직접 영향을 끼치는 미시체계에 관심이 많기 때문에, 프로그램이라고 하면 증거기반 개인상담, 집단상담 또는 심리교육과 같은 형태의 프로그램만 생각하는 경우가 많다. 물론 그들은 한 명 또는 수십 명의 내담자를 대상으로 하는 개입에 전문화되어 있다. 그러나 자신이 속한 기관(예: 대학, 기업)에서 개인상담이나 집단상담, 심리교육을 하려고 해도, 해당 기관의 물리적 환경, 제도, 정책, 재정, 문화 등을 고려하지 않는다면, 자신의 전문성을 충분히 발휘하여 좋은 인간 대상 서비스 프로그램을 개발할 수 없다. 따라서 상담사들은 미시체계에 전문성이 있더라도, 그 미시체계 외부 체계의 특성, 그리고 미시체계와 외부 다른 체계 간의 관련성과 상호작용에 대해서도 이해하고 그것을 활용할 수 있는 전문성을 갖출 필요가 있다.

## 3. 프로그램 개발

앞에서 논의했듯이 프로그램의 필수 조건은 ① 목적, ② 하위 수단이나 활동, 그리고 ③ 체계성이다. 이 점을 고려할 때, 프로그램 개발이란 한 지역사회, 집단, 개인의 요구를 반영하여 가장 중요할 뿐 아니라 전략적으로 효과가 높은 목표를 설정하고 목표 달성을 위해 도움이 되는 수단과 활동을 조직하되, 가장 큰 효과를 보일 체계적인 방법으로 조직하고 시행하는 것을 의미한다. 그뿐만 아니라 하나의 프로그램이 '좋은' 프로그램이 되기에 필요한 조건들, 예를 들면 프로그램의 지속성을 보장할 수 있는 예산과 인력을 확보하고, 인지도와 가시성을 높일 수 있는 정체성과 서비스 철학을 마련하는 것도 프로그램 개발에 필요한 중요 과제들이다. 이 절에서는 프로그램, 특히 '좋은' 프로그램을 개발할 때 개발자가 고려할 원리와 지침을 좀 더 구체적으로 논의하고, 이러한 원리를 반영하여 프로그램 개발자가 따르면 효과적일 프로그램 개발의 단계에 관한 몇 가지 관점을 소개한 후, 이 책에서 따르는 프로그램 개발 단계를 제시하고자 한다.

### 1) 개발의 원칙과 지침

인간 대상 서비스 영역에서 프로그램은 인간 문제의 예방과 개선, 그리고 성장과 발달을 꾀하는 목적을 지닌다. 이 목적을 달성하기 위해 우리는 이미 개발된 프로그램을 활용하거나 내담자의 문제나 특성, 운영되는 맥락에 맞게 기존 프로그램을 수정해서 사용할 수도 있지만, 완전히 새로운 프로그램을 개발할 수도 있다. 몇몇 학자는 최소한의 과학적 절차에 따라 프로그램을 개발하려고 할 때 고려할 지침을 제안했다.

Sussman(2001)은 프로그램을 개발할 때 고려할 기본적인 원칙을 네 가지로 설명했다. 첫째, 체계적인 이론에 기반해야 한다. 즉, 프로그램의 이론적 기반에 근거하여 매개변인과 조절변인을 설정해야 한다. 둘째, 경험적이고 과학적인 방법을 적용해야 한다. 매개변인과 조절변인의 변화를 경험적이고 과학적인 방법으로 측정해야 프로그램 개발자가 프로그램의 효과에 대해 주관적으로 가질 수 있는 편견을 감소시킬 수 있다. 셋째, 프로그램의 개발과정이 엄격해야 한다. 프로그램의 개발과정이 방법상 엄격해야 프로그램의 소비자나 개발 비용을 제공한 사람이 프로그램의 효과를 합리적으로 판단하고 평가할 수 있다. 넷째, 프로그램을 운영하는 중이거나 마친 후, 운영과 효과를 평가하고 그 결과를 반영하여 프로그램을 수정하고 개선해야 한다. 프로그램 개발과정에서 단계별로 객관적이고 과학적인 평가가 이루어져야만, 어떤 변인이 어떤 방법으로 작동하여 프로그램의 효과를 나타냈는지 설명할 수 있고 사회적 환경이나 맥락, 대상에 따라 프로그램을 수정할 때도 수정할 지점과 방향성을 분명하게 알 수 있다.

특히 Sussman(2001)은 프로그램을 개발할 때 프로그램의 이론적인 기반이 명료하고 평가절차가 체계적이어야 함을 중시한다. 즉, 프로그램 활동의 선정이나 효과의 측정이 임의로 혹은 개발자의 직관에 의해 이루어질 가능성을 최소화하고, 이론적 근거를 가지고 개입에 효과를 유발할 수 있는 변인을 도출하며, 그것을 구현할 다양한 활동을 개발하고, 그 효과를 경험적으로 검증하는 등의 절차를 염두에 두고 있다. 이와 같은 원칙을 따름으로써 프로그램이 의도했던 효과를 보일 가능성을 높이며, 때때로 의도했던 효과가 나타나지 않았을 때도 프로그램을 수정할 방향과 지점을 좀 더 체계적이고 신속하게 발견하여 수정할 수 있다.

한편, 김진화(2001)는 프로그램을 개발할 때 다음과 같은 원칙을 고려할 것을 제안했다. 첫째, 창조성의 원칙이다. 창조성은 프로그램의 내용과 방법의 혁신성 및 독특성을 의미한다. 새로운 프로그램은 프로그램의 내용과 방법이 기존의 것과 비교했을 때보다 새롭고 참신해야 한다. 독특성이란 프로그램의 내용과 방법이 다른 기관의 프로그램과 비교하여 독특한 차별성이 있어야 함을 의미한다. 둘째, 현실성의 원칙이다. 현실성이란 계획된 결과물(내용)의 실현 가능성 차원을 의미한다. 어떤 계획이든 그 결과가 주어진 자원 여건을 고려할 때 실현 가능한 것이어야 한다. 셋째, 논리성의 원칙이다. 논리성이란 계획 행위의 체계성과 합리성 자원을 말한다. 프로그램 개발은 다양한 절차와 단계를 체계적이고 합리적으로 진행해야 전문성을 인정받을 수 있다.

이상에서 살펴본 Sussman(2001)과 김진화(2001)의 프로그램 개발원리를 기반으로 상담 및 심리교육 프로그램의 개발원리를 정리하면 다음과 같다.

① 모형의 체계성: 프로그램은 체계적인 이론을 근간으로 한 모형에 기반을 두고 개발할 필요가 있다. 이에 대해 김진화(2001)는 프로그램을 개발할 때는 목적과 목표가 구체적이고 체계적으로 설정되어야 한다고 언급하고 있으며, Sussman(2001)은 이론에 근거한 매개변인과 조절변인의 설정과 규명을 중시하였다.

② 개발 절차의 객관성 및 엄격성: 이론적 모형에 기반을 두고 있더라도 어떤 형태나 활동으로 구현되는지에 따라 그 효과는 달라질 수 있다. 따라서 프로그램의 개발 절차는 누구라도 반복이 가능한 객관적인 절차를 거쳐서, 그리고 정해진 절차를 엄격하게 밟으면서 진행될 필요가 있다.

③ 효과의 검증가능성: 프로그램의 효과를 검증하는 이유는 프로그램에서 보이는 효과가 인상이나 믿음에 의한 것이 아니라 증거에 기반한 것임을 보이기 위해서이다. 프로그램의 효과를 검증하기 위해서, 즉 프로그램이 효과가 있다는 증거를 확보하기 위해서 경험적인 연구를 수행할 필요가 있다. 여기에서 객관성과 경험적인 연구라고 해서 높은 수준의 정밀성과 객관성을 가지고 있는 실험연구만을 의미하는 것은 아니다. 증거기반의 관점에서는 개입의 효과가 있음을 보여 주는 증거를 확보하는 방법으로, 높은 수준의 정밀성과 객관성을 가진 실험연구 외에도 임상적 관찰, 질적 연구, 체계적 사례 연구, 단일사례 실험연구, 공공보건 및 민족지 연구 등의 방법도 중요한 방법으로 간주한다.

④ 개발과정의 순환성: 프로그램의 개발은 평가와 별개로 진행되는 과정이라기보다는 각 단계별로 평가를 실시하고 그 평가를 다음 단계에 반영하는 순환적인 과정이다. 김진화(2001)는 프로그램에 대한 평가는 프로그램을 개발하고 적용한 후 최종적인 결과를 평가하는 것 외에도 프로그램의 목적, 내용, 운영,

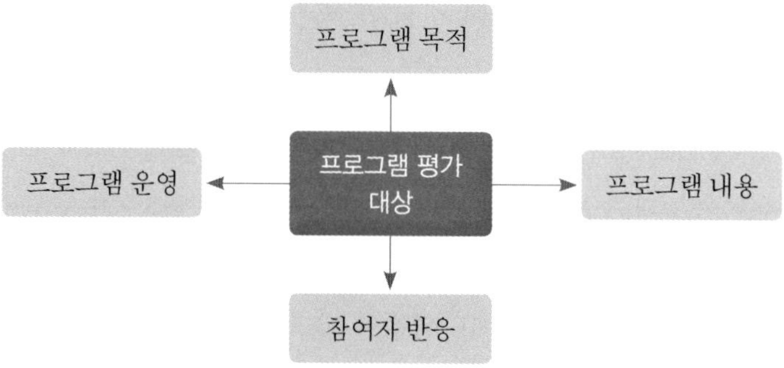


[그림 1-2] 프로그램 평가의 핵심 대상과 영역

출처: 김진화(2001).

참여자 등에 대해서도 이루어져야 한다고 보았다([그림 1-2] 참조). 김창대 등(2011)은 프로그램을 개발하는 과정에서 개발과 함께 프로그램의 각 단계(예: 기획과 설계, 실행 등)와 측면(목적, 내용, 운영, 참여자 등)에 대한 평가가 이루어지고, 그 평가 결과가 프로그램의 개발과 개선에 반영되어야 한다는 점을 강조하면서 프로그램 개발과정은 재귀적(recursive)인 과정이라고 했다. 이처럼 프로그램 평가는 개발과정에서 함께 진행되어야 할 순환적, 재생적, 계속적인 활동이고 종합성을 띤 활동이 되어야 한다.

⑤ 실용성: 프로그램은 일차적으로 '연구'보다는 '사용'을 위한 것이다. 즉, 인간 대상 서비스 프로그램의 궁극적인 목적은 진리의 발견을 넘어 프로그램 참여자, 소비자, 사용자의 안녕과 소비자의 마음의 건강과 행복 증진에 있다. 그러므로 실시대상의 요구가 무엇인지를 정확하게 파악하고, 이에 기반을 둔 프로그램을 개발하는 것이 중요하다. 그렇다고 해서 과학적인 관점과 절차를 무시해도 된다는 의미는 아니다. 오히려 프로그램 개발과 개선 과정에서 과학적 관점과 절차를 중시하는 것 외에 실용성도 추가적으로 고려해야 한다는 의미이다.

⑥ 개발 및 운영의 예술성: 프로그램의 개발 및 운영은 이상에서 언급한 과학적인 요소 외에 창의적인 요소가 필요하다. 즉, 과학적인 이론과 원리를 토대로 개발을 하더라도 프로그램의 효과가 나타나기 위해서는 개발 및 운영에 있어서 창의적인 아이디어와 진행 방법이 요구된다. 예를 들면, 참여자 반응에 대한 인식과 대처, 활동을 구현하는 방식, 예상치 못한 국면이나 상황에 대한 대처 등 프로그램은 개발 및 운영과정에서 조화가 필요하다.

## 2) 기존 개발모형

인간 대상 서비스 영역에서 프로그램의 개발은 여러 단계에 걸쳐 이루어진다. 프로그램을 개발하기 위해서는 프로그램을 기획하고 내용과 구조를 설계할 뿐만 아니라 프로그램의 운영과정, 프로그램의 효과와 성과에 대한 평가와 피드백도 필요하다. Patti(1983)는 프로그램을 개발하기 위해서는 대상 및 문제의 성격에 따른 프로그램의 기획과 설계 외에도, 대상 집단의 요구를 조사하고, 활동을 구성하고 실행해 본 다음, 각 활동이 얼마나 의도한 목적을 달성했는지에 대한 전반적인 평가와 피드백을 시행하고 이를 내용에 반영하는 순환적 과정이 필요하다고 했다. 학자들은 '좋은' 프로그램을 만들기 위해 개발자가 밟아야 할 절차를 단순화하여 도식으로 제시했다. 이러한 프로그램 개발 단계를 단순화한 도식은 '프로그램 개발모형'이라고 지칭하기도 한다(김진화, 정지웅, 2000).

### (1) 변창진의 개발모형

변창진(1994)은 Tuba, Oliva, Hunkins, Tyler와 Soto, Romiszowaski, Logan, Dick과 Carey, Briggs, Leshin, Poolock과 Reigeluth, Johnson 그리고 Goa, Gagne-Briggs 등의 교육과정 개발모형이나 수업 설계 모형 등에 기초해 [그림 1-3]과 같이 9단계의 프로그램 개발모형을 제안했다.

① 요구사정: 프로그램을 개발하기 전에 어떤 프로그램이 필요한지 확인하는 과정이다. 프로그램 개발이론에서는 이상적인 소망 상태를 목적 또는 목표라고 한다. 따라서 요구사정이란 실증적인 자료에 기초해 현재 상태나 수준과 바라는 이상적인 상태나 수준 간의 차이를 확인하는 체계적인 절차이다.

② 계획수립: 프로그램 개발에 관한 청사진이나 설계도를 작성하여 프로그램 개발계획을 세우는 과정이다.

③ 목표선정: 프로그램 계획 단계에서 확정한 목적에 기초하여 프로그램 참가자가 프로그램을 마친 다음 변화, 획득해야 할 태도, 사고, 행동을 구체적으로 제시하는 작업절차이다.

④ 내용선정: 구체적인 목표에 도달할 수 있도록 하기 위한 구체적 활동 또는 경

1단계 요구사정

↓

2단계 계획수립

↓

3단계 목표선정

↓

4단계 내용선정

↓

5단계 내용구성

↓

6단계 도구작성

↓

7단계 전략선정

↓

8단계 평가

↓

9단계 관리

[그림 1-3] 변창진(1994)의 프로그램 개발모형

험을 선정하는 과정이다.

⑤ 내용구성: 목표를 달성하기 위해 선정된 내용을 체계적으로 조직하는 단계이다.

⑥ 도구작성: 프로그램의 목표와 내용에 비추어 보아 프로그램의 운영과정에서 실제로 사용할 도구 및 자료를 검토 · 결정하는 단계이다.

⑦ 전략선정: 경험 및 활동의 전개전략, 프로그램의 형상화 전략을 검토 · 결정하는 단계이다.

⑧ 평가: 새로 만든 프로그램의 가치와 유용성을 확인하는 절차이다.

⑨ 관리: 프로그램을 계속 유지, 관리, 통제하는 것을 총칭하는 단계이다.

### (2) 박인우의 개발모형

박인우(1995)는 상담 및 심리치료 프로그램 중에서 집단상담 프로그램의 개발과정에 대해 언급했다. 그는 집단상담 프로그램이 좀 더 과학적인 절차에 의해 개발되려면 교육공학에서 사용되는 체계적인 개발방식을 도입해야 한다고 제안하였다. 그가 제안한 체계적 집단상담 프로그램 개발모형은 ① 조사, ② 분석, ③ 설계, ④ 개발, ⑤ 실시, ⑥ 총괄평가의 6단계로 구성된다.

① 조사: 조사 단계에는 문헌고찰과 요구조사가 있다. 여기서 문헌고찰에는 관련 프로그램의 효과를 알아보는 것, 관련 프로그램의 하위 영역과 구성에 대해 살펴보는 것 등이 포함될 수 있다.
② 분석: 분석 단계에서는 프로그램의 목적과 목표의 분석, 회기별 목표 설정이 이루어진다. 프로그램의 전체 목표와 회기별 목표를 설정한다.
③ 설계: 설계 단계에서는 분석한 구성요소를 바탕으로 하여 프로그램의 전반적

표 1-7 박인우(1995)의 프로그램 개발모형

| 단계 | 단계별 과제 |
|---|---|
| 조사 | 1. 문제를 진술한다.<br>2. 대상자의 범위를 정한다.<br>3. 문제에 대한 요구조사를 실시한다. |
| 분석 | 4. 프로그램 목표를 진술한다.<br>5. 과제/내용을 분석한다.<br>6. 하위 목표를 진술한다. |
| 설계 | 7. 평가 문항을 작성한다.<br>8. 동기유발 전략을 수립한다.<br>9. 프로그램 제시전략을 수립한다. |
| 개발 | 10. 전략에 따라 프로그램/프로그램 지침서를 개발한다.<br>11. 형성평가를 실시한다. |
| 실시 | 12. 프로그램을 대상자에게 실시한다. |
| 총괄평가 | 13. 반응평가를 실시한다.<br>14. 성취도 평가를 실시한다.<br>15. 적용도 평가를 실시한다. |

인 제시전략과 회기별 제시방법을 결정하고, 다음으로 잠정적인 프로그램에 대한 자문과 예비 적용 순으로 이루어질 수 있다. 문제와 관련된 전반적인 개입전략, 회기의 구조(예: 마음 열기, 본활동, 정리 등)를 정한다. 회기별 프로그램의 내용은 문헌연구와 요구조사 결과를 분석해 결정한다. 전문가의 자문을 통해 프로그램의 이론적 근거, 논리적 연결성, 하위 목표와 회기별 목표의 적절성, 현장 적용 가능성을 검토한다.

④ 개발: 개발 단계에서는 프로그램의 회기별 내용을 구성한다. 아울러 활동지와 활동 내용도 구성한다. 현장 전문가와 이론 전문가의 검증을 통해 프로그램을 최종적으로 수정·보완한다.

⑤ 실시: 실시 단계에서는 프로그램을 실시한다.

⑥ 총괄평가: 총괄평가 단계에서는 프로그램의 효과에 대해 통계 검증 및 효과 분석을 실시한다.

### (3) Sussman의 개발모형

Sussman(2001)은 6단계로 프로그램을 개발한다고 하며, 각 단계의 하위 단계별 활동을 〈표 1-8〉과 같이 제안하였다. Sussman의 개발모형에서는 프로그램이 ① 문헌연구, ② 활동의 수집, ③ 활동의 선정, ④ 선정된 활동의 즉시적 효과연구, ⑤ 프로그램 제작 및 예비연구, ⑥ 프로그램의 장기적 효과연구의 순서로 개발되는 것이 바람직하다고 보았다.

표 1-8 Sussman(2001)의 프로그램 개발모형

| 단계 | 단계별 과제 |
|---|---|
| 문헌연구 | 1. 프로그램의 효과를 내는 매개변인의 확인<br>2. 문제행동의 원인에 대한 이론적 고찰<br>3. 문제행동을 통제하는 방법의 탐색 |
| 활동의 수집 | 4. 유사한 목적을 위한 과제에서 유사한 활동이나 방법 수집<br>5. 새로운 활동의 개발 |
| 활동의 선정 | 6. 지각된 효율성 연구를 통한 활동의 선정<br>7. 심층면접, 델파이 기법, 초점집단 면접, 카드 분류, 설문지 등으로 지각된 효능평가 실시 |

| | |
|---|---|
| 선정된 활동의 즉시적 효과연구 | 8. 단일 집단 연구, 유사실험설계, 실험설계를 통한 요소 연구<br>9. 집단 간 비교연구, 요소 연구 |
| 프로그램의 제작 및 예비연구 | 10. 프로그램 활동 및 요소의 구성<br>11. 예비연구를 통한 실험<br>12. 예비연구 시 다양한 평가 실시<br>13. 프로그램의 수정(활동, 내용, 전략, 모형 등의 측면에서) |
| 프로그램의 장기적 효과연구 | 14. 이전 연구의 개별적 검토<br>15. 메타분석<br>16. 프로그램 내의 변인 간 관련성을 가설적 개념화 후 검증<br>17. 변인 간 관련성에 대한 모형의 검증 |

### (4) 로리나 컨설팅 그룹의 개발모형[7)]

로리나(Lolina) 컨설팅 그룹은 프로그램 개발의 단계를 6단계로 제안했다. 그들은 프로그램 개발 단계를 ① 조사, ② 기획, ③ 설계, ④ 실행, ⑤ 평가, ⑥ 책무성 확보로 제안했으며, 각 단계마다 3개에서 6개 사이의 하위 단계를 제안하여 총 21개의 단계로 구성된다.

**표 1-9 로리나 컨설팅 그룹의 프로그램 개발모형**

| 단계 | 단계별 과제 |
|---|---|
| 조사 | 1. 대상자 결정<br>2. 요구조사 실시<br>3. 환경/상황 검토<br>4. 정치적 의지 평가<br>5. 의사결정자와 참여 대상자 의견조사 |
| 기획 | 6. 임무와 비전 선언 개발<br>7. 관리구조 확인<br>8. 조사부터 완성까지 일정에 관한 계획 수립 |

7) http://lolina-health.com/services/program-implementation-and-evaluation/

| | |
|---|---|
| 설계 | 9. 목적과 목표 설정<br>10. 논리 모형 개발<br>11. 의도한 결과와 성과 검토 및 결정<br>12. 의도하지 않은 잠재적 결과 검토<br>13. SWOT 분석<br>14. 평가계획 수립 |
| 실행 | 15. 의도한 결과와 성과에 관한 정기적인 평가로 진전상태 점검<br>16. 진전상태에 관한 양적 자료 점검<br>17. 질적 자료 수집<br>18. 중간점검과 개선사항 제안 |
| 평가 | 19. 다양한 차원의 평가 실시<br>–목표 평가<br>–결과 평가<br>–성과 평가<br>–영향력 평가<br>–최종 평가 보고서 |
| 책무성 확보 | 20. 성공 측면을 강조한 발표자료/보고서 작성<br>21. 의사결정자와 평가 결과에 대한 논의 |

### (5) 미국 정부 인력관리처의 개발모형[8)]

미국 정부의 인력관리처(Office of Personnel Management: OPM)에서도 프로그램 개발모형을 제시했다. OPM에서는 프로그램 개발 및 평가모형(Program-Development Evaluation Model)으로 명명하여 개발하는 과정에서 평가의 중요성을 강조한 것으로 보인다. 이 모형은 프로그램 개발의 단계를 요구사정, 우선순위 결정, 계획, 실행, 유지의 5단계로 설정하고, 이 모든 단계에서 적절한 평가가 필요함을 강조하고 있다. 이 모형을 간략히 도식으로 나타내면 [그림 1–4]와 같다.

8) https://www.opm.gov/policy-data-oversight/worklife/news-attachments/program-development-evaluation-model-fact-sheet.pdf

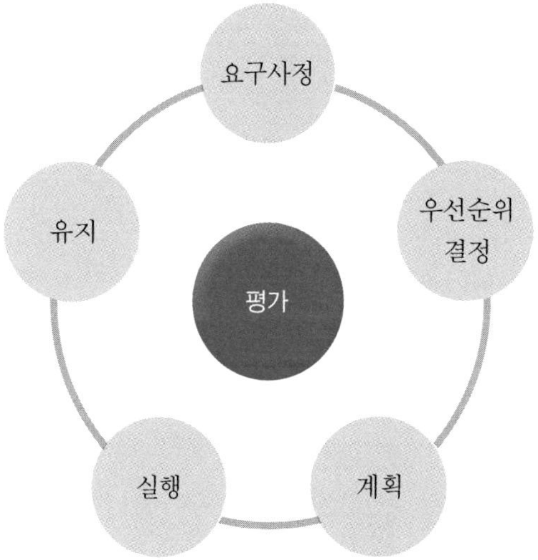


[그림 1-4] 미국 정부 인력관리처의 프로그램 개발모형

### (6) 위스콘신 대학교의 프로그램 개발모형[9)]

미국 위스콘신 대학교에서는 프로그램 개발 전문가들을 위해 별도의 교육과정을 개설하고 있으며, 그 강의에서 프로그램 개발 절차를 프로그램 수행 논리 모형(Program Action Logic Model)으로 명명하고 프로그램 개발 단계를 [그림 1-5]와 같이 도식화하고 있다.

9) https://fyi.extension.wisc.edu/programdevelopment/
https://fyi.extension.wisc.edu/programdevelopment/files/2020/05/LogicModel2020-graphic-2.pdf

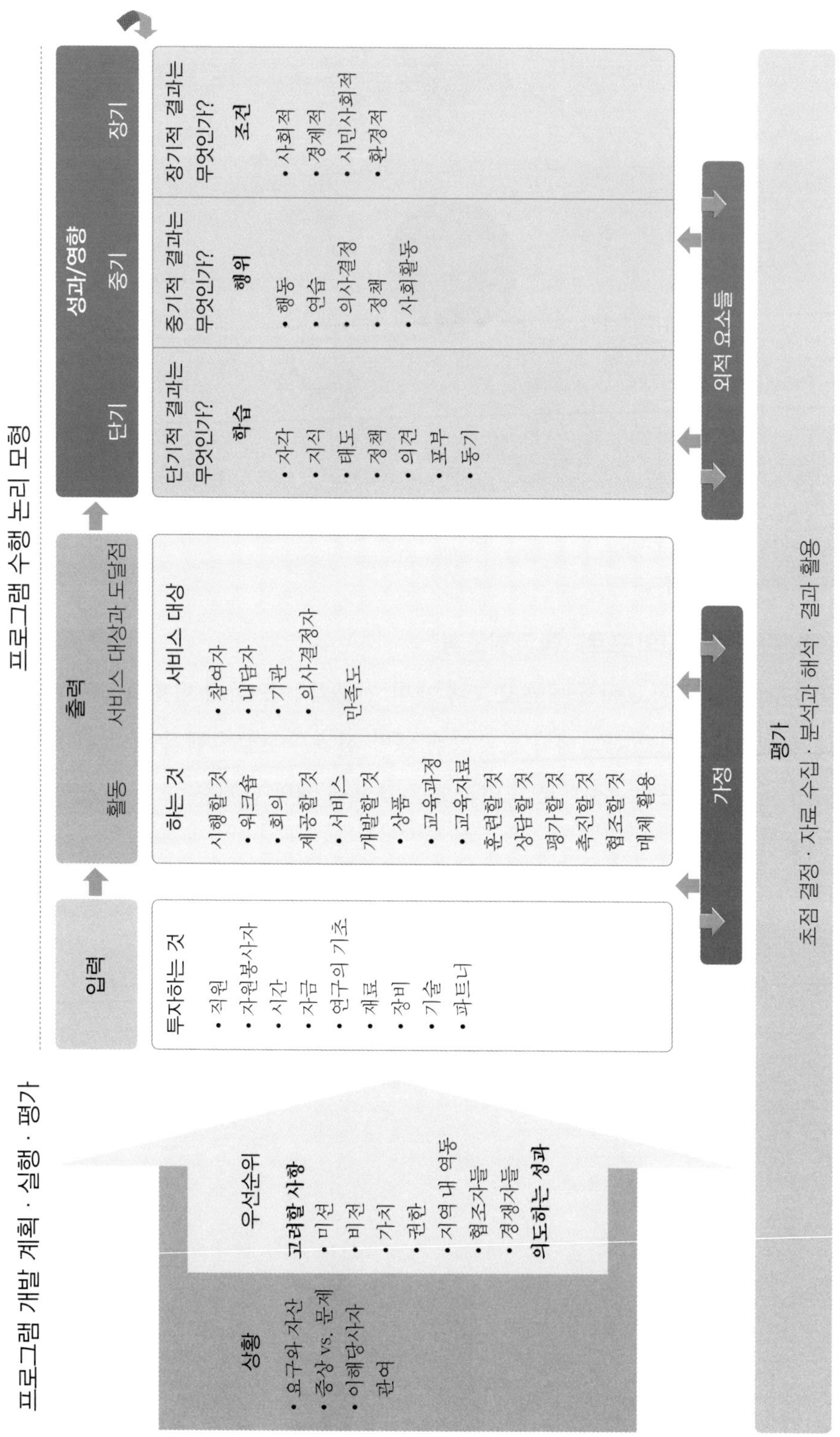


[그림 1-5] 위스콘신 대학교의 프로그램 개발모형

### (7) 각 모형의 특성과 시사점

앞에서 그동안 제안된 프로그램 개발모형 중에서 몇 가지를 제시했다. 필자가 이처럼 그동안 제안된 프로그램 개발모형을 소개하는 이유는 이들이 기존의 모든 모형을 포괄하기 때문이 아니며, 이들이 가장 모범적이고 대표적인 모형이기 때문도 아니다. 필자는 이 모형들을 소개함으로써 그동안 제안된 프로그램 개발모형들이 가지고 있는 일반적이고 공통적인 특징을 살펴보고, 하나의 개발모형이 다른 모형에 비해 강조하고 차별화하는 점이 무엇인지 명료화함으로써 앞으로 프로그램 개발자들이 프로그램을 개발할 때 고려하면 좋을 시사점을 논의하고자 한다.

우선, 변창진(1994)과 박인우(1995)는 교육과정, 교육공학 및 설계를 전공한 학자답게 프로그램 개발 단계를 교육과정 및 수업 설계 개발의 관점에서 기술했다. 그러한 이유 때문인지 프로그램 개발의 단계가 세밀하고 체계적이다. 특히 박인우(1995)의 모형에는 과제 내용의 분석, 평가 문항의 작성, 동기유발 전략의 수립 등 수업 설계와 관련된 개념이 많이 포함되어 있으며, 평가도 형성평가, 반응평가, 성취도 평가, 적용도 평가 등 매우 구체적인 평가방식으로 세분화되어 있다. 그뿐만 아니라 프로그램이 기초하고 있는 이론적 모형은 주로 학습 이론인 것으로 보인다. 다시 말하면 Sussman(2001)의 모형처럼 특정 이론모형을 상정하지 않고, '프로그램의 효과를 내는 매개변인의 확인', '문제행동의 원인에 대한 고찰' 등을 통해 프로그램의 이론모형을 설정하는 절차는 크게 부각되지 않는 것 같다.

Sussman(2001)의 모형은 프로그램의 개발 단계를 ① 문헌연구, ② 활동의 수집, ③ 활동의 선정, ④ 선정된 활동의 즉시적 효과연구, ⑤ 프로그램의 제작 및 예비연구, ⑥ 프로그램의 장기적 효과연구로 구분한다. 다른 모형과 달리 Sussman(2001)은 프로그램 개발과정을 다양한 '연구'가 축적되는 과정으로 보는 것 같다. 그가 제시한 여섯 단계 중에서 활동 수집을 제외한 나머지 다섯 단계의 이름이나 각 단계에서 수행할 구체적 과제를 '연구'로 명명함으로써 프로그램 개발과정이 하나의 복합적 연구임을 강조한다. 이러한 점은 프로그램의 마지막 단계를 '프로그램의 장기적 효과연구'로 명명하고, 그 밑의 하위 과제인 '14. 이전 연구의 개별적 검토', '15. 메타분석', '16. 프로그램 내의 변인 간 관련성을 가설적 개념화 후 검증', '17. 변인 간 관련성에 대한 모형의 검증'으로 마무리함으로써 프로그램 개발과 수정이 하나의 과학적 연구 절차를 밟아야 함을 강조하고 있다. 이 점은 다른 개발모형에 비해 꽤 독특하다. 이처럼 Sussman(2001)의 모형은 각종 자료 수집과 평가가 의사결정자의 결정을 돕는 것 외에도 프로그램의 효과성이나 효율성의 내적 타당도를 높이는 일을 중시하는 것으로 보인다. 이러한 이유로 그의 개발모형은 다른 모형에 비해 엄격하고 정밀하다. 그러나 그만큼 모형에서 제시된 단계를 모두 밟아서 프로그램을 개발하는 일은 타 모형에 비해 어렵다.

또한 Sussman(2001)의 프로그램 개발모형은 변창진(1994)이나 박인우(1995)처럼 학습 이론에 기초한 수업 설계의 관점에서 도출된 개발모형에 비해 학습 이론 아닌 다른 변화이론을 도입하여 프로그램을 개발할 수 있는 여지를 허용한다. 그뿐만 아니라, 다양한 활동을 수집하고 개발하는 단계를 추가함으로써 수업이나 학습보다는 좀 더 큰 규모의 프로그램 개발도 염두에 두고 있으며, 학습 이론에 근거하지 않는 활동을 통한 변화에 대해서도 허용적인 태도를 보이는 것 같다.

로리나 컨설팅 그룹에서 제안한 프로그램 개발의 단계는 ① 조사, ② 기획, ③ 설계, ④ 실행, ⑤ 평가, ⑥ 책무성 확보로 구분되며, 단계별 하위 과제는 21개로 구성된다. 이 단계와 하위 과제는 프로그램 개발 용역의 수주가 중요한 로리나 컨설팅 그룹의 특성상 요구조사 외에 환경/상황의 검토, 정치적 의지 평가와 같은 상황과 의사결정자 요구를 반영하는 과제가 포함된 점이 흥미롭다. 그뿐만 아니라 마지막 단계에서 책무성 확보 측면이 강조된 점, 그리고 책무성을 확보하기 위해 성공 측면을 강조한 발표 자료/보고서 작성, 의사결정자와 평가 결과에 대한 논의와 같이 의사결정자의 의견을 중시하고 그에 따라 프로그램의 개발이 중요함을 강조하는 점이 특징적이다.

대부분의 프로그램 개발모형에서 평가 단계는 프로그램 개발의 마지막에 등장한다. 그러나 미국 정부 인력관리처의 모형이나 위스콘신 대학교에서 제안한 모형은 '평가'가 모든 단계에서 이루어진다는 사실을 매우 분명하게 강조하고 있다. 사실 평가에는 여러 가지 유형이 있으며, 프로그램 개발의 거의 모든 단계에서 평가가 이루어진다. 프로그램 개발과정에서 평가가 가지고 있는 기능과 역할, 그리고 종류의 관점에서 볼 때, 미국 정부 인력관리처의 모형과 위스콘신 대학교의 모형은 다른 모형보다 훨씬 더 프로그램 실제 개발과정을 잘 반영하고 있다. 필자의 인상으로는 국내에서 개발된 프로그램의 경우 프로그램 개발과정에서 필요한 평가가 잘 이루어지지 않는 것 같다. 프로그램 개발과정에서 평가가 다소 덜 중시되는 경향을 바로잡고 균형을 맞추기 위해 필자가 이 교재에서 제시할 프로그램 개발모형은 프로그램 개발과정에서 필요한 여러 가지 평가를 강조하는 방향으로 제시할 필요가 있어 보인다.

어떤 모형은 다른 모형과 달리 프로그램의 지속성(sustainability)(미국 정부 인력관리처 모형)이나 책무성(accountability)(로리나 컨설팅 모형)을 높이는 단계를 별도로 포함하고 있다. 이 점은 개발모형을 제안한 기관의 특성을 반영하는 것 같다. 예를 들면, 정부 기관은 국민의 세금을 사용하기 때문에 공공서비스 프로그램을 직접 개발하거나 프로그램 개발을 수주할 때 프로그램의 지속성 여부가 매우 중요하게 고려되어야 할 것이다. 또한 프로그램을 개발하여 공급하는 기관일 경우 프로그램의 책무성, 즉 프로그램이 효과가 있고 본연의 기능을 잘하고 있음을 프로그램 수주기관이나 의사결정자에게 분명하게 전달하는 일이 필요할 것이다. 이러한 점을 고려할 때, 프로그램 개발자는 한 가지 개발모형으로 모든 상황에 적용할 것이 아니라, 프로그램 개발주체, 프로그램 관련 의사결정자의 소속기관이나 특성에 따라 가장 적합한 모형을 선택하여 적용할 필요가 있다.

관점에 따라 프로그램 개발 단계를 직선적인 것으로 나타내는 모형이 있는 반면, 어떤 모형은 프로그램 개발과정이 순환적임을 분명히 보여 주기 위해 프로그램 개발 단계를 원의 형태로 나타내기도 한다. 미국 정부 인력관리처의 모형은 프로그램 개발 단계를 원의 형태로 제시함으로써 개발 단계가 순환적임을 가장 잘 나타내고 있다.

### 3) 이 책에서 제안하는 개발모형

김창대와 그의 동료들은 김창대(2002)의 모형을 수정하여 2011년에 4단계 프로그램 개발모형을 제시했다. 이 모형은 변창진(1994), 박인우(1995), Sussman(2001)의 프로그램 개발모형을 참조하여 각 모형의 장점을 통합하고 단점을 보완하여 종합적인 프로그램 개발모형을 제시한 것이다. 당시의 프로그램 개발모형은 몇 가지 특징을 가진다.

첫째, 김창대 등(2011)의 프로그램 모형은 개발 단계를 ① 목표 수립, ② 프로그램 구성, ③ 예비연구/장기적 효과 제고 노력, ④ 프로그램 실시 및 개선으로 제시했다.

그리고 각 단계별로 하위 과제도 제시했는데, 예를 들면, ① 목표 수립 단계에는 기획, 요구조사, 수정 계획안 수립, 프로그램 목적 및 목표의 정립, 프로그램의 이론적 모형 설정, ② 프로그램 구성 단계에는 내용에 대한 이론적 검토, 활동의 수정, 지각된 효율성 평가, (활동, 내용, 전략의) 선정, 요소 연구, 프로그램 구성, ③ 예비연구/장기적 효과 제고 노력 단계에는 예비 실행/수정, 다양한 평가, 프로그램 모형 재검토, 기존 연구 분석(메타분석, 매개변인 수정 등), 끝으로 ④ 프로그램 실시 및 개선 단계에는 프로그램 실시, 다양한 평가, 매개변인의 계속적 수정, (활동, 내용, 전략의) 수정 등의 하위 과제가 포함되었다.

둘째, 프로그램 개발 단계에서 평가가 매우 중요함을 강조했을 뿐만 아니라 평가가 프로그램 개발의 마지막 단계가 아니라 단계별로 다양한 평가가 있음을 명시적으로 드러내고자 했다. 따라서 프로그램 개발 단계 중에서 '평가' 부분을 따로 분리하여 각 단계별로 필요하고 또 가능한 평가의 종류 및 유형을 제시했다(〈표 1-10〉 참조).

셋째, '예비연구/장기적 효과 제고 노력'이라는 단계를 따로 구별했다. 당시 이 단계를 구별하여 강조한 이유는 프로그램 개발 절차가 좀 더 과학적이 되기 위해서는 프로그램안이 개발된 후, 그 프로그램이 원래의 목적에 맞는 효과가 있는지 미리 확인하는 예비연구를 수행하고, 그 결과에 따라 원래의 프로그램을 수정할 필요가 있다는 점을 강조하기 위해서였다.

넷째, 프로그램 개발과정이 지속적이고 재귀적인 작업이라는 점을 강조했다. 이러한 점은 단계의 명칭에서도 드러난다. 단계 3에서 예비연구/장기적 효과를 높이기 위해 계속 노력할 것임을 강조하고, 단계 4에서 프로그램을 실시할 뿐만 아니라 계속해서 개선할 것이라는 점을 단계의 명칭에 담았다.

김창대 등(2011)의 프로그램 개발모형은 수업 설계 모형을 넘어 인간 대상 서비스 프로그램을 개발할 때 적용할 수 있는 모형이고, 당시까지 다소 경시되었던 프로그램 개발에서 과학적인 접근과 프로그램 개발과정에서 도입되는 각종 평가를 강조했으며, 프로그램의 개발과정이 지속적이라는 점을 부각했다는 점, 그리고 프로그램 개발과정에 관한 여러 가지 개발모형을 통합했다는 점에서 의의가 있었다.

**표 1-10 김창대 등(2011)의 프로그램 개발모형**

| 프로그램 개발 | | | | | |
|---|---|---|---|---|---|
| 프로그램 개발 단계 | 단계 1<br>목표 수립 | 단계 2<br>프로그램 구성 | 단계 3<br>예비연구/장기적 효과 제고 노력 | | 단계 4<br>프로그램 실시 및 개선 |
| | ↓ | ↓ | ↓ | | ↓ |
| 프로그램 개발의 하위 단계 | 기획 | 내용에 대한 이론적 검토 | 예비 실행/수정 | 프로그램 모형 재검토 | 프로그램 실시 |
| | ↓ | ↓ | ↓ | ↓ | ↓ |
| | 요구조사 | 활동의 수집 | 다양한 평가* | 기존 연구 분석<br>메타분석<br>매개변인 수정 | 다양한 평가* |
| | ↓ | ↓ | | ↓ | ↓ |
| | 수정 계획안 수립 | 지각된 효율성 평가 | | 최종모형구성 | 매개변인의 계속적 수정 |
| | ↓ | ↓ | | | ↓ |
| | 프로그램 목적 및 목표의 정립 | (활동, 내용, 전략의) 선정 | ↓ | ↓ | (활동, 내용, 전략의) 수정 |
| | ↓ | ↓ | | | |
| | 프로그램의 이론적 모형설정 | 요소 연구 (경험적 확인) | | | |
| | | ↓ | | | |
| | | 프로그램 구성 | (활동, 내용, 전략, 모형의) 수정 | | |

| 프로그램 개발 단계별 가능한 평가 내용 | | | | |
|---|---|---|---|---|
| | 단계 1 | 단계 2 | 단계 3 | 단계 4 |
| 평가내용 | 요구조사 | 지각된 효율성 평가 | 비용 및 효율성 평가 | 목표달성도 평가 |
| | | 요소의 효과평가 | 목표달성도 평가 | 반응 및 만족도 평가 |
| | | | 반응 및 만족도 평가 | 성취도 평가 |
| | | | 성취도 평가 | 다양한 형성 및 과정 평가 |
| | | | 다양한 형성 및 과정 평가 | 효과평가 |
| | | | 효과평가 | |

* 다양한 평가란 비용 및 효율성 평가, 목표달성도 평가, 반응 및 만족도 평가, 성취도 평가, 다양한 형성 및 과정 평가, 효과평가 등을 모두 포함한다.

그러나 이 프로그램 개발모형은 프로그램 개발이 지속적인 과정이라는 점을 너무 강조하여 어느 시점에서 마무리되어야 하는지가 불분명하며, 프로그램 개발의 하위 단계가 너무 많아 복잡하다는 평가를 받기도 했다. 그뿐만 아니라 김창대(2002)의 프로그램 개발모형은 프로그램 개발의 과학적 측면을 상대적으로 많이 강조했지만, 현실적인 프로그램 개발과정에서 빠뜨릴 수 없는 실용적 측면, 프로그램이 적용되는 맥락적 측면, 또한 프로그램의 책무성, 프로그램 지원을 좌우하는 의사결정자 요인, 프로그램의 지속성에 대한 고려가 상대적으로 부족했다. 따라서 이 책에서는 김창대 등(2011)의 모형과 거의 유사하지만, 불필요하게 복잡한 부분은 단순화하고 프로그램의 실용적 측면, 현실적 측면, 책무성, 지속성 등의 요소를 가미한 방식으로 프로그램 개발모형을 재구성하여 제시하고자 한다.

이 책에서 제시하는 프로그램 개발모형은 단순 모형, 원형 모형, 완전 모형으로 구분된다. 이 세 모형은 동일한 모형을 여러 측면에서 도식화한 것으로서 각각의 형태는 다음과 같다.

### (1) 단순 모형

이 모형은 프로그램 개발 단계를 ① 기획, ② 설계, ③ 실행, ④ 책무성 확보의 4단계로 구분한다([그림 1-6] 참조). 첫째, 기획 단계란 프로그램의 대상자(target population) 또는 참여자를 결정하고, 요구조사를 하며, 환경이나 상황을 검토하고, 그 결과로 프로그램의 비전과 목적을 설정한 후, 프로그램 개발 일정이나 수행 일정을 계획하는 단계이다. 둘째, 설계 단계란 프로그램의 목적과 목표를 구체화하고, 해당 프로그램에서 인간 변화에 관해 기초할 이론적 모형을 개발하며, 관련된 활동을 수집, 선정, 개발한 후, 각 활동별 효과성을 검토하는 요소 연구를 수행하며, 구체적인 평가 계획도 수립하는 단계이다. 셋째, 실행 단계란 프로그램 요소를 구성한

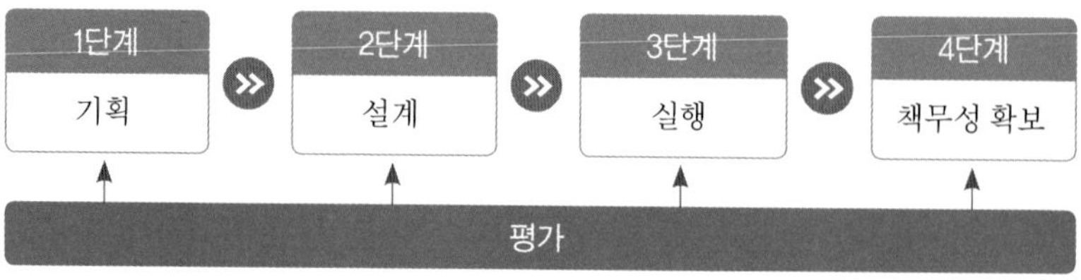


[그림 1-6] 이 책에서 제시하는 프로그램 개발모형: 단순 모형

후 의도한 결과와 성과가 도출되었는지 중간점검하는 단계이며, 이때 점검 결과 개선사항을 제안할 수 있다. 넷째, 책무성 확보 단계란 실제 여러 차례의 실행과 점검, 그리고 평가를 거쳐 완성된 프로그램에 대한 최종 보고서를 작성하고 프로그램에 대한 평가 결과, 프로그램의 적용 여부, 그리고 프로그램의 지속 여부 등을 논의하는 단계이다.

### (2) 원형 모형

이 모형은 프로그램 개발 단계를 단순하게 표현하여 이해하기 쉽지만, 그 개발과정이 직선적으로 묘사되어 있기 때문에 발생할 수 있는 오해를 불식하기 위해 프로그램 개발 단계의 단순 모형을 원으로 표현한 모형이다. 이 도식에 따르면, 프로그램의 기획, 설계, 실행, 책무성 확보 단계에서 적용된 평가 결과가 되먹임되어 지속적으로 수정, 보완의 절차를 거친 후, 최종적으로 완성된다. 이 원형 모형은 되먹임 과정이 잘 드러나지 않는 단순 모형에 되먹임 과정을 부각하여 표현한 도식이다.

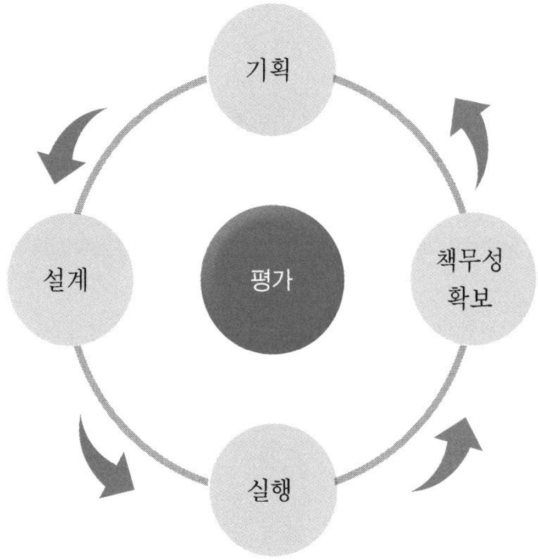


[그림 1-7] 이 책에서 제시하는 프로그램 개발모형: 원형 모형

### (3) 완전 모형

이 모형은 앞에서 제시한 변창진(1994), 박인우(1995), Sussman(2001), 로리나 컨설팅 그룹, 미국 정부 인력관리처, 위스콘신 대학교, 김창대 등(2011)의 프로그램 개

발모형을 참조하여 각 모형의 장점을 통합하고 단점을 보완하여 제시하는 종합적인 모형이다. 이 모형은 프로그램 개발 단계를 ① 기획, ② 설계, ③ 실행, ④ 책무성 확보의 네 단계로 구분하며, 각 단계에서 완수해야 하는 구체적인 수행 과제를 제시하고 있다. 그리고 평가는 모든 단계에서 필요하지만, 각 하위 단계마다 적용되는 평가의 종류는 다른 것으로 설명하고 있다.

| 개발 | | | | | | | |
|---|---|---|---|---|---|---|---|
| 개발단계 | 1단계 | | 2단계 | | 3단계 | | 4단계 |
| 수행 과제 | 기획 | ➡ | 설계 | ➡ | 실행 | ➡ | 책무성 확보 |
| | 대상자 결정 | | 목적/목표 설정 | | 의도한 결과/성과 점검 | | 보고서 작성 |
| | 요구조사 | | 이론모형 개발 | | 중간점검 | | 의사결정자와 평가 결과 관련 논의 |
| | 환경/상황 검토 | | 활동 수집 | | 개선사항 제안 | | |
| | 프로그램 비전 및 목적의 정립 | | 활동 선정 | | | | |
| | 일정계획 수립 | | 요소 연구 | | | | |
| | | | 평가계획 수립 | | | | |
| 평가 | | | | | | | |
| 목적별 구분 | 요구조사, 목표 달성도 평가, 결과 평가, 성과/효과평가 평가, 비용-효율성 평가, 요소 평가, 영향력 평가, 반응 및 만족도 평가 | | | | | | |
| 단계별 구분 | 요구조사 | | 지각된 효율성 평가 | | 목표 달성도 평가 | | |
| | | | 요소의 효과평가 | | 비용-효율성 평가 | | |
| | | | | | 반응 및 만족도 평가 | | |
| | | | | | 영향력 평가 | | |
| | | | | | 성과/효과평가 | | |
| 자료 형태별 구분 | | | 질적 평가, 양적 평가 | | | | |

[그림 1-8] 이 책에서 제시하는 프로그램 개발모형: 완전 모형

① 단계 1 기획

기획은 인간 대상 서비스 프로그램의 구체적인 형태를 설계하기 전, 프로그램의 전반적인 필요성과 요구를 파악하고 비전을 설정하며 프로그램 개발의 일정을 수립하는 단계이다. 이 단계는 ① 대상자 결정, ② 요구조사, ③ 환경/상황 검토, ④ 프로그램의 비전 및 목적 정립, ⑤ 일정계획 수립 등의 과제로 구성된다. 기획 단계의 첫 과제인 대상자 결정이란 개발할 인간 대상 서비스 프로그램에서 관심의 초점이 되는 대상의 특성을 구체적으로 규정하는 것으로서 나이, 성별, 문화적 배경, 서비스 대상의 규모 등을 규정한다. 관심의 초점이 되는 대상의 특성 중에서 가장 중요한 것은 그들의 요구와 필요이다. 요구조사는 대상의 요구와 필요를 파악하기 위한 것인데, 기존 자료의 분석, 설문조사, 그리고 다양한 형태와 규모의 면담 등으로 이루어진다. 환경과 상황의 검토란 앞으로 개발할 인간 대상 서비스 프로그램의 대상이 처한 환경적, 상황적 조건, 그리고 프로그램을 지원할 기관이나 단체의 환경적, 재정적, 정치적 상황 등을 파악하는 것을 의미한다. 프로그램 개발은 순수 연구보다 경제 · 사회 · 정치적 상황에 의해 훨씬 더 많은 영향을 받기 때문에 프로그램 대상자나 개발을 지원하는 주체 등 여러 이해당사자가 처한 현실적인 환경과 상황을 검토하고 고려하는 일은 매우 중요하다. 이와 같은 과제가 대략 완료되면, 프로그램 개발자는 프로그램이 가지고 있는 비전과 목적을 정의한다. 비전과 목적은 프로그램 개발자나 프로그램 개발을 지원하는 주체가 취하고 있는 입장의 선언이기 때문에 구체적인 프로그램의 목표보다는 추상적이다. 그러나 이것들은 프로그램 개발의 명분과 방향성을 분명하게 해 주며, 프로그램 개발과정에서 자주 접하게 될 '왜?' 또는 '무엇을 위해?'라는 질문에 대한 답변을 제공한다. 그 후, 프로그램 개발의 전체 일정을 수립하게 되는데, 이 일정에는 기간, 비용, 필요 인력 등에 대한 계획도 포함된다.

② 단계 2 설계

설계는 프로그램을 기획한 후 기획 당시의 아이디어를 실제 프로그램으로 구현해 내는 단계이다. 이 단계는 ① 목적/목표 설정, ② 이론모형 개발, ③ 활동 수집, ④ 활동 선정, ⑤ 요소 연구, ⑥ 평가계획 수립 등의 하위 과제로 구성된다. 설계 단계의 첫 과제인 목적/목표 설정은 기획 단계에서 하는 비전 및 목적의 정립과는 다르다. 전자는 구체적인 프로그램의 목적이나 목표를 구체화하는 것이 아니라 프로그램 개발 사업을 해야 하는 이유와 목적을 정립하는 것인 반면, 후자는 구체적인 개별 프로그램에서 추구하는 목적과 그 목적을 달성하기 위해 밟아야 할 하위 목표를 의미한다. 이론모형의 개발이란 프로그램이 기초로 할 이론적 모형을 만드는 것으로서, 기존에 있던 인간의 변화 모형 중에서 선택하거나 해당 프로그램에 알맞은 최적의 모형을 새로 구성할 수 있다. 이러한 이론모형은 인간의 변화를 촉진하는 하위 변인들을 구체화해 주며, 변화를 촉진하는 데 도움이 될 활동이나 자극을 선택하거나 개발할 때 방향과 지침을 제공한다. 이론모형이 결정된 후에는 그 모형을 따라서 인간의 변화를 촉진할 수 있는 실제 자극이나 활동을 수집하거나 개발해야 한다. 기존에 이미 특정 변화를 유도하는 적합한 자극이나 활동이 있다면, 그것들을 선택하여 새로운 프로그램에서 적용할 수 있지만, 적합한 자극이나 활동이 없을 때는 새로운 자극과 활동을 창조해야 할 수도 있다. 자극이나 활동을 선정하거나 창조할 때는 하나의 목적에 대해 여러 가지 활동을 선정 또는 창조할 수 있다. 요소 연구는 여러 가지 선택 가능한 자극과 활동 중에서 어떤 자극과 활동을 선택할지, 또 어떤 순서로 배열할지 등을 결정하는 과제이다. 사실 프로그램을 개발할 때 매번, 매 단계에서 요소 연구를 할 수는 없다. 그러나 요소 연구는 프로그램 개발과정에서 준수하면 좋을 지침이며, 실제로 실시할 수 있다면 기회가 닿는 한 실시하는 것이 좋다. 프로그램의 개발은 평가와 떨어질 수 없다. 프로그램을 개발할 때 개발의 단계마다 또는 개별 하위 과제를 수행하면서 수시로 하는 것이 평가이다. 그 평가는 매번 엄밀할 필요는 없다. 그러나 프로그램 개발과정에서 평가의 중요성을 자각하는 마음으로 프로그램을 개발하는 태도가 중요하며, 이러한 평가를 체계적으로 하기 위해서 프로그램 설계 단계부터 미리 평가계획을 수립하는 것이 좋다.

③ 단계 3 실행

실행은 잠정적으로 개발된 프로그램을 실행해 본 후, 여러 가지 측면에서 의도한 결과와 성과가 도출되는지, 운영상의 어려움은 없는지 등을 검토하는 단계이다. 이 단계는 ① 의도한 결과/성과 점검, ② 중간점검, ③ 개선사항 제안 등의 하위 수행 과제로 구성된다. 실행 단계의 첫 과제인 의도한 결과/성과 점검이란 잠정적으로 개발한 프로그램과 그 요소가 원래 의도한 대로 결과와 성과를 도출하는지 각종 평가 방법을 통해서 확인하는 것이다. 그 후 전체적으로 중간점검을 하고 프로그램 개발 시 반영할 사항을 정리하여 제안하는 것을 의미한다.

④ **단계 4 책무성 확보**

이 단계는 인간 대상 서비스 프로그램의 개발과정에서 기획, 설계, 실행 단계를 여러 번 거치면서 많은 시행착오와 이를 통해 학습한 사항, 제안 사항을 반영하여 최종적으로 프로그램이 완성되는 단계이다. 이 단계는 ① 보고서의 작성, ② 의사결정자와 프로그램의 효과성에 대해 평가한 결과를 논의함으로써 프로그램 전체의 성과뿐만 아니라 책무성을 검토하고 확보해 나가는 과정으로 구성된다. 프로그램은 보고서로 구체화된다. 보고서에는 기획 단계에서부터 설계 단계를 거쳐 실행 단계에 이르는 과정에서 했던 체험, 평가, 제안, 최종 결과물 등을 일목요연하게 정리하여 이 프로그램이 목적에 부합하는 성과가 있으며 투입된 재정을 고려할 때 효율적인 프로그램이었음을 보여 주는 것을 의미한다. 이때 보고서는 프로그램 개발자가 이 프로그램의 사용 여부, 유지 여부 등을 논의하고 결정하게 하는 중요한 자료가 된다.

## 생각해 보기

1. 프로그램의 개념을 고려할 때 프로그램이 되려면 가져야 할 세 요소를 설명하시오.
2. 상담 및 심리교육 프로그램의 주요 영역에 대해 기술하시오.
3. 증거기반 실무와 프로그램 개발의 관련성을 설명하시오.
4. 상담 및 심리교육 프로그램의 개발원리를 간략히 요약하시오.
5. 다양한 상담 및 심리교육 프로그램 개발모형이 가진 특징과 장단점을 기술하시오.
6. 과학적인 절차에 따라 프로그램을 개발하기 위해 개발자로서 할 일이 무엇인지 기술하시오.
7. 프로그램의 목표 대상이 불분명할 때 발생할 수 있는 문제점을 기술하시오.
8. 사회복지나 평생교육 영역의 프로그램 개발과 상담 및 심리교육 영역의 프로그램 개발의 공통점과 차이점을 목적, 목표, 과정, 대상 등의 측면에서 기술하시오.

## 적용

1. 상담 및 심리교육의 다양한 영역 중에서 관심 있는 영역을 한 가지 선택하시오.

2. 선택한 주제 영역에 대해 프로그램을 필요로 하는 대상이 누구인지 구체화하시오.

3. 프로그램을 통해 궁극적으로 이루고자 하는 목적 및 목표가 무엇인지 나열하시오.

4. 선택한 주제로 프로그램을 개발하려고 할 때, 어떤 프로그램 개발모형을 적용할지 선택하고, 그 개발모형을 따를 때 어떤 절차가 필요한지 기술하시오.

5. 개발 절차가 상세히 소개된 프로그램 개발 관련 보고서나 논문을 두 편 찾아 다음의 질문에 답하시오.
   (1) 이 논문에 포함된 두 프로그램 중에서 더 과학적인 절차를 따랐다고 생각하는 것 한 편을 선택하고, 그 논문의 프로그램 개발과정이 더 과학적인 이유를 설명하시오.
   (2) 과학적 절차를 따르지 못했다고 평가하는 프로그램에 대해서는 개발 절차를 더 과학적으로 개선하기 위해 어떤 조치가 필요한지 설명하시오.

제 2 부

# 프로그램 기획

제2장

# 프로그램 기획의 의미와 주요 과제

이 장은 이 책에서 제시하고 있는 상담 및 심리교육 프로그램 개발 절차 중 첫 단계인 프로그램 기획의 의미를 명료화하는 것부터 시작하고자 한다. '기획'은 '계획'과 의미가 비슷한 것 같지만 다르다. 기획은 어떤 일을 할 필요성과 타당성을 확립하기 위한 과정을 의미하는 한편, 계획은 이미 하기로 결정된 일을 효율적으로 수행하는 데 필요한 과제들의 종류, 방법, 순서 등을 미리 구체적으로 생각해 두는 것이다. 이 장에서는 프로그램 기획의 의미, 프로그램 기획에 참여할 당사자, 프로그램 기획의 하위 과제들이 무엇인지 논의할 것이다.

### 이 장에서 다룰 주제

- 프로그램 기획은 무엇인가?
- 프로그램 기획에는 누가 참여해야 하는가?
- 프로그램을 기획할 때 주요 과제는 무엇인가?

## 1. 프로그램 기획이란

프로그램 기획의 의미를 살펴보기 전에 일반적인 기획의 의미를 살펴보자. 웹스터 사전에 의하면 기획은 '무엇을 하거나 성취하기 위한 계획을 세우는 행위나 과정(the act or process of making a plan to achieve or do something)'(Webster Dictionary, 2021)이다. 이 정의에 따르면 기획(planning)은 '계획(plan)을 만드는 행위나 과정'이다. 기획과 계획은 매우 밀접한 관계가 있지만, 기획은 계획을 수립하는 행위나 과정이라는 의미를 내포하며, 계획은 그러한 과정이 종료된 후 산출된 결과물을 의미한다.

그뿐만 아니라 기획은 그동안 없었던 새로운 일을 모색한다는 의미를 내포하기 때문에 새로운 가치를 만들어 내는 창조성과 창의성을 강조한다. 따라서 기획서라고 하면 어떤 일을 새롭게 펼쳐 내고자 생각을 정리하고 가다듬어 만든 문서로서, 그 문서에는 어떤 일을 진행할지 말지, 어떤 새로운 가치를 창조해 낼 것인지에 대한 생각, 그리고 앞으로 계획을 세워서 일을 진행함으로써 도달할 수 있는 비전에 대한 진술이 담긴 경우가 많다. 한편, 계획은 기획과정에서 고민을 거쳐 정해진 일을 효과적으로 수행하기 위해 만든 세부 방침이나 단계를 의미하기 때문에 '무슨 일을 어떻게 하겠다'라는 실행의 논리성과 효율성을 강조한다. 따라서 계획서에는 결정된 사업을 수행해 나갈 구체적인 방법과 절차를 기술한 경우가 많다. 기획과 계획의 의미를 구별해 보면 〈표 2-1〉과 같다.

그렇다면 프로그램 개발과정에서 '기획'이란 무엇인가? 프로그램 개발과정에서의 기획은 프로그램 개발의 모든 단계 중에서 가장 첫 단계이며, 이 단계에서 우리는 프로그램 개발의 목적과 가치를 정립하고 프로그램 개발의 기본 방향을 수립한다. Skidmore(1995)는 기획을 목적과 표적물(targets)을 기대하는 과정이며 목적과 기대에 도달하기 위해 계획을 준비하는 과정으로 정의했다. '기획'은 주로 '왜?', '어떤 가치?', '타당성 여부' 등과 관련된 질문에 대해 논리적인 해답을 찾아가는 과정으로 이것을 김창대 등(2011)에서는 '아이디어 제안 및 타당성 검토 측면에서의 기획'이라고 명명했다. 프로그램 개발의 기획 단계에서는 방향성을 정하기 위해 다음과 같은 중요한 질문에 대한 의사결정이 이루어진다.

표 2-1 **기획과 계획의 차이**

| 기획(planning) | 계획(plan) |
| --- | --- |
| • 그동안 없었던 새로운 일을 이루기 위해 미리 짠 얼개 | • 정해진 일에 대해 조직적이고 구체적이며 실현 가능성을 고려하여 짠 얼개 |
| • 새로운 일을 모색하고 가치를 창조해 내기 위한 시도 | • 정해진 일에 대한 하나하나의 세부 방침이나 단계를 수립한 것 |
| • '새로운 가치를 만든다'의 창조와 창의성 강조 | • '무슨 일을 어떻게 하겠다'는 실행 논리와 효율성 강조 |
| • 결과물: 의미 있고 새로운 가치를 만들어 낸다는 명료한 목적과 그것에 도달하려고 할 때 사용할 방법의 대안들 | • 결과물: 기획에서 창조해 내려고 했던 가치를 내포한 실제 결과물을 만들어 내는 구체적 과정과 단계 |
| 예: '여행상품을 기획함'<br>• 지금까지 존재하지 않았던 상품을 만드는 것부터 상품을 판매할 전략을 수립함<br>• (아직 존재하지 않기 때문에) 상상해서 만들고 그려 내야 함 | 예: '여행을 계획함'<br>• 여행의 날짜, 경비, 경로 등 결정된 여행 준비를 체계화함<br>• 계획이란 무엇인가 확정된 것을 정비하고 준비함 |
| 예: '(요구를 충족하거나 문제를 해결할) 어떤 프로그램이라는 상품을 기획함'<br>• (특정 집단의 요구를 충족하거나 문제를 해결한다는) '가치'를 실현하기 위해 프로그램이라는 형태의 어떤 것을 만드는 것이 필요하고 그러한 아이디어가 타당한지 검토하고 제안함 | 예: '프로그램을 계획함'<br>• (기획과정에서 특정 집단의 요구 충족과 문제 해결이라는 가치를 어떤 프로그램을 개발하여 실현할 것을 결정한 후) 프로그램의 내용, 운영 방법, 시간, 공간, 대상 등을 구체적으로 결정함 |

출처: https://writing-report.tistory.com/18 수정 인용.

- 왜 프로그램을 개발해야 하는가?
- 어떤 요구가 있어 프로그램을 개발해야 하는가?
- 프로그램 개발을 통해서 창출하려는 가치는 무엇인가?
- 그러한 가치는 어떤 대상에게 중요한가?
- 창출하려는 가치를 프로그램이라는 방법으로 창출하려는 아이디어가 타당한가?
- 창출하려고 하는 가치를 위해 이미 개발된 유사한 프로그램은 없었는가? 만약 유사한 프로그램이나 방법이 있다면, 왜 다시 프로그램을 개발해야 하는가?

- 이 프로그램을 진행할 때 필요한 물리적, 사회적 자원을 동원할 가치가 있는가?
- 프로그램을 통해서 얻고자 하는 결과는 무엇인가?

임은미(2001)는 청소년상담 프로그램 개발에서 기획이란 프로그램 개발의 필요성 확인, 상담기관 및 조직체의 상황 분석, 프로그램 개발의 기본 방향 설정, 프로그램 개발모형의 설정, 잠재적 고객분석, 요구분석, 확인된 교육목표 및 요구를 목표로 전환하는 단계로 보았다. 또한 기영화(2008)는 평생교육 프로그램 개발을 위한 기획 단계는 프로그램 상황분석, 요구분석, 프로그램 목표 전환 단계로 구성된다고 하면서, 그중에서 프로그램 상황분석에는 프로그램 개발 여부 결정, 프로그램 아이디어 창출, 프로그램 환경분석, 프로그램 고객분석 등이 포함된다고 했다.

일단 프로그램 기획 관련 질문을 검토한 결과 프로그램 개발을 결정했다면, 그 후에는 프로그램을 개발할 구체적인 계획을 세우게 된다. 프로그램의 '계획'은 '어떤 과제(또는 하위 과제)를?', '언제까지?', '어떻게?', '누가?' 등과 관련된 질문에 대해 구체적으로 답하는 과정이다. 다음과 같은 질문에 대해 명료하게 답하고 정리함으로써 구체적인 계획이 수립된다.

- 이 프로그램을 누구와 개발할 것인가?
- 개발을 위한 예산은 얼마나 필요하며 누가 누구로부터 조달할 것인가?
- 이 프로그램은 누가 어떤 방법으로 언제까지 개발할 것인가?
- 이 프로그램은 누가, 언제, 어떤 방법으로 평가할 것인가?
- 이 프로그램은 (제1장에서 제시된) 여러 개발모형 중에서 어느 모형을 따라 개발할 것인가?
- 여러 개발모형의 각 단계에서 필요한 의사결정과 과제를 누가, 언제, 어떤 방법으로 완수할 것인가?

이 두 부류의 질문을 비교하면, 기획은 주로 '왜, 어떤 가치를 위해서 프로그램을 개발하며, 그 프로그램의 타당성은 있는지?' 등과 관련된 질문에 대한 답을 만드는 과정인 한편, 계획은 '어떤 과제(또는 하위 과제)를 언제까지, 누가, 어떻게?' 등과 관련된 질문에 구체적으로 답하는 과정이다.

제2장과 제3장에서는 프로그램 기획에서 고려할 점들을 살펴볼 것이다. 제2장에서는 우선 프로그램 기획이 얼마나 중요하며 누가 참여해야 하는지를 논의한 후, 그들이 프로그램을 실제 기획할 때 수행해야 할 하위 과제들(예: 프로그램 개발의 필요성 확인, 프로그램 개발 방향 설정, 프로그램 개발팀 구성, 예산 확보 등)을 설명할 것이다. 프로그램 기획을 위해 필요한 각종 사전 분석(예: 잠재적 대상자 분석, 환경분석, 요구분석)은 그 중요성과 분량을 고려하여 제3장에서 별도로 논의할 것이다.

## 2. 프로그램 기획의 중요성

국가의 정책, 기업체의 특정 사업, 공공기관의 크고 작은 과제를 효과적으로 추진하기 위해서는 그 사업과 과제의 필요성, 그것들이 창출할 가치와 추구하는 목적이 잘 구축되어 있어야 한다. 그리고 그러한 사업과 과제가 수행될 상황이나 환경적 맥락에 대한 검토가 필요하며 사업과 과제의 혜택을 받게 될 대상에 대한 분석이 사전에 잘 이루어져 있어야 한다. 이와 마찬가지로 프로그램 개발 역시 개발된 프로그램이 창출할 새로운 가치와 목적이 분명하고 프로그램이 운영될 상황이나 환경, 그리고 혜택을 받게 될 대상에 대한 면밀한 분석이 필요하다. 그렇게 함으로써 프로그램 개발의 전체 과정이 방향감을 가지고 시행착오를 최소화할 수 있으며, 목적했던 가치를 효과적으로 창출할 수 있다.

Kreuter와 Green(1978)은 프로그램 개발의 취지에 맞고 효과적이며 타당성이 높은 프로그램을 개발하는 과정에서 면밀한 기획의 필요성과 중요성을 다음과 같이 설명했다. 첫째, 프로그램 기획은 현실성 확보를 위해 필요하다. 프로그램 개발의 궁극적인 목적은 프로그램과 관련된 집단의 이해와 욕구 충족이다. 따라서 프로그램 기획에는 프로그램에 관련된 전문가, 잠재적 대상자, 혹은 지역사회 관계자 등 프로그램과 관련된 이해당사자를 배제할 수 없다. 프로그램 기획과정은 그들에게 프로그램에 대한 적극적인 관심과 참여를 갖게 하여, 프로그램이 그들에게 적합한 가치를 제대로 창출하고 프로그램 자체가 현실성을 확보하게 하는 데 중요한 역할을 하게 된다. 특히 프로그램 개발의 각 단계를 기획할 때 어떠한 관련 집단을 참여시킬 것인지를 결정하는 것은 매우 중요하다. 이러한 다양한 관련 집단의 참여로 프로그램은 더 전문적인 동시에 현실적 기반을 가질 수 있게 된다.

둘째, 프로그램 기획은 타당성(validity)과 책무성(accountability) 증진을 위해 필요하다. 기획 활동을 공식적으로 진행하여 개발될 프로그램과 관련된 제반 정보를 공개적으로 개방하는 것은 프로그램이 관련 조직과 이해당사자가 요구하는 목적과 일치하고 있는지를 확인시켜 준다. 이러한 과정은 관련 이해 집단이 프로그램의 가치를 적절히 파악하고 필요할 때 피드백을 제공함으로써 프로그램 개발의 타당성을 확보할 수 있게 한다. 이와 관련하여 프로그램 기획은 책무성 증진을 위해서도 필요하다. 책무성이란 프로그램의 타당성을 합리화할 수 있는 분석이나 설명을 제시하는 것을 말한다. 즉, 책무성을 높인다는 것은 프로그램이 잠재적 대상자의 문제를 해결하거나 경감시키는 데 있어 과연 효과적인지, 다른 대안보다 자원을 보다 효율적으로 사용하는지에 대한 객관적이고 경험적인 증거를 근거로 그 프로그램의 정당성과 가치를 확증하는 것을 말한다. 프로그램 개발자가 합리적인 기획을 통해 타당한 프로그램을 고안하지 못하면 책무성은 제대로 이행되기가 어렵다. 따라서 책무성의 이행 증거를 확실하게 제시할 수 있는 프로그램의 기획이 요구된다.

셋째, 프로그램 기획은 합리성(rationality) 증진을 위해 필요하다. 기획은 합리적인 문제해결과 의사결정을 통해 좀 더 체계적이고 과학적으로 목표 달성을 위한 최적의 가용 수단이 무엇인지를 결정할 수 있게 한다. 여기서 합리성이란 경험적이고 과학적 증거에 의해 입증된 가장 유용한 수단을 활용하여 실현 가능한 목적을 추구하는 것을 말한다. 즉, 어떤 행위의 합리성 정도는 그 행위가 특정 목적을 성취하기 위해 가장 유용한 수단임을 경험적으로 증명되는 정도에 달려 있다. 하지만 사실상 지금까지 개발된 많은 상담 및 심리교육 프로그램은 경험적 증거에 기초한 합리성을 제시하는 데 많은 제한이 있었다. Kreuter와 Green(1978)은 미국에서 건강교육 프로그램의 질이 확보되지 못하고 더불어 프로그램의 효과가 입증되지 못하는 주된 이유를 그동안 미국에서 건강교육 프로그램이 경험적 검증에 바탕을 둔 과학적 합리성을 제시하는 데 실패했기 때문이라고 보았다. 이러한 지적은 왜 수많은 건강교육 관련 프로그램이 프로그램의 잠재적 대상자인 대중의 지지를 받지 못하고 있는지를 잘 설명해 준다. [그림 2-1]은 그동안 수많은 프로그램이 개발되었음에도 프로그램의 효과에 대한 부정적인 평가로 인해 프로그램 개발에 투여되는 인적·물적 자원이 감소하고, 다시 이로 인해 프로그램의 질과 효과성이 떨어지는 과정을

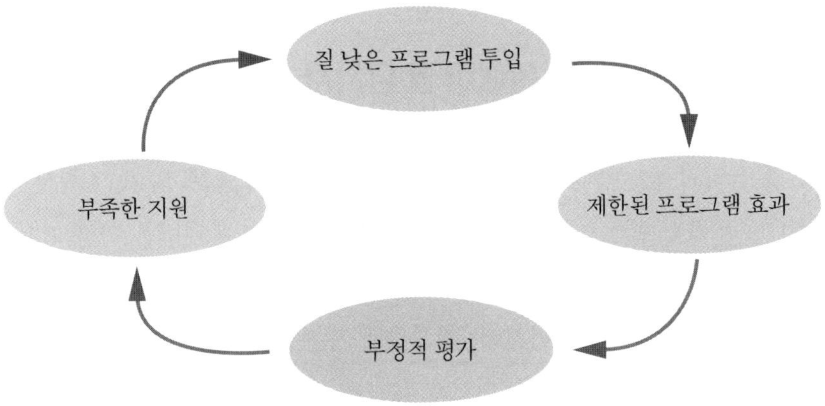


[그림 2-1] 건강교육 프로그램의 악순환

잘 보여 준다.

따라서 이 책 전체에서 강조하고 있는 경험적이고 체계적인 프로그램 기획 모형을 채택하는 것은 이러한 악순환을 깨기 위함이다. 무엇보다 경험적 프로그램 개발 기획은 개발과 실행의 각 단계에 체계적인 평가를 도입하며, 이 과정은 효과적인 프로그램 개발의 기초를 제공한다.

끝으로, 프로그램 기획은 효율성(efficacy) 증진을 위해 필요하다. 효율성이란 목적을 경제적으로 달성하는 것을 의미하는데, 프로그램 기획은 프로그램의 특정 목표를 가장 효율적으로 달성할 수 있는 대안을 선택하게 함으로써 효율성을 증진한다. 즉, 프로그램 개발에서 최소의 비용과 노력으로 달성하고자 하는 목표를 달성하기 위해서는 사전에 치밀한 계획을 세워야 한다.

이처럼 프로그램 기획은 프로그램의 현실성, 타당성, 책무성, 합리성, 효율성 증진을 위해 필요한데, 이를 위해 프로그램 기획에는 여러 이해 당사자의 참여와 협력이 필수적이며, 이해 당사자 및 프로그램이 운영될 상황과 맥락에 관한 다양한 측면을 분석할 필요가 있다. 다양한 관련 집단이 프로그램 기획 및 개발과정에 참여하고 협력하는 주제에 관해서는 다음 절에서 좀 더 구체적으로 논의한다.

## 3. 프로그램 기획에 참여해야 할 당사자

상담 및 심리교육은 특정 문제에 대한 예방, 치료 및 교육 등의 목적을 달성하기 위해 고안 · 계획된 활동으로 이루어진다. 이러한 프로그램 개발을 위한 기획은 한 명의 전문가에 의한 기획에서부터 팀 체제로 이루어지는 체계적인 기획과정에 이르기까지 다양할 수 있다. 여기서 한 명의 전문가에 의한 기획보다 팀 체제로 이루어지는 체계적인 기획과정이 목표집단의 요구를 세심하게 파악하여 프로그램 참여를 확대하고 프로그램의 성과를 가져올 수 있는 효과적인 프로그램 개발을 위해 바람직하다. 그러나 지금까지 이루어져 온 프로그램 개발을 살펴볼 때, 이렇게 체계적인 프로그램 개발 기획에 토대해 프로그램 개발이 실행된 사례는 많지 않다. 이것은 프로그램 개발자나 현장 전문가가 프로그램 개발과 기획에 관한 전문지식이 부족한 점과 시간 및 소요 경비가 부족한 점을 주요 원인으로 들 수 있겠다.

Green과 Kreuter(1991)는 프로그램 기획이 '전문가의 개인적인 의견'에서 '전문적 과정'으로 지속적으로 발전해 온 점을 설명했다. 여기에서 '전문가의 개인적인 의견'은 한 명의 전문가에 의한 관찰과 경험에 지나치게 의존한 기획을 말한다. 그동안 프로그램 개발 전문가들은 실제로 프로그램이 어떻게 실행되는지보다는 프로그램을 개발하는 것에 더 많은 관심을 가져왔다. 그러나 또 다른 전문가 집단인 현장 전문가들은 이전에 선호했던 프로그램을 그대로 사용하는 것을 더 편하게 생각한다. 따라서 현장 전문가들은 새로운 프로그램을 개발하는 것보다 프로그램이 실제로 어떻게 실행될지에 더 많은 관심을 가지게 된다. 하지만 이렇게 두 전문가 집단의 관심이 서로 다르고 서로 간의 협력과 상호작용이 없는 상황에서는 현장과는 동떨어진 비현실적인 프로그램이 개발될 수밖에 없다. 이렇게 개발된 프로그램은 현장에 적용되기 어려워 결국에는 현장 전문가의 외면을 받게 되고, 보다 발전된 프로그램을 개발하려는 동기마저 저하시키는 악순환을 거듭하게 된다.

반면, '전문적 과정'은 체계적인 모형에 기초해서 프로그램 개발과정에서 필요한 의사결정을 하는 것을 의미하는데, 프로그램 기획이 '전문적 과정'이 되기 위해서는 다양한 영역의 전문가가 협력하는 분위기를 만들어야 한다. 이러한 체계적인 모형은 프로그램 개발 분야를 성장시킨다. 또한 체계적인 프로그램 개발과정은 무엇보

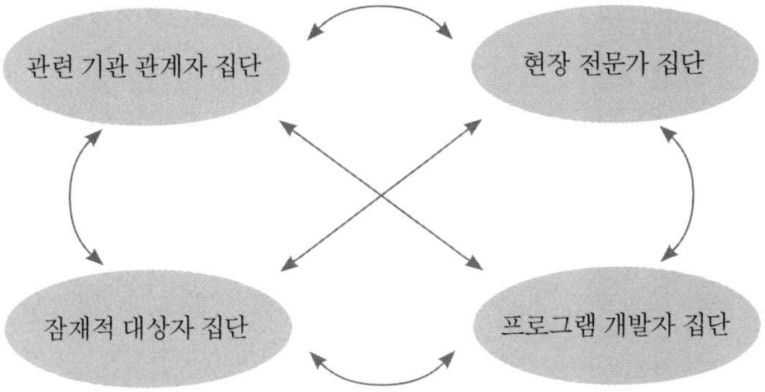


**[그림 2-2]** 프로그램 개발 관련 집단

다 프로그램 개발의 초기 단계인 체계적인 기획과정부터 시작될 수 있다. 이러한 체계적 기획과정은 잠재적 대상자와 관련된 현장 전문가 집단의 요구에 맞춘 개입을 중요시하며, 그 개입은 관련 이론과 연구에 기초하는 엄격한 과정을 거치게 된다. 이러한 기획과정을 통해서 우리는 실제적이고 실행 가능하며 지속적으로 실시될 수 있는 프로그램을 개발할 수 있다.

그렇다면 체계적인 프로그램 기획에서 어떠한 집단의 참여와 협력을 끌어내야 할지에 대해 살펴보자. [그림 2-2]는 체계적인 프로그램 기획에 포함되어야 할 다양한 집단과 그들 간의 상호협력 체계를 보여 준다. 이와 관련하여 Petosa(2001)는 생태학적 접근을 통해 프로그램 개발을 기획할 때 고려해야 할 관련 집단을 구분하고, 각 집단에서 야기될 수 있는 장애물을 기술하였다. 그가 제시한 관련 집단은 프로그램 성공의 기초가 되는 집단으로 이해될 수 있다. 특히 이들 집단은 각 집단에 자원을 제공함과 동시에 각 집단을 견제하는 기능을 한다. 따라서 프로그램을 기획할 때 어떻게 하면 각 관련 집단의 적극적인 참여와 협력을 증진시킬 수 있을지에 대한 구체적인 방안을 수립하는 것이 원활한 프로그램 개발을 위한 기획 단계에서 반드시 요구된다.

### 1) 관련 기관 관계자

대부분의 상담 및 심리교육 프로그램은 다양한 기관에서 계획되고 실행된다. 여기서 관련 기관은 학교나 지역사회 혹은 기업체 등도 포함한다. 이러한 관련 기관은 각각 다양한 목적을 가진다. 여기서 주목해야 할 것은 각 기관의 일차적인 목적이 반드시 프로그램 개발에서 관심 영역과 일치하지 않을 수 있다는 점이다. 예를 들어, 프로그램을 실시하고자 하는 학교라는 관련 기관을 생각해 보자. 대다수의 학교 교사는 교과 지도와 학급 운영에 그들의 많은 시간을 투여한다. 프로그램 개발, 평가, 연구 등은 학교에서의 일차적인 업무가 아니다. 따라서 학교 관계자는 그들의 개발 자원을 분산시키는 개발과 연구 프로젝트를 꺼리게 된다. 경험적 프로그램의 개발은 노동 집약적인 접근이기에 교사는 기존 프로그램을 그대로 사용하는 것이 시간 사용에 있어서 좀 더 효율적이라고 생각할 수 있으므로 새로운 프로그램 개발에 대한 동기가 낮을 수도 있다.

관련 기관 관계자에는 프로그램 개발을 위한 예산을 지원하는 주체도 포함된다. 때로는 예산을 제공하는 정부나 재단이 경험적 기반을 둔 과학적 프로그램 개발을 꺼릴 수도 있다. 이러한 예산을 지원하는 관계자들은 경제적 효용성을 강조하기 때문에 가능한 한 적은 예산으로 광범위한 대상자를 위한 프로그램 개발을 원할 수도 있다. 하지만 프로그램 개발자는 프로그램의 대상을 명확하게 하고 구체화된 대상자에게 효과적인 프로그램을 개발할 것을 강조할 수 있다. 따라서 프로그램 개발자는 예산을 지원하는 기관 관계자의 요구와 상충할 수 있다는 점을 고려해야 한다.

그뿐만 아니라 관련 기관은 우리가 관심이 있는 문제뿐만 아니라 기관 내의 다양한 다른 문제 영역에도 관심을 가질 수 있다. 그럴 경우, 프로그램에 투입될 수 있는 자원은 한정되어 있기에 한정된 자원을 놓고 경쟁해야 하는 상황이 야기된다. 조직은 자원 투입을 제한하기 때문에 경험적 프로그램 개발을 위한 적절한 자원을 모으는 일이 쉽지 않을 수 있다. 따라서 프로그램 기획 단계에서 기관의 예산 배분과 관련된 의사결정자나 정책입안자 혹은 기관의 예산 관련 의사결정자와의 긴밀한 상호작용은 프로그램 개발에서 중요한 역할을 한다.

## 2) 잠재적 대상자

실제로 프로그램이 개발되었을 때 프로그램으로부터 혜택을 받기 위해 참여할 잠재적 대상자의 특성은 프로그램의 기획 단계부터 중요하게 고려되어야 한다. 아무리 훌륭한 프로그램을 개발하였다고 하더라도 실제로 프로그램에 참여할 대상자가 프로그램에 관심이 없고 참여율이 저조하다면 결과적으로 프로그램의 효과를 기대할 수 없다. 물론 프로그램의 편의성와 효과성은 서로 상충될 수도 있다. 하지만 프로그램 개발자는 프로그램 참여에 투자할 수 있는 시간이 어느 정도 되는지에 대한 현실적인 기대치는 있어야 한다. 예를 들어, 다문화 이주 여성을 위한 사회적응 프로그램을 개발한다고 했을 때, 아무리 좋은 프로그램이라 하더라도 실제로 그 프로그램에 참여할 잠재적 대상자가 현실적으로 얼마만큼의 시간을 투자할 수 있는지에 대한 고려 없이 이론적인 차원에서만 프로그램을 개발한다면 대상자의 참여율 부진으로 실제적인 효과를 기대하기 어려울 것이다.

그뿐만 아니라 잠재적 대상자를 고려할 때는 개별 대상자에 대한 고려뿐만 아니라 그들이 속해 있는 기관이나 조직의 특성 또한 생각해 보아야 한다. 예를 들어, 매주 2시간씩 한 학기 동안 진행되는 학생 대상의 학교폭력예방교육 프로그램을 개발한다고 할 때, 실제로 단위 학교에서 그만큼의 시간을 프로그램에 할애할 수 있을지에 대한 현실적 적응의 문제를 고려해야 한다. 즉, 단위 학교의 월별, 주별 행사 일정 등을 꼼꼼하게 분석하여 실제로 몇 주의 프로그램이 실행 가능할지를 고려해야 한다.

### 3) 현장 전문가

현장 전문가란 실제로 프로그램을 실시하게 될 현장에 소속된 전문가를 말한다. 즉, 학교에서 프로그램이 실시된다고 할 때 학교의 전문상담교사가 현장 전문가 집단에 속하며, 기업체에서 실시되는 프로그램의 경우, 기업체 연수 프로그램 담당자와 기업체 상담전문가, 그리고 청소년 상담센터나 복지관 등의 상담전문가 혹은 사회복지사 등이 이에 속한다.

현장 전문가는 속한 직역에 따라 전문영역이 다양하며, 그들이 받은 훈련 역시 다양하다. 이런 전문가 집단에서 공유되는 이론이나 모형은 거의 없다. 또한 대다수 현장 전문가가 프로그램 개발에 대해서 정식으로 교육받은 경험이 없고, 소수의 현장 전문가만이 경험적 연구방법론에 대해서 제한된 훈련을 받은 경험이 있다. 현장 전문가는 판단을 내리기 위해 우연에 의한 발견법을 사용하게 되는 경우가 많다. 따라서 그들은 프로그램의 효과성에 대해 판단을 내릴 때 프로그램 자료를 살펴보면서 떠오르는 개인적 경험에 기초한 직관이나 인상에 종종 의존한다. 현장 전문가는 그들의 요구가 프로그램 계획 및 연구 과정의 요구에 의해 무시될 수 있다는 점을 우려한다. 따라서 프로그램 기획 단계에서 현장 전문가와의 지속적인 상호협력은 현장에서의 요구를 프로그램에 반영하는 데 있어 매우 중요한 역할을 한다. 그뿐만 아니라 이러한 협력을 통해 개발된 프로그램에 대해서는 현장 전문가의 신뢰가 높아져 결국 현장에서의 적용을 극대화시키게 된다.

### 4) 프로그램 개발자

프로그램 개발자 역시 다양한 연구 분야에서 훈련을 받았지만 프로그램 개발에 대해 공식적인 훈련을 받지 못한 경우가 많다. 사실 국내의 대학이나 대학원에서 상담 및 심리교육 프로그램 개발을 전문적으로 가르치는 교과목이 있는 경우는 드물다. 이상적인 상황에서는 프로그램 개발자가 다양한 관련 집단의 구성원을 포함한 프로그램 개발팀의 일원이 되어 프로그램 개발에 협력적으로 참여해야 하지만, 지금까지는 현장 전문가 및 잠재적 대상자와의 상호작용이 제한적이었다. 따라서 프로그램 개발이론과 연구방법이 현장 전문가와 조직의 즉각적이고 현실적인 요구에 부응하지 못하는 경우가 생긴다.

예를 들면, 관련 조직에서는 좀 더 다양한 참여자를 만족시킬 수 있는 프로그램에 관심이 있는 반면, 경험적 기초를 둔 프로그램 개발 접근을 취하고자 하는 개발자는 더 세분화한 대상자를 위한 프로그램 개발에 관심을 가질 수 있다. 그리고 이러한 프로그램 개발 접근은 비용이 많이 들고, 따라서 소수의 소비자만이 혜택을 보게 될 수도 있다. 프로그램 개발자는 경험적인 방법과 증거에 기초한 좀 더 효과적인 프로그램이 개발되면 결국 소비자의 만족도가 더 높아질 것이라고 주장할 수 있지만, 행정가나 현장 전문가는 최대한 많은 대상자를 위한 프로그램을 만드는 것이 더 효율적이라고 주장할지도 모른다. 이렇게 개발자의 요구와 관련 조직의 요구 간에는 관점 차이가 존재한다. 개발자와 관련 기관 관계자 혹은 현장 전문가 간에는 합의가 잘 이루어지지 않을 수 있고, 프로그램 개발자는 현장 전문가와 잠재적 대상자가 경험하는 현실적인 제한점 등을 인식하지 못할 수 있다.

또한 프로그램 개발에서 요구되는 평가와 관련하여 대다수의 개발자는 이론에 기초한 연구에 익숙해서 일반적으로 최종평가에 그들의 에너지를 쏟게 된다. 그러나 이러한 방법은 엄격하고 시간이 많이 들어가는 전략이다. 반면, 경험적 프로그램 개발은 방법론적으로 덜 엄격하더라도 빠른 주기의 피드백을 요구한다. 이런 목적을 달성하기 위해서는 평가방법이 과정에 초점을 맞추어야 하고 엄격성을 낮추어야 할 것이다. 하지만 이런 평가방법의 수정은 프로그램 개발자에게 불편할 수 있다.

지금까지의 논의에 기초할 때, 효과적인 프로그램 기획을 위해서는 관련 기관 관계자, 잠재적 대상자, 현장 전문가, 그리고 프로그램 개발자가 협력하여 프로그램 기획에 참여하고 서로 간의 의견을 교환할 수 있는 통로가 마련되어야 한다. 그리고 이러한 다양한 관련 집단 간의 상호교환은 체계적 프로그램 기획을 만드는 핵심 역할을 할 것이다. 예를 들어, 학교의 재정 상황이나 학교장과 교사의 의견을 반영하지 않고 독자적으로 프로그램을 개발한다거나, 기업체에서 연수 담당자가 외부 전문가는 기업의 상황을 제대로 파악하지 못한다고 판단하여 체계적인 프로그램 개발의 전문성이나 프로그램 구성 내용의 전문성을 무시하고 프로그램을 개발하는 경우는 효과적인 프로그램 개발을 어렵게 할 수 있다.

이와 비교하여 관련 집단 간의 유기적인 상호협력 체제를 통해 체계적인 프로그램 개발을 한 예를 살펴보자. 최근 한 기업체에서 팀장이 자신의 팀원을 보다 효과적으로 코칭하기 위한 교육 프로그램을 개발하고자 하였다. 이때 프로그램 개발을 위한 기획 단계부터 다양한 관련 집단이 참가하였다. 구체적으로 살펴보면, 프로그램 개발 외부 전문가, 사내 교육 담당 부서 실무자, 그리고 실제로 프로그램이 개발되었을 때 프로그램에 참여할 잠재적 대상자인 팀장, 기업체 간부, 현장 전문가인 사내 코치 등이 프로그램 기획에 참여하였다. 이러한 기획 단계를 통해 실제로 프로그램을 사용할 팀장이 팀원을 코칭하면서 겪게 되는 어려움과 교육 프로그램을 통해 얻고자 하는 실질적인 요구, 실제로 프로그램 참여에 할애할 수 있는 시간의 정도 등이 자세히 논의되었다. 그뿐만 아니라 프로그램 개발에 소요되는 경제적, 시간적 자원의 범위와 프로그램의 내용 구성과 관련하여 회사 측의 요구도 확인되었다. 이러한 상호협력은 프로그램 개발 절차의 전문성과 내용의 전문성뿐만 아니라 프로그램이 실제로 현장의 요구를 반영하고 활용 가능성을 높이는 데 매우 중요한 역할을 하였다.

## 4. 프로그램 기획의 주요 과제

프로그램 기획 단계의 주요 과제는 프로그램 개발의 필요성 확인, 프로그램 개발 방향 설정, 프로그램 개발팀 구성, 예산 확보 등으로 구성된다.

### 1) 프로그램 개발의 필요성 확인

프로그램 기획의 첫 번째 단계는 프로그램 개발의 필요성을 확인하는 단계이다. 현장에서 정신건강 및 심리 적응을 돕는 조력 전문가가 절감하고 있는 개인적인 동기에 의한 프로그램 개발이든, 또는 외부의 필요와 요구로 이루어지는 프로그램 개발이든, 프로그램 기획이 효과적으로 이루어지기 위해서는 프로그램 개발의 필요성과 요구를 분명하게 확인하는 과정이 필요하다.

이 단계에서 우리는 왜 그 프로그램을 개발해야 하는지에 대한 분명한 대답을 제시할 수 있어야 한다. 프로그램 개발의 필요성에 대한 명확한 대답이 제대로 제시되지 않는 것은 마치 모래 위에 집을 쌓는 것과 같다. 즉, 프로그램 개발의 기초 단계에서 이러한 과정이 충분히 검토되고 확인되지 않으면 이후 프로그램 개발이 진행되는 과정에서 프로그램의 필요성에 대한 의문이 계속 생길 수 있고, 프로그램의 본래 의도가 불분명해지고 애초의 개발 동기가 낮아지는 등 여러 가지 문제점과 어려움을 겪을 수 있다. 따라서 프로그램 개발자가 프로그램 기획과정을 어떻게 충실하게 준비했는지, 그리고 그 과정이 얼마나 체계적이고 타당한지에 따라 앞으로 진행될 프로그램 개발의 질이 결정된다.

프로그램 개발의 필요성을 확인하기 위해서는 먼저 개발하고자 하는 프로그램의 주제, 목적 등을 명료화하는 작업이 필요하다. 이를 위해서는 유사한 프로그램이 어떤 형태로 진행되고 있는지, 동일 기관에서 그와 관련된 기존 프로그램이 있는지 등을 종합적으로 분석해야 한다. 현재 운영되고 있는 프로그램의 실태를 검토하는 것은 개발하고자 하는 프로그램의 필요성을 확인하는 초석이 되며, 다른 기관의 운영 프로그램을 검토하는 것은 프로그램 개발의 필요성과 기획의 타당성을 확보하는 데 필요하다. 이러한 작업은 타 기관에서 이루어지고 있는 유사 프로그램과의 차별성을 찾고, 더불어 프로그램 진행 시 예상되는 장애 요소를 미리 찾아내서 극복하는 데도 도움이 된다(김진화, 2001).

그렇다면 우리는 프로그램의 필요성을 어떻게 인식하게 되는가? 프로그램의 필요성에 대한 인식은 현장 전문가의 문제의식, 국가나 사회의 현안 이슈, 혹은 조직 차원의 문제의식 등 여러 출처를 통해서 제시될 수 있다. 예를 들어, 상담전문가는 대학 상담실에서 상담을 진행하며 대학생의 주요 호소 문제 중 진로 혹은 취업 관련 문제 등을 자주 접하면서 그와 관련된 프로그램의 필요성을 절감할 수도 있다. 이와 달리 현장 전문가가 소속된 기관이나 국가-사회의 문제의식에서 프로그램의 필요성이 제기될 수도 있다. 즉, 앞에서 예로 든 진로 관련 프로그램의 필요성이 기관의 현장 전문가가 아니라 기관 차원에서도 제기될 수 있다. 예를 들어, 한 대학교에서 몇 년간 취업 실태를 분석한 결과 졸업생의 취업률이 현저하게 감소한 경우, 대학에서는 이 문제를 해결하는 방안으로 진로 및 취업과 관련된 프로그램 개발의 필요성을 느낄 수도 있다. 국가 기관이나 민간 기관에서 주도적으로 프로그램 개발의 필요성을 제기하는 경우 등도 이에 해당한다.

그러나 어떤 출처를 통해서 프로그램의 필요성이 제시되었든 간에 먼저 기획 단계에서 그러한 필요성에 대한 점검과 타당성이 분석되어야 한다. 프로그램의 필요성이 어느 집단을 통해 제기되는지에 따라 고려할 사항이 있다. 현장 전문가에 의해 프로그램의 필요성이 제기된 경우, 프로그램이 개발되어 실제로 현장에서 실행될 때 현장 전문가의 더욱 적극적인 참여 동기를 유발할 수 있다. 그러나 이러한 필요성 제시가 그들이 소속된 기관이나 사회적 관심을 받지 못할 경우는 실제로 프로그램을 개발하고 실행하는 데 많은 현실적 제약이 뒤따를 수 있다. 이와는 반대로 사회적 문제로 부각되어 기관이나 국가 차원에서 프로그램의 필요성이 제시되는 경우, 프로그램 개발에 따른 행정적 · 재정적 지원을 확보하는 데는 유리하지만 실제로 프로그램이 개발되었을 때 현장에서 효과적으로 실행되기 위해서는 현장 전문가의 적극적인 참여와 협조가 뒷받침되어야 한다.

### 2) 프로그램 개발 방향 설정

프로그램 개발의 필요성을 확인한 후에는 새롭게 개발될 프로그램의 여러 특성에 대한 기본 방향을 정하게 된다. 향후 개발될 프로그램의 주제나 명칭, 목적, 잠재적 대상자의 범위 등과 관련된 프로그램 개발의 내용 측면뿐 아니라 프로그램 개발과 관련된 전반적인 행정 측면, 즉 개발 기간, 프로그램 개발의 주체, 개발진, 예산 범위 등에 대한 전체 그림을 그릴 필요가 있는데, 이 단계에서 주로 논의될 수 있는 주제는 〈표 2-2〉와 같다.

**표 2-2 프로그램 개발 방향과 관련하여 초기 단계에 논의할 수 있는 주제**

- 프로그램의 주제
- 프로그램의 목적
- 유사 프로그램 여부
- 유사 프로그램과의 차별성
- 프로그램 개발에 활용될 수 있는 인력의 양과 질
- 프로그램 개발에 투입될 수 있는 예산의 범위
- 프로그램 개발 기간

이때에는 여러 가지 논의 방법을 사용할 수 있지만, 프로그램 개발 초기에 가능한 한 많은 창의적인 아이디어가 필요한 주제에 대해서는 브레인스토밍 방법을 활용할 수 있다. 브레인스토밍이란 집단적 창의적 발상 기법으로 집단에 소속된 인원들이 자발적으로 자연스럽게 제시된 아이디어 목록을 통해서 특정한 문제에 대한 해답을 찾고자 노력하는 것을 의미한다. 브레인스토밍은 광고 책임자였던 알렉스 오스본(Alex Faickney Osborn)이 개발한 방법으로 그가 제안한 두 가지 원리와 네 가지 기본 규칙은 〈표 2-3〉과 같다.

프로그램 개발을 위한 초기 논의를 효과적으로 하기 위해서 특별위원회 혹은 자문위원회를 구성할 수 있다. 이때 위원회에 누가 포함될 것인지도 중요하다. 더욱 효과적인 프로그램 개발을 위해서는 이 단계에서 프로그램 개발 전문가, 현장 전문가, 잠재적 프로그램 대상자, 프로그램을 실시할 조직의 의사결정자와 감독자 등 관

표 2-3 브레인스토밍의 원리와 규칙

[두 가지 원리]
- 판단 보류
- 가능한 많은 숫자의 발상을 이끌어 낼 것

[네 가지 규칙]
- 양(量)에 포커스를 맞추기: '양이 질을 낳는다(quantity breeds quality)'는 격언에 따라 문제 해결을 꾀하는 것으로 발상의 다양성을 끌어올리는 규칙이다. 많은 숫자의 아이디어가 제시될수록 효과적인 아이디어가 나올 확률이 올라간다는 것을 전제로 두고 있다.
- 비판, 비난 자제: 브레인스토밍 중에는 제시된 아이디어에 대한 비판을 추후의 비판적 단계까지 보류하고 계속해서 아이디어를 확장하고 더하는 데 초점을 둬야 한다. 비판을 유예하는 것으로 참여자는 자유로운 분위기 속에서 독특한 생각을 꺼낼 수 있게 된다.
- 특이한 아이디어 환영: 많고 좋은 아이디어 목록을 얻기 위해서 엉뚱한 의견을 가지는 것도 장려된다. 새로운 지각을 통해서 혹은 당연하다고 생각해 오던 가정을 의심하는 것으로부터 더 나은 답을 줄 수 있는 새로운 방법이 떠오를 수 있다.
- 아이디어 조합 및 개선: 1+1이 3이 될 수도 있다는 슬로건에 따라, 아이디어를 연계시키는 것으로 더 뛰어난 성과를 얻을 수 있다고 여긴다.

출처: 위키피디아('브레인스토밍').

련 조직 관계자를 포함하는 것이 좋다. 특히 프로그램 개발 주체와 예산 지원 주체가 다를 경우에는 서로 간의 상호작용 등도 고려해야 하므로 이 단계에서 상호작용의 기본적인 틀, 즉 각자의 역할과 범위, 책임 등을 조절하는 과정이 필요하다. 이러한 의사소통은 앞으로 프로그램 개발의 전 과정에 걸쳐 계속 이루어져야 하지만 이 단계에서 원활한 의사소통의 기반을 마련하는 것이 도움이 된다.

또한 프로그램을 훌륭하게 계획하는 데 필요한 모든 요소를 고려하였다 하더라도, 그 프로그램의 주요 대상이 되는 잠재적 참여자를 고려하지 않으면 프로그램 기획은 무용지물이 될 수 있다. 프로그램을 개발하기 위한 출발점에서부터 참여자의 관점을 최대한 반영하는 것이 좋다. 아무리 현장 전문가나 조직 차원에서 프로그램의 필요성을 절감하였다 하더라도 실제로 프로그램에 참여하게 될 잠재적 대상자가 이러한 프로그램에 대한 요구나 관심이 있는지는 프로그램 개발 첫 단계부터 확인하는 것이 필요하다.

### 3) 프로그램 개발팀 구성

이 단계에서는 프로그램 개발에 참여할 인력을 확보해야 한다. 특히 효과적인 프로그램 개발을 위해서는 프로그램 개발에 참여할 필요가 있는 관련 집단에서 누구를 개발팀에 참여시킬지에 대한 의사결정이 이루어져야 한다. 이때 주의해야 할 것은 개발팀의 인력 구성이 각 집단에서 고르게 확보되어야 한다는 점이다. 좀 더 타당한 인력 구성을 위해서는 해당 집단 구성원에게 프로그램 개발에 참여하는 것이 바람직하다고 여겨지는 사람이 누구인지를 묻는 방식도 고려해 볼 수 있다. 그리고 참여했을 때 바람직한지와 더불어 실제로 개발팀의 인력으로 구성되었을 때 실제로 얼마나 잘 참여할 것인지도 고려해야 한다.

### 4) 예산 확보

프로그램 개발에 투여될 수 있는 예산 정도가 어느 정도인지를 확인해야 한다. 그

**표 2-4 프로그램 기획에 참여할 당사자**

이 연구는 북한이탈주민지원재단(즉, 남북하나재단)에서 수주한 프로그램 개발연구로 북한이탈주민 전문상담사들의 상담역량을 높이는 교육 프로그램을 개발하고 그 효과를 검증하는 목적으로 수행되었다. 이 연구에서 개발할 프로그램을 기획하기 위해 다음과 같은 네 종류의 당사자가 참여했다.

| [관련 기관 관계자]<br>남북하나재단 관계자 | [현장 전문가]<br>북한이탈주민 전문상담사 관리팀장 |
|---|---|
| 기획, 연구 발주, 예산,<br>일정, 공간 등<br>각종 지원 업무 | FGI 참여<br>교육요구도 조사<br>맞춤형 프로그램 요소 추출 |
| **[잠재적 대상자]<br>북한이탈주민 전문상담사** | **[프로그램 개발자]<br>프로그램 개발 연구팀(5명)** |
| FGI 참여<br>교육요구도 조사<br>맞춤형 프로그램 요소 추출 | 사업총괄<br>프로그램 개발<br>교육연수 운영 |

출처: 김창대, 김동민, 최한나, 김은하, 조수연(2014a, 2014b).

뿐만 아니라 현재 예산 범위가 부족하다고 판단되면 추가 예산을 확보하기 위해 어떠한 노력이 필요한지에 대한 검토도 함께 이루어져야 한다. 앞서 살펴본 바와 같이, 프로그램 개발자는 경험에 근거한 프로그램 개발을 위한 체계적인 기획을 통해 정부나 지역사회, 기관 등에서 예산을 책정하는 관련자에게 프로그램의 필요성을 명확하게 제시하고 설득할 수 있어야 한다.

### 생각해 보기

1. 프로그램 개발에서 기획의 중요성을 설명하시오.
2. 프로그램 개발에서 기획단계에 참여할 대상자는 누구이며, 왜 이들이 참여할 필요가 있는지 설명하시오.
3. 프로그램의 필요성을 확인하기 위해 프로그램 기획 단계에서 해야 할 주요 과제는 무엇인지 설명하시오.
4. 프로그램 개발 단계에서 브레인스토밍을 통해 확인해야 사항의 목록을 작성하시오.

## 적용

1. 프로그램의 필요성 확인

관심 있는 분야에서 특정 프로그램의 필요성을 생각해 보고 프로그램 기획을 위해 브레인스토밍 집단을 구성하여 다음 사항에 대한 논의를 진행하고 보고서를 작성하시오.

- 참석 대상
- 일시
- 장소
- 프로그램의 주제
- 프로그램의 목적
- 유사 프로그램 여부
- 유사 프로그램과의 차별성

- 프로그램 개발에 활용될 수 있는 인력 구성안
- 프로그램 개발에 투입될 수 있는 예산 범위
- 프로그램 개발 기간

### 2. 프로그램의 잠재적 대상자 집단 분석

- 프로그램의 잠재적 대상자는 누구인가?
- 대상집단을 정하는 데 기준을 제공한 통계자료 목록과 주요 내용은 무엇인가?
- 대상집단의 특성은 어떠한가?
  - -성별
  - -연령
  - -직업
  - -학력 수준
  - -발달적 특성
  - -기타 고려할 특성

### 3. 프로그램 환경 분석

- 프로그램과 관련하여 고려되어야 할 외부 환경

| 강점(strength) | 약점(weakness) |
|---|---|
| | |
| **기회(opportunity)** | **위험요인(threat)** |
| | |

- 프로그램과 관련하여 고려되어야 할 내부 환경

| 강점(strength) | 약점(weakness) |
|---|---|
| | |
| **기회(opportunity)** | **위험요인(threat)** |
| | |

제3장

# 기획 단계에서 필요한 분석들

프로그램에 참가할 잠재적 대상자와 관련 조직이 가지고 있는 요구를 정확히 분석하는 것은 프로그램 개발의 성패를 좌우하는 매우 중요한 요소이다. 프로그램 개발자가 직면하는 가장 어렵고 필수적인 과제 중의 하나가 요구를 정확히 분석하는 것이다. 아무리 좋은 프로그램이라 할지라도 프로그램이 실제 참가할 대상자와 프로그램을 필요로 하는 조직의 요구를 정확하게 반영하고 있지 않다면 대상자의 참여를 기대할 수 없으며, 따라서 실패한 프로그램이 될 수 있다. 이 장에서는 요구의 개념, 요구분석의 의미와 기능, 필요성에 대한 논의를 바탕으로 프로그램 개발에서 요구분석의 구체적 단계와 그에 따른 다양한 요구분석 방법을 살펴보자.

**이 장에서 다룰 주제**

- 프로그램 기획 단계에서 필요한 경험적 자료와 분석은 무엇인가?
- 잠재적 대상자 분석이란 무엇이며, 잠재적 대상자 분석의 필요성은 무엇인가?
- 요구분석이란 무엇이며, 요구분석의 필요성은 무엇인가?
- 요구분석을 실행하기 위한 주요 단계는 어떠한가?
- 환경분석이란 무엇이며, 환경분석의 필요성은 무엇인가?

## 1. 잠재적 대상자 분석

프로그램 개발자는 프로그램의 잠재적 대상자가 누구인지를 파악하고 그 대상에 맞는 프로그램을 개발하여야 한다. 특히 기획 단계에서 잠재적 대상자 집단에 대한 특성을 명확하게 분석하는 것은 프로그램의 실행 효과를 높이기 위한 기본 요소이다. 이것은 프로그램에 참가할 잠재적 대상자의 특성에 따라 프로그램의 내용 구성과 방법이 달라질 수 있기 때문이다. 따라서 프로그램 개발에서 잠재적 대상자가 누구인지를 규명하고 대상자 집단에 대한 구체적인 분석은 프로그램 개발의 성공 여부를 크게 좌우한다.

이를 위해 가장 먼저 이루어져야 할 의사결정은 '누구를 대상으로' 프로그램을 개발할 것인지이다. 이때 프로그램 대상자를 선정하는 과정은 합리적으로 이루어져야 한다. 프로그램의 필요성에서 확인된 주제를 기초로 하여 프로그램의 대상자를 선정하는 방법에는 먼저 문제를 정의한 후, 문제집단의 분포를 분석해서 표적 집단을 확인하는 방법(표적 집단 사후계산법)과 표적 집단을 먼저 확인하고 그 규모를 계산한 후 그 분포를 분석하는 방법(표적 집단 사전계산법)이 있다(최일섭, 이창호, 1993). 표적 집단 사후계산법은, 가령 청소년 폭력 문제에 대한 개념을 13~19세 청소년이 경험한 언어적, 신체적 폭행, 금품갈취, 따돌림으로 정의하고 이를 경험한 청소년이 특정 지역사회에서 어느 정도 분포하는지를 조사하여 그 규모를 분석하는 방법이다. 이에 비해 표적 집단 사전계산법은 한 학교에서 발생한 학교폭력 발생 빈도를 기초로 특정 지역사회에서 학교 수, 학교 정원 등 간접자료를 사용하여 그 지역사회에서 학교폭력이 얼마나 분포하는지를 추정하는 방법이다. 표적 집단 추정 방법은 인구집단을 일반집단, 위험집단, 표적 집단, 대상자 집단으로 구분하여 잠재적 대상자의 범위를 좁혀 나가는 것이다.

예를 들어, 청소년의 학교폭력 문제를 해결하기 위한 프로그램을 개발한다고 하였을 때, 일반집단은 특정 지역사회에 속한 청소년 모두가 될 것이고 위험집단은 그들 중에서 학교폭력 가해 및 피해 경험이 있는 학생이 될 것이다. 만일 청소년 학교폭력의 가해자 및 피해자 통계자료가 나와 있다면 이러한 통계자료에서 제시된 수치가 위험집단의 수가 된다. 좀 더 대상자의 범위를 구체화하면 프로그램의 잠재적 대상자 집단은 표적 집단이 되고 프로그램이 개발되었을 때 실제로 프로그램에 참여하게 되는 참여자가 대상자 집단이 된다. 이때 논리적으로는 표적 집단이 대상자 집단이 되는 것이 바람직하지만 현실적으로 프로그램의 접근성 등의 문제로 인해 표적 집단 전체가 대상자 집단이 되는 것은 어렵다. 예를 들어, 학교폭력 가해자 프로그램을 실시한다고 할 때, 표적 집단 중에서 누가 프로그램에 참가할 것인지는 프로그램의 실시 주체가 학교인지, 지역교육청인지, 혹은 특정 지역 내 상담센터인지에 따라 범위가 제한된다. 이를 도식화하면 [그림 3-1]과 같다. 우리는 상담 및 심리교육 프로그램을 개발할 때 프로그램이 예방에 초점을 두는지 혹은 치료에 초점을 두는지에 따라 대상자 추정의 수준을 달리하여야 할 것이다. 즉, 예방적 프로그램일 경우 일반집단이 곧 프로그램의 잠재적 대상자 집단인 표적 집단이 된다. 그러나 학교폭력 가해자를 대상으로 하는 프로그램을 개발한다고 하였을 때, 표적 집단 범위는 좀 더 좁혀져야 한다.

[그림 3-1] 프로그램 대상 선정 범위

프로그램의 표적 대상이 되는 잠재적 대상자 집단을 확인하고 그들의 특성을 분석하는 일의 중요성은 그동안 여러 학자에 의해 강조되어 왔다(김진화, 2001; Cranton & Weston, 1989; Dick & Carey, 1996). 예를 들어, 프로그램의 대상자가 아동 · 청소년 · 성인인가, 혹은 남성 · 여성인가, 혹은 같은 성인이라 하더라도 연령, 성별, 직업, 학력 등에 따라 그 특성은 각각 다를 수 있다. 이러한 대상자의 특성은 프로그램에 대한 요구뿐만 아니라 프로그램의 내용과 방식에도 영향을 미치게 된다. 예를 들어, 부모교육 프로그램을 개발한다고 할 때 아버지와 어머니 중에서 누가 더 많이 참가할 것으로 예상되는지, 참가하는 부모가 초등학생 자녀를 둔 부모인지 혹은 중 · 고등학생 자녀를 둔 부모인지에 따라 프로그램에 대한 요구와 내용, 방식뿐만 아니라 프로그램을 실시하는 시간대도 달라질 수 있다.

이처럼 잠재적 대상자의 특성을 분석하는 것과 관련하여 어떠한 특성을 중요한 분석의 초점으로 할 것인가는 학자마다 다르다. Cranton과 Weston(1989)은 분석의 초점을 연령, 성, 교육적 배경, 지적 특성이나 능력, 정서적 · 인성적 특성, 지각적 · 운동적 특성으로 구분하였으며, 김진화(2001)는 생물학적 특성, 교육적 배경, 정의적 특성, 지각 및 운동적 특성으로 구분하였다. 그러나 프로그램 잠재적 대상자의 이러한 특성은 주로 평생교육 잠재적 대상자에 대한 특성 분석이다. 앞에서 제시한 대상자 특성 분석의 일반적인 범주에 덧붙여 집단상담 및 심리교육 프로그램에서 초점을 두는 잠재적 대상자 집단에 대한 추가적 특성을 고려해야 한다. 이러한 추가적 특성에는 대상자의 발달과업, 특정 문제행동과 관련된 특성 등이 포함될 수 있다. 앞의 예에서처럼 학교폭력 가해자를 대상으로 한 프로그램을 개발하는 경우, 프로그램 개발자는 학교폭력 가해자에게 일반적으로 나타나는 심리적 특성을 세심하게 분석해야 한다.

## 2. 환경분석

프로그램에 참여할 대상자의 특성뿐 아니라 프로그램의 성격은 프로그램 개발 주체가 되는 기관이나 재정적 지원을 하는 기관 혹은 실제로 프로그램이 개발되었을 때 프로그램을 시행할 기관의 특성에 따라 달라질 수 있다. 예를 들어, 정부 행정

기관, 기업체, 학교, 민간단체 등 기관의 성격에 따라 기관이 추구하는 비전이나 재원의 범위는 다르다. 프로그램 개발이 조직체 상황 속에서 이루어지는 만큼 관련 조직의 목적과 임무 그리고 제반 자원을 분석하는 것은 프로그램 개발의 방향과 범위를 결정하는 데 중요하다(김진화, 2001). 특히 프로그램 개발 주체와 진행하는 조직이 다를 경우에는 양측 조직의 특성을 파악해야 할 뿐만 아니라 그것을 절충하고 통합하기 위한 추가 노력이 필요할 수 있다. 프로그램을 진행하는 조직에 대한 분석에는 조직의 이념, 철학, 설립 및 운영 목적, 조직구조, 시설 현황, 사용 가능한 인적·경제적 자원 등이 포함된다. 이러한 조직분석은 프로그램 개발의 방향을 찾는 기초 작업으로서 매우 중요하다.

프로그램이 개발되고 실시될 환경에 관한 분석은 외부환경 분석과 내부환경 분석으로 구분할 수 있다. 외부환경 분석이란 프로그램 개발과 관련된 이슈를 둘러싼 거시적 환경분석을 말한다. 즉, 앞으로 5~10년 사이에 프로그램에서 초점을 두는 주제와 관련하여 의미 있는 변화를 가져올 수 있는 외부환경 변화요인과 흐름을 분석하는 것이 외부환경 분석이다. 예를 들어, 북한 이주 청소년을 위한 프로그램을 기획한다고 했을 때 향후 5년까지 해당 지역사회에 유입될 북한 이주 청소년의 증가 추세 및 그와 관련된 정책적 대처 방안 등을 분석하는 것은 프로그램의 방향을 세우는 데 중요한 기초 자료가 될 수 있다. 이에 비해 내부환경 분석이란 프로그램 개발, 실행과 관련된 기관 내부의 환경에서 인적·물적 자원의 장단점을 분석하는 것으로, 프로그램 개발의 초기 단계에서 매우 유용한 자료를 제공하게 된다. 예를 들어, 관련 기관의 인력, 재정 운영, 시설, 관리행정, 기존에 진행하고 있는 프로그램, 접근 용이성 등에 대한 분석 등이 내부환경 분석에 포함된다.

환경분석을 할 때 자주 사용하는 분석 방법의 하나는 SWOT 분석이다. 물론 SWOT 분석은 기업체 조직이나 마케팅 전망, 심지어 개인의 특성을 분석할 때도 사용할 수 있지만, 프로그램의 개발 활동이 이루어질 조직이나 기관이라는 환경을 분석할 때도 사용할 수 있다. 이는 강점(strength), 약점(weakness), 기회(opportunity), 위험(threat) 요인들을 기준으로 환경요인을 분석하는 것이다. SWOT 분석의 장점은 프로그램 개발의 경우 프로그램이 개발될 조직의 내외부 환경을 동시에 파악하고 개발전략을 세울 수 있다는 점이다. 프로그램 개발 환경에 관한 SWOT 분석의 예는 [그림 3-2]와 같다.

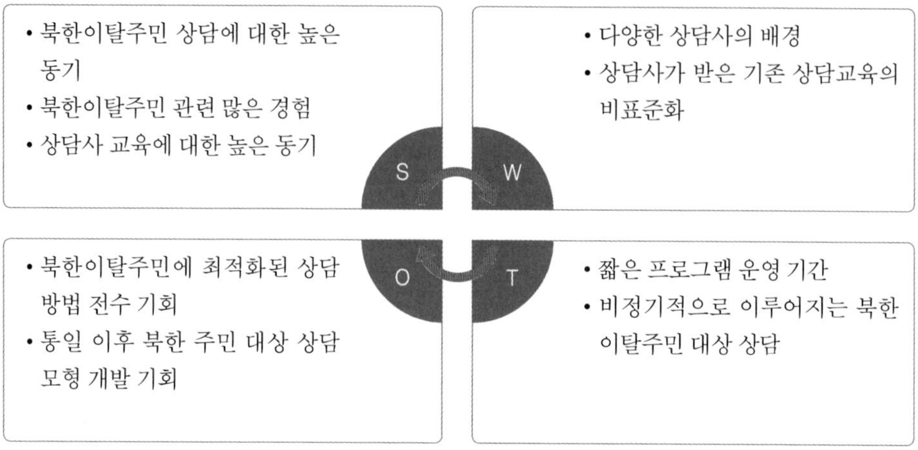


[그림 3-2] 북한이탈주민 전문상담사 상담역량 교육 프로그램 개발의 SWOT 분석

출처: 김창대 외(2014a, 2014b).

## 3. 요구분석

프로그램 개발을 위해 필요한 여러 가지 분석 중에서 요구분석은 가장 중요한 분석 중 하나이며, 그 절차와 방법이 꽤 구체화되어 있다. 따라서 요구분석에 대해서는 다른 분석에 비해 좀 더 많은 지면을 할애하여 논의하고자 한다.

### 1) 요구의 개념

요구의 개념은 다양한 학자에 의해서 정의되어 왔다. 국내에서는 요구(need)라는 용어를 욕구, 요구, 필요 등 다양한 용어로 번역하고 있다. 이러한 용어의 혼동은 학자마다 'need'의 해석에서 상이한 관점을 가지고 있기 때문이다. 하지만 이들 용어가 내포하는 의미는 공통적으로 무엇인가가 원하는 수준에 미치지 못하여 그것이 필요한 상태이며 그로 인해 불편을 경험하는 상황이라 할 수 있다. 즉, 요구란 개인 또는 조직이 갖추고 있어야 할 상태와 현재 갖추어진 상태 사이에 존재하는 차이라고 볼 수 있겠다. 정무성과 정진모(2001)는 요구를 '기대되는 상태(what ought to be)'와 '현재의 상태(what is)'의 차이라고 정의하였다. 이러한 요구에 대한 개념을 도식

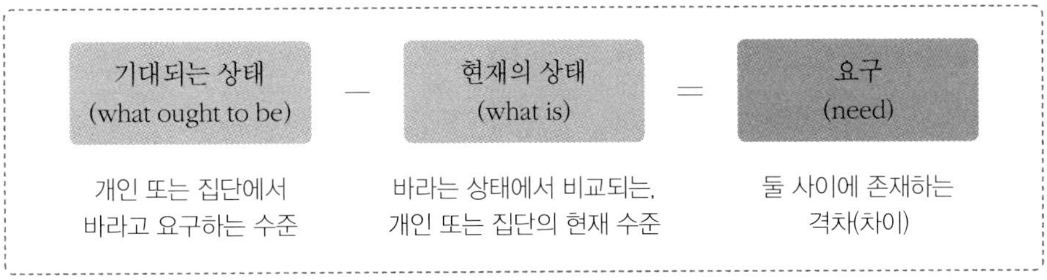


**[그림 3-3]** 요구의 개념

출처: 한국청소년개발원(1997), p. 73.

화하면 [그림 3-3]과 같다.

요구를 구체화할 때 대응되는 두 개의 관점이 있는데, 하나는 개인적 접근이며 다른 하나는 사회적 접근이다. 개인적 접근이란 개인 내에서 일어나는 결핍 현상이나 과잉 현상이 원인이 되어 나타나는 요구를 구체화하는 것이며, 사회적 접근이란 개인이 아닌 사회를 하나의 단위로 하여 규정하는 요구를 의미한다. 전자에는 생리적 요구, 심리적 요구, 사회적 요구 등이 포함되며, 후자에는 규범적 요구, 지각된 요구, 표현된 요구, 비교 요구 등이 포함된다. 여기에서 개인적 접근에 속하는 사회적 요구라는 명칭은 개인을 단위로 한 개인 내적인 요구를 의미하는 것으로 사회를 단위로 하는 사회적 접근과 구별된다는 점에 유의할 필요가 있다.

#### (1) 개인적 접근

개인적 접근은 주로 개인 내적 욕구를 중심으로 욕구를 개념화하는 접근으로, 여기서 개인 내적 요구는 개인 안에서 일어나는 결핍 현상이나 과잉 현상에서 비롯되는 것을 의미한다. 이러한 개인 내적 요구는 생리적 요구, 심리적 요구, 사회적 요구 등으로 구분될 수 있다. 개인 내적 요구와 관련된 대표적인 이론으로 Maslow(1971)의 욕구위계이론을 들 수 있다. Maslow의 이론은 인간의 욕구를 결핍 욕구와 성장 욕구로 구분하였다. 결핍 욕구에는 생리적 욕구, 안전의 욕구, 애정 및 소속의 욕구, 자존감의 욕구가 포함되며, 성장 욕구에는 자아실현의 욕구, 인지적 욕구, 심미적 욕구가 포함된다. Maslow는 [그림 3-4]에서와 같이 인간의 욕구 추구는 기본적인 생리적 욕구에서 출발하여 심미적 욕구에 이르는 위계 구조로 이루어진다고 보았다.

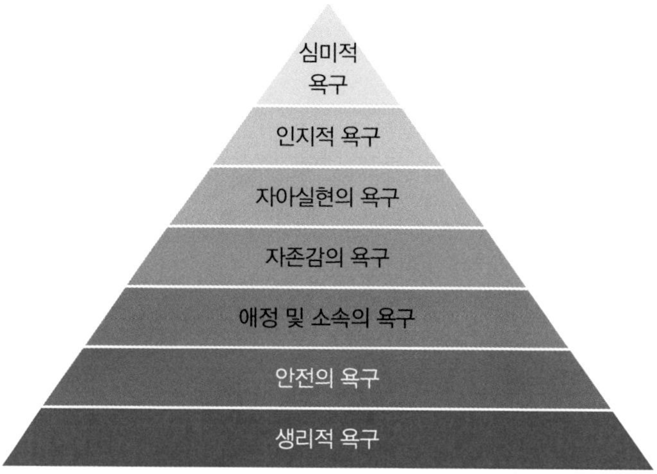


[그림 3-4] Maslow의 욕구위계

Maslow의 욕구 이론은 상담 및 심리교육 프로그램 개발에 있어서 프로그램의 궁극적인 목적이 무엇인가에 대한 해답을 찾는 데 적용될 수 있다. 즉, 이 책의 주제처럼 프로그램 개발은 궁극적으로 바람직한 변화에 초점을 둔다. 그런데 이러한 바람직한 변화에서는 결핍 욕구를 충족시키는 것뿐만 아니라 성장 욕구를 얼마나 충족시킬 수(또는 성장을 얼마나 촉진할 수) 있을지에 관한 관심도 포함된다. 즉, 상담 및 심리교육 프로그램은 프로그램의 목적에 따라서 치료적 접근뿐만 아니라 예방적 접근 그리고 더 나아가서 성장적 접근을 취할 수 있으며, 어떠한 접근을 취하는지에 따라 Maslow의 욕구 이론에서 어느 단계에 초점을 둘 것인지는 달라질 수 있을 것이다.

### 개인적 욕구 충족을 위한 프로그램 예

김은하(2015)는 '셀프다큐를 활용한 자기성장 집단상담 프로그램'을 개발하면서 이 프로그램이 다음과 같은 개인의 욕구를 충족하기 위한 것이라고 설명하고 있다. 즉, 이 프로그램은 비주얼 이미지를 통해 자기 반영성(Self-reflectivity)을 확장하고, 타인의 피드백을 통합하여, 진정한 자기 이미지를 확장해 나가는 것을 목표로 한다. 즉, 이 프로그램의 목적은 자기를 대상화하여 바라보는 과정을 통해, 현재 자신의 모습과 자신이 되고자 하는 이상적인 모습 사이의 불일치를 자각하고, 이 간극을 줄여 나감으로써 자기실현을 도모하는 것을 목적으로 한다. 대상과 자기를 분리하여 지각하는 안전한 거리를 점차적으로 좁혀 감으로써 자기를 통합해 가는 일련의 과정을 통해, 궁극적으로 각자에게 성장 동기를 부여하고 삶의 방향을 제공하여, 발달을 촉진하고 경험을 통합하는 진정한(확장된) real-self를 갖도록 하는 것이다.

출처: 김은하(2015).

### (2) 사회적 접근

요구를 규정할 때 개인을 단위로 하여 내적 관점에서 요구를 개념화하는 접근과 달리 사회를 단위로 하여 개념화하는 사회적 접근이 있다. 사회 문제를 사회적 요구의 측면에서 접근한 Bradshaw(1977)는 사회적 요구를 네 가지 범주로 유형화하였는데, 그는 요구를 가늠하는 주체나 방법에 따라 규범적 요구, 지각된 요구, 표현된 요구, 비교 요구로 구분했다.

규범적 요구(normative need)란 개인이나 집단의 상태가 전문가에 의해 일정하게 정의된 기준에 어느 정도 도달하느냐의 여부를 말한다. 여기에서 규범(norm)이라는 의미는 특정 기준을 의미한다. 예를 들면, 인터넷 중독이나 정신건강 척도, 진로성숙도 등이 이러한 규범에 해당될 수 있다. 즉, 어떤 지역사회에서 해당 학교를 대상으로 정신건강 척도를 실시하고 정상범위로 정한 기준에 미치지 못하는 학생 수를 분석하는 것이 규범적 요구분석에 속한다. 따라서 규범적 요구는 전문가의 전문성과 지식에 크게 의존한다.

규범적 요구의 중요한 강점은 객관적인 목표 설정과 계량화가 쉽고 구체적인 변화의 표적을 제공한다는 점이다. 반면, 가장 큰 약점은 요구 기준이 전문가 개인이나 시간의 흐름에 따라 변화하기 쉬워서 자칫 논란을 일으킬 개연성이 크다는 점이다. 규범적 요구에는 대체로 기존의 자료나 지역사회의 조사 또는 전문가의 의견을 토대로 한 일정한 목표가 제안되는데, 이러한 목표는 기존의 서비스 수준과 비교 가능한 비율로 표시되는 것이 보통이다. 기존의 서비스 수준이 목표로 제안된 수준에 미치지 못할 때 바로 규범적 요구가 존재한다고 판단된다.

**규범적 욕구 충족을 위한 프로그램 예**

박은아, 김현정, 천성문(2018)은 유치원 교사에게 필요한 기본적인 상담기술을 훈련하는 프로그램을 개발했다. 이 프로그램은 대부분의 유치원 교사가 기본적으로 가져야 할 상담기술을 교육한다는 점에서 규범적 욕구 충족을 위한 프로그램이라고 볼 수 있다. 프로그램 개발자는 이 프로그램의 개발 목적을 다음과 같이 기술한다.

교사들은 문제행동을 보이는 유아와의 상호작용이 원활하지 않고 문제행동이 반복적으로 이어져 높은 스트레스와 무능감을 경험하고 있다(송나리, 2012; 이선주, 2007). 그리고 유아의 문제행동에 대한 학부모 상담 과정에서도 문제행동을 인정하지 않는 부모와의 상담에 대한 어려움, 부모의 마음을 상하지 않도록 전달해야 하는 어려움, 부모의 성향에 따라 상호작용이 적절하게 이루어지지 않는 어려움(배지희 외, 2013), 문제행동 면담기술과 지식 부족 등의 이유로 교사들은 학부모와의 상담에서 자신감 부족, 당혹감, 위축감과 좌절감을 경험하고 있다(서은주, 홍순옥, 2016).

유치원 교사들이 겪는 이러한 어려움은 전문적인 상담기술과 의사소통 기술에 대한 이해 및 훈련 부족과 관련이 있다. 유치원 교사의 의사소통능력은 교사가 부모와 상호보완적인 관계를 맺고 신뢰와 존중을 바탕으로 필요한 정보를 교환할 수 있는 능력(서은주, 홍순옥, 2016)으로, 교사의 원활한 의사소통 방식은 유아들에게 모델링 역할을 하여 유아의 공감능력 및 사회적 관계발달에도 영향을 미친다(이찬숙, 현은자, 2008). 하지만 전문적인 상담기술 및 의사소통 기술에 대한 교사교육의 경험은 부재하므로 상호협력 관계를 형성하고 유아발달을 촉진시킬 수 있는 교사교육으로 전문적인 상담기술과 의사소통기술을 갖출 필요가 있다.

출처: 박은아 외(2018).

지각된 요구(felt need)란 개인 혹은 집단이 실제로 지각한 요구를 말한다. 지각된 요구는 요구를 가늠하는 주체가 전문가가 아닌 개인이라는 점이 규범적 요구와 크게 다르다. 따라서 지각된 요구는 규범적 요구와 달리 주로 개인이나 집단에게 자문을 하여 확인된다. 즉, 지각된 요구는 주로 사회조사나 설문 등을 통해 개개의 응답자에게 그들이 필요한 것을 물어보는 방식으로 파악된다. 특히 상담 및 심리교육 프로그램 개발에 있어서 지각된 요구분석은 전문가의 판단과 요구에 대한 개인의 인식 사이에 있을 수 있는 차이를 탐색하는 데 효과적으로 활용될 수 있다. 특정 요구에 대한 지각은 개개인에 의해 이루어지지만, 그러한 요구 중에서 그들의 실질적인 요구에 관한 판단은 전문가에 의해 이루어지고, 이러한 판단에 기초하여 프로그램이 개발되므로 프로그램 개발 전문가가 이들의 지각된 요구를 잘 분석하는 것이 중요하다.

규범적 요구에서는 하나의 기준이 존재하는 데 반해 지각된 요구는 개개인의 반응에 따라 그 기준이 달라서 불안정하고 상황에 따라 수시로 변할 수 있다는 점이 지각된 요구를 활용하는 것의 제한점이다. 지각된 요구는 개인마다 다르기 때문에 수요자의 '진솔한 요구'를 추정하는 것이 쉽지 않다. 또한 지각된 요구는 주로 설문조사나 이메일, 전화 등을 통해 수합될 수 있는데, 이러한 방식은 요구분석에 참여하는 대상자가 자신의 요구에 대한 분명한 인식이 있을 때는 효과적일 수 있지만, 그렇지 않은 경우는 그들의 요구가 제대로 드러나지 않을 수 있다는 한계를 가진다.

### 지각된 요구 충족을 위한 프로그램 예

이경희, 이규미(2012)는 고등학생의 사회성 향상을 위한 집단상담 프로그램을 개발했다. 이 프로그램에 대한 고등학생의 요구를 파악하기 위해 다음과 같은 방법으로 학생들의 지각된 요구를 조사했다.

본 프로그램이 진행되는 대상 학교 학생의 요구를 반영하기 위해 각 구성요소에 대한 요구조사를 실시하였다. 조사 대상자는 본 프로그램이 진행된 학교의 1학년 학생 139명으로 설문지는 김기숙(2001)의 청소년용 사회성 검사지 40문항 중 연구자의 판단에 따라 선택한 20문항을 사용하였다. 이때 학생들에게 문항을 읽고 본인의 행동이나 모습, 생각과 가장 일치하는 곳에 솔직하게 답하도록 하였다. 그 결과 구성 요소별 평균은 〈표 3-1〉과 같으며, 평균(M)이 낮게 나올수록 그 하위 요소가 부족함을 나타내는 것으로, 요구의 순위가 높음을 의미한다. 이에 따라 요구의 순위는 지도성, 자주성, 사교성, 신뢰성, 협동성 순으로 나타났다. 이 같은 결과는 친구들과 상호작용을 통해 사회성을 발달시키는 고등학교 시기 자기의 생각과 의견을 상대방에게 솔직하게 말할 수 있는 방법과 기술이 부족함을 나타낸 것으로, 프로그램을 구성함에 있어 이와 관련된 내용에 더 높은 비중을 둘 필요가 있음을 시사한다. 이에 본 연구에서는 사회성 개념의 하위 요소인 협동성, 사교성, 자주성, 지도성, 신뢰성을 회기의 주제로 하고 각 회기별 1회기씩을 기본으로 구성하였으며, 요구조사 결과 집중할 필요가 있는 지도성과 주도성은 3회기로 구성하였고, 사회성의 중요 요소로 볼 수 있는 사교성 영역은 2회기로, 순위를 고려하여 회기 구성을 하였다.

**표 3-1 하위 요소에 대한 요구 우선순위**

| 하위 요소(영역) | 학생(*n*=139) | | 요구 우선순위 |
|---|---|---|---|
| | *M* | *SD* | |
| 지도성 | 2.81 | 0.83 | 1 |
| 자주성 | 2.94 | 1.00 | 2 |
| 사교성 | 3.12 | 0.90 | 3 |
| 신뢰성 | 3.45 | 0.83 | 4 |
| 협동성 | 3.60 | 0.94 | 5 |
| 전체 | 3.18 | 0.90 | |

출처: 이경희, 이규미(2012).

표현된 요구(expressed need)란 개인이나 조직이 필요로 하는 것이 구체적이고 행동적으로 나타난 것이다. 이는 프로그램 수요의 관점에서 확인된 요구로, 즉 표현된 요구는 무엇인가에 대한 필요가 실제 행동으로 표현된 것을 말한다. 따라서 여기에서는 프로그램의 필요성에 대한 전문가의 판단보다는 개인이 실제로 그 프로그램에 관심을 가지는지에 중점을 둔다. 따라서 전문가들은 프로그램의 실제 수요에 대한 통계치를 측정하는데, 이러한 접근은 요구분석에서 가장 흔히 사용된다.

이 접근의 한계는 프로그램에 대한 해당 기관이나 지역사회의 실질적인 요구를 종합적으로 파악하는 데 문제가 있다는 것이다. 예를 들면, 해당 요구를 표현한 사람 중에는 실제로 프로그램을 원하거나 참여하지 않는 경우도 많기 때문이다. 표현된 요구는 항상 실제 요구의 수준보다 낮게 나타날 수 있다. 이러한 표현된 요구는 단지 프로그램의 필요성에 대한 요구뿐만 아니라 프로그램의 회기 수, 프로그램 운영시간, (여러 회기로 구성된 프로그램의 경우) 1회기의 길이, 프로그램의 내용 등에 관해 잠재적 참여자들의 요구도 포함한다.

## 표현된 요구 충족을 위한 프로그램 예

박은아 등(2018)은 유치원 교사에게 필요한 기본적인 상담기술을 훈련하는 프로그램을 개발했다. 프로그램 개발자들은 다음과 같이 여러 측면에서 전문가 및 잠재적 대상자의 표현된 요구를 조사했다.

2단계는 '요구분석' 단계로 요구조사 설문지 제작과 타당성을 상담심리 전공 박사 1인과 교육학박사 1인, 유아교육학 박사 1인으로부터 검증받은 후 경남, 울산, 부산에 위치한 유치원과 어린이집에 근무하는 담임교사 총 49명을 대상으로 요구분석을 실시하였다. 요구조사 결과 유치원 교사들은 유아 상담뿐만 아니라 학부모상담도 반드시 필요하다고 여기고 있었으며 유아 및 학부모와의 원활한 의사소통 방법과 신뢰관계 형성법, 문제행동 지도에 관한 구체적인 방법을 상담하는 기법 등에 어려움을 겪고 있는 것으로 확인되었다. 또한 상담을 해도 별다른 반응을 보이지 않는 유아 및 학부모로 인한 정서적인 어려움도 호소하고 있으며, 유치원 교사로서 자신감을 상실하는 경우도 있어 상담기술과 관련한 교육의 필요성을 절실히 느끼고 있었고 프로그램에 참여 의사도 나타내었다. 프로그램 운영과 관련하여서는 8~10회기로 90~120분 정도 운영되기를 원하였으며, 상담전문가에 의한 집단상담 형태와 매체와 역할극을 활용한 실습과 토의가 이루어지는 프로그램을 선호하는 것으로 나타났다.

전문가 요구조사는 상담을 전공한 박사과정 이상 학력의 유치원 종사자와 상담을 전공하고 있는 교사를 대상으로 포커스그룹을 구성하여 인터뷰를 진행하였다. 포커스그룹 인터뷰 결과 문제해결을 원하는 유아와 학부모에게 스스로 문제해결 방법을 찾아갈 수 있도록 돕는 기술, 교사의 상담에도 불구하고 문제행동이 반복되고 있는 부분과 교사의 상담을 신뢰하지 않는 학부모로 인한 힘듦에 대한 이해와 지지가 필요함을 확인하였고, 유치원에서 발생하는 문제 상황과 관련한 사례를 중심으로 한 실습과 피드백, 대상의 특징을 고려한 프로그램 운영방식이 필요한 것으로 분석되었다.

출처: 박은아 외(2018).

비교 요구(comparative need)란 다른 개인이나 집단, 기관, 지역사회와의 비교를 통하여 확인된 요구로서 프로그램 대상자의 특성을 조사하고 이러한 특성을 다른 집단과 비교해서 추론하는 요구를 의미한다. 따라서 비교 요구는 충족되어야 할 기준이나 바람직한 수준을 정하고 이에 맞추어 프로그램의 필요성을 파악하는 것이 아니다. 비교 요구는 특정 집단에서 실행되는 서비스 수준과 유사한 집단이나 지리적 영역에서 실행되는 서비스 수준 간의 차이에 의해 측정된다. 비교 요구는 각기 다른 대상 집단이나 지역에서 실행되는 서비스 수준의 차이를 설명하기 위해 도입된 개념이다. 어떤 집단에서 실행되고 있는 수준이 다른 비교집단에서 실행되고 있는 수준보다 못한 경우 그 집단은 서비스의 보완이 요구된다. 때로 이러한 비교 요구의 개념을 사용하여 신규 집단에 대한 요구를 측정할 필요가 발생한다. 예를 들어, 국내에서 취약계층 청소년을 위해 그들의 자립 준비를 돕는 토탈 자활지원 사업인 '두드림존' 사업이 실시되고 있는데 이 사업의 실시는 지역에 따라 차이가 있었다. 따라서 아직 이 사업을 실시하고 있지 않은 지역의 경우 이 사업을 실시하고 있는 지역과 서비스 수준의 차이를 비교하여 청소년 자활사업의 필요성을 부각시킬 수 있을 것이다. 그러나 이렇게 다른 집단과 비교하여 프로그램의 필요성을 확인하는 경우에 타 집단에서 실시된 프로그램이 이 집단에서 실시될 때 이 집단에 소속된 사람들이 과연 프로그램을 얼마나 이용할 것인지를 예측해야 한다. 더구나 두 집단 간의 여러 다른 특성을 무시하고 단순히 두 집단의 요구를 비교하는 것은 위험한 결과를 초래할 수도 있다.

지금까지 논의된 내용에 기초할 때, 요구란 개념은 다양한 정의에 따라 달리 이해될 수 있으며, 서로 다른 개념과 방법으로 요구분석을 하게 될 때 갈등과 불일치가 발생할 수 있다. 따라서 요구를 어떻게 이해하느냐에 따라 제각기 다른 요구분석 접근을 취할 수 있으므로, 프로그램 개발자는 프로그램의 목적을 고려하여 개인 내적 요구와 사회적 요구의 두 가지 관점에서 어떠한 관점이 더 중요하게 고려되어야 할지를 결정해야 한다. 이를 위해서는 다양한 관점에서 요구의 개념을 이해하고 프로그램의 필요성을 경험적으로 확인하는 데 가장 합리적인 요구분석을 해야 할 것이다. 아울러 이러한 요구분석에는 잠재적 대상 집단뿐만 아니라 예산 지원자, 행정가, 정책가, 기관의 직원, 조직, 기업, 단체, 현재와 과거의 잠재적 수요자 등 프로그

### 요구분석의 예

북한이탈주민 전문상담사들의 상담역량을 높이는 교육 프로그램 개발에 필요한 요구분석을 위해 다음과 같은 질문으로 FGI를 실시했다. 이때 사용된 질문을 여러 형태의 요구분석을 기준으로 구분하면 다음과 같다.

| | |
|---|---|
| 개인적 요구 | • 교육배경, 전공의 차이에 따른 상담 실무 역량의 어려움<br>• 상담 과정에서 겪는 어려움(예: 상담사 관련, 내담자 이해 관련, 정책 및 제도 관련)<br>• 북한이탈주민을 좀 더 잘 돕고 싶은 전문상담사들의 욕구<br>• 전문상담사들의 직업적 역량 증진에 대한 욕구<br>• Maslow의 위계이론을 적용한다면, 자존감 욕구, (직업적) 자아실현 욕구, (상담 관련 지식에 관한) 인지적 욕구가 매우 높은 것으로 확인 |
| 규범적 요구 | • 북한이탈주민 전문상담사의 상담 관련 교육 배경(예: 전공, 학위, 수련 경험 등)이 상담을 하기에 일반적으로 적합하다고 간주하는 수준과 영역에 해당하는지에 관한 조사 및 탐색 |
| 지각된 요구 | • 기존 상담사 교육이 북한이탈주민 상담에 얼마나 적합한지에 관한 전문상담사의 지각 탐색 |
| 표현된 요구 | • 교육 프로그램의 내용, 전체 프로그램의 길이, 1회기의 길이 등에 대한 탐색<br>• 북한이탈주민 전문상담사들이 개별적으로 재단 외부에서 이루어지는 상담사 교육에 참여하는 빈도와 기간이 얼마나 되는지 탐색 |
| 비교 요구 | • 타 전문상담기관 전문상담사의 이론 및 실무 영역의 전문적 역량과 비교 |

램과 관련된 다양한 집단을 포함해야 한다.

## 2) 요구분석의 의미와 필요성

요구분석은 프로그램의 기획 단계에서 이루어져야 할 중요한 과제이다. 앞서 논의된 것처럼, 우리가 개발하고자 하는 프로그램은 결국 적용 대상자가 개인적으로 접근한 요구(생리적, 심리적, 사회적)와 사회적으로 접근한 요구를 충족하기 위한 구체적 수단이 된다. 따라서 프로그램을 기획하는 단계에서 특정 문제와 관련된 대상자의 요구를 파악하고 그것을 기초로 대상자의 요구를 충족시키기 위한 구체적 방안을 마련하는 것은 매우 중요하다. 특히 상담 및 심리교육 프로그램 개발은 잠재적 대상자의 요구분석, 개입, 평가가 연속되는 과정에 의해 이루어진다. 따라서 그 첫 단계는 요구를 발견하여 이해하는 것인데, 요구분석은 바로 이를 위해 활용되는 실질적인 방법이다.

먼저, 요구분석의 의미를 살펴보자. Nguyen, Attkisson과 Bottino(1983)는 요구분석을 '변화하는 집단의 요구를 계속적으로 평가함으로써 프로그램을 계획하고 수정하는 기초적인 항해 시스템을 위해 자료를 제공하는 것'이라고 하였다. 또한 Kaufman(1982)은 요구분석을 '조직에서 현재 성공적으로 이루어지는 것이 무엇인지, 새로 추가되어야 할 것이 무엇인지, 그리고 제거 혹은 수정되어야 할 것이 무엇인지를 결정하도록 함으로써 문제해결에 도움이 되는 방향을 제시하기 위해 사용되는 방법'이라 정의하였다.

이러한 정의에 기초해 볼 때, 요구분석이란 특정 문제를 해결하기 위해 섣불리 뛰어들기 전에 그와 관련된 대상집단, 지역사회 및 관련기관을 비롯한 환경 등을 대상으로 좀 더 구체적이고 체계적인 분석을 함으로써 중요한 문제가 과연 무엇이며, 그 문제들의 우선순위가 무엇인지 확인하고, 문제를 해결하기 위한 목적을 설정하여 프로그램의 효과성과 효율성을 제고하기 위한 활동이라고 정의할 수 있다. 따라서 요구분석은 문제의 본질에 대한 불확실성을 줄이기 위한 방안으로 이해될 수 있다.

잠재적 프로그램 대상자와 관련 조직이 가지고 있는 요구를 정확히 분석하지 않고는 프로그램의 진정한 가치를 확보하기 어려우므로 프로그램 기획 단계에서는 요구분석이 반드시 이루어져야 한다. 이러한 점에서 요구분석은 다음과 같은 중요성을 지닌다.

첫째, 요구분석은 프로그램이 필요한지의 여부에 대한 정보를 제공하여 프로그램이 개발되기 전에 새로운 프로그램 개발에 자금이 투입될 필요가 충분한지를 객관적으로 확인하기 위해 필요하다. 특히 제한된 경제적 자원 내에서 특정 프로그램의 필요성을 조직이나 학교, 지역사회에 분명히 인식시키는 일은 프로그램 개발자에게 중요하고도 쉽지 않은 과제이다. 이를 위해 요구분석은 개발될 프로그램의 필요성을 설득할 때 필요한 증거자료가 될 수 있다.

둘째, 요구분석은 프로그램 기획을 위한 초석이 된다. 프로그램 개발자는 이 단계에서 관련 집단의 요구와 현재 제공되고 있는 서비스 사이의 차이를 확인하고, 이러한 차이를 줄일 수 있는 프로그램을 개발하기 위한 절차를 시작하게 된다.

셋째, 요구분석은 프로그램에 참여할 잠재적 대상 집단을 선별하고 그들에게 프로그램을 홍보하고 보급하기 위한 최적의 방법을 탐색하는 데도 훌륭한 정보를 제공한다.

넷째, 요구분석은 특정 프로그램이나 프로그램의 잠재적 대상자가 될 사람들의 범위를 평가하기 위해서뿐만 아니라 잠재적 대상자의 지리적 분포와 사회인구학적 특성을 알아내기 위해서도 활용될 수 있다. 때로는 조직이나 지역사회 내에서 관련 기관이 특정 프로그램을 실시한다 하더라도 대다수의 사람이 그 존재에 대해 모르거나 잘못 알고 있을 수도 있다. 또는 제공되는 프로그램이 있다 해도 대기자가 너무 많아 그러한 프로그램을 실제적인 자원으로 여기지 않을 수도 있다. 요구분석을 통해 프로그램 개발자나 실행자는 '잠재적인 대상자가 우리의 프로그램에 대해 알고 있는가?' 혹은 '그들이 우리가 개발한 프로그램을 어떻게 평가하는가?' 등 프로그램 대상자의 정보를 체계적으로 획득할 수 있다.

다섯째, 요구분석은 프로그램의 개발자와 진행자에게 프로그램 대상자에 대한 정보를 제공하는 정규적이고 지속적인 과정이 된다. 즉, 요구분석은 프로그램의 기획 단계에서 일회적으로 끝나는 것이 아니라 프로그램이 성장·발전함에 따라 그리고 대상 집단이 변화함에 따라 지속적으로 이루어지는 과정이다.

지금까지의 논의에 기초하여, 요구분석에 포함되어야 하는 기본적인 질문을 정리하면 〈표 3-2〉와 같다.

**표 3-2 요구분석을 위한 기본 질문**

① 어떤 개입이 특정 집단에 투입되어야 하는가?
② 새로운 프로그램 개발이 필요할 만큼 특정 문제를 가진 대상자가 충분히 존재하는가?
③ 잠재적 대상자가 이미 존재하는 관련 프로그램에 대해 알고 있는가? 그리고 그들이 프로그램에 대해 긍정적 평가를 하고 있는가?
④ 잠재적 대상자가 기존 프로그램 참여를 방해하는 요인은 무엇인가?
⑤ 계속 혹은 악화되는 특정 문제가 존재하는가?
⑥ 어떤 프로그램이 특정 대상집단에 필요한가?

## 3) 요구분석의 단계

요구분석이란 잠재적 대상자와 관련 조직의 요구 수준을 확인해 내는 것이다. 이러한 요구분석은 그 과정이 과학적이고 객관적으로 이루어져야 한다. 이 절에서는 요구분석의 구체적인 단계를 살펴보자.

프로그램 개발자는 요구분석을 시작하기 전에 먼저 '필요한 정보를 얻기 위해 사용 가능한 정보 출처를 얼마나 확보할 수 있는가?'에 대한 답을 찾아야 할 것이다. 아마도 주변의 가까운 사람들에게서 얻은 자료는 아무리 수가 많다 할지라도 '편협된 정보'일 수 있다. 따라서 프로그램 개발자는 객관적이고 '진정한' 요구를 파악하기 위해서 어떻게 해야 하는지를 구체적으로 고려해야 한다. 요구분석을 위한 정보를 수집하기 전에 프로그램 개발자는 다음의 구체적인 단계에 따라 요구분석을 기획하고 실시하는 것이 좋다.

### (1) 요구분석을 둘러싼 상황 분석

요구분석을 실시하기 전에 먼저 첫 번째 단계에서는 요구분석이 필요한 상황에 대한 검토가 필요하다. 이 단계에서 중요하게 고려해야 할 점은 요구분석의 목적이 무엇인지를 확인하고, 이에 기초하여 요구분석의 범위를 결정하는 일이다. 물론 활용 가능한 정보가 많고, 이를 위한 예산의 범위나 시간적 여유가 많다면 좀 더 포괄적이고 구체적인 요구분석을 계획할 수 있을 것이다. 하지만 현실적인 상황에서 주어진 예산, 시간적인 제약 또는 활용 가능한 정보원의 접근 가능성 등을 검토하여 요구분석의 목적을 달성하기 위한 가장 효율적인 요구분석의 범위를 결정해야 한다.

### (2) 요구분석을 통해 얻고자 하는 정보의 확인

두 번째 단계에서는 요구분석의 목적에 근거하여 요구분석을 통해 얻고자 하는 정보가 무엇인지를 구체적이고 명료하게 확인한다. 요구분석을 통해 얻고자 하는 정보가 무엇인지에 따라서 요구분석의 대상자, 요구분석 방법 등이 달라질 수 있다. 예를 들어, 국내에서 개발된 노인 당뇨병 환자의 자기관리 프로그램 개발을 위하여 프로그램 개발자는 실제로 노인 당뇨병 환자가 생활에서 효과적인 적응을 위해서 필요한 것이 무엇인지를 요구분석을 통해 확인하고자 하였다(최경애, 2010). 요구분석을 통해 얻고자 하는 정보가 무엇인지를 분명하게 했을 때, 프로그램 개발자는 요구분석의 대상자, 대상자를 구하기 위한 집단, 그리고 요구분석의 방법을 구체적으로 기획할 수 있게 된다. 최경애(2010)의 연구에서, 프로그램 개발자는 서울, 경기, 강원 지역의 의료원 산하 대학병원 내분비내과 외래에서 진료 대기 중인 노인 당뇨병 환자를 요구분석 대상자로 선정하였으며, 대상자의 시력 및 신체적 기능 저하를 고려하여 면접과 설문을 절충하여 자료를 수집하였다.

### (3) 활용 가능한 정보의 유무 확인

이 단계에서는 요구분석을 통해 얻고자 하는 정보가 이미 존재하는지, 그리고 이러한 정보가 활용 가능한지를 확인한다. 이를 위해 다른 관련 기관에서 실시한 보고서를 검토하거나, 관련 자료에 대해 담당자와 면담을 실시하거나, 혹은 다양한 문헌 검색 시스템을 통해서 문헌조사를 실시할 수도 있다. 특히 요구분석에 요구되는 시간적, 경제적 제약을 고려할 때, 프로그램과 관련된 유용한 정보를 이미 다른 문헌을 통해서 얻을 수 있다면 보다 효율적으로 요구분석이 이루어질 수 있다. 궁극적으로 프로그램 개발자는 이전 단계에서 확인한 요구분석의 현실적 상황의 제한점을 고려하여 가장 효율적으로 필요한 정보를 얻을 수 있는 방안을 모색해야 한다. 이때 기존에 있는 자료를 활용할 것인지, 새로운 정보를 추가로 획득해야 하는지에 대한 의사결정을 내려야 한다. 요구분석 방법 중 기존 자료 분석과 관련해서는 다음 절에서 좀 더 구체적으로 살펴볼 것이다.

### (4) 요구분석의 방법 선정

이 단계에서는 실제로 어떠한 방법으로 요구분석을 실시할 것인지를 결정한다. 이때 기존 자료 분석, 면담, 관찰, 집단토의, 설문조사 등 다양한 요구분석 방법 중에서 최선의 방법을 선택하는 것이 중요한데, 이때 프로그램 개발자는 최선의 방법을 선택하는 데 필요한 기준을 마련해야 한다. 요구분석의 구체적인 방법은 다음 절에서 구체적으로 논의하며, 여기서는 여러 가지 요구분석 방법 중 최적의 것을 선택할 때 고려할 사항에 대해서 살펴보자.

첫째, 요구분석에서 정보의 출처가 무기명이어야 하는지를 고려해야 한다. 예를 들어, 요구분석 방법 중에서 면담이나 집단토의 등은 정보제공자의 신분이 노출되지만 설문조사의 경우 무기명 방식이 가능하다.

둘째, 비용 문제를 고려해야 한다. 요구분석에 소요되는 비용은 면담 대상자의 수, 집단의 크기, 면담시간, 횟수 등에 따라 달라질 수 있다. 따라서 같은 수를 요구분석 대상으로 할 때 설문조사가 면담이나 집단토의보다 비용 면에서 효율적일 수 있으며, 기존 자료 분석 방법은 추가 비용에 대한 부담을 덜 수 있는 방법이다.

셋째, 요구분석에서 수집한 자료에 대한 후속 조치 가능성에 대해 고려해야 한다. 예를 들어, 면담이나 집단토의를 통해서 얻는 자료의 경우 자료가 미비하거나 추가 자료 수집 또는 확인이 필요할 때 바로 후속 조치를 취할 수 있다는 장점이 있는 반면, 설문조사는 일단 설문지 회수가 끝난 후에는 더 이상의 정보탐색은 불가능하다는 점을 고려해야 한다. 따라서 설문조사의 경우 특히 요구분석에서 수집할 정보를 명확하게 기획하는 것이 중요하다.

넷째, 요구분석에서 필요한 정보를 회수하는 데 걸리는 시간을 고려해야 한다. 즉, 면담이나 집단토의를 통한 요구분석의 경우 비교적 즉각적인 정보 획득이 가능한 반면, 설문조사의 경우에는 설문조사 실시부터 수집, 코딩, 분석 등의 단계를 거치는 데 더 많은 시간이 걸릴 수 있다.

다섯째, 분석의 용이성을 고려해야 한다. 예를 들어, 양적인 정보를 다루는 설문조사를 통한 결과 분석은 면담이나 기존 자료와 같은 질적 정보를 분석하는 것보다 상대적으로 용이할 수 있다.

이때 최선의 방법을 선정한다는 의미는 어떤 요구분석 방법이 요구분석의 목적을 달성하기에 가장 적합한지의 문제와 요구분석의 시간적, 경제적 제한이라는 현실적 문제, 두 가지를 모두 고려한 최선의 방법을 결정하는 것이다. 먼저, 요구분석의 목적에 따라 요구분석 방법이 어떻게 달라질 수 있는지를 살펴보자. 예를 들어, 요구분석의 목적이 잠재적 대상자 집단에서 최대한 많은 사람의 의견을 확인하고자 할 때나 익명성이 보장되지 않을 때, 그리고 실제 상황을 있는 그대로 알리는 것을 꺼려하는 민감한 사안일 경우 등은 몇몇 사람을 대상으로 한 면접보다는 다수를 대상으로 한 설문조사가 더 적합할 수 있다. 그러나 정보제공자가 드러나는 것이 문제가 되지 않으며, 구체적이고 심도 있는 정보가 요구되는 상황에서는 면담이나 집단토의가 더 적합할 수 있다. 따라서 요구분석 방법을 선정할 때는 다양한 요구분석 방법의 장점과 단점이 무엇인지를 이해하고, 이에 기초하여 요구분석의 목적을 가장 효과적으로 달성할 수 있는 방법을 선정해야 한다.

### (5) 요구분석 계획

이 단계에서는 앞서 논의한 단계에서 이루어진 의사결정을 기초로 하여 실제로 요구분석을 실시하기 위한 계획을 세운다. 즉, 요구분석의 목적과 현실적인 상황을 고려하여 최선의 요구분석 방법을 선정하였다면, 선정된 요구분석을 실시하기 위해 구체적으로 어떠한 단계를 거쳐 정보를 수집할 것인지에 대한 청사진을 도출한다. 이러한 세부 계획에는 언제, 누구를 대상으로, 어떻게 정보를 수집하며, 수집된 정보는 어떻게 분석할 것인지 등이 구체적으로 포함되어야 한다. 예를 들어, 설문조사를 실시하기로 한다고 하였을 때, 요구분석에 포함할 정보제공자를 누구로 할 것인지, 정보제공자를 얻기 위해서는 어떤 절차를 거칠 것이고 누가 이 업무를 담당할 것인지도 함께 계획해야 한다. 그뿐만 아니라 얻고자 하는 정보를 효과적으로 도출해 낼 수 있는 설문 문항을 구성하고 이를 설문지로 구성하는 것도 이 단계에서 이루어져야 한다.

### (6) 자료 수집 및 분석

이 단계는 실제로 요구분석을 위한 자료를 수집하고 수집된 자료를 분석하는 단계이다. 이 단계에서 요구분석의 범위와 방법에 따라서 다양한 인력이 필요할 수 있다. 이러한 다양한 인력에는 문헌조사를 위한 조사원, 설문지 배포를 위한 인력, 면담을 진행할 인력, 혹은 초점집단을 진행할 인력, 수집된 자료를 코딩하거나 분석할 인력 등이 포함된다. 따라서 이 단계에서 요구분석 계획자나 담당자는 각각의 업무가 잘 수행되고 있는지, 또한 각 단계에서의 업무가 일정에 맞게 제때에 이루어지는지를 확인할 필요가 있다.

### (7) 보고서 작성

결과 분석 및 보고서를 작성할 때 최초의 대략적인 초안은 우선 주요 아이디어를 기술하고, 두 번째는 뼈대에 살을 붙이며, 세 번째는 작성된 자료의 철자, 문법을 수정하고 자료를 다듬는 작업을 하게 된다. 실제로 프로그램 개발에서 요구분석의 비중이 크면 클수록 최종 보고서에서 표현, 정확도를 교정해 줄 전문가를 활용하여 내용을 명확하게 정리하는 것이 좋다.

### 4) 요구분석의 방법

프로그램의 요구를 분석하는 방법은 다양하지만 특정 프로그램의 목적이 무엇인지, 그리고 그러한 프로그램의 목적을 이루는 데 필요한 요구분석의 목적이 무엇인지에 따라 특정 프로그램의 개발을 위한 요구분석 전략은 달라질 수 있다. 뿐만 아니라 프로그램 개발의 전체 예산 범위 내에서 요구분석을 위해 사용 가능한 예산의 범위, 활용 가능한 물리적 · 시간적 자원의 범위에 따라서도 요구분석의 방법 및 전략은 달라진다. 요구분석을 실시할 때 어떤 방법으로 요구분석에 필요한 정보를 수집할 것인지를 결정하기 전에 다양한 요구분석을 위한 조사 방법에 대해 구체적으로 살펴보고자 한다.

먼저, 다양한 요구분석 방법은 크게 두 가지 기준에 따라 달라질 수 있는데, 첫째, 요구에 대한 정보를 수집할 대상이며, 둘째, 정보제공 출처에서 얻은 자료를 분석하는 방법이다. 즉, 의사결정의 첫 번째 기준인 누구를 대상으로 정보를 수집할 것인지와 관련해서 우선 조사할 대상의 범위를 결정해야 한다. 이때 프로그램과 관련된 소수의 특정인을 대상으로 조사할 것인지, 대규모 집단을 대상으로 조사할 것인지에 따라 요구분석 방법은 달라진다. 이에 반해, 두 번째 기준인 수집된 자료가 통계적 기법을 통해 분석이 가능한 양적 자료인지, 질적 자료인지에 따라 수집된 자료를 효과적으로 제시하는 방법이 달라질 수 있다. 여기서 양적 분석 방법은 질문지를 제작하고 대상자의 응답을 통계적으로 분석하는 방법을 말하며, 질적 분석 방법은 면담, 관찰, 집단토의, 포럼 등을 통해 얻은 정보를 기술하는 방법을 의미한다. 이러한 질적 분석 방법은 인상적 접근(impressionistic approach)을 활용한 요구분석이라고도 한다. 다음에 살펴볼 각각의 요구분석을 위한 조사기법은 앞서 논의된 기준에 따라서 선택할 수 있으며 각 기법은 특정 프로그램에서 필요한 요구분석의 목적과 상황에 따라서 활용도가 달라질 수 있다.

#### (1) 기존 자료 분석

기존 자료 분석(secondary data analysis)은 이미 존재하는 서류나 보고서 등을 새로운 프로그램을 위한 참고자료로 재분석하는 방법이다. 이러한 요구분석 방법에는 인구통계 정보, 성별, 교육 연한, 경제적 수준, 거주지 등 다양한 자료가 재사용될 수 있다. 특히 사회 지표(social indicators)는 사회 문제의 정도를 추정하는 자료로서 정부 기관의 행정보고서 등이 포함된다. 〈표 3-3〉에 제시된 예시는 다문화 가정의 초등학생을 위한 학교적응력 향상 프로그램 개발에서 사용 가능한 기존 자료이다.

요구분석에 기존 자료를 사용하는 것은 접근과 그 사용이 비교적 용이하며 시간과 비용의 측면에서 경제적이라는 장점이 있다. 그러나 기존 자료를 활용할 때는 먼저 자료가 최신 자료인지, 신뢰할 수 있는 자료인지를 확인해 보아야 한다. 그뿐만

**표 3-3 기존 자료 분석의 예**

한국교육개발원과 교육부에서 실시한 「교육기본통계조사」에 따르면, 2019년 초 · 중 · 고등학교의 다문화 학생은 13만 7천 명으로 전체 학생의 2.5%를 차지하고 있다. 전체 학생 수가 감소하고 있는 것과 달리 다문화 학생 수는 계속 증가하고 있으며, 2012년 대비 약 3배 수준으로 증가했다. 2019년 다문화 학생 중 75.7%가 초등학생이며, 중학생 15.8%, 고등학생 8.2% 등으로 나타났다.

〈다문화 학생 현황〉

(단위: 명, %)

| | 전체 학생[1] | 다문화 학생 수[2] | 구성비[3] | 전년 대비 | 초등 학교 | 구성비[4] | 중학교 | 구성비[4] | 고등 학교 | 구성비[4] | 각종 학교 | 구성비[4] |
|---|---|---|---|---|---|---|---|---|---|---|---|---|
| 2012 | 6,730 | 46,954 | 0.7 | - | 33,740 | 71.9 | 9,627 | 20.5 | 3,409 | 7.3 | 178 | 0.4 |
| 2013 | 6,489 | 55,780 | 0.9 | 18.8 | 39,360 | 70.6 | 11,280 | 20.2 | 4,858 | 8.7 | 282 | 0.5 |
| 2014 | 6,294 | 67,806 | 1.1 | 21.6 | 48,225 | 71.1 | 12,506 | 18.4 | 6,734 | 9.9 | 341 | 0.5 |
| 2015 | 6,097 | 82,536 | 1.4 | 21.7 | 60,162 | 72.9 | 13,827 | 16.8 | 8,146 | 9.9 | 401 | 0.5 |
| 2016 | 5,891 | 99,186 | 1.7 | 20.2 | 73,972 | 74.6 | 15,080 | 15.2 | 9,816 | 9.9 | 318 | 0.3 |
| 2017 | 5,733 | 109,387 | 1.9 | 10.3 | 82,733 | 75.6 | 15,945 | 14.6 | 10,334 | 9.4 | 375 | 0.3 |
| 2018 | 5,593 | 122,212 | 2.2 | 11.7 | 93,027 | 76.1 | 18,068 | 14.8 | 10,688 | 8.7 | 429 | 0.4 |
| 2019 | 5,453 | 137,225 | 2.5 | 12.3 | 103,881 | 75.7 | 21,693 | 15.8 | 11,234 | 8.2 | 417 | 0.3 |

자료: 한국교육개발원, 교육부(2020).

주: 1) 초등학교, 중학교, 고등학교 및 각종 학교 재적 학생 수

2) 국제결혼가정 학생(국내출생+중도입국)+외국인가정 학생

3) 다문화학생 수/전체 학생 수×100

4) 다문화학생 중 구성비

아니라 기존 자료의 성격과 한계를 정확히 이해하는 것이 필요한데, 분석자는 자료의 한계를 벗어나는 결과를 유추하지 않도록 주의해야 한다. 예를 들어, 기존 자료에서 이혼율이 높게 나타난 지역에서 청소년 비행률도 높게 나타났다고 하자. 이러한 자료의 해석에서 이혼 가정의 자녀가 청소년 비행에 노출될 수 있다고 보는 것은 생태학적 오류로 인한 잘못된 해석이 될 수 있다.

### (2) 주요 정보제공자 조사

주요 정보제공자(key informants) 조사는 프로그램과 관련된 문제에 대한 정보를 가장 적절히 파악한다고 여겨지는 사람들을 대상으로 수행하는 요구조사의 한 형태이다. 예를 들어, 학교폭력 예방 프로그램에 대한 요구조사를 실시한다고 할 때 학교장, 교사, 학부모, 학교폭력 피해학생, 학교폭력 가해학생 등 학교폭력 문제에 대한 정보를 제공할 수 있는 사람들이 이러한 주요 정보제공자 조사의 대상이 될 수 있다. 즉, 주요 정보제공자 조사에는 해당 문제에 대한 전문가 집단이나 프로그램의 잠재적 수요자 집단을 포함하는 것이 일반적이다. 주요 정보제공자의 견해를 파악하기 위해서는 설문이나 면접뿐만 아니라 초점집단(focus group)이나 델파이 기법(Delphi technique) 등의 조사 방법도 사용할 수 있다. 특히 전문가 집단에 대한 의견수렴 조사에서는 초점집단이나 델파이 기법을 활용하는 것이 더 유용하다. 초점집단과 델파이 기법은 뒤에서 좀 더 구체적으로 다룰 것이다.

주요 정보제공자 조사의 장점은 요구조사의 대상 수가 상대적으로 적어 비용이 적게 드는 편인 반면, 소수의 사람들로부터 질 높은 정보를 도출해 낼 수 있다는 장점이 있다. 그러나 조사에 포함된 정보제공자가 누가 되는지에 따라서 수집된 정보의 내용이 달라질 수 있으므로 도출된 정보의 일반화에 한계가 있다. 특히 정보제공자의 개별 특성에 따라 수집된 정보의 편향성이 불가피할 수 있다. 따라서 주요 정보제공자를 대상으로 조사할 때는 조사에 포함된 구성원이 프로그램의 대상 집단을 대표할 수 있는지 세심하게 분석해야 한다.

### (3) 명목집단 기법

명목집단 기법(nominal group technique)은 소규모 집단을 대상으로 필요한 정보를 얻는 방법의 하나이다. 명목집단 기법의 가장 큰 특징은 명목집단 조사에 참여한 구성원 간 의사소통을 제한하여 구성원의 솔직한 의견을 끌어내는 데 있다. 구체적인 절차는 먼저 각 개인이 서면으로 자신의 의견을 기술하여 제출하고, 제출한 각 구성원의 의견을 모두 기록한 다음 전체 구성원이 함께 의견 목록을 점검하고 의견에 대한 추가 설명을 하도록 한다. 이 과정을 마친 후 마지막으로 투표로 제출된 의견의 우선순위를 결정한다.

이 방법은 의사결정에 참여한 구성원은 각자가 독립적으로 타인의 영향을 받지 않은 상태에서 자신의 의사를 개진하기 때문에 의사결정을 방해하는 타인의 영향력을 줄일 수 있다는 장점이 있다. 이 방법은 새로운 사실의 발견과 아이디어를 얻고자 할 때, 정보의 종합이 필요할 때, 그리고 최종 결정을 내릴 때 효과적이다.

### (4) 델파이 기법

델파이 기법은 패널 조사 방법의 일종으로 일정 수의 패널 참여자가 특정 사안에 대한 견해의 일치에 도달하게 만드는 방법이다. 델파이 기법의 가장 큰 특징은 패널 참여자 간에 물리적 대면 관계를 형성하지 않으면서도 여전히 그들 간의 상호작용을 활발하게 하여 특정 사안에 대해 일치된 의견에 도달하게 만든다는 것이다. 델파이 기법의 구체적인 절차는 다음과 같다.

① 델파이의 진행조정자를 포함한 추진팀 구성
② 패널 구성: 참가자 수(10~15명), 공식 서한으로 참가 확약
③ 첫 회의 델파이 설문지 개발
④ 최초의 설문지를 패널 참가자에게 발송 및 수거
⑤ 첫 회 응답 설문지의 정리 및 분석 요약
⑥ 두 번째 설문지를 작성해서 동일한 패널 참가자에게 발송
⑦ 참가자가 반송한 설문지는 다시 ⑤와 같은 정리와 요약
⑧ 합의적 의견 도출/합의적 의견이 도출되지 않을 때, ⑥으로 환류
⑨ 보고서 작성

델파이 기법은 특히 특정한 주제에 대해 전문가 집단의 견해를 도출하고자 하거나, 대면적인 모임이 없는 상태에서 패널 참여자 사이에 상호작용을 제공하고자 할

때 유용하다. 특히 델파이 기법이 갖는 절차상의 특성인 익명성은 반대 견해를 가진 사람들이 직접적으로 맞대응하는 것을 피하고자 할 때 유용하다. 그러나 델파이 기법으로 수집된 자료의 객관성에 대한 문제가 있고, 델파이 기법이 외부적으로는 패널의 자유로운 의견 개진을 표방하면서 실제로는 조정자가 사전에 결정된 목적 방향으로 의견을 유도해 나가는 데 사용할 수 있으므로 조정자가 지나치게 개입할 가능성도 있다. 특히 이 과정에서 조정자의 주관적인 가치와 판단 등이 설문의 배포, 정리, 요약 과정에 작용하게 되면, 개별적으로 검토 의견을 부여받은 패널 참가자는 수동적으로 반응하게 될 수 있다.

### (5) 초점집단 기법

초점집단은 집단 참가자가 직접 만나야 한다는 점에서 델파이 기법과 뚜렷하게 구분된다. 초점집단은 집단에 참가한 집단 구성원 간의 활발한 토의와 상호작용을 강조하며, 상호작용의 집단 역동에 관한 것조차도 자료 수집과 분석의 대상이 된다. 초점집단을 활용하기 위한 구체적인 절차를 살펴보자. 먼저, 초점집단의 크기는 최소 4명에서 최대 10명을 넘지 않는 것이 좋으며, 각 회기는 1.5~2시간가량이 적절하다. 진행자는 참가자에게 집단의 목적을 명확하게 설명하고 참가자 간의 상호작용을 촉진하여 주제와 관련된 활발한 논의를 이끌어 나가는 역할을 해야 한다. 초점집단을 활용하는 가장 큰 목적은 관련 이슈에 대한 합의에 도달하는 것이 아니라 그들의 특정 요구를 확인하고 기술하는 것이다. 따라서 초점집단을 활용할 때 진행자는 자신의 의견을 배제한 중립적 자세를 취해야 하며 참가자의 심도 있는 의견을 끌어내기 위해 효과적인 질문을 하는 것이 필요하다.

특히 초점집단은 참가자 간의 활발한 상호작용을 강조하기 때문에 조사자가 과정상의 주도권을 갖는 것이 어렵다. 그 결과 의도된 질문에 대한 의도된 답변 형태를 부과해서 획득하기가 쉽지 않으며, 집단적인 맥락에서 개인의 견해가 제시되어 있어 조사자가 거기에서 각 개인의 구분된 메시지를 명확하게 가려내기란 쉽지 않다. 그뿐만 아니라 개인이 민감하게 느끼는 이슈나 사적 정보 등은 노출을 꺼리거나 아예 의도적으로 왜곡시킬 가능성이 있으며, 소수의 특정인을 통해 도출된 정보이므로 정보의 일반화 가능성도 떨어진다. 특히 가정이나 질문 등을 통해 인위적인 상황을 조성해서 자료를 수집한다는 점도 자연스러운 상황에서 이루어지는 자료 수집방법에 비해서는 일반화의 가능성을 제한할 수 있으며, 참가자들이 직접 만나야 하는 물리적 · 시간적 제약이 있다.

### (6) 설문조사 기법

설문조사(surveys)는 가장 잘 알려진 요구분석 방법으로 매우 빈번하게 활용되고 있다. 설문조사는 질적 자료를 사용한 요구분석보다 상대적으로 더 많은 계획과 자원이 필요하지만 보다 객관적이고 과학적인 정보를 얻을 수 있다는 장점이 있다. 특히 최근에는 확률표집설계를 사용하여 요구분석을 실시할 경우 한 지역사회에서 특정 문제의 정도에 대해 매우 정확하고 신뢰성 있게 기술할 수 있다. 예를 들어, 조사에 참여하는 표집 대상자를 확률표집설계로 도출했을 경우, '95%의 유의도 수준에서 정확하다'는 언급이 가능하다. 이러한 분석 결과는 다른 어느 유형의 요구분석에서도 도달할 수 없는 정확도를 제시할 수 있다는 장점이 있다. 설문조사가 갖는 장점을 최대한 활용하기 위해서는 무엇보다 표집의 수와 표집방법의 과학성을 고려해야 한다. 예를 들어, 조사 대상자를 선정할 때 주변에서 쉽게 접근 가능한 가까운 사람들을 선정할 경우 대상 집단을 충분히 대표할 수 없다는 문제가 발생할 수 있다. 전체 대상 집단을 대표하기 위해서는 그 집단의 모든 구성원에게 의견을 개진할 동등한 기회가 주어져야 하며, 작은 집단이라면 모든 사람을 조사하거나 최소한 대다수를 조사해야 한다. 설문조사의 대상이 큰 집단이라면 무선 표집을 실시해야 하며 표집의 방법이 중요한 만큼 표집 크기도 중요한 영향을 미친다. 특히 한 지역사회에서 문제(흔히 질병이나 사고)의 정도를 조사하기 위한 유병률 조사(epidemiologic surveys)의 경우 과학적이고 대표적인 표집에 근거해야 하며 소규모의 비공식적 조사보다 훨씬 더 비용이 많이 든다는 단점이 있다.

### (7) 다중방법의 수렴분석

프로그램의 요구를 더 정확하게 확인하기 위한 전략으로 다중방법 접근(multimethod approaches)을 사용한 후 수렴분석(convergent analysis)을 할 수 있다. 실제로 요구분석을 하는 경우, 우리는 한 가지 출처만이 아닌 여러 가지 요구분석을 위한 자료 출처를 사용하게 되는 경우가 많다. 다중방법 접근이란 한 가지 이상의 자료 출처와 분석 방법을 사용하는 것을 말하며, 수렴분석이란 다양한 출처의 정보를 요구분석에 사용하고 다양한 전략과 관점을 수렴하여 프로그램의 요구를 확인하는 것을 말한다. 즉, 프로그램 개발자는 요구분석 결과가 한 가지 분석 방법을 사용하거나, 혹은 한 가지 자료 출처를 사용했을 때 발생할 수 있는 문제를 최소화하기 위한 노력으로 하나 이상의 요구분석 방법이나 다양한 정보 출처를 사용할 필요가 있다. 그러나 때로는 요구분석 자료를 하나 이상의 출처에서 얻었을 경우 합일점을 찾기가 어려울 수 있으므로 요구분석을 하는 연구자들은 각각의 자료로부터 일치하는 패턴과 영역을 알아내기 위해 자료 결과를 수렴해야 한다. 이러한 접근은 우리가 익숙하게 알고 있는 질적 연구에서 삼각법(triangulation)과 같은 이치이다.

### 개인적 욕구 충족을 위한 프로그램 예

수렴분석의 예시

8세 아동이 부모가 없는 시간 동안 화재를 내고 크게 다친 사고가 발생한 후에 학교사회복지사가 방과 후 프로그램의 필요성을 확신했다고 상상해 보자. 부모가 직장에 나가고 아이는 늘 3시부터 5:30까지 성인의 감독 없이 보내야 하기 때문에 이 문제를 해결하기 위한 방과 후 프로그램을 제안하기로 하였다.

프로그램 개발자가 이 프로그램에 대해 몇몇 초등학교 교사에게 설명하자, 그들 모두는 열성을 보이며 그 프로그램에 참여할 수 있는 아동 4명의 명단을 작성하였다. 그 학교의 교장 역시 프로그램에 찬성했고, 다음 주에 열리는 학부모 회의에서 프로그램을 소개해 줄 것을 요청했다. 학부모 회의에서는 제안에 대해 진심으로 동감을 표시하고 학교장에게 모든 아동의 집에 설문지를 보내 주도록 요청했으며 학교장도 이에 동의했다. 프로그램 개발자는 질문지를 제작하여 그 초등학교에 다니는 모든 학생을 통해 학부모에게 배부하였다. 약 60%의 질문지가 회수되었으며 결과는 다음과 같았다.

- Q1: 학부모의 20%는 방과 후 프로그램이 무료라면 자녀를 프로그램에 참가시킬 의향이 있다. 이를 볼 때 105명의 아동이 방과 후 프로그램이 무료라면 프로그램에 참가할 것으로 예상된다.
- Q2: 학부모의 10%는 아동당 매주 25달러 수준이라면 자녀를 프로그램에 참가시킬 의향이 있다. 이를 볼 때 약 50명의 아동이 매주 25달러 수준이라면 방과 후 프로그램에 참여할 것으로 예상된다.

- Q1과 Q2: 학부모의 30%가 방과 후 프로그램에 대해 미결정 상태이며, 추가적인 정보를 원한다.

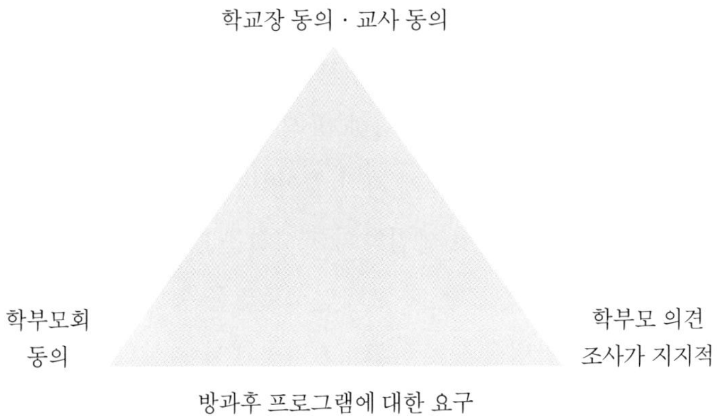


이와 같은 요구분석 과정은 다양한 요구분석 방법과 자료 출처를 사용하여 도출된 자료를 수렴함으로써 프로그램의 필요성을 강력하게 이끌어 낼 수 있다. 그러나 모든 요구분석에서 도출된 결과를 수렴하는 것은 쉽지 않다. 예컨대, 학부모가 방과 후 프로그램에 대해 그다지 관심이 없을 수도 있고, 학교장이 프로그램에 소요되는 비용이나 인력 등의 문제 때문에 반대할 수도 있다. 때때로 수합한 정보가 수렴되지 않는다면 해결이 쉽지 않으며, 때로 프로그램 개발자는 어느 한 측의 지지 부족에 대해 설득력 있는 해명을 제시해야 할 수도 있다.

출처: Royse, Thyer, Padgett, & Logan (2001).

다중방법 요구분석 전략은 다양한 출처의 자료를 요구분석에 포함하는 전략이다. 따라서 다중방법 요구분석 전략은 요구분석의 다른 형태보다 더 포괄적이다. 다양한 관련 자료를 얻을 수 있는 요구분석 관점을 통합하여 활용하는 것은 좀 더 신뢰성 있는 요구분석을 가능하게 하지만 동시에 분석과 자료 수집 단계가 더 복잡해질 수 있다.

이상에서 살펴본 바와 같이, 요구분석에는 다양한 접근이 활용될 수 있다. 물론 다양한 접근을 통해 신뢰성 있는 분석자료를 도출하는 것이 중요하지만, 요구분석이 항상 매우 복잡하게 이루어져야 하는 것은 아니다. 때로는 가장 단순한 자료 수집이 새로운 프로그램에 대한 요구를 찾는 데 매우 유용한 역할을 하기도 한다. 따라서 효과적인 요구분석을 계획하여 실시하기 위해서는 프로그램 개발자의 창의성이 필요하다. 요구분석은 해당 기관에 경제적으로 부담이 되어서는 안 된다. 창의적으로 계획을 세운다면 얼마든지 적은 비용으로도 유용한 요구분석이 가능하다. 프로그램 개발자는 더 경제적이고 수월한 방식으로 요구분석을 수행하는 방안을 검토해야 한다. 예를 들어, 학생들에게 가장 좋아하는 가수를 조사하는 설문과 함께 요구분석에 필요한 문항을 추가로 삽입하여 조사하는 방법 등도 생각해 볼 수 있다. 프로그램 개발자는 요구분석을 할 때 브레인스토밍을 통해 수요자의 요구를 조사할 수 있는 다양한 모든 방법을 도출하고, 그 가운데서 최상의 방법을 선택하는 것이 효과적이다.

### 생각해 보기

1. 프로그램 개발에서 잠재적 대상자 분석이 필요한 이유를 설명하시오.
2. 요구분석에서 고려할 수 있는 네 가지 요구의 개념을 설명하시오.
3. 프로그램 개발에서 요구분석이 필요한 이유를 설명하시오.
4. 요구분석의 구체적인 방법을 설명하고, 각 방법의 장단점을 설명하시오.
5. 프로그램 개발에서 환경분석이 필요한 이유를 설명하시오.

## 적용

1. 다음의 요소들을 고려하여 요구분석 계획서를 작성하시오.

    1) 요구분석의 목적

    2) 요구분석 대상

    3) 요구분석 시기

    4) 요구분석의 자료 수집 방법

    5) 요구분석에 사용할 자료 제작

        -설문지

        -측정도구

        -면담을 위한 질문 구성

    6) 요구수집된 자료 분석방법

    7) 요구분석 일정 및 업무 분담

2. 개발한 프로그램의 환경분석을 실시하시오.

• 프로그램과 관련하여 고려되어야 할 외부 환경

| 강점(strength) | 약점(weakness) |
|---|---|
| | |
| 기회(opportunity) | 위험요인(threat) |
| | |

• 프로그램과 관련하여 고려되어야 할 내부 환경

| 강점(strength) | 약점(weakness) |
|---|---|
| | |
| 기회(opportunity) | 위험요인(threat) |
| | |

제**4**장

# 프로그램의 이론적 기초 확립

경험적으로 검증된 프로그램 개발을 위해서는 프로그램 개발의 기반이 되는 이론적 기초를 확립하는 것이 중요하다. 그러나 실제로 현장에서 프로그램을 개발할 때는 이 단계의 중요성이 부각되지 못하는 실정이다. 프로그램의 이론적 기초를 확립하는 것은 프로그램에서 작용한다고 간주되는 독립변인, 종속변인, 매개변인 및 조절변인 간의 관계에 대한 개념적 구조를 확립하는 것이다. 프로그램의 이론적 기초를 확립하는 것은 프로그램의 기대와 효과를 확실하게 정의할 수 있게 한다. 또한 확립된 이론을 기초로 하여 프로그램의 목적과 목표가 구체적으로 기술될 수 있다. 이 장에서는 프로그램 개발에서 이론적 기초를 확립하기 위해 필요한 기본적인 지식과 함께 프로그램의 목적과 목표를 기술하는 것에 대해 다루고자 한다.

### 이 장에서 다룰 주제

- 프로그램은 왜 이론적 기초에 기반하여 개발되어야 하는가?
- 프로그램의 이론적 모형을 개발하기 위한 구체적인 단계는 어떠한가?
- 프로그램 개발을 위한 이론적 가설에서 매개변인과 조절변인은 무엇인가?
- 프로그램의 목적과 목표의 의미는 무엇이며, 이 두 가지는 어떠한 차이가 있는가?
- 프로그램의 목적과 목표는 어떻게 기술되어야 하는가?

## 1. 프로그램 개발에서 이론의 중요성

프로그램은 하나의 '이론모형'에 기초한다. 그 이론모형은 잘 검증된 것일 수도 있지만 아직 검증이 덜 된 가설 수준의 것일 수도 있다. 또한 이론모형은 프로그램의 목적에 도달하는 과정에 어떤 요인들이 관련되고 어떤 활동이 필요하며 그러한 활동이 어떤 순서로 제공되어야 하는지 등에 대한 지침을 제공한다.

프로그램 개발의 여러 단계에서 가장 소홀하게 다루어지는 단계가 프로그램의 이론적 기초를 확립하는 것이다. 즉, 많은 프로그램 개발이 주로 프로그램의 투입 내용과 이를 통해 산출될 효과만 기술할 뿐 실제로 프로그램 과정을 통해 이루고자 하는 목적과 목표가 '어떻게 달성될 수 있을까?'에 대한 관심은 소홀해 왔다. 다시 말해, 많은 프로그램이 '블랙박스' 식으로 이루어져 있다. 프로그램에 이론모형이 없다면 그 프로그램이 어떤 과정과 기제를 통해 작동하는지 알 수 없다. 따라서 프로그램이 작동하지 않을 때 왜, 어떤 이유로 프로그램이 작동하지 않는지도 밝히기 어렵다. 또한 프로그램을 개선하고자 할 때 여러 가지 방법을 무작위로 시도해 보거나 과거 경험, 전통, 신화, 근거 없는 지혜에 의존하게 된다. 이론은 우리의 목표를 어떻게 도달할 수 있는지에 대해 알려 준다(Conrad & Miller, 1987). 프로그램 개발자는 'A라는 프로그램을 개발, 실행하면 B라는 결과가 도출될 것이다.' 또는 'A라는 프로그램을 abc라는 요소로 구성하면 B라는 결과가 도출될 것이다.'라는 가설을 가지고 프로그램을 개발한다. 이처럼 모든 프로그램은 이론모형에 근거한다. 문제는 특정 프로그램이 뿌리를 두고 있는 이론이 얼마나 '탄탄한가?'이다. 프로그램 개발의 기초가 되는 이론의 확립은 프로그램의 변화 원리에 대한 가설이므로 프로그램 개발의 초기 단계에서 반드시 이루어져야 한다.

프로그램의 변화 원리에 대한 초기 가설은 '변화를 위해서 무엇이 필요한가?'라는 질문에 대해서 '만약'과 '그러면'이라는 진술로 개념화될 수 있어야 한다. 또한 이러한 프로그램의 이론적 기초는 프로그램 개발의 초기 단계에서 가설 형태로 정해진 이후 프로그램 개발의 전 단계에 걸쳐 지속적으로 평가되고 재조정되어야 하며, 이러한 피드백 과정이 바로 경험적으로 검증된 프로그램을 가능하게 한다.

가설과 관련된 한 가지 예를 들어 보자. 어떤 일터에서 직원의 음주 문제가 발생했다고 하자. 직원이 술을 많이 마시고 음주운전, 업무 중 재해 등 여러 가지 사고를 일으키게 되어 문제가 되었다. 처음에는 이러한 문제를 해결하기 위해 직장 내부와 근처에 술을 파는 곳에 위스키 대신 맥주만 팔 수 있도록 했다. 이러한 해결책은 술을 완전히 없애지는 않더라도 술의 종류를 바꾸면 문제를 줄일 수 있다는 가설에 기초한 것이다. 즉, 앞선 문제해결책의 기초가 되는 '이론적 가설'은 위스키를 마시면 음주운전 등 문제를 유발하지만, 맥주는 그렇지 않다는 것이다. 그러나 문제는 여전히 지속되었고, 이러한 가설이 문제해결에 도움이 되지 않는다는 것이 확인되었다. 따라서 문제해결을 위해서는 새로운 이론이 필요함을 인식하게 된다. 즉, 사람들이 술을 마시게 되는 원인을 확인하고 스트레스 감소 프로그램을 제공한다든지, 음주운전이나 음주 후 작업의 위험성을 강조한 교육을 한다든지 혹은 직장 내에서 모든 알코올 판매를 없애는 것 등 다른 대안적인 해결책을 생각하게 된다. 그리고 이러한 대안에 대한 검토를 통해 문제해결자는 음주 행동에 대해 잘못된 스트레스 대처 행동이라는 가설을 세우게 되고 스트레스 대처 이론을 기반으로 한 프로그램 가설을 세우게 된다.

이론이란 '환경 및 행동과 관련된 그럴듯한 인과기제를 보여 줄 수 있는 개념의 조직, 즉 원인과 결과 간의 신념'이라고 할 수 있다. 프로그램 개발자는 발생한 요구가 무엇인지(음주운전으로 인한 문제와 사고를 해결하기), 무엇 때문에 그 요구가 발생했는지(스트레스와 음주), 어떤 목표 행동이 요구를 촉진하거나 저지하게 하는지(음주, 운전), 그리고 그 요구에 적합한 목표행동을 바꾸는 능력이 무엇인지에 대한 가설을 세워야 한다. 이런 의미에서 이론은 프로그램에서 요구되는 성과에 도달하기 위한 하나의 지도라고 생각할 수 있다. 어떤 영역에서 A 지점에서 B 지점까지 도달하려고 할 때 이론은 하나의 지도가 되어 어떻게 A에서 B에 도달할 수 있는지 알려준다. 따라서 프로그램 개발에서 원하는 성과를 달성하기 위해 무엇이 필요한지를 경험적인 증거를 통해 밝혀야 하기 때문에 이론은 중요하다.

프로그램의 이론을 확립하기 위해서는, 우선 선행이론이나 주요 변인에 관련된 경험적인 연구에 대한 체계적인 검토가 필요하다. 그리고 이러한 검토를 통해 프로그램의 기초가 되는 이론을 확립하고, 그에 따라 경험적으로 근거를 둔 프로그램 개발이 이루어져야 한다. 이러한 접근은 프로그램 구성요소가 성과에 영향을 줄 것으로 예상되는 과정과 이러한 과정이 일어나는 조건을 개념화할 수 있게 해 준다. 이를 통해 프로그램 개발에서 어떠한 프로그램 구성요소가 가장 효과적인지, 어떠한 과정을 통해 성과가 나타나는지, 그리고 프로그램 참가자나 서비스 제공자, 프로그램 환경 등의 성격 등 프로그램과 성과를 연결하는 것은 무엇인지에 대한 경험적 해답을 제공하게 된다.

### 1) 이론의 기능

프로그램 개발에 있어서 선행 연구에 기초하여 관련 이론을 검토하고 이를 바탕으로 프로그램의 이론적 기초를 확립하는 것이 매우 중요하다. Sussman(2001)이 제시한 이론의 기능을 중심으로 이론의 주요 기능을 살펴보고자 한다.

- 이론은 행동을 기술하고 설명하며 예언하고 통제할 수 있는 인과모형을 제공한다. 즉, 프로그램의 변화 모형을 제공한다. 이러한 변화 모형을 이해하기 위해서는 앞으로 논의될 독립변인, 종속변인, 매개변인, 조절변인 등에 대한 이해가 선행되어야 한다.
- 이론은 바람직한 결과가 도출되지 않거나 부작용이 발생할 때, 즉 예상된 효과가 없을 때 무효화될 수 있다. 프로그램의 기초가 되는 이론을 확립하고 프로그램을 개발한 경우, 가설에서 제시된 효과가 나타나지 않는다는 것은 가설이 타당하지 않다는 가능성을 제기한다. 이때 프로그램 개발자는 가설을 다시 검토하고 수정해야 한다.
- 이론은 새로운 프로그램 아이디어를 창출해 내거나 그 아이디어에 적합한 대

상 집단이 누구인지 알 수 있게 해 준다.

- 이론은 비판적 사고에 있어서 오류를 범하지 않도록 한다. 여기서 비판적 사고의 오류는 개념과 그 개념을 측정한 결과를 같은 것으로 본다든지, 같은 개념을 서로 다른 개념으로 이해한다든지, 혹은 순환 추론을 통해 원인과 결과를 혼동하는 것 등이다. 예를 들어, 우울 증상을 줄이기 위한 프로그램을 개발하려고 할 때, 이론은 스트레스에 대한 부적절한 대처로 인해 우울감이 증가하는지, 아니면 우울감의 증가로 인해 스트레스에 대한 대처 능력이 감소하는지 분명한 구분을 할 수 있어야 한다.

### 2) 프로그램 개발에서 이론이 경시되는 이유

경험적으로 검증된 프로그램 개발을 위해서 이론적 기초를 다지는 것이 중요함에도 지금까지 그 중요성이 강조되지 못해 왔다. 그 이유를 살펴보면, 먼저 이론가와 현장 전문가의 지식 단절을 들 수 있다. 즉, 이론가는 추상적인 규칙을 만들고 다양한 상황에서 행동에 적용할 수 있는 전문적인 언어를 사용하는 데 반해, 현장 전문가는 특정 상황에서 나타나는 사람들의 행동에 대해 일반적인 언어로 설명하며, 이론 사용에 대한 훈련은 받지 못해 왔다. 따라서 현장 전문가는 이론가의 사고가 너무 현실과 동떨어져 있거나 검증되지 않았거나 혹은 불필요하다고 생각하기도 한다.

그뿐만 아니라 현장 전문가의 이론에 대한 지식 부족은 실제로 이론에서 제시한 개념을 이해하는 데 오류를 범하게 하기도 한다. 예를 들어, 현장 연구자는 종종 시간의 흐름에 따라 작성된 순서도와 인과모형을 혼동한다. 예를 들어, A가 발생한 후에 B가 일어났다고 해서 A가 반드시 B의 원인이라고 볼 수는 없다. 인과모형은 하나의 변인이 다른 변인을 맥락 속에서 끌어냈다고 볼 수 있을 때만 적용된다. 따라서 시간에 따른 과정모형이 인과모형은 아니다.

한편, 프로그램 개발에서 무분별하게 이론을 인용하는 것은 오히려 프로그램 개발에서 이론의 중요성에 대한 인식을 떨어뜨릴 수 있다. 많은 현장 연구에서는 이론을 인용하여 프로그램을 개발하지만, 프로그램 개발의 다양한 단계와 평가 단계에서 선택한 이론의 타당성을 경험적으로 평가하는 데는 소홀해 왔다. 이러한 경향은 프로그램 개발의 초기 단계에서는 프로그램의 기초가 되는 이론을 제시하지만, 프로그램 개발의 실제에서는 그것과는 무관한 프로그램을 개발하는 것으로 나타난다. 따라서 아무리 훌륭한 이론이라 해도 특정 사례에 적용할 때에는 신중해야 하며 그 이론의 한계도 검토해 보아야 한다.

프로그램과 관련된 선행이론을 철저히 검토하고 이론적 기초를 확립하는 일에는 많은 시간과 노력이 필요하다. 앞 장에서도 경험적으로 검증된 프로그램 개발의 장해물로 언급한 것처럼, 프로그램 개발에 드는 비용을 부담하는 관련 기관은 효과적인 프로그램을 개발하는 것뿐만 아니라 가능하면 최소의 비용으로 프로그램을 개발하고자 한다. 따라서 실제로 명시적 효과가 드러나지 않는 프로그램의 이론적 기초를 확립하는 단계에 투자를 많이 하려고 하지 않는다. 그럼에도 좋은 프로그램을 만들기 위해서 프로그램 개발자나 현장 전문가는 이론을 선택하고 만들며 적절한 변인을 선택, 수정, 측정한 후 평가도구를 개발하고 경험적으로 검증하는 데 많은 시간과 노력을 투자해야 한다.

### 3) 프로그램 개발을 위한 선행이론의 적용

좋은 이론은 좋은 프로그램 개발의 기초가 되며, 최상의 프로그램은 최소의 노력으로 최대의 효과를 거둘 수 있어야 한다. 즉, 효과적인 프로그램 개발자는 프로그램 개발의 기초를 제공할 수 있는 가장 적절한 선행이론을 선택하고, 선택한 이론을 어떻게 프로그램에 적용할 것인지를 잘 판단할 수 있어야 한다. 이 절에서는 건강행동과 관련된 프로그램에서 주로 적용해 왔던 행동주의 이론을 한 예로 하여, 선행이론을 프로그램의 기초로 적용한다는 의미가 무엇인지 더 구체적으로 살펴보고자 한다. 특히 프로그램의 이론적 기초를 세움에 있어서 명시적인 이론적 접근을 취하지 않는 접근과 행동주의 이론(ABC 이론)을 세 가지 접근으로 활용하는 방식을 보여줄 것이다.

#### (1) 잠재적 이론

프로그램을 개발할 때 많은 개발자는 먼저 자신의 직감이나 상식, 혹은 현장에서 나타나는 현상에 기초하여 적절하다고 생각되는 이론을 적용하기도 한다. 그러나 이러한 이론은 아직 경험적인 타당성을 확보하지 못했기 때문에 이론 수준이라고 보기보다는 잠재적 이론에 속한다고 볼 수 있다. 따라서 이러한 잠재적 이론이 프로그램 개발에 실제로 적용되기 위해서는 잠재적 이론의 경험적 검증을 통해 타당성을 검증받아야 한다. 이렇게 타당성이 검증된 이론은 프로그램 적용 가능성을 높일 뿐 아니라 프로그램의 초점이 되는 행동을 기술하고, 설명하고, 예견하며, 조절할 가능성을 높여 준다. 아직 경험적 검증을 거치지 않은 잠재적 이론과 달리 다음에서 설명하게 될 세 가지 이론의 적용은 프로그램에 직접 적용이 가능하며, 프로그램의 기초가 되는 인과 이론을 세우는 데 서로 다른 관점을 제공할 수 있다.

### (2) 선행사건 지향 이론

선행사건(A)은 프로그램에서 향상하고자 하는 바람직한 행동이나 프로그램을 통해 줄이고자 하는 바람직하지 못한 행동의 선행사건을 일컫는다. 선행사건 지향은 대상 집단에게 바람직하거나 바람직하지 않은 행동을 학습시키는 일련의 선행사건에 개입하는 이론을 말한다. 즉, 선행사건 지향 접근을 프로그램에 적용할 때, 그 프로그램은 선행사건에 개입하는 전략을 프로그램의 주요 구성요소로 삼게 될 것이다. 예를 들어, 청소년의 흡연 행동이 '위험 행동을 하는 것은 또래의 인정을 받는 데 도움이 된다'는 잘못된 인식에서 발생한다고 가정할 때 선행사건 지향 접근을 적용한 금연 프로그램은 청소년이 가지고 있는 또래 인정에 대한 잘못된 인식을 바꾸는 데 초점을 두게 될 것이다. 이러한 접근은 목표 행동의 변화에 대한 적절한 방향성을 제공해 줄 수 있다.

### (3) 행동 지향 이론

행동(B)은 프로그램에서 초점이 되는 행동을 일컫는다. 행동 지향 접근은 우리가 잘 알고 있는 조건화 이론에 기초한 것으로 특정 행동이 일어나기 전과 후에 발생하는 선행사건(자극)과 결과(강화)를 점검하는 데 초점을 둔다. 즉, 행동 지향 접근은 선행사건으로 인해 특정 행동이 발생하고, 특정 행동으로 야기된 결과가 강화되었을 때 그 행동이 학습된다고 본다. 이러한 과정을 도식으로 나타내면 다음과 같다.

선행사건(A, 자극) → 행동(B) → 결과(C, 강화)

여기서 특정 행동(B)을 변화시키기 위해서는 A–B–C 과정을 면밀하게 분석하여 세 가지 개입의 방향을 세울 수 있다. 즉, 자극을 통제하거나(A), 반응을 통제하거나(B), 강화를 통제하는 방식(C)이 가능하다. 이러한 행동 지향적 접근이 선행사건 지향 접근이나 결과 지향 접근과 다른 점은 특정 행동 자체 혹은 행동과 근접한 단서 및 결과에 개입한다는 점이다.

이때 특정 행동(B)은 조건화 과정인 A–B–C를 점검하여 세 가지 개입의 방향을 가능하게 한다. 즉, 자극을 통제하거나, 반응을 통제하기나, 강화를 통제하는 방식이다. 행동 지향적 접근이 선행사건 지향과 결과 지향 방식과 다른 점은 행동 자체 혹은 행동과 직접적으로 관련된 단서와 결과를 이용한다는 점이다. 예를 들어, 흡연 행동을 하게 되는 단서를 제공하는 자극을 조절한다거나 흡연 행동의 빈도를 줄이기 위해 상벌 체계를 활용하는 것은 모두 행동 지향 접근에 기초한다고 볼 수 있다.

#### (4) 결과 지향 이론

결과(C)는 행동의 결과, 즉 행동이 발생한 이후에 나타나는 것을 일컫는다. 즉, 결과 지향 접근은 궁극적으로 특정 행동을 변화시키는 데 초점을 두기보다는 그러한 행동의 결과로 나타나는 결과를 없애거나 약화하는 데 궁극적인 초점을 둔다. 많은 건강 예방 모형은 이러한 결과 지향 접근을 적용한 예이다. 예를 들어, 단맛을 좋아하는 사람이 단맛을 내지만 건강에 해롭지 않은 대체 식품을 섭취하는 것 등은 단맛의 음식을 섭취함으로써 발생하는 결과를 약화하는 결과 지향 접근을 적용한 것이다. 결과 지향 접근을 적용한 프로그램은 주로 특정 문제행동에 대한 예방적 차원의 모형으로 활용되는 경우가 많다. 하지만 결과 지향 접근을 적용하는 것은 행동 자체가 직접적인 목표가 되지 않기 때문에 행동의 결과를 제거하거나 변화시키기는 하지만 더 궁극적인 행동 변화의 메커니즘에 대한 이론적 기초로는 부족할 수 있다.

### 4) 이론 선택의 기준

프로그램 개발자는 프로그램의 기초가 되는 선행 이론을 검토하고 그에 기초하여 새로운 프로그램 이론을 개발하는 과정을 거치는 데 있어 어떠한 이론을 프로그램 개발에서 고려해야 할지, 그리고 자신의 이론이 얼마나 타당한지에 대한 적합성을 판단할 수 있는 기준을 마련해야 한다. 이론 선택 과정에서 고려해야 할 네 가지 준거를 살펴보자.

### (1) 적절성

가장 먼저 프로그램 개발자는 이론이 관찰된 현상을 그럴듯하게 설명하고 있는지(plausibility)를 판단해야 한다. 이를 위해서는 먼저 이론 개발자가 관찰된 현상과 관련하여 이미 알고 있는 경험에 비추어 직감적인 것을 적어 봄으로써 시작한다. 이러한 기준을 통해 프로그램 개발자는 왜 이 프로그램이 개발되어야 하는지, 이것이 누구를 위한 것인지 등을 더 구체화하게 된다.

### (2) 완전성과 정밀성

두 번째로 고려해야 할 기준은 이론의 완전성(completeness)과 정밀성(precision)이다. 이 기준을 고려할 때, 프로그램 개발자는 현재 프로그램의 초점이 되는 행동을 설명하는 데 있어 이론이 필요한 만큼의 충분한 변인을 포함하고 있는지를 확인해야 한다. 즉, 이론이 효과적인 개입을 고안할 수 있을 만큼 완전하게 개발되어야 한다.

### (3) 검증가능성

세 번째로 고려해야 할 기준은 이론의 검증가능성(testability)이다. 즉, 이론에서 설명하고 있는 인과관계의 각 요소를 검증할 수 있어야 하며, 이에 따라 각 요소가 결과를 어떻게 변화시키는지를 객관적으로 관찰할 수 있어야 한다.

### (4) 발견적 가치

마지막으로 이론은 발견적 가치(heuristic value)가 있어야 한다. 이론은 다양한 상황에서 일반화될 수 있어야 하며, 새로운 아이디어의 창출과 활용이 가능해야 한다. 좋은 이론은 폭넓게 적용 가능할 뿐만 아니라, 초점이 되는 행동에 대해 더 광범하고 깊은 수준의 이해를 제공할 수 있어야 한다.

## 2. 이론적 모형 개발단계

### 1) 프로그램의 개념 틀 잡기

경험적으로 검증된 프로그램 개발은 이론과 경험적 근거를 통합하는 것이다. 즉, 프로그램에서 성과에 영향을 줄 것으로 예상되는 과정(process)과 이러한 과정이 일어나게 하는 조건(conditions)에 대한 명확한 기술이 요구된다. 따라서 프로그램의 이론적 모형을 개발하기 위해 가장 먼저 해야 할 일은 이론에 기초한 프로그램의 개념 틀을 마련하는 것이다. 이를 위해서는 먼저 프로그램에서 초점이 되는 행동을 설명하는 데 적합한 관련 이론을 검토하고 선별해 보는 작업이 필요하다.

예를 들어, 한 프로그램 개발자가 청소년 흡연 문제를 인식하고 이를 예방하기 위한 프로그램을 기획한다고 하자. 프로그램 개발자는 청소년의 흡연을 설명하는 이론 중에서 사회적 영향 이론을 선택할 수 있다. 즉, 발달 단계상 청소년기는 또래의 영향이 강력한 시기이며, 혼자서는 시도하지 않을 행동도 비슷한 성향이 있는 또래라는 지지체계 속에서 시도하기 쉬워서 특정 행동을 하게 된다는 사회적 영향 이론을 기초로 하여 프로그램의 개념 틀을 세우고자 했다. 그러나 이때 개발자가 단순히 문제를 확인하는 것만으로는 사회적 영향 이론을 찾기 어려웠을 수도 있다. 따라서 개발자는 이 단계에서 특정 문제와 관련된 유사한 다른 문제를 설명하는 이론도 함께 검토할 수 있다. 예를 들어, 비행, 음주, 가출 등 관련된 행동을 설명하는 이론을 검토하면서 이러한 행동의 발생을 설명하는 이론으로 사회적 영향 모형을 확인하고 이를 흡연 행동에 적용할 수 있었다. 또한 청소년의 일반적인 행동 발달과 관련된 이론을 검토하면서 사회적 영향 이론을 선택하여 청소년 흡연 행동이라는 특정 행동과 연관시켜서 볼 수도 있다. 이러한 과정을 통해 프로그램 개발자는 이론을 현장의 문제와 연결하게 되며, 이 단계에서 이론은 추상적인 개념에서 더 구체화한 프로그램의 개별 틀로 그 기초를 다지게 된다.

## 2) 변인 간 관계에 대한 가설 세우기

이론에 기초하여 프로그램의 개념 틀을 확립한 후에는 프로그램 구성요소가 성과에 영향을 줄 것으로 예상되는 과정과 이러한 과정이 일어나는 조건에 대한 가설을 세워야 한다. 이것은 구체적으로 이론에서 설명하는 발생 가능한 변인 간의 관계에 대한 잠정적 가설을 의미한다. 프로그램은 다양한 이론적 형태를 취할 수 있지만, 일반적으로 우리가 관심이 있는 프로그램 개발의 기초가 되는 이론은 변인 간의 관계를 기술하는 변인 지향 모형(variable-oriented model)의 형태를 띠게 된다. 변인 지향 이론은 변인이나 이들 변인이 상호작용하여 결과를 유발하는 과정을 기술한다. 예를 들어, 바람직한 식습관 행동을 향상하는 데 초점을 두는 프로그램을 개발한다면, 프로그램 개발자는 바람직한 식습관 지식을 증진하면서 바람직한 식습관 행동이 향상될 것이라는 가정을 세울 수 있다. 이러한 간단한 가설은 식습관 지식과 식습관 행동에 관계가 있으며 이 두 가지가 서로 연관된다고 보는 변인 지향 이론에 기초하는 것이다.

프로그램 개발과정에서 이론적 기초를 마련하기 위해 꼭 필요한 것 중 하나는 예상되는 성과변인에서 나타날 수 있는 다양한 변수를 설명하는 가장 간단한 모형을 찾는 것이다. 즉, 이러한 모형은 그 프로그램에 참여한 사람이 참여하지 않은 사람에 비해 더 좋은 결과를 보이는지에 대한 설명을 제공할 수 있어야 한다.

프로그램의 개념적 구조는 복잡하고 그 개념적 구조 안에는 많은 변인이 있을 수 있지만, 변인 간의 관계는 주로 ① 직접적 혹은 주요 효과, ② 간접적 혹은 매개 관계, ③ 조절 관계라는 세 가지 기본 유형을 갖는다.

### (1) 직접 효과 가설

그동안 대부분의 프로그램 개발은 차별화되지 않은 '블랙박스' 과정으로 개념화되었으며 단지 직접적 효과에 관한 정보만을 제시한 경우가 많았다. 이러한 직접 효과 가설의 주된 제한점은 우선 전체적인 프로그램 효과가 없을 때는 시사하는 바가 전혀 없다는 점인데, 그 이유는 다음과 같다. 첫째, 프로그램의 바탕이 되는 개념적 모형이 없으면, 프로그램 개발자는 '개발한 프로그램의 효과가 있다'는 지식을 창출해 낼 수 없다. 과학적인 지식은 최소 개수의 변인들 사이의 관련성을 가정하는 개념적(이론적) 모형을 설정하고, 세상을 나타내는 데이터가 그 모형에 얼마나 맞아떨어지는지를 확인하는 과정을 거쳐 창출된다. 그런데 만약 프로그램의 바탕이 되는 개념적 모형이 없는 상태에서 프로그램을 실시하여 프로그램 효과에 관한 데이터를 수집했더라도, 수집한 데이터의 형태와 비교해 볼 개념적(이론적) 모형이 없다면, 그 효과가 어떤 변인(또는 변인 간의 관계)에 의해 발생했는지에 관한 지식을 창출할 수 없다. 둘째, 프로그램을 개발할 때, 특정 행동을 유발하는 요인들의 관계를 가정하는 개념적 모형이 없다면, 개발자는 프로그램의 효과가 우연에 의한 것인지 계획에 의한 것인지, 실시한 지역의 날씨 때문인지 참여자들의 성비 때문인지 또는 수만 가지의 다른 이유 때문인지 등을 확인할 방법이 없다. 그 결과 궁극적으로는 프로그램 실행의 성공이나 실패를 구분해 낼 수 없으며, 프로그램의 구성요소 중 어떤 요소가 효과적이며 어떤 요소가 비효과적인지를 구분해 낼 수 없다.

또한 우리가 관심이 있는 상담 및 심리교육 프로그램의 핵심은 행동 자체가 아닌 행동을 유발하는 요인을 변화시키는 것이다. 다시 말해, 프로그램은 즉각적인 성과변인에 직접 영향을 줄 수도 있고(예: 태도의 변화나 행동 기술 훈련의 결과), 장기적인 성과변인에 간접적으로 영향을 줄 수도 있다(예: 목표 행동). 그러므로 직접 효과 가설만으로는 이론과 경험에 근거한 프로그램 개발 가설을 세우는 데 부족하다.

이러한 직접 효과를 설명하는 것은 이론에서 선행변인 혹은 예언변인은 인과관계 속에서 다른 사건의 발생과 관련된 변인이다. 이런 변인은 행동의 발생 가능성을 증가시키거나 저지시키는 역할을 한다. 특히 바람직하지 않은 행동을 증가시키고 바람직한 행동은 저지시키는 변인을 위험요인(risk factor)이라고 하며, 반대로 바람직한 행동을 증가시키고 바람직하지 않은 행동은 저지시키는 변인을 보호요인(protective factor)이라고 한다. 음주운전으로 인한 사고의 예에서 스트레스는 하나의 위험변인이 된다. 이와 같은 직접 효과 가설을 도식화하면 [그림 4-1]과 같다.

[그림 4-1] 직접 효과 가설

### (2) 매개효과 가설

성과변인에 대해 원인변인의 효과를 매개하는 변인을 매개변인 혹은 중재변인이라고 한다. 매개변인(중재변인)은 성과변인에 대한 원인변인의 효과를 증가시키거나 저지(억제)할 수 있다. 예를 들어, 스트레스가 음주 행동을 유발한다고 가설을 세울 경우, 스트레스가 직접적으로 음주 행동을 유발했다는 가설보다는 [그림 4-2]에서 나타난 것처럼 스트레스를 경험했을 때 술로 스트레스를 해소할 수 있다는 비합리적인 스트레스 대처가 음주를 유발했다고 가설을 세울 수 있다. 즉, 이럴 경우에는 스트레스 대처방식이 매개변인의 역할을 한다.

매개효과 가설은 프로그램 기능을 보다 효과적으로 설명할 수 있다. 즉, 매개효과 가설은 프로그램을 통해 이루어지는 변화 과정을 설명할 수 있다. 매개효과 가설은 [그림 4-2]에서와 같이 직접 효과인 a뿐만 아니라 간접 효과인 b와 c의 관계를 밝혀준다.

프로그램 개발자는 ① 프로그램이 목표행동을 변화시키는 데 효과적인지(프로그램 실행의 성공 혹은 실패), ② 프로그램이 목표행동을 적절하게 설정하고 있는지(즉, 개념적 모형의 타당성)를 확인해야 한다. 특히 대부분의 프로그램이 다수의 구성요소를 갖게 되므로 프로그램의 이론적 가설은 다중 매개변인(multiple-mediator)을 포함하게 된다. 이때 프로그램 개발자는 이론적 가설을 확립하여 프로그램의 구성요소에 있어서 효과가 있다고 생각되는 구성요소를 단순히 결합하기보다 프로그램 개발자가 원하는 결과를 얻도록 최적화시킬 수 있는지 방법을 모색해야 한다. 즉, 프로그램 개발자는 전체 프로그램의 효과를 최대화하기 위해서 각 변인 간의 관계를 이론적으로 확인하고 이들 구성요소가 어떻게 목표로 설명된 변인이나 매개변인에 영향을 주어 결과적으로 원하는 성과에 영향을 주는지에 관심을 가져야 한다.

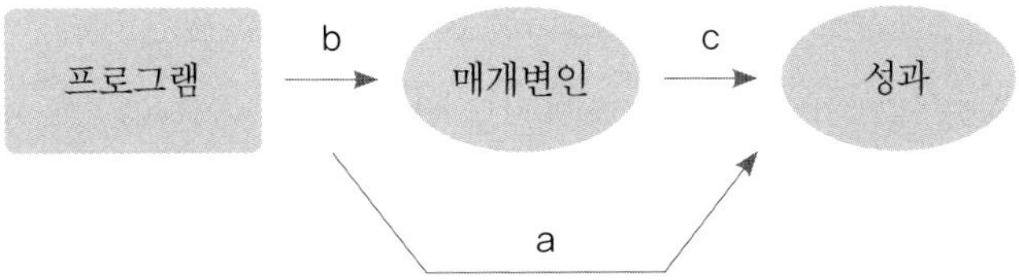


[그림 4-2] 매개효과 가설

프로그램 개발에서는 특정 목표와 하위 목표가 존재할 수 있고 관련된 다양한 매개변인이 존재할 수 있다. 그러므로 프로그램의 이론적 모형이나 가설을 구성할 때는 이러한 복잡한 매개변인 간의 관계를 면밀하게 분석하여 각각의 목표 매개변인에 영향을 준다고 예상되는 변인을 정확하게 확인해야 한다. 특히 프로그램 효과를 최대화하는 매개변인을 면밀하게 선택하는 것은 프로그램 개발자의 중요한 과제이다.

매개변인을 확인하여 프로그램의 이론적 가설을 세우는 것은 프로그램이 가지고 있는 이론적 기제를 보여 준다는 점에서도 중요하다. 즉, 매개변인에서 결과(성과)로 이어지는 경로는 프로그램이 가지고 있는 개념적 토대를 보여 준다. 하지만 선행 연구에서 매개변인과 성과변인의 연결이 분명하게 확립된 경우도 있지만 그 관계가 불분명한 경우도 많다. 따라서 매개효과 가설을 사용하는 프로그램 개발자는 원래의 개념적 연결이 비현실적이기 때문에 프로그램을 대폭 수정하게 되는 일도 많다. 프로그램 개발자가 기억해야 할 중요한 점은 행동적 성과에서 변화의 정도는 매개변인과 성과가 얼마나 상관이 있는지에 달려 있다는 것이다(law of maximum expected potential effect; Hansen & McNeal, 1996). 물론 모든 매개변인 효과에 대한 지식이 있어야만 프로그램에서 높은 효과를 얻는 것은 아니다. 하지만 이러한 지식을 통해 프로그램을 좀 더 효과적으로 통제할 수 있다. 즉, 매개변인의 특성과 효과에 대한 지식이 있으면, 프로그램 하위 활동의 구성, 프로그램의 수정과 개선 등을 할 수 있다. 변화의 구체적인 기제에 대한 지식은 궁극적인 프로그램 효과에 대한 더 나은 예견을 가능하게 한다. 따라서 궁극적인 성과를 이루기 위해서는 프로그램이 올바른 목표, 즉 매개변인을 설정하는 이론적 가설을 확립해야 한다.

프로그램의 이론적 가설 수립 단계에서 확인된 매개변인과 관련하여 프로그램 개발과정에서 지속적으로 검증되어야 할 것은 ① 프로그램과 매개변인의 관계, ② 매개변인과 성과의 관계이다. 즉, 이론적 가설에서 도출된 매개변인은 실제로 프로그램 개발단계에서 프로그램의 요소를 구성하는 데 적용되어야 한다. 한 프로그램의 요소는 하나 이상의 매개변인에 영향을 끼치기도 하고, 반대로 하나 이상의 프로그램 요소가 하나의 매개변인을 목표로 하기도 한다. 따라서 프로그램 개발자는 개발과정에서 가설로 확인된 매개변인과 프로그램이 제대로 연결되고 있는지를 반복해서 확인해야 한다.

매개변인과 관련하여 프로그램 개발과정에서 검증되어야 할 또 다른 하나는 매개변인이 실제로 궁극적인 성과를 가져오는지에 대한 경험적 확인이다. 일반적으로 프로그램 개발단계에서 경험적 증거를 통해 매개변인과 성과 간의 관계를 평가하는 것은 프로그램–매개변인 관계 평가보다 더 어렵다. 대부분 매개변인은 프로그램을 진행한 후 즉각적으로 평가되는 반면, 성과는 나중에 평가된다. 즉, 프로그램이 목표로 한 매개변인을 변화시킨 후에 이 변인이 행동 변화를 가져오기까지는 시간이 걸린다. 그러나 현실적으로 시간, 자원의 제약으로 인해 프로그램 개발과정에서 적절한 매개변인–성과 관계를 밝히기 위한 양질의 자료를 확보하는 일이 어렵기 때문에 선행 연구를 활용하기도 한다(이에 대한 더 자세한 내용은 제5부 참조).

### (3) 조절효과 가설

조절효과 가설이란 프로그램과 매개변인 혹은 매개변인과 성과 간 관계의 방향 및 정도에 영향을 미치는 또 다른 변인인 조절변인(moderator)에 대한 가설이다. 즉, 이론에서 설명하는 원인변인과 성과변인 간의 관계는 조절변인에 따라 성과변인에 영향을 미칠 수도 있고 미치지 않을 수도 있다. 예를 들어, 앞서 '프로그램의 개념틀 잡기'에서 청소년 약물사용 행동을 설명하기 위한 이론적 기초로서 사회적 영향 모형을 선택하였다고 하자. 청소년의 약물사용 행동에는 또래의 사회적 영향이 아주 민감한 변인이 될 수 있다. 하지만 어떤 아동은 이러한 사회적 영향을 더 많이 받고 어떤 아동은 영향을 받지 않을 수도 있다. 따라서 개발자는 사회적 영향 모형을 프로그램에 적용할 때 사회적 영향력을 받는 정도(즉, 결과)가 개인에 따라 달라질 수 있다는 가설을 세우고, 이와 관련된 개인적 특성 변인(즉, 조절변인)을 확인해야 한다. 이처럼 조절변인은 일반적으로 프로그램 대상자의 고유한 특성 변인(예: 성별, 인종, 사회경제적 지위)이나 대상자가 프로그램에 참여하면서 나타난 변인(예: 프로그램 출석, 프로그램 충실도)이 된다.

이론은 개념과 개념이 서로 어떻게 연결되는지에 대한 가설을 제공하는데, 좋은 이론적 가설은 그럴듯하고 타당하며 관련 현상을 효과적으로 기술, 해석, 예언, 통제할 수 있어야 한다. 따라서 프로그램과 매개변인의 관계에 영향을 미치는 주요 조절변인을 확인하는 것은 프로그램 개발의 이론을 더욱 정교하게 한다.

조절효과 가설의 중요성을 조절변인 가설의 두 가지 기능을 중심으로 살펴보자. 먼저, 조절효과 가설은 프로그램을 개발하는 데 있어 참가자의 특성, 프로그램 진행

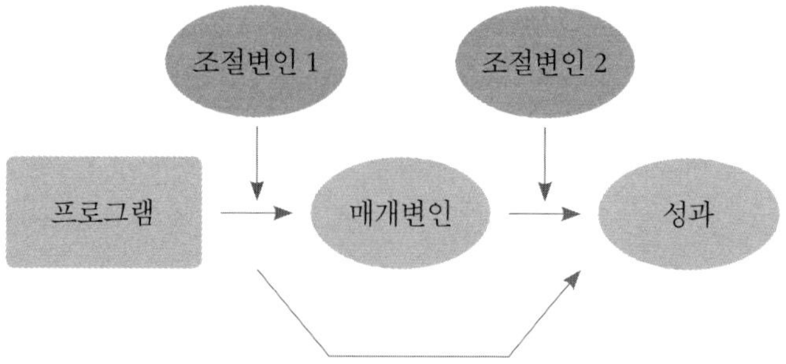


[그림 4-3] 조절효과 가설

자의 특성, 프로그램이 실시되는 환경의 특성, 프로그램의 강도 등 구체적인 프로그램의 방향을 결정하는 데 있어서 중요한 기능을 한다. 예를 들어, [그림 4-3]에서 프로그램 구성요소인 조절변인 1이 매개변인에 직접적인 영향을 끼치지만 이러한 영향이 여성 참가자에게만 나타날 경우, 남녀 모든 참가자의 행동을 변화시키기 위한 목적을 위해서라면 프로그램은 수정되어야 한다.

일반적으로 서비스 제공자의 특성, 프로그램을 진행하는 장소의 특성, 프로그램의 강도, 프로그램 충실도는 프로그램 개발단계에서 평가될 수 있는 일반적인 조절변인이다. 특히 프로그램의 최적 강도는 프로그램 개발에서 평가해야 할 중요한 조절변인이 된다. 예를 들어, 일반적으로 8주 프로그램이 1일 프로그램보다 더 높은 효과를 보이지만 어떤 경우에는 상대적으로 적은 횟수로도 동일한 효과를 낼 수 있다면, 비용 효과적인 측면에서 프로그램의 최적 횟수(혹은 강도)를 확인하는 것은 궁극적으로 프로그램의 효과를 높여 주는 프로그램 개발과정에서 중요한 과제이다.

두 번째로 조절효과 가설은 프로그램의 일반화 가능성에 대한 경험적 토대를 제공해 준다. [그림 4-3]에서 조절변인 2는 매개변인과 성과 간의 경로에 영향을 미친다. 이러한 유형의 조절변인은 프로그램의 일반화 측면에서 중요한 정보를 제공할 수 있다. 예를 들어, 프로그램 개발자는 매개변인과 성과 간의 관계가 남자와 여자, 도시와 농촌 지역, 혹은 인종 등과 상관없이 똑같이 나타나는지에 대한 경험적 증거를 제공할 필요가 있다. 물론 이러한 유형의 조절변인은 프로그램 개발단계에서 확인하기는 어렵지만 프로그램에 대한 이론적 가설을 세우는 단계에서 발생 가능한 모든 경로에서 중요한 조절변인을 확인하는 것은 중요하다. 그뿐만 아니라 이러한 조절변인에 대한 가설은 프로그램 평가 단계에서 프로그램의 효과를 검증하는 데 매우 중요한 역할을 한다.

### 3) 가설 검증과 통합하기

이상에서 살펴본 바와 같이 매개변인, 조절변인, 성과변인의 관계에 기초하여 프로그램의 이론적 가설을 세운 다음에는 그것이 실제로 타당한지에 대한 경험적 검증을 해야 한다. 이 단계에서 가설에 대한 검증은 관련된 선행 연구에 기초하여 이루어지거나 실제로 자료 수집과 분석을 통해 경험적으로 이루어질 수도 있다. 하지만 프로그램 개발자는 시간적 · 재정적 상황을 고려하여 두 가지 방식을 적절하게 통합하여 프로그램의 이론적 가설을 검증하게 된다.

경험적 검증은 이론적 가설에 확립된 매개변인이나 조절변인의 관계가 실제로 참가자의 경험과 부합되는지를 측정하기 위해 경험적 자료를 확보하고 분석하는 과제이다. [그림 4-4]에서 보여 주는 것처럼, 경험적 피드백(자료)은 프로그램 이론을 정교화하기 위해 반복적으로 사용된다. 즉, 소규모의 연구가 프로그램 이론을 확인하고 정교화하기 위해 프로그램 개발 전 과정에서 이루어져야 한다.

여기서는 가설 검증을 위한 노력 중에서 매개변인 검증과 조절변인 검증을 위한 구체적인 방법과 고려사항을 살펴보자. 성과변인 검증은 프로그램의 평가에 해당하므로 제5부에서 다룰 것이다.

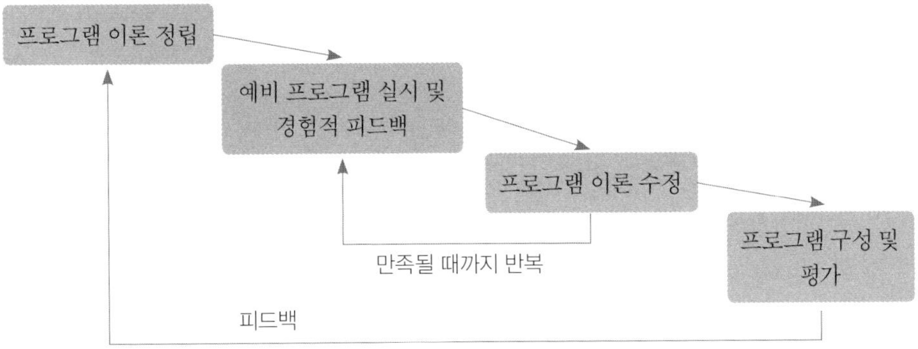


**[그림 4-4] 프로그램 이론 개발**

출처: Donaldson (2001), p. 472.

### (1) 매개변인에 대한 검증

복잡하고 많은 데이터베이스를 활용할 때는 복잡한 매개변인 가설을 검증하기 위해서 일반적인 구조방정식 모형 통계 패키지(AMOS, EQS, LISREL)를 사용할 수도 있고 단순회기방정식을 사용할 수도 있다. 실제로 프로그램 개발과정에서 모든 변인에 대한 매개분석을 하기는 어렵지만, 이러한 통계적 검증은 프로그램의 효과를 높이기 위해서 궁극적으로 성취해야 할 것을 예측하도록 해 주므로 그 가치가 있다.

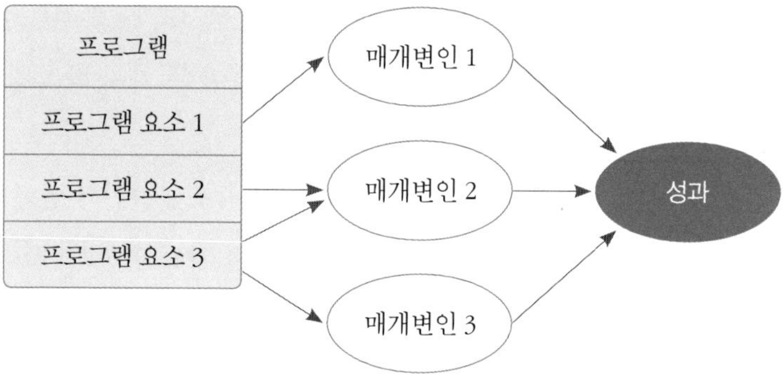


[그림 4-5] 매개변인에 대한 검증

매개변인에 대한 가설 검증을 위해서는 다음의 사항이 확인되어야 한다.

- 프로그램이 성과를 유발하는가?(프로그램 변인에 대한 성과변인 회귀)
- 프로그램이 매개변인을 유발하는가?(프로그램 변인에 대한 매개변인 회귀)
- 매개변인이 성과변인을 유발하는가?(매개변인에 대한 성과변인 회귀)
- 매개변인이 프로그램에 적용되었을 때 성과변인을 유발하는가?(프로그램과 매개변인에 대한 성과변인 회귀)

이 네 단계를 거쳐서 확인되었을 때 매개효과는 유의미하다. 그러나 실제로 매개변인과 성과의 관계를 경험적 증거로 평가하는 것은 간단한 과제가 아니다. 시간과 자원의 제약으로 인해 프로그램 개발과정에서 적절한 매개변인-성과 관계를 밝히기 위한 양질의 자료를 확보하는 일은 실질적으로 어려우므로 선행 연구의 활용을 고려하는 경우가 있다.

### (2) 조절변인에 대한 검증

조절변인을 검증하기 위한 통계적 방법은 그동안 많이 발전해 왔다. 조절변인에 대한 검증에 앞서 우리는 조절변인이 프로그램과 매개변인 간의 강도와 방향성을 결정하는 제3의 변인임을 꼭 기억해 두자. [그림 4-6]은 회기 수가 프로그램과 매개변인 간의 관계를 어떻게 조절하는지를 검증하기 위한 경로를 잘 보여 준다. 경로 a는 매개변인에 대한 프로그램의 효과를 나타내며, 경로 b는 회기 수(조절변인)와 매개변인 간의 관계를 보여 준다. 경로 c는 경로 a와 b의 상호작용 결과로 나타난다. 이 예에서 회기 수는 프로그램과 매개변인 간의 상호관계가 통계적으로 유의미할 때 프로그램과 매개변인 간의 관계를 조절하는 것으로 확인되었다(경로 c). 조절변인 검증을 위한 좀 더 구체적인 통계적 지식이 필요한 경우에는 Aiken과 West(1991), Baron과 Kenny(1986)를 참고하기 바란다.

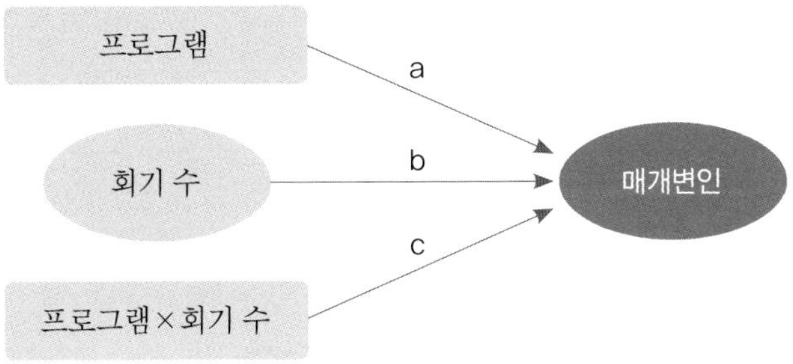


[그림 4-6] 조절변인에 대한 검증

대부분의 프로그램 개발 상황에서 프로그램 개발자는 제한된 경험적 자료를 가지고 매개변인과 조절변인을 분석해야 한다. 예를 들어, 신뢰도 .05 수준에서 중간 정도의 효과크기(ES=.40)를 가정한다면, 연구자는 적어도 200명의 참가자(실험집단과 통제집단에 각각 100명씩 무선할당)에게 프로그램을 진행하여 자료를 수집해야 한다. 하지만 시간이나 재정 측면에서 볼 때 프로그램 개발과정에서 이러한 자료 수집은 어렵다. 따라서 연구자는 프로그램 전체가 실시되었을 때 프로그램 요소가 의도된 효과를 얻을 것인지를 예측하기 위해서 소수의 참가자에게서 얻은 제한된 자료를 사용하여 자료에서 얻어진 경향성(trends)을 사용해야 한다. 이러한 상황에서 연구자는 전체 혹은 부분적으로 프로그램에 참여한 참가자로부터 얻은 질적, 양적 데

이터를 통해 ① 프로그램과 목표 매개변인, ② 잠재적 조절변인의 경향성을 확인하여 활용할 수 있다.

지금까지 살펴본 바와 같이 프로그램의 이론적 기초를 확립하는 것은 프로그램 구성요소를 결정하는 일련의 매개변인과 조절변인 관계에 대한 이론적 가설을 확립하고 검증하는 것이다. 또한 이러한 관계와 구조 전체에 대한 경험적 확인은 효과적인 프로그램 이론을 개발하고 결과적으로는 효과적인 프로그램을 개발하는 데 매우 중요하다. 하지만 프로그램 개발과정에서 매개변인과 조절변인을 평가하는 것이 유용하기는 해도 이러한 평가는 프로그램 개발과정에서 제한된 자료에 근거하므로 그에 근거한 의사결정이 갖는 위험요인 또한 존재한다. 그럼에도 이러한 제한점에 대해 인식하고 이해하는 것이 제한된 자료에 근거해 프로그램을 수정하는 것과 관련된 의사결정을 향상시킬 수 있다.

다음의 예는 심리교육 프로그램에서 나타나는 매우 복잡한 변인 간의 관계를 보여 준다. 이를 통해 프로그램의 효과에 대한 이해를 돕기 위해서는 여러 연구에 걸쳐 시행된 매개변인과 조절변인에 대한 분석이 요구됨을 알 수 있다.

### 이론적 가설 세우기 예시

한 개인의 직업과 관련된 특성(예를 들어, 구직, 실직, 일의 조건 등)은 그 사람의 건강과 전반적인 삶의 질을 결정하는 중요한 요인이다. 그동안 경기침체와 경제적인 불황을 겪게 되면서 많은 사람이 실직을 경험하게 되었고 이들은 오랜 실직 기간 동안 다양한 신체적, 심리적 어려움을 겪게 되었다. 최근의 실직자를 대상으로 한 예방 프로그램은 참가자가 재취업을 준비하는 동안 우울, 불안을 감소시키는 것으로 확인되었다(Price, van Ryn, & Vinokur, 1992; Vinokur, Price, Caplan, van Ryn, & Curran, 1995). [그림 4-7]은 프로그램이 프로그램의 목표 매개변인인 구직 효능감, 자기통제감, 좌절에 맞서는 힘에 어떠한 영향을 미치는지와 이러한 매개변인이 궁극적으로 재취업과 정신건강에 미치는 영향을 보여 준다. 뿐만 아니라 이 프로그램의 이론적 모형은 매개변인과 성과변인에 영향을 주는 것으로 예상되는 조절변인으로서 참여자의 사전 정신건강 수준을 포함하고 있다. 따라서 이 프로그램은 우울이나 불안 등 정신건강 상태가 심각하지 않은 성인을 대상으로 운영되는 것이 바람직하며, 프로그램 실시 이전에 참가자 선별 과정을 거치는 것이 바람직할 것이다. 또한 우울, 불안 등의 정신건강 문제가 있는 대상자에게는 별도의 다른 프로그램이 필요함을 시사한다. 이러한 예시는 매개변인, 조절변인, 성과변인의 관계를 설명하는 프로그램의 이론적 가설의 예시를 잘 보여 준다.

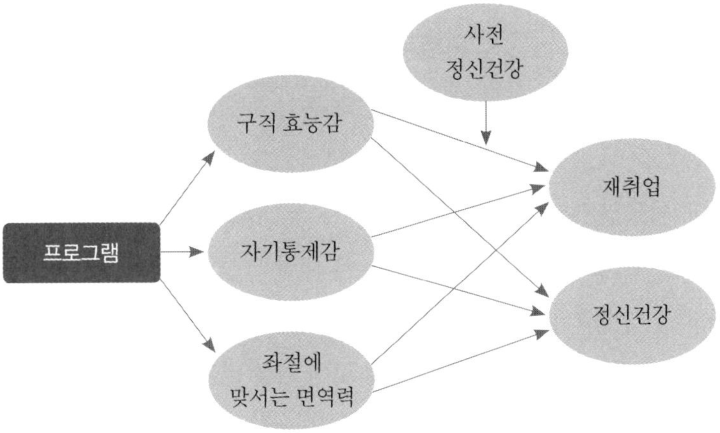


[그림 4-7] JOBS 프로그램의 매개변인과 조절변인

앞에서 살펴본 것처럼, 프로그램의 성과에 대한 이해를 돕기 위해서는 다양한 선행연구 분석을 통해 프로그램의 초점이 되는 변화의 기제를 설명할 수 있는 중재변인과 조절변인에 대한 철저한 분석을 해야 한다. 이를 통해 프로그램의 이론적 가설을 세우고, 이러한 가설을 프로그램 개발과정에서 경험적으로 검증하고, 검증된 결과를 다시 가설 수정에 활용해야 한다. 특히 이러한 과정에서 프로그램 개발자는 가설을 검증하기 위한 효과적인 연구 설계를 고안하고 프로그램 타당도에 위협을 주는 사항에 대해 신중하게 고려해야 한다.

### 4) 목적과 목표 설정하기

앞 단계에서 다양한 관련 변인 간의 관계를 기초로 하여 프로그램에서 성과변인, 매개변인, 조절변인이 확인되었다면, 이제 이를 기초로 프로그램의 목적을 성취하기 위한 구체적인 목표와 그에 따른 세부목표를 설정해야 한다. 상담 및 심리교육 프로그램은 실제로 목표를 달성하기 위한 다양한 내용요소로 구성되기 때문에 목표 설정은 프로그램의 이론적 기초에 근거하여 어떻게 변화가 구현될 수 있는지에 대한 구체적인 방향을 결정하는 매우 중요한 과제이다. 특히 경험적으로 검증된 프로그램 개발에서 우리는 앞서 살펴본 이론적 가설을 근거로 프로그램의 목표를 설정할 것을 거듭 강조한다.

프로그램 개발에서 목표라는 용어와 관련하여 목적(purpose), 목표(goal), 표적(target), 세부목표(objective) 등 다양한 용어가 혼용되는 경우가 많다. 하지만 프로그램 개발자는 이러한 용어의 개념을 분명하게 이해하고 구분해야 한다.

### (1) 목적과 목표의 개념

목적(goal)은 프로그램의 포괄적인 사명에 대한 의도적인 표현이다. 목적을 설정해야 하는 가장 중요한 이유는 목적이 문제의 해결을 향한 방향성을 제시해 주기 때문이다(York, 1982). York(1982)는 달성할 것에 대한 장기간의 선호 진술(preference statement)을 목적이라고 정의하였으며, Chambers(2000)는 목적이란 인간의 조건이나 사회적 조건의 바라는 질에 관한 일반적이고 추상적인 용어로 만들어진 하나의 진술이라고 정의하였다. 이러한 정의를 종합해 볼 때, 목적은 바람직한 결과에 대한 방향성을 제시한다고 볼 수 있다. 즉, 목적은 프로그램의 이상 혹은 프로그램으로 인해 기대되는 이상적 상태를 나타낸다고 이해할 수 있다. 그렇다면 이러한 목적의 정의를 프로그램의 목적이라는 측면에서 적용해 보자. 프로그램의 목적은 가치, 이상, 정치적 신념, 프로그램의 의도를 근거로 프로그램이 지향하는 바를 기술하는 것이다. 즉, 언제, 어떻게, 무엇이 수행되어야 할지에 대해 구체적으로 기술하지는 않지만, 프로그램이 추구하는 바는 목적에서 분명하게 드러나야 한다.

특히 목적을 단기간에 달성될 수 있는 것으로 잘못 생각할 수 있다. 그러나 실제로 목적은 바람직한 변화의 방향성을 제시하는 것으로 단기간에 가시적으로 달성할 수 없는 경우도 많다. 예를 들어, '아동학대와 방임을 예방한다'는 목적을 생각해 보자. 이러한 진술은 지속적인 요구를 반영하며 도달해야 하는 전반적인 지향점과 방향성을 제시할 뿐이다.

목표는 앞에서 살펴본 목적과 달리 구체적이고 세부적이다. 즉, 목적에 비추어 실제로 프로그램 실행을 통해 '무엇을 성취'할 것인가에 대한 분명한 답이 목표가 된다. 따라서 목표는 목적이라는 가장 포괄적인 의미에서 출발하여 목적에 대한 최소

단위의 목적을 지칭할 때 사용된다. 흔히 프로그램의 목표는 목적과 혼용되기도 하지만 분명한 구분이 필요하다. 프로그램 개발에서 목표는 프로그램을 통해 달성되는 결과, 즉 프로그램의 성과로 이해될 수 있다. 특히 목적과 달리 목표는 측정 가능한 구체적인 진술이어야 한다. 예를 들어, '불우한 사람을 돕는다'거나 '건강관리를 제공한다'는 식으로 기술된 프로그램 목표는 이 프로그램이 왜 시행되는지에 대한 이해는 도울 수 있겠지만, 구체적으로 무엇을 이루려고 하는지에 대한 설명은 제공하지 못한다. 결국 목표는 목적을 성취하기 위해 달성되어야 하는 구체적인 행동에 대한 진술로 이루어져야 한다.

특히 구체적인 행동 진술에는 누가 영향을 받을 것인지, 어떤 일이 발생할 것인지, 언제, 어떻게, 무엇이 기대하는 결과의 지표가 될 것인지 등이 반드시 포함되어야 한다(Hummel, 1996). Rapp과 Poetner(1992)는 다음의 목표 기술과 관련된 기준을 제시하였다.

- 목표는 사회 문제와 반드시 연관이 있어야 한다.
- 목표는 반드시 결과 지향적이어야 한다.
- 목표는 반드시 실현 가능성이 있어야 한다.
- 목표는 분명하게 진술되어야 한다.
- 목표는 반드시 잠재적인 대상자 집단과 관련성이 있어야 한다.
- 목표는 긍정적이어야 한다.

목표 설정은 확인된 문제에 대한 원인을 분석하고 그것을 변화시키기 위한 다양한 개입 방향과 수준을 결정함으로써 가능해진다. 그리고 이러한 의사결정은 바로 앞서 설명한 프로그램의 이론적 가설을 세우는 작업을 통해 가능해진다. 따라서 목표 설정은 확인된 문제가 무엇인지, 문제와 관련된 인과관계에 대한 설명, 개입의 수준, 프로그램 참여자의 성격과 범위에 따라서 달라질 수 있다. 그뿐만 아니라 프로그램 개발의 주체가 되는 기관, 실제로 프로그램이 실시될 기관의 성격 및 환경적 특성에 따라서도 달라질 수 있다. 이러한 변인에 대한 이론적 가설이 바로 성과변인, 매개변인, 조절변인 간의 상호작용이다.

목표는 목적과 달리 여러 개로 구성될 수 있으며, 각 목표는 더 구체적인 세부목

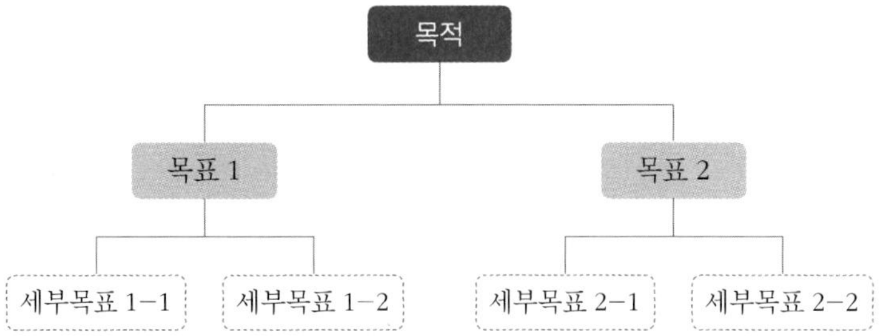


**[그림 4-8]** 목적, 목표 및 세부목표의 관계

표(objective)를 가질 수 있다. 경험적으로 검증된 프로그램 개발에서 세부목표란 프로그램에서 선정한 목표를 달성하기 위해 의도된 각각의 개입이다. 따라서 이론적 가설에 기초한 프로그램이 잘 진행된다면 결과적으로 그 세부목표가 달성된다고 가정할 수 있다. 이러한 가정하에 프로그램의 성과에 대한 평가는 그 세부목표의 달성 여부를 평가하는 것이 된다. 앞서 설명한 이론적 가설에 비추어 볼 때, 세부목표는 프로그램의 매개변인(개입변인)이라 할 수 있다. 세부목표를 규정하는 데 있어서 Rapp과 Poetner(1992)는 앞서 제시한 목표의 기준에 네 가지 수준을 추가하여 세부목표의 기준을 제시하였다. 추가된 기준은 다음과 같으며, 목적, 목표 및 세부목표의 관계를 도식화하면 [그림 4-8]과 같다.

- 세부목표는 단일 기준을 설정해야 한다.
- 세부목표는 측정 가능해야 한다.
- 세부목표는 시간 기준을 가져야 한다.
- 세부목표는 목표와 관련된 것이어야 한다.

프로그램의 목적, 목표 및 세부목표의 구분에 대해 구체적인 이해를 돕기 위해 실제로 국내에서 프로그램 개발에서 적용되었던 사례(박형원, 2004)를 중심으로 살펴보자. 다음의 예에서 제시된 세부목표는 프로그램의 회기별 주요 내용을 중심으로 필자가 재구성한 것이다.

**프로그램 개발에서 목적, 목표, 세부목표의 예**

목적: 가정에서 지속적으로 폭력에 노출되어 온 아동의 공격행동을 감소시킨다.

목표 1: 부적절한 분노표현의 감소

목표 2: 가정폭력에 대한 인지적 평가의 변화

목표 3: 자아존중감의 증진

세부목표 1-1: 분노를 비롯한 다양한 감정에 대해 알기

세부목표 1-2: 분노가 생기는 상황에서 자신의 느낌, 생각, 행동을 분석하기

세부목표 1-3: 생각이 행동에 미치는 영향을 중심으로 합리적 사고와 비합리적 사고의 차이 이해하기

세부목표 1-4: 주장훈련을 통해 자신의 의사를 효과적으로 전달하기

### (2) 목표 기술 방법

목표를 의미 있게 진술하기 위한 기준으로는 일반적으로 SMART 목표 진술방법이 사용된다. 즉, 목표는 구체적으로(specific), 측정 가능하게(measurable), 실현 가능하게(attainable), 결과 지향적으로(result-oriented), 시간 구조를 갖도록(time-framed) 기술되어야 한다. 집단상담 및 심리교육 프로그램에서 목표를 기술할 때 포함되어야 할 내용과 기술지침을 살펴보자.

- 목표는 목적과 연결되어야 한다. 즉, 목적, 목표 및 세부목표는 서로 연관되며 위계적으로 구성되어야 한다.
- 프로그램의 목표에는 변화의 영역 중 태도, 기능, 교육, 이해도 등이 포함된다.
- 결과목표는 과정보다 최종적으로 산출되어야 하는 성과/과업 지향적으로 표현한다.
- 결과목표의 설정은 언제까지(시간), 어떤 상태로 도달(변화)시킬 것인지를 구체적으로 표현한다. 포함 내용으로는 목표(무엇을), 달성 기준(얼마만큼), 방법(증가시킨다, 감소시킨다), 시기(언제까지) 등이 있다.
- 목표는 변화의 방향과 수준을 산술적으로 측정할 수 있게끔 서술한다. 즉, 목

표 달성 여부가 확인 가능해야 하며, 어떻게 측정할 것인지가 구체적으로 기술되어야 한다. 이것은 프로그램의 평가와도 관련된다.

- 목표 설정은 단계별 순서대로 배열한다.
- 목표는 구체적인 행동으로 표현되고, 현실적으로 달성 가능한 것이어야 한다.
- 목표는 이해하기 쉽고, 간단명료하게 표현하며, 명확한 동사를 사용한다. 특히 목표의 성공 기준은 설명이 추가로 필요하지 않도록 명료하게 기술되어야 한다.
- 목표를 평가하기 위한 평가 기준, 측정방법, 측정 대상, 사료 출처, 측정시기 등으로 세분화하여 포함시킨다.

### 생각해 보기

1. 프로그램 개발에서 왜 이론적 기초가 중요한지에 대해 설명하시오.
2. 프로그램의 이론적 모형을 개발하기 위한 구체적인 단계를 요약하시오.
3. 프로그램의 이론적 가설의 유형 중에서 매개효과 가설을 예를 들어 설명하시오.
4. 프로그램의 이론적 가설의 유형 중에서 조절효과 가설을 예를 들어 설명하시오.
5. 프로그램의 목적과 목표의 개념적 차이를 설명하시오.

### 적용

1. 개발한 프로그램에서 목표행동의 변화를 설명할 수 있는 이론들을 리뷰하시오.
2. 프로그램의 이론적 가설에서 매개변인 혹은 조절변인과 관련된 선행연구들을 리뷰하고 목록을 작성하시오.
3. 프로그램의 이론적 가설을 세우고 이를 기술하시오.
4. 프로그램의 목적을 기술하시오.
5. 프로그램의 목표와 세부목표를 기술하시오.

제5장

# 프로그램 내용 개발

프로그램의 내용 개발 단계는, 프로그램이 궁극적으로 달성하려는 목적과 목표를 제대로 구현할 수 있는 구성요소를 설정하고, 이를 구체적인 내용과 연결하는 일련의 과정이다. 여기서 프로그램의 구성요소는 다양한 내용을 연결하는 중심점 역할을 하게 되므로, 임의적인 설정이 아닌 체계적이고 이론적인 기반에 근거한 설정이 필요하다. 이론적 검토를 포함한 다양한 자료를 기반으로 프로그램의 목표 달성을 가능하게 하는 구성요소를 도출하고, 각각의 구성요소는 다시 그것을 구현할 수 있는 여러 개의 내용요소와 연결되도록 하는 것이다. 이 책의 제4장에서는 프로그램의 목적 및 목표를 달성하기 위해 이론적 자료를 검토하여 프로그램의 구성요소 산출의 기반이 되는 이론적 모형 개발 과정을 자세히 소개하였다. 이제 제5장에서는 이론적 모형에 근거하여 프로그램의 구성요소가 선택된 다음, 그것을 구현하는 데 필요한 프로그램의 내용을 어떻게 선택하고 조직하는지 등 프로그램의 내용 개발과정에 대해 살펴볼 것이다.

이 장에서 다룰 주제

- 프로그램의 목표, 구성요소 그리고 내용요소는 어떻게 연결되는가?
- 프로그램 내용의 구성 절차는 무엇인가?
- 프로그램 내용의 개발을 위한 사전 절차로 기존 프로그램을 분석하려면 어디에서 어떻게 찾아야 하는가?
- 프로그램 내용의 개발을 위해 기존 프로그램의 내용을 어떻게 추출하고 분석하는가?
- 프로그램의 내용을 새롭게 개발하려면 어떤 절차와 방법으로 해야 하는가?

# 1. 프로그램 내용의 목표와 구성

## 1) 프로그램의 목표와 내용 개발

프로그램의 내용 개발을 위해서는 궁극적으로 도달하려는 목표가 잘 구현되도록 이론적 구인을 분석 및 선정하고, 그것을 프로그램의 구성요소로 삼은 다음, 이를 잘 구현할 수 있는 내용요소로 연결 짓고 조직하는 과정이 필요하다. 체계적인 이론을 기반으로 선정된 이론적 구인은 실제적으로 이를 구현할 프로그램 내용의 중심이 되는 구성요소가 되고 이는 다시 내용요소를 통해 구체적인 수준에서 실현되도록 함으로써 이론을 기반으로 한 실제적인 프로그램의 내용을 개발할 수 있는 것이다. 이때 내용요소는 강의, 활동, 과제 등과 같은 다양한 형태가 모두 가능하다. 이를 도식화하면 [그림 5-1]과 같이 나타낼 수 있다.

프로그램의 구성요소는 전체 프로그램을 통해 직선적 혹은 순환적으로 여러 회기에 걸쳐 제시되는 경우가 많다. 그러므로 각 회기마다 회기 전체의 내용을 통해 구현해야 할 구성요소가 무엇인지 또 어떤 형태로 배열해야 하는지에 대해서는 프로그램의 최종 목표 도달을 위한 이론적 기반을 근거로 하는 것이 필요하다. 이에 대해서는 제4장에서 이미 자세히 소개한 바 있다.

그러나 아무리 이론적 기반에 근거하여 추출한 구성요소라 하더라도 이를 구체적으로 구현할 수 있는 내용요소를 제대로 추출하지 못하면 목표 도달에 어려움이 발생

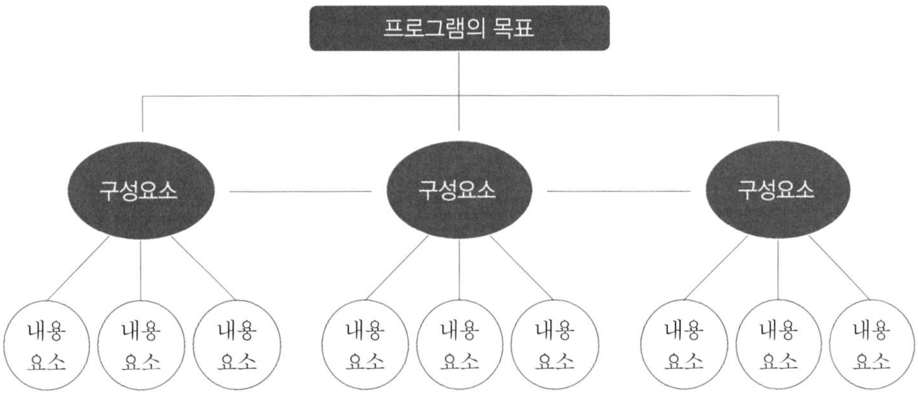


**[그림 5-1]** 프로그램의 목표, 구성요소, 내용요소

한다. 일반적으로 프로그램의 한 회기는 2~3개의 내용요소로 구성된다. 그러나 많게는 4~5개의 내용요소로 구성되기도 한다. 하나의 프로그램 내용요소는 15분 정도면 충분히 다 끝낼 수 있는 것도 있고, 40분 정도의 매우 긴 시간이 필요한 것도 있다.

김은하(2015)는 셀프다큐 제작에 초점을 둔 표현 영화치료 프로그램을 개발하여, 자기 성장을 돕는 집단상담 프로그램을 개발하고 그 효과를 검증하였다. 영화치료와 같이 영상 자료를 상담에 활용하였을 때 치료적 경험을 보고했던 선행 연구들을 검토하고 개인에 대한 밀착성을 더 높이기 위해 셀프 다큐멘터리 제작을 핵심 소재로 삼았다. 그러나 관련된 구성요인과 내용을 경험적으로 혹은 직관적으로 추출하거나 선정하지 않고 [그림 5-2]와 같이 이론적 모형을 먼저 개발하고 그 기반 위에서 구성요인과 내용을 선정하고 조직하였다. 즉, 자기이해와 확장이라는 프로그램의 목적 및 목표 달성을 위해 Rogers(1951)의 이론을 포함하여 자기 이해와 확장이 이루어지는 변화 과정에 대한 이론적 모형을 [그림 5-2]와 같이 확립하였다. 그리고 목표를 설정한 다음, 이를 프로그램의 구성요소로 삼고 배열한 후, 그에 맞는 구체적인 수준에서 구현할 수 있는 자료와 활동을 선정하여 프로그램의 내용을 구성한 것이다.

보다 구체적으로 살펴보면 김은하(2015)는 프로그램의 목적을 자신에 대한 이해와 자기실현으로 보았고, 이것이 가능하도록 하는 변화의 기반을 Rogers(1951)의 이론에서 찾았다. 즉, 자기를 대상화하여 바라보는 과정을 통해 현재 자신의 모습과 자신이 되고자 하는 이상적인 모습 사이의 불일치를 자각하고 이 간극을 줄여 나감

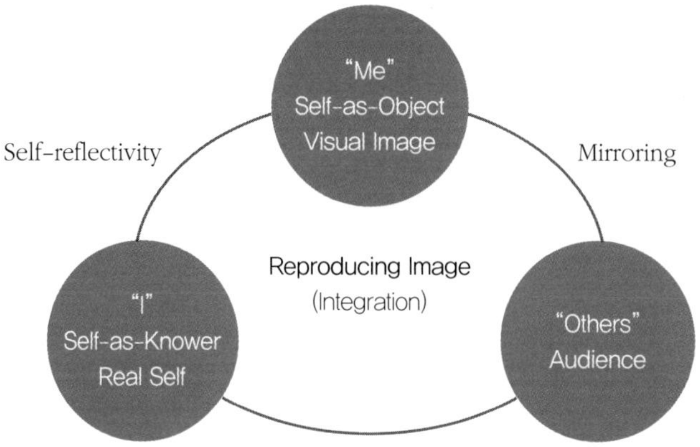


[그림 5-2] 프로그램의 이론적 모형에 근거한 구성요소 선정 예

출처: 김은하(2015).

으로써 자기실현으로 나아가도록 한 것이다. 이 목적은 다시 다음과 같은 세 가지의 프로그램 하위목표로 구체화된다. 첫째, 현재 자신이 알고 있는 자신의 모습을 확인해서 자신을 좀 더 심도 있게 바라볼 수 있게 한다. 둘째, 자신과 가까운 사람들과의 상호작용을 통해 외현적 self와 사회적 self를 객관적으로 볼 수 있게 한다. 셋째, 지금까지의 작업을 통해 알게 된 real-self를 확인하고 표현하도록 한다.

이와 같이 이론적 모형을 기반으로 프로그램의 목적과 목표가 구체화되면 이를 기반으로 한 프로그램의 구성요소를 설정할 수 있다. 〈표 5-1〉은 이 프로그램의 회기별 주제와 내용을 제시한 것으로, 앞에서 이론적 모형에 기반하여 언급된 프로그램의 세 가지 하위목표를 프로그램의 구성요소로 설정하고 이를 다시 프로그램의 주제로 반영한 것을 볼 수 있다. 이 프로그램의 구성요소는 〈표 5-1〉에서 볼 수 있듯이 ① 현재 자기 자신의 모습과 목표 확인, ② 외현적인 self의 확인, ③ 사회적인 self의 확인, ④ 심리적인 self의 확인으로 되어 있으며, ①과 ②의 구성요소는 각각 한 회기를 통해 달성되도록 했지만, ③의 구성요소인 사회적 self의 확인은 3회기에 걸쳐 목표가 달성되도록 하였다. 이는 사회적 self를 확인해 줄 수 있는 가까운 대상을 가족, 가족 외 가까운 타인 그리고 다시 현재 집단 구성원 등으로 세분하기 위해서이다. 한편, ④는 두 번의 회기를 통해 목표에 도달할 수 있도록 구성하였는데, 마지막 단계의 심리적 self 확인이 되도록 각 집단원에게 충분한 시간을 배정하기 위한 현실적 필요에 기반한 것임을 알 수 있다. 각 회기는 다시 1~3개의 활동으로 내용이 구성되었다.

**표 5-1 프로그램의 회기별 구성요소 및 내용요소의 예**

| 회기 | 주제 | 제목 | 활동 내용 | 소요시간 | 비고 |
|---|---|---|---|---|---|
| 1 | 프로그램 소개 | 오리엔테이션 | 프로그램 소개, 별칭 짓기, 참여동기와 기대 나누기 | 120분 | 영화클립 |
| 2 | 현재 자신의 모습과 목표 확인 | 영상으로 자기소개 하기 | 나를 잘 표현하고 있다고 생각되는 visual images(사진, 영화, 그림 등)로 자기를 소개한다. | 150분 | |
| 3 | 외현적인 self의 확인 | 나의 하루 | 일상에서 나는 어떤 모습인지 나를 둘러싼 주변을 영상으로 촬영하고 바라본다. | 150분 | |
| 4 | 사회적인 self의 확인 | 가족 안의 나 | '왠지 나를 부르는' 마음이 끌리는 가족사진들을 가져와서 소개하고 가족 속의 내 모습은 어떠한지 조망해 본다. | 150분 | |
| 5 | 〃 | 타인이 말하는 나 | 나를 가장 잘 알고 있는 사람이라고 생각되는 타인을 만나 그 사람으로부터 듣고 싶은 나에 관한 이야기를 인터뷰하면서 녹화하여 소개한다. | 150분 | |
| 6 | 〃 | 피드백 선물하기 | 지금까지 집단에서 보인 내 모습은 어떠했는지 서로에게 피드백하는 시간을 갖는다. | 150분 | |
| 7 | 심리적인 self의 확인 | 영상 편지 1 | 자신의 소망과 이상을 담아 자신 또는 중요한 타인에게 영상편지를 띄운다. "이제야 처음으로 당신에게 말합니다." | 150분 | |
| 8 | 〃 | 영상 편지 2 | 〃 | 150분 | |
| 추수 | self expression | 'This is Me' 영화제 | 지금까지 집단상담을 통해 알게 된 자신의 모습을 담은 셀프 다큐 영상을 상영한다. | 240분 | |

출처: 김은하(2015).

## 2) 프로그램 내용의 구성 절차

프로그램의 목적 및 목표를 제대로 구현할 수 있도록 프로그램의 내용을 구성하는 절차는 다음과 같이 정리해 볼 수 있다.

첫째, 프로그램을 이론으로 검토하고 이론적 요인을 구체화한다. 프로그램과 관련된 이론적 기반을 충분히 탐색하고, 그에 근거한 구성요소를 선택한다. 충분한 이론적 탐색 없이 임의로 설정된 구성요소와 내용요소는 프로그램의 내용상 오류 가능성을 증폭시키는 결과를 가져올 수도 있기 때문이다.

둘째, 관련 자료 수집을 위해 관련 키워드를 정한다. 기존 자료, 즉 다양한 관련 문헌 및 기존 프로그램의 검색과 수집을 통해 관련 영역에서 이미 사용되고 있는 다양한 내용을 수집한다.

셋째, 키워드를 중심으로 다양한 자료를 검색하고 수집한다. 프로그램별로 내용을 정리해 둘 수도 있지만, 여러 프로그램을 비교 분석하는 방식으로 정리해 둘 수도 있다.

넷째, 수집된 프로그램과 내용을 분석하고 정리한다. 기존 프로그램의 내용을 수집하면서 각 내용의 장단점을 주의 깊게 살펴보고, 그 대안을 모색한다.

다섯째, 새로운 프로그램 내용요소를 개발한다. 기존 프로그램 내용요소가 프로그램의 목표 달성을 충분히 할 수 있도록 하는지, 목표 집단의 발달적 특징을 적절하게 고려했는지 등에 초점을 두고 살펴보며 이를 극복할 수 있는 내용요소를 개발해야 한다.

여섯째, 효과적인 프로그램 내용을 선정한다. 다양한 프로그램 내용요소 중 가장 프로그램에 적절하면서도 효과적인 프로그램 내용이 무엇인지 선정기준을 구체화하고, 다양한 평가를 거쳐 프로그램 내용을 선정한다.

일곱째, 프로그램 내용을 조직한다. 프로그램의 내용뿐 아니라 각 활동의 배열순서도 적절하게 배치되도록 해야 한다. 프로그램 내용의 순서를 정할 때는 목표 집단의 발달적 특성, 프로그램 참여자의 친밀감 정도, 프로그램 내용의 논리적 순서 등을 고려하여야 한다. 이와 같은 과정을 통해 프로그램 참여자가 잘 몰입하고 집중할 수 있는 순서로 전체 프로그램의 활동을 구성해야 한다.

여덟째, 예비연구를 실시하고 프로그램을 수정・보완한다. 본 프로그램의 실시

전에 예비 프로그램의 실시를 통해 프로그램이 실제로 실행될 때 발생할 수 있는 한계점을 가능한 한 미리 발견하고 수정·보완해야 한다.

아홉째, 프로그램 지침서를 제작한다. 아울러 프로그램의 실시타당도를 높이기 위해 프로그램 실시자를 위한 자세한 형태의 실시 지침서도 함께 만들 필요가 있다.

이상의 프로그램 내용의 구성 절차를 도식화하면 [그림 5-3]과 같다. 이 중 첫 번째 프로그램의 이론적 검토 및 이론적 요인 구체화는 제4장에서 이미 다루었으므로, 제5장에서는 두 번째 관련 자료 수집을 위한 관련 키워드에서부터 다섯 번째 새로운 프로그램 내용요소의 개발까지를 다룬다. 그리고 제6장에서는 그 이후의 내용을 다룰 것이다.

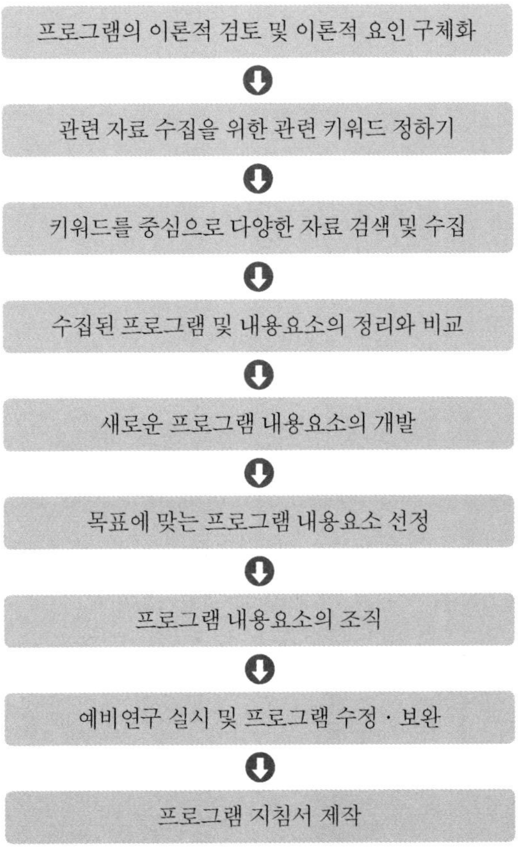


**[그림 5-3]** 프로그램 내용의 구성 절차

## 2. 기존 프로그램 내용의 추출과 분석

상담 및 심리교육 프로그램을 개발하고자 할 때, 프로그램 개발자는 기존의 프로그램을 우선적으로 검토한다. 그 과정에서 한계가 분명해지면 새로운 내용의 프로그램을 계획하게 된다. 그러나 기존 프로그램의 검토 작업이 충분히 체계적으로 진행되지 않으면, 새로 개발된 프로그램도 기존 프로그램과 차별성이 별로 없을 수 있다.

기존의 프로그램을 수집하는 일은 생각만큼 쉬운 일이 아니다. 검색과 분석을 위한 충분한 시간의 확보가 쉽지 않은 점도 있지만, 그 이전에 관련된 기존 프로그램의 범위를 어떻게 정해야 하는지와 어떤 방법으로 검색을 해야 다양한 각도에서 관련된 기존 프로그램 자료를 얻을 수 있는지를 정하는 것이 쉽지 않기 때문이다. 이 절에서는 새로운 프로그램 내용을 개발하기 이전에 기존의 프로그램 내용을 체계적으로 정리하고 분석하는 방법을 살펴보도록 할 것이다.

### 1) 기존 프로그램 내용의 추출을 위한 준비

기존 프로그램의 자료를 수집하고자 할 때 가장 보편적으로 사용하는 자료 수집 방법은 프로그램의 제목이나 키워드를 학술논문이나 학술 정보가 담긴 인터넷 사이트를 통해 검색해 보는 방법이다. 그러나 이와 같은 방법을 통해서만 자료를 수집할 경우 자칫 피상적인 자료 수집이 될 가능성도 있다. 예를 들면, '청소년을 위한 학교폭력 예방 프로그램'을 개발하고자 한다면 가장 먼저 시도하게 되는 방법은 '학교폭력'이라는 키워드를 통해 자료 검색을 해 보는 것이다. 이를 통해 검색된 자료의 목록은 구할 수 있지만, 그 자료를 어떤 기준을 가지고 검토할지 미리 정해 놓지 않으면 어느 정도의 범위까지 자료를 검토하고 분석할 것인지 불분명해진다. 따라서 프로그램과 관련된 기존 자료를 검색하기 전에 다음과 같은 질문을 가지고 자료에 접근하는 것이 좋다.

- 이 프로그램의 대상이 되는 집단의 특징 및 다루려는 문제는 무엇인가?

- 이 문제의 해결과 관련된 중요한 이론은 무엇인가?
- 이 문제의 개입과 관련된 중요한 변인은 무엇인가?
- 기존 프로그램의 내용 및 절차상의 한계는 무엇인가?

그리고 이런 질문에 답을 얻기 위해 필요한 키워드가 무엇인지 미리 정해 두고 기존 자료를 체계적으로 수집하는 것이 좋다. 예를 들어, '학교폭력 예방 프로그램'을 개발하고자 한다면 〈표 5-2〉와 같이 수집 절차에 대한 계획을 세울 수 있다.

**표 5-2 키워드 추출 방법의 예**

| 영역 | 문제 | 키워드 | 관련 자료 영역 |
|---|---|---|---|
| 대상집단의 특징 및 다루려는 문제 | • 대상이 되는 청소년의 일반적인 특징은 무엇인가?<br>• 보급하고자 하는 지역 학생의 특수성이 있는가?<br>• 학교폭력의 실태와 양상은 어떤가?<br>• 이 지역 학생들의 학교폭력에는 특수한 실태와 양상이 있는가? | • 학교폭력<br>• 학교폭력의 실태<br>• 학교폭력의 유형 | • 학교폭력 실태조사 |
| 중요 이론 | • Weiner의 비행 분류<br>• 기타 비행 관련 이론 | • 비행<br>• 비행이론 | • 비행과 관련된 문헌 |
| 개입 관련 주요 변인 | • 의사소통 기술<br>• 분노조절 능력<br>• 정서적 공감능력 | • 의사소통 기술<br>• 분노조절 능력<br>• 정서적 공감능력 | • 의사소통촉진 관련 문헌<br>• 분노의 발생 및 변화 관련 문헌<br>• 공감능력 향상 관련 문헌<br>• 학교폭력 예방 관련 문헌 |
| 기존 프로그램의 내용 및 절차상 한계 | • 기존 소집단 중심 프로그램은 학급 등과 같은 대집단에서 적용하기 어려움<br>• 학교폭력의 다양한 유형에 대한 개별적 개입 방안 미흡: 최소한 왕따 유형과 폭력 유형에 대한 개입방법은 구별되어야 함 | • 학급 단위<br>• 왕따, 따돌림 등 | • 폭력과 관련된 문헌<br>• 학급기반 프로그램<br>• 왕따예방 프로그램<br>• 폭력예방 프로그램 |

이와 같은 방법으로 프로그램 개발과 관련된 전체적인 검색 방향에 대한 그림을 그린 다음에는 우선 인터넷에서 관련 키워드를 검색하여 자료를 수집한다. 관련 자료가 지나치게 많을 경우에는 부가적인 키워드를 같이 사용하고, 반대로 지나치게 적을 경우에는 관련된 다른 키워드 검색을 시작한다. 관련 자료의 출처는 인터넷 외에도 매우 다양해 그 외 다른 출처도 이용할 필요가 있다.

## 2) 프로그램 내용의 다양한 출처

프로그램의 내용은 그 출처가 매우 다양하다. 출처에는 국내외 학술자료, 개관 논문, 메타분석 논문, 상담 및 교육기관 프로그램, 관련 영역의 책, 비디오, 영화, 영상, 정부기관 및 연구소 출판자료, 학회나 각종 워크숍 자료, 기업 현장 자료, 개인 웹사이트와 다양한 SNS, 프로그램 개발자 및 저자 등이 있다(Sussman, 2001).

### (1) 국내외 학술자료

국내외 학술자료를 살펴보면 개발하고자 하는 프로그램과 관련 있는 다양한 프로그램에 대한 연구 결과를 찾아볼 수 있다. 이와 같이 학술자료에 실린 프로그램의 경우 대부분 이론적 근거가 명확하고, 기존 연구에 대한 자세한 검토에 기초하여 프로그램이 개발되며, 그 효과에 대해서도 비교적 잘 구성된 연구설계에 근거하고 있다. 그러나 정작 프로그램 내용에 대해서는 자세하게 기재되어 있지 않아 그 내용을 알기 위해서는 인용된 참고문헌을 다시 찾아보거나 연구자와 직접 연락을 해 봐야 하는 경우가 많다. 게다가 학술자료가 실린 프로그램은 개발한 후에 그 효과를 평가해서 나온 결과를 저널에 게재할 때까지 상당한 시간이 소요된다. 그래서 최근 학술자료에 실렸더라도 이미 몇 년 전에 개발되어 사용되고 있는 프로그램인 경우가 많으니 유의하도록 한다. 보다 구체적으로 사이트를 제시하면 다음과 같다.

① 국내 학술자료의 경우

한국교육학술정보원 http://www.riss.kr/index.do

국회도서관 https://www.nanet.go.kr/main.do

국립중앙도서관 https://www.nl.go.kr/

한국과학기술정보연구원 https://www.kisti.re.kr/

한국학술지인용색인 https://www.kci.go.kr/kciportal/main.kci

DBpia https://www.dbpia.co.kr

한국학술정보 https://kiss.kstudy.com/

페이퍼서치 https://papersearch.net/

학술논문검색서비스 https://www.earticle.net/

학지사 뉴논문 http://www.newnonmun.com

국가전자도서관 http://www.dlibrary.go.kr/

과학기술정보통합서비스 https://scienceon.kisti.re.kr/main/mainForm.do

② 해외논문 검색 사이트

ProQuest https://about.proquest.com/en/

OATD https://oatd.org/

WorldCat https://www.worldcat.org/links/default.jsp

Google Scholar https://scholar.google.co.kr/

Science Direct https://www.sciencedirect.com/

Microsoft Academic-Research https://www.microsoft.com/en-us/research/project/academic

Wiley Online Library https://www.wiley.com/en-us

Pubmed https://pubmed.ncbi.nlm.nih.gov/

③ 이 책에 다루고 있는 영역의 자료를 찾을 수 있는 해외 사이트

* 심리치료 영역

–Article: Evidence based psychotherapy: Advantages and Challenges(2017)
https://www.ncbi.nlm.nih.gov/pmc/articles/PMC5509639/

–Website article: What is evidence based therapy: 3 EBT interventions
https://positivepsychology.com/evidence-based-therapy/

–Effective child therapy
https://effectivechildtherapy.org/therapies/

* 교육 영역
 –Reading/Writing/Math program
 –Dropout prevention program
 https://dropoutprevention.org/
 –School-based programs to reduce sexual risk-taking behaviors
 https://pubmed.ncbi.nlm.nih.gov/1434554/
* 기업교육 영역
 –https://www.ispringsolutions.com/blog/how-to-develop-a-training-program
 –https://www.breathehr.com/blog/topic/company-culture/how-to-create-an-employee-training-programme
* 프로그램 관련 사이트 Google에서 'effective programs' 검색
 –PEW: Where to search for evidence of effective program
 –https://www.pewtrusts.org/en/research-and-analysis/fact-sheets/2020/04/where-to-search-for-evidence-of-effective-programs
 –Best practice portal: Standards and guidelines
 –https://www.emcdda.europa.eu/best-practice/guidelines
 –Best practice portal: Evidence database
 –https://www.emcdda.europa.eu/best-practice/evidence-summaries_en
 –Effective programs for youths
 –https://youth.gov/youth-topics/effective-programs-transition-age-youth
 –Where to search for evidence of effectiev programs
 –https://www.pewtrusts.org/en/research-and-analysis/fact-sheets/2020/04/where-to-search-for-evidence-of-effective-programs-Characteristics of Successful Programs
 –https://www.ruralhealthinfo.org/toolkits/rural-toolkit/3/success-characteristics
 –How to make a public health program?
 –https://www.publichealthontario.ca/–/media/documents/S/2015/six-

steps-planning-hp-programs.pdf?la=en

* 기타 웹사이트

-https://pubmed.ncbi.nlm.nih.gov/11962230/

-https://www.oxfordclinicalpsych.com/page/ptwseries/programs-that-work-series

-https://www.brookings.edu/blog/up-front/2014/12/01/social-programs-that-work/

### (2) 개관 논문

프로그램을 개발하고자 하는 대상이나 문제 영역은 어느 정도 정해졌지만, 프로그램을 개발할 때 중시해야 할 관련 변인이 무엇인지 등에 대한 전반적인 정보를 얻는 것도 매우 중요하다. 각 영역별 개관 논문을 참고하면 프로그램에 구체적으로 들어갈 내용에 대한 정보는 없어도 프로그램 개발 시 중요하게 고려해야 할 관련 변인이 무엇인지 파악하는 데 도움이 된다.

예를 들어, 김동일, 고혜정, 조영희(2015)의 학습부진 및 학습장애 학생의 사회성 중재연구 동향분석 연구에서는 학습장애 및 학습부진 학생들에 대한 사회성중재프로그램의 개발을 위해 현재까지 진행된 학습장애 및 학습부진 학생을 대상으로 한 사회성 중재 관련 동향 연구를 실시하였다. 국외에서는 Kavale과 Mostert(2004)에 의해 학습장애 학생을 대상으로 한 사회적 기술 관련 중재연구 53편이 분석된 적이 있지만, 세부적인 관련 변인, 즉 평가방법 및 도구에 대한 충분한 정보가 제공되지 않았고 구체적인 중재프로그램의 내용이 무엇인가, 이를 어떤 형태로 수행했는가, 실시 장소는 어디였는가 등에 대한 정보도 부족했다. 국내 연구의 경우에도 실제 현장의 학습장애 학생을 대상으로 한 중재결과에 대한 개관 논문은 부족한 상황이었으므로 효과적인 사회적 중재방법이 포함된 프로그램 개발을 위해서는 관련 변인의 체계적인 수집이 필요했다. 〈표 5-3〉은 이 연구의 핵심인 사회성에 영향을 주는 변인들을 알아보기 위해 개관 논문을 분석한 결과이다.

표 5-3 기존 프로그램의 관련 변인을 추출하기 위해 개관 논문을 사용한 예

| 논문 번호 | 연구 | 연구설계 | 연구대상 | 사회성 하위 영역 | 평가도구 및 결과 |
|---|---|---|---|---|---|
| 1 | 강영수, 김윤옥 (2002) | 단일 대상 연구 | 학습장애 초 6 (n=3) | 시험전략 활용, 학업성취도, 자아개념 | 1) 보물섬지도전략채점표<br>2) 학업성취검사<br>–학업성취 향상<br>3) 자아개념척도(1992)<br>–학업적자아개념 향상 |
| 2 | 김경숙, 신진숙 (2008) | 실험 통제 집단 연구 | 학습장애 고등 (n=20) | 사회성, 학교생활적응력 (교사관계, 교우관계, 학교수업, 학교규칙, 학교행사) | 1) 사회성검사<br>–사회성 향상<br>2) 학교생활적응검사<br>–교사관계, 교우관계, 학교규칙, 학교행사적응력 향상에 긍정적 효과 |
| 3 | 김명희, 원상화 (2011) | 사례연구 | 학습장애 초 4 (n=1) | 자아존중감 (일반적, 사회적, 가정적, 학업적) | 1) 자아존중감발달척도(1993)<br>–일반적, 사회적, 가정적 자아존중감 향상 |
| 4 | 김수향 (2005) | 사례연구 | 학습장애 초 6 (n=1) | 자아개념(일반, 학습, 사회, 정서) | 1) 자아개념검사<br>–자아개념, 일반자아개념, 학업자아개념, 사회자아개념, 정서자아개념에 긍정적 향상<br>2) K–HTP(동적 집–나무–사람) 검사<br>–자아개념, 사회성 향상 |
| 5 | 김진애, 최애나 (2007) | 사례연구 | 학습장애 초 2, 3 (n=2) | 자기표현 사회성(대인관계, 유능성, 성취감) | 비디오로 녹화된 자료를 관찰분석<br>–자기표현력에 의미 있는 영향, 사회성 향상(양보와 칭찬, 배려, 협조하는 행동) |
| 6 | 김하경, 최득남 (2003) | 단일집단연구 | 학습장애 초등 (n=3) | 이타적 행동 (돕기, 나누기, 협력하기, 편안하게 하기), 사회적 책임감 | 1) 이타적 행동 관찰기록표<br>2) 이타적 행동검사<br>–이타적 행동 증가<br>3) 사회적 책임감 검사<br>–사회적 책임감 개선에 효과 |

| | | | | | |
|---|---|---|---|---|---|
| 7 | 선우현 (2007) | 단일집단연구 | 학습장애 초 2, 4, 5 (n=3) | 자아존중감(총체적, 사회적, 가정, 학교), 자기효능감(학업성취에 대한 효능감, 스스로 학습할 수 있는 효능감, 여가시간에 대한 효능감, 자기규제 효능감, 주위 사람의 기대 만족에 대한 효능감, 사회적 효능감, 자기주장 효능감, 부모 및 주변 사람의 지지에 대한 효능감) | 1) 자아존중감평가척도<br>–자아존중감 향상<br>2) 자아효능감척도<br>–자기효능감 향상 |
| 8 | 이성현 (1999) | 실험통제 집단연구 | 학습장애 초 4, 6 (n=80) | 독해력 (사실적 정보 수준, 해석적 수준, 비판적 수준), 자아개념 | 1) 독해력 진단검사(1987)<br>–독해력 향상<br>2) 학습능력 측정도구<br>3) 자아개념검사도구(1985) |
| 9 | 정재권, 오정근 (2003) | 단일집단연구 | 학습장애 중 2 (n=3) | 학습태도(주의집중, 학습방법, 자율학습), 자아개념(신체) | 1) 학습태도검사<br>–학습태도 향상<br>2) 자아개념검사(1991) |

출처: 김동일 외(2015).

이와 함께 프로그램의 주된 내용으로 사용될 수 있는 사회성 중재내용과 방법에 대해서는 다음과 같이 따로 정리를 하고 있다.

**표 5-4 기존 프로그램의 중재내용을 추출하기 위해 개관 논문을 사용한 예**

| 번호 | 중재명 | 중재 내용 | 중재자 | 중재 그룹 형태 | 중재 장소 | 중재 기간 총(주당) 중재 횟수 | 소요 시간(분) | 일반화/유지 |
|---|---|---|---|---|---|---|---|---|
| 1 | 시험전략 훈련 프로그램 | '보물섬지도' 시험전략을 직접교수법을 통해 지도 | 연구자 | 일대일 | 일반학급 | 아침시간, 점심시간, 방과후시간 10~12주/총 24~29회 (주 2~3회) | 30 | 4회/3주에 1회씩 |

| | | | | | | | | |
|---|---|---|---|---|---|---|---|---|
| 2 | 체육과 또래교수 프로그램 | 개인운동, 대인운동, 무용, 단체운동, 야외운동을 종합적으로 실시, 또래도우미 훈련(프로그램 안내, 책임감, 교수 전략, 인간관계 기술 등) | 연구자 | 대그룹 | 체육관 운동장 산 | 방과후시간 10주/ 총 50회 (주 6회) | 60 | 실시하지 않음 |
| 3 | 놀이중심 통합예술 프로그램 | 집단미술치료 프로그램과 독서치료를 적용하여 나에 대한 자신감, 또래관계 자아존중감, 가정적 자아존중감, 학교생활 자아존중감 향상 프로그램 | 제시하지 않음 | 일대일 | 특수학급 | 7주/ 총 14회 (주 2회) | 60 | 실시하지 않음 |
| 4 | 자기 교수법, 미술치료 프로그램 | 인지적 행동주의 기법으로 네 가지 질문을 중심으로 자기교수법 적용, 자아개념 향상을 위한 다양한 미술치료 프로그램 | 연구자 | 일대일 | 방과후 학급 | 방과후시간 14주/ 총 16회 (주 1~2회) | 70~90 | 실시하지 않음 |
| 5 | 음악치료 | 악기연주, 노래하기, 즉흥연주, 가사 만들기, 교육적인 음악활동 | 연구자 | 일대일 | 특수학급 | 6주/ 총 12주 (주 2회) | 40 | 실시하지 않음 |
| 6 | 동료 수용·이해 훈련 프로그램 | 학습동기 유발–과제 제시–과제 소개–과제의 구체적 제시와 설명–시연–심화 및 일반화–정리의 7단계 | 교사 | 제시하지 않음 | 제시하지 않음 | 10주/ 총 24회 (주 1회) | 제시하지 않음 | 실시하지 않음 |
| 7 | 가족 놀이치료 | 가족놀이치료 소개, Family Play Genogram, 가족협동화, 부모와의 MIM 과제, 가족인형극, 가족모래놀이, 가족집 만들기, 가족 조각 만들고 가족규칙 세우기 | 치료사 | 일대일 | 제시하지 않음 | 총 8회 | 90 | 실시하지 않음 |
| 8 | 또래지도 프로그램 | 또래지도자 훈련과 또래지도 적용 | 교사 | 소그룹 | 특수학급 | 아침시간, 점심시간, 방과후시간 5주/총 20회 (주 4회) | 30 | 1회 |

| | | | | | | | | |
|---|---|---|---|---|---|---|---|---|
| 9 | 도덕과 협동학습 | 중학교 2학년 도덕과의 진도표에 맞추어 학생들의 수준을 고려하여 내용 구성 | 연구자 | 일대일 | 제시하지 않음 | 수업시간 9주/ 총 18회 (주 2회) | 45 | 실시하지 않음 |
| 10 | 집단상담 | 진로탐색 집단상담 프로그램(프로그램 안내, 자아탐색과 자아존중감, 진로계획과 성취동기, 마무리) | 연구자와 보조자 | 대그룹 | 제시하지 않음 | 12주/ 총 12회 (주 1회) | 90 | 실시하지 않음 |
| 11 | 레크리에이션 공작 프로그램 | 다양한 재료를 활용한 공작활동, 도입 시 자신의 생각 발표, 진행 시 잘못된 부분 잡아 주기, 자신감 가지도록 격려, 공동 작업을 통합 협동심을 가지도록 지도 | 연구자 | 소그룹 | 일반학급 | 수업시간, 방과후 시간 10주, 총 20회 (주 2회) | 60 | 실시하지 않음 |
| 12 | 창작무용 학습 | 신체자각, 움직임 자각, 즉흥 및 상상표현 | 제시하지 않음 | 대그룹 | 제시하지 않음 | 방과후 시간 8주/ 총 16회 (주 2회) | 40 | 실시하지 않음 |
| 13 | 보드게임 놀이활동 | 의자 쌓기, 치킨차차차, 징고, 고양이와 쥐, 딩고, 메이크앤브레이크 | 교사 | 대그룹 | 특수학급 | 방과후 시간 8주/ 총 16회 (주 2회) | 40 | 실시하지 않음 |
| 14 | 그룹국악 활동 | 집단형성, 자기탐색 및 타인탐색, 자기발견 및 타인발견, 자기이해 및 타인이해, 자기존중 및 타인존중의 5단계 활동 실시, 사물의 타법 지도, 공연, 놀이, 발표대회 | 제시하지 않음 | 대그룹 | 제시하지 않음 | 총 8회 | 제시하지 않음 | 실시하지 않음 |

이와 같은 개관 논문을 참고로 하여 학습장애 및 학습부진 학생의 사회성 향상을 위한 프로그램을 개발하고자 한다면, 사회성의 하위요인을 무엇으로 설정하고 목표성취 여부에 대한 측정을 어떻게 할 것인지 그리고 사회성을 향상시키기 위한 프

로그램의 활동으로 기존에는 어떤 내용과 방법이 있었는지를 종합적으로 살펴볼 수 있다.

#### (3) 메타분석 논문

특정한 문제에 대해 개입 방법이 다양하게 시도되고 그 결과가 누적된 경우에는 대상별, 개입전략별 효과크기를 검토하기 위해 메타분석을 실시하는 경우가 많다. 예를 들면, 조창호, 최송희, 김동중(2021)은 또래교수 수업이 수학학업성취도와 정의적 영역에 미치는 효과를 알아보기 위해 메타분석을 실시하였다. 여기서 또래교수란 학생들이 상호작용하며 가르치고 배우면서 학업적 성취뿐 아니라 사회적 능력과 자율성 등도 발달시키는 교수학습방법으로 거론되지만(Goodlad & Hirst, 1989; Topping, 2001; Warger, 1991), 실제로 또래 교수방법을 활용한 연구를 살펴보면 그 효과가 다 다르고, 교사중심의 강의식 수업과 별 차이가 없다는 연구도 있는 상태여서 일부의 특정한 연구 결과보다 전체적인 연구 결과를 종합하고 분석해 볼 필요성이 있었다. 또 기존에 또래교수방법에 대한 메타연구가 없었던 것은 아니지만 수학학습부진아에 국한된 연구여서(Lee & Ko, 2015) 일반 학생들에게 확대 적용하기 어려운 점이 있었다. 조창호 등(2021)은 체계적인 메타분석의 결과를 통해 또래 교수를 활용한 학교 수학수업이 수학 학업성취도와 정의적 영역에 대해 과연 효과가 있는지, 학교급(초등학교, 중학교, 고등학교)과 학생유형(수학학습부진, 일반학생), 학습 장소, 역할, 정규수업시간인지 여부, 또래교수자 사전훈련 실시 여부 등에 따라 또래교수방법이 어떻게 차이가 나는지 등을 알아낼 수 있다고 하였다. 이와 같이 메타분석은 특정한 개입 방법의 효과뿐 아니라 프로그램을 개발하려 할 때 어떤 요인을 고려해야 하는가에 대한 구체적인 아이디어를 제공해 준다.

#### (4) 상담 및 교육기관 프로그램

각 지역의 상담 및 교육기관(예: 청소년회관, 사회복지관, 시 · 도 청소년상담실, 건강가정지원센터 등)에서 실시되고 있는 프로그램에 대한 정보도 유용하다. 물론 과학적인 효과 검증을 하지 않고 진행되는 경우도 있지만, 프로그램에 대한 수요를 파악하는 데는 도움이 된다. 예를 들면, 장동일(2017)은 신문을 활용한 세계시민교육 프로그램 개발 및 효과 측정 연구를 하기 위하여 기존에 세계시민교육 프로그램이 어떤 내용으로 개발되어 있는지를 파악할 필요가 있었다. 이를 위해 연구논문이나 문헌 외에 여러 교육기관에서 세계시민 교육 프로그램을 어떻게 운영하고 있는가 하는 것도 파악해야 했다. 자료를 모으는 과정에서 KOICA ODA교육원에서 조사한 자료를 통해 주요기관에서 시행하고 있는 프로그램명, 교육대상, 교육내용 등을 얻을 수 있었다(〈표 5-5〉 참조).

**표 5-5 기존 프로그램의 내용요소를 추출하기 위해 상담 및 교육기관의 프로그램을 분석한 예**

| 기관명 | 프로그램명 | 교육대상 | 교육내용 |
|---|---|---|---|
| 코이카 ODA교육원 | 세계시민교육/ 국제개발협력교육 | 초/중/ 고등학생 | 미래세대 국제개발협력 특별강의<br>미래세대 ODA 리더 동아리 개발교육<br>KOICA 초/중/고 국제개발협력 글짓기 공모전 |
| 고앤두 | 세계시민교육 | 초/중/ 고등학생 | 현장 맞춤형 세계시민교육<br>게임과 체험으로 배우는 사회적 경제교육<br>커뮤니티 매핑을 통한 장애인 인식개선교육 |
| 굿네이버스 | 세계시민교육 | 초/중/ 고등학생 | 찾아가는 나눔 교육 'one-heart'<br>지역사회 시민교육<br>청소년 나눔 교육 'MeToWe' |
| 프랜드아시아 | 글로벌리더교육/ 세계시민교육 | 유아, 중/ 고등학생 | 세계시민교육<br>(주제: 환경, 인권, 빈곤, 전쟁, 질병 등)<br>멘토(대학생)-멘티(중/고등학생) 형식으로 세계시민의식 고양 |
| 휴먼인러브 | 세계시민교육 | 초/중등학생 | 바나세(바른 인성을 가진 나 세계시민이 되다)<br>행복T캠페인 |
| 유엔협회 세계연맹 | 세계시민캠프 | 초 5/중/ 고등학생 | 세계시민캠프/국제회의방식교육<br>참여형 모의 유엔대회 |
| 기아대책 | 글로벌시민교육/ 인성나눔교육 | 초/중/ 고등학생 | 손인형극(재난안전, 건강 나눔, 약물오남용 등의 교육)<br>탈인형극(약물오남용)<br>인성나눔 뮤지컬(초등 대상)<br>중/고등학생을 위한 맞춤형 출강(1~6차시)<br>지역 한 톨 나눔 축제(참여형 빈곤 캠페인)<br>한톨 청소년봉사단 운영(중/고등 대상) |

| | | | |
|---|---|---|---|
| 미래희망기구 | 세계시민교육 | 초/중/<br>고등학생 | 지속 가능한 국제개발협력교육<br>빈곤국가 어린이를 위한 희망 나눔 운동화<br>공존을 위한 나눔 활동, 학교와 동행하는 세계시민교육<br>World Hope Project, 실천하는 세계시민 동아리(캠페인) |
| 서울시립청소년<br>문화교류센터 | 세계시민교육 | 초/중/<br>고등학생 | 뿌리 깊은 세계유산<br>(세계유산 수업을 통한 다문화이해교육)<br>청소년 세계시민여행교실<br>(해외탐방을 통한 세계시민교육)<br>미지지구촌체험관<br>(문화체험을 통한 세계시민교육)<br>희망의 운동화<br>(운동화 나눔교육을 통한 세계시민교육) |
| 아프리카<br>인사이트 | 아프리카<br>세계시민교육 | 초/중/<br>고등학생 | 아프리카 바로 알기 세계시민교육<br>우분투 "당신이 있어 내가 있습니다"<br>아프리카 세계시민기자단<br>국제 자원활동과 세계시민의식 |
| 월드비전 | 세계시민학교 | 유아, 초/중/<br>고등학생 | 찾아가는 세계시민교육<br>세계시민학교체험관 참여형 옹호 캠페인 |
| 월드투게더 | 세계시민교육 | 초/중/<br>고등학생 | 청소년을 위한 맞춤형 출강 10~17차시(지구촌 이슈_주제별교육)<br>글로벌 리더를 위한 특강 |
| 유네스코<br>한국위원회 | 세계시민교육 | 초/중/<br>고등학생 | 유네스코 레인보우 청소년 세계시민프로젝트<br>지구촌 평화마을<br>유네스코 세계시민학교 방문 프로그램<br>유네스코 키즈(초등학생 자기주도학습, 캠프)<br>중학생 세계시민교실(수도권 중학생 토요 교실)<br>글로벌 인카운터(학교 방문형 세계시민교육)<br>모의 유네스코 총회 |
| 코피온 | 지구시민교육 | 유아, 초/중/<br>고등학생 | 학교 지구시민교육–아동 맞춤교육<br>지구시민캠프 '드림하이'(중/고등) |

출처: 장동일(2017).

#### (5) 관련 영역의 책, 비디오, 영화, 영상 등

개발하고자 하는 프로그램 영역과 관련된 책을 읽어 보는 것도 도움이 된다. 프로그램의 주제와 반드시 일치된 주제를 다루고 있는 책이 아니라 앞의 관련 키워드와 관련된 책도 도움이 된다. 또한 비디오, 영화(클립), 기타 영상 등도 활용할 수 있다. 예를 들어, 김은하(2015)는 Mavis(1982)가 어릴 때 성적학대를 받은 여성들을 대상으로 한 치료프로그램을 개발할 때 비디오치료 프로그램을 포함하였고, Frueh(1995)는 베트남 재향군인들에게 베트남과 연관된 전쟁 영화를 보여 주는 노출치료를 통해 외상 후 스트레스 장애의 정도를 개선시킨 사례를 연구했으며, 박성영(1997)의 경우도 정신분석학적 영화 보기 등을 활용하여 '셀프다큐'를 촬영하고 같이 나누는 자기성장 프로그램을 개발하였다.

#### (6) 정부기관 및 연구소 출판자료

정부기관이나 다른 연구소에서 출판된 연구보고서, 연구비 지원을 받아 진행되고 있는 프로그램의 목록을 살펴보는 것도 어느 영역에서 프로그램을 개발해야 할지, 최근 어느 분야에 대한 관심이 높아지고 있는지 등에 대한 시사점을 얻는 데 도움이 된다.

#### (7) 학회나 각종 워크숍 자료

상담 및 교육 관련 학회나 워크숍 등에서는 최근에 개발되고 있는 다양한 프로그램에 대한 발표가 진행된다. 각종 저널에 실린 논문에 비해서는 아직 그 효과성을 충분히 평가받지는 못했겠지만 아이디어 수준에서는 충분히 검토해 볼 만한 자료가 많다. 학회에 참석하지 못하는 경우는 학회의 브로슈어나 자료집 등을 통해서라도 간략하게 최근 프로그램의 개발 방향을 짐작해 볼 수 있다.

#### (8) 기업 현장 자료

기업화된 형태로 보급되고 있는 프로그램은 이론적 근거를 제시하는 데 강조점을 두기보다는 그 프로그램에 참여하여 얻을 수 있는 성과를 중심으로 제시되는 경우가 많다. 그래서 이론적 근거에 대해서는 더 많은 검증이 필요하나 어떤 점에서 이와 같은 프로그램이 상담 및 교육의 대상이 되는 집단에 호소력을 갖게 되었는지 그 내용과 전달방법 등에 대해서는 주목할 필요가 있다.

#### (9) 개인 웹사이트와 다양한 SNS의 활용

프로그램과 관련한 공식 자료를 제공하는 인터넷 사이트는 물론 카페, 블로그, 페이스북, 인스타그램, 유튜브 채널 등과 같은 다양한 SNS(Social Network System)를 개설하여 다양한 정보를 공유하는 경우도 최근 매우 많아지고 있다. 이곳 정보의 공신력 확보를 위해서는 추가 검증이 필요하지만 잠재적인 상담 및 교육의 대상자가 될 수 있는 사람들의 생각과 감정 등을 담은 글이 많은 만큼 프로그램 개발을 위한 아이디어를 얻는 데 도움이 될 수 있다.

#### (10) 프로그램 개발자 및 저자

저널이나 책 등에 소개된 프로그램의 구체적인 내용을 알기 위해서는 프로그램의 개발자 및 저자와 직접 연락을 취해 봐야 하는 경우도 많다. 저널에 게재된 논문의 경우 교신 저자가 표시되어 있고 보통 이메일 주소가 언급되어 있으므로 이를 통해 더욱 구체적인 정보를 문의해 볼 수 있다.

### 3) 추출된 프로그램 내용의 분석

기존 자료의 검색을 위해 전체적인 틀을 잡고 여러 가지 정보의 출처를 활용하여 자료를 찾았다고 해도 그것이 도움이 되는 형태로 정리되지 않으면 프로그램 개발에 활용하기 어려울 것이다. 프로그램을 찾고 검토한 다음에는 우선 〈표 5-6〉과 같은 방법으로 일차 자료 정리를 해 두는 것이 좋다.

**표 5-6 프로그램 내용 정리 항목**

- 프로그램명과 개발 혹은 수정 연도
- 프로그램 개발자(이름, 소속, 주소, 전화번호, 이메일)
- 프로그램의 목적, 목표집단, 내용에 대한 간략한 기술
- 실시 상황: 연도, 대상집단의 특성, 장소
- 제공 가능한 자료의 가격과 판권
- 빠진 정보

또는 형태를 달리하여 〈표 5-7〉과 같은 방식으로 자료를 정리할 수도 있다.

**표 5-7 유사 프로그램 분석을 위한 워크시트**

| 검토 항목 | 분석 결과 |
|---|---|
| 프로그램의 주제 | |
| 프로그램이 필요하다고 느끼게 된 이유 | |
| 프로그램의 최종 목적 | |
| 기존의 유사 프로그램 존재 여부 | |
| 유사 프로그램의 특성 | • 프로그램 대상<br>• 프로그램 내용 구성<br>• 프로그램 진행시간<br>• 프로그램 진행방법<br>• 강사<br>• 수강료<br>• 홍보방법<br>• 문제점<br>• 보완점 |

출처: 이화정, 양병찬, 변종임(2003).

이와 같이 수집된 자료는 〈표 5-8〉과 같은 형식으로 관련된 프로그램을 같은 항목에 대해 비교·분석하는 형태로 정리할 수 있다.

**표 5-8 프로그램 분석 비교표**

| 프로그램명/활동명 | A | B | C |
|---|---|---|---|
| 프로그램에 대한 요구 | | | |
| 목표집단 | | | |
| 개입 상황(장소, 장면) | | | |
| 이론적 틀 | | | |
| 변화전략 | | | |
| 프로그램 길이와 기간 | | | |
| 행동적 목표 | | | |
| 활동 내용 | | | |
| 활동 방법 | | | |
| 준비물 | | | |
| 효과 | | | |
| 한계 | | | |
| 기타 유의점 | | | |

김민경, 박유정(2015)은 학습장애 학생들에게 어휘를 습득하도록 하는 중재프로그램 개발을 위해 기존 논문을 분석하면서 15편의 논문에서 사용한 전략과 내용요소를 다음 〈표 5-9〉와 같이 분석한 바 있다.

**표 5-9 프로그램 비교분석표의 예: 학습장애 중재프로그램 내용요소의 비교**

| 중재전략, 요소 / 연구자 | 그래픽 조직자 | 암기 훈련 | 참여 및 연습 기회 | (단어/텍스트 읽고) 질문에 답하기 | 교사의 시범 | 강화, 피드백 | 소그룹 학습 |
|---|---|---|---|---|---|---|---|
| 강옥려, 이창선(2011) | ✓ | | ✓ | ✓ | | | |
| 민천식, 김상규(2006) | ✓ | | ✓ | | | | |
| 박경혜, 최성규(2005) | ✓ | | ✓ | ✓ | | ✓ | |
| 이기범, 김윤옥(2010) | | ✓ | ✓ | | ✓ | | |
| 이종숙, 조희정(2012) | ✓ | | ✓ | | | ✓ | ✓ |
| 전혜영, 김윤옥(2012) | | ✓ | ✓ | | ✓ | ✓ | |
| 정대영, 최미숙(2007) | ✓ | | ✓ | ✓ | | ✓ | |
| 최성규, 강영남(2003) | | | ✓ | ✓ | ✓ | | |
| 최성규, 남상직(2004) | ✓ | | ✓ | | | | |
| 최성규, 이혜숙(2002) | ✓ | | ✓ | | | | |
| 최성규, 조영옥(2004) | | | ✓ | | | ✓ | |
| 최세민(2011) | | | ✓ | | ✓ | ✓ | |
| 최세민, 신정남(2005) | | | ✓ | | | | |
| 최수희, 안경자(2015) | | | ✓ | | | ✓ | |
| 표소래, 김애화(2012) | ✓ | | ✓ | ✓ | ✓ | ✓ | |
| 논문 수 | 8 | 2 | 15 | 5 | 5 | 8 | 1 |
| % | 55 | 13 | 100 | 33 | 33 | 53 | 7 |

출처: 김민경, 박유정(2015).

이선숙(2018)은 사회정서학습 프로그램을 개발하기 위해 다음 〈표 5-10〉과 같이 관련된 기존 프로그램을 검토하고 내용을 구성하기 위해 분석하였다.

표 5-10 **프로그램 정리 및 분석의 예: 사회정서학습프로그램**

| 회기 | 주제 | 주요 내용 | 개발의 근거가 된 선행 프로그램의 내용 | | | |
|---|---|---|---|---|---|---|
| | | | PA | ST | 어울림 | 기타 |
| 1 | 오리엔테이션 | • 프로그램 안내<br>• 사전검사 | | | | |
| 2 | 철학, 생각–행동–감정의 순환 | • 자기개념<br>• 긍정행동의 영향 | • Unit 1(자기개념)<br>–철학(긍정적 자기개념 형성의 근거)<br>–생각–행동–감정의 순환 | | | |
| 3 | 자기 돌보기 | • 영양, 수면, 위생, 강점, 자원 | • Unit 2(몸, 마음의 긍정행동)<br>–영양, 수면, 위생<br>• Unit 3(자기관리)<br>–강점, 자원 | | | • Siegel (2014)의 감사 목록 |
| 4 | 감정관리 | • Stop-Think-Go<br>• 잠하둘셋 | • Unit 3(자기관리)<br>–감정관리<br>• Unit 4 (타인과 관계)<br>–대우받고 싶은 대로 대하기<br>–타인의 입장 고려, 공감 | | | |
| 5 | 생각관리 | • 인지오류<br>• A-FROG | • Unit 3(자기관리)<br>–생각관리<br>• Unit 4 (타인과 관계)<br>–대우받고 싶은 대로 대하기<br>–타인의 입장 고려, 존중 | • 6차시(명료하게 생각하기)<br>–사고오류<br>• 8차시(긍정적 사고의 힘)<br>–낙관적 사고 | | |

| | | | | | | |
|---|---|---|---|---|---|---|
| 6 | 의사소통 | • 나-전달법 | • Unit 4<br>(타인과 관계)<br>-의사소통<br>-대우받고 싶은 대로 대하기<br>-타인의 입장 고려, 존중 | • 6차시(명료하게 생각하기)<br>-사고오류<br>• 8차시(긍정적 사고의 힘)<br>-낙관적 사고 | • 이선숙 (2017)<br>-나 전달<br>-비폭력 대화 | |
| 7 | 발전하는 나 | • 계획, 목표 | • Unit 6<br>(발전하는 나)<br>-꿈과 이상<br>-목표<br>-용기, 인내<br>• Unit 5(정직하기)<br>-합리화를 거부, 현실 인정 | | | • 조광순 (2017)의 목표 work sheet |
| 8 | 갈등해결 | • 갈등해결 태도<br>• 갈등해결 순서 | • Unit 4<br>(타인과 관계)<br>-갈등해결<br>-대우받고 싶은 대로 대하기<br>-타인의 입장 고려, 존중 | | • 이선숙 (2016)<br>-갈등 해결 순서 | |
| 9 | 리뷰 | • 전체 내용 확인<br>• 사후검사 | | | | |

출처: 이선숙(2018).

이와 같이 프로그램 개발자가 중요하게 생각하는 항목을 중심으로 각 프로그램 혹은 프로그램의 내용요소를 비교해 봄으로써 새로 개발하고자 하는 프로그램에 어떤 요소를 더 넣고 뺄지를 선택할 수 있으며, 프로그램의 내용 형태나 프로그램의 운영과 관련된 전반적인 지침을 얻을 수 있다.

## 3. 새로운 프로그램 내용의 개발

기존 프로그램에 대한 체계적인 자료 수집 및 분석 과정을 통해서 개발하고자 하는 프로그램의 목표에 대해 이미 실시되어 온 내용과 그 한계가 더욱 분명해지면, 그것을 보완할 수 있는 새로운 프로그램 개발의 방향이 어느 정도 설정될 수 있다. 프로그램의 검토를 통해 기존에 있던 내용을 그대로 활용하거나 약간의 수정만 할 수도 있지만, 프로그램의 목표에 기존의 내용이 맞지 않거나 전혀 새로운 목표여서 기존의 내용으로는 도저히 그 목표가 달성될 수 없는 것으로 판단된다면 새로운 내용 및 방법을 개발해야 한다.

### 1) 브레인스토밍

브레인스토밍의 목적은 특정 문제에 대하여 여러 사람이 상호 비판이나 자기 비판에서 벗어나 자유롭게 문제의 해결책 또는 대안을 찾아내는 데 있다(Sheafor, Horesjsi, & Horesjsi, 1997). 이 방법은 기존 프로그램의 내용요소만으로는 개발하고자 하는 프로그램의 목표를 달성하기 어렵다고 판단되어 전혀 다른 방식으로 창의적인 아이디어를 도출할 필요가 있을 때 효과적이다.

프로그램의 내용을 새롭게 개발하기 위해서는 프로그램과 관련된 전문 지식을 가지고 있거나 프로그램 실시 경험이 있는 사람 혹은 프로그램의 실시 대상이 될 수 있는 사람 등 다양한 관점을 가진 사람들이 함께 모여 기존 자료의 분석 결과를 검토한 다음 다양한 아이디어를 구상해 보아야 한다.

다양한 아이디어가 나오도록 하기 위한 가장 중요한 방법은 새로운 의견을 자유롭게 개진할 수 있게 하는 것이다. 현실성이나 실현 가능성 등에 대해서는 차후에 생각해도 늦지 않다.

Toseland와 Rivas(1995)는 창의적인 아이디어가 다양하게 나오기 위해서는 브레인스토밍 과정에서 다음과 같은 사항이 지켜져야 한다고 보았다.

① 생각의 표현을 자유롭게 하도록 권장한다. 집단 구성원 모두가 자신의 생각을

말할 수 있도록 유도한다. 이치에 맞지 않거나 터무니없는 생각이라도 비판 없이 수용한다.

② 타인의 의견에 대한 비판과 평가를 삼가도록 한다. 다양한 생각 또는 아이디어를 개진하는 과정에서 집단 구성원이 자신과 다른 어떤 생각과 아이디어에 대한 분석, 판단, 평가를 하지 않도록 주지시킨다.

③ 많은 아이디어가 나오도록 집단 구성원을 독려한다. 일정한 시간 내에 문제해결을 위한 아이디어가 충분히 나오도록 지도하는데, 충분한 양의 아이디어가 제시된다면 질적인 문제는 차후에 자연스럽게 해결된다.

④ 연상, 통합, 재구성 등 기존 아이디어를 더욱 향상시키도록 격려한다. 이미 개진된 어떤 아이디어에 편승해서 색다른 아이디어를 제시하거나 자신의 아이디어와 연관시키거나 통합하도록 권장한다.

그러나 이와 같은 과정을 통해 제시된 아이디어는 프로그램의 내용으로 선정되기 전에 기존 자료를 통해 수집된 내용과 비교하는 것은 물론, 반드시 시행 가능성 및 효과성에 대한 적절한 검증 절차를 거치도록 한다.

## 2) 의사결정통계분석

브레인스토밍이 창의적인 아이디어를 마음껏 발산하는 데 도움이 되는 방법이라면, 프로그램의 목표와 관련지어 다양한 내용에 대한 아이디어를 제시하되 그에 대한 적절한 의사결정 및 적절성에 대한 판단을 함께 실시하며 의견을 개진해 가는 방법으로 '의사결정통계분석'이 있다. 이 방법은 대안을 제시하되 그 장단점을 같이 검토하면서 최선의 대안을 결정해 가는 방법이기 때문에 브레인스토밍에 비해 다양성은 감소해도 비교적 합리적인 내용이 도출될 가능성이 높다.

Sheafor 등(1997)은 의사결정통계분석의 방법과 절차에 대해 다음과 같이 언급하였다.

① 목적과 목표를 분명히 한다.

② 대안을 마련한다.

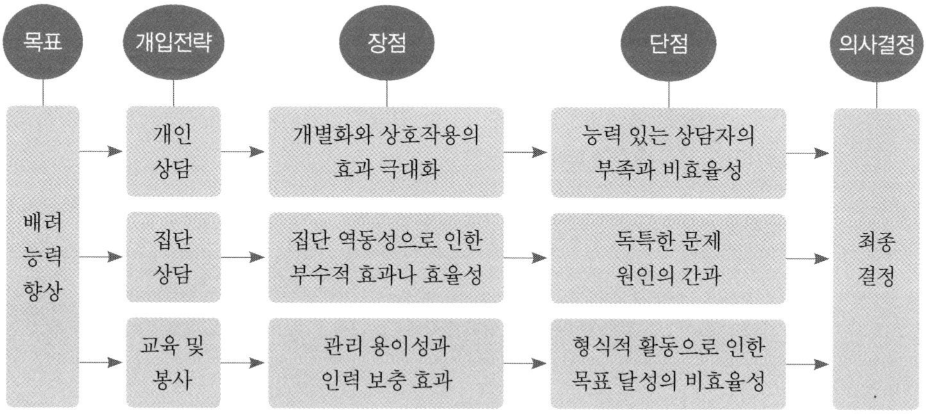


**[그림 5-4]** 의사결정통계분석 과정 예시

③ 각 대안의 장단점을 비교한다.

④ 최선의 대안으로 의사결정을 한다.

예를 들어, '배려능력 향상'이라는 프로그램의 목표를 설정할 때 실행 가능한 개입전략을 모두 생각해 보고 각 전략 혹은 프로그램 내용의 장단점을 비교한 후 최종 대안을 결정하는 과정을 [그림 5-4]와 같이 거치는 것이다.

이상과 같이 프로그램의 내용을 구성하기 위해서 기존 자료를 체계적으로 수집하고 분석한 다음 그 한계를 넘어설 수 있는 새로운 내용을 개발하였더라도 프로그램 구성이 완료된 것은 아니다. 그다음 프로그램의 목표를 가장 효과적으로 달성할 수 있는 프로그램 내용, 그리고 현실적인 제약이 적은 내용을 선택해야 한다. 그러므로 프로그램 개발자는 수집된 다양한 자료 및 새로 개발된 프로그램 내용의 현실적 조건을 감안할 때 프로그램 목표 달성을 위한 최선의 선택이 될 수 있도록 프로그램의 내용을 선정하고 조직해야 한다. 이를 위해 지켜야 할 원칙과 절차에 대해서는 다음 장에서 살펴볼 것이다.

## 생각해 보기

1. 프로그램의 목표, 구성요소 그리고 내용요소는 어떻게 연결되는 것인지 설명하시오.
2. 프로그램 내용의 구성 절차에 대해 설명하시오.
3. 기존 프로그램의 내용요소를 수집할 수 있는 어떤 출처들이 있는지 알아보시오.
4. 기존 프로그램의 내용을 정리하는 방법에는 어떤 것들이 있는지 예를 들어 설명하시오.
5. 새롭게 프로그램의 내용을 개발하려면 어떤 절차와 방법으로 할 수 있는지 예를 들어 설명하시오.

## 적용

1. 관심 있는 주제와 관련된 기존의 프로그램을 선택하여 목표, 구성요소 그리고 내용요소가 어떻게 구성되어 있는지 분석하여 보시오.
2. 관심 있는 주제와 관련된 기존의 프로그램을 선택하여 프로그램 내용을 개발하기 위해 어떤 절차를 밟았는지 분석하여 보시오.
3. 관심 있는 주제와 관련된 프로그램을 개발하기 위해 기존의 프로그램을 다양하게 찾아보려면 어떤 출처들을 활용할 수 있는지 찾아보고, 관련된 프로그램의 내용요소를 수집하여 보시오.
4. 관심 있는 주제와 관련된 기존의 프로그램을 수집한 내용요소를 정리하고 비교하여 보시오.
5. 이 외에 어떤 새로운 내용요소가 추가될 수 있을지 다양한 아이디어를 체계적인 절차에 따라 도출하여 보시오.

제6장

# 프로그램 내용의 선정과 조직

프로그램의 내용 개발을 위해 기존 자료에 대한 포괄적이고 체계적인 검색을 통해 내용을 수집하고 분석했다면, 다음으로 필요한 작업은 많은 프로그램 내용 중 개발하고자 하는 프로그램과 가장 관련성이 높고 프로그램의 목표 달성에 도움을 줄 수 있는 프로그램 내용요소를 선정하여 조직하는 일이다. 그러나 무수하게 많은 프로그램 내용요소 중 필요한 내용을 적절히 선정하는 것은 결코 쉬운 일이 아니다. 어떤 기준에 근거하여 선정할지 미리 그 기준을 신중하게 정할 필요가 있으며, 선정된 내용을 프로그램의 목표달성을 위해 가장 적절하고 효율적인 형태로 조직하고 배열할 필요가 있다. 이 장에서는 프로그램 내용의 선정기준과 조직의 방법을 구체적으로 살펴볼 것이다.

**이 장에서 다룰 주제**

- 프로그램의 내용요소를 선정할 때 기준은 무엇인가?
- 프로그램 내용요소의 적절성을 평가할 수 있는 방법은 무엇인가?
- 프로그램 내용요소를 가장 적절한 형태로 배열하기 위한 방법을 알아보려면 어떤 연구 절차가 필요한가?
- 프로그램 내용요소를 가장 적절한 형태로 조직하려면 어떻게 해야 하는가?
- 예비연구를 통해 프로그램을 검증하고 평가하는 방법은 무엇인가?

## 1. 프로그램 내용의 선정

수많은 프로그램의 내용 중 새롭게 개발하는 프로그램 내용으로 어떤 것을 선정하고 또 개발할지를 결정하는 것은 결코 쉬운 일이 아니다. 직관이나 프로그램 실시자의 경험에 근거하여 선정하는 것도 위험하고, 그렇다고 이미 개발된 프로그램의 내용을 그대로 따를 수도 없다. 새로운 프로그램을 개발할 때는 기존의 프로그램으로는 충족될 수 없는 목표와 필요가 있기 때문이다. 때문에 프로그램의 내용을 선정할 때는 먼저 기준을 설정할 필요가 있으며, 그 타당성에 대한 검증 및 평가절차를 밟는 것이 필요하다.

### 1) 프로그램 내용의 선정기준

프로그램 내용의 선정기준으로 Sussman(2001)은 수용성과 접근성, 목표 달성에 도움이 되는 정도, 목표 집단에 미치는 영향력 등을 제시하였다. 구체적인 내용을 살펴보면 다음과 같다.

#### (1) 수용성과 접근성

Sussman(2001)은 어떤 프로그램의 내용이든 수용성과 접근성이라는 두 가지 기준은 보편적인 평가 기준이 될 수 있다고 보았다. 수용성(acceptability)은 목표 집단에 의해 그 프로그램 혹은 프로그램의 내용요소가 참신하고, 재미있고, 유용하며, 목표 행동에 도달하는 데 직접적인 효과가 있다고 느끼는 것을 의미한다. 예를 들어, 이선숙, 박종효(2019)의 경우 일반고등학교 여학생을 대상으로 사회정서학습 프로그램을 개발하고자 했으며, 특히 목표 집단이 프로그램의 내용을 흥미롭게 느끼는지 여부를 확인하기 위해 자율동아리 고등학생들에게 내용에 대한 피드백을 받아 학생들의 흥미를 유발할 수 있도록 사례를 수정하는 절차를 밟았다. 내용의 유익성 못지않게 수용성도 중요하기 때문이다.

그리고 접근성(accessibility)은 내용요소에 대한 참여가 가능한 정도를 말하는데, 이를 충족시키기 위해서는 내용요소가 목표 집단이 사용하는 언어나 문화와 잘 맞는지, 목표 집단이 그 요소를 이해할 수 있는 수준이 되어 있는지(예: 독해력), 사회·환경적 요인(예: 비용, 운송 수단, 아동 돌봄 시설)이 부적절하지는 않은지 등을 꼼꼼하게 살펴볼 필요가 있다. 허은영, 강혜영(2010)의 새터민 청소년을 위한 진로지도 프로그램 개발과정에서도 예비연구 단계에서 청소년 5명에게 실제로 프로그램을 실시해 봄으로써 어휘수준 및 시간 배분 조정, 활동지 보완 등의 수정과정을 거쳤다.

### (2) 목표 달성에 도움이 되는 정도

프로그램의 내용을 선정하는 또 하나의 기준은 그 요소가 프로그램의 목표를 달성하는 데 얼마나 도움이 될 수 있는가 하는 것이다. 내용 자체로는 매우 유익하고 흥미로운 것이라 하더라도, 프로그램의 목표와 관련성이 별로 없거나 목표 달성에 도움이 되지 않는 내용이라면 우선순위에서 뒤로 미루어야 한다. 그러나 이때 목표 달성에 도움이 된다는 것은 프로그램 전체를 통해 도달하고자 하는 궁극적 목표라기보다는 궁극적 목표에 영향을 주지만 프로그램의 내용을 통해 즉시 그 효과가 나타날 수 있는 보다 구체적인 효과, 즉 즉시적 효과를 의미한다.

예를 들어, 허은영, 강혜영(2010)은 새터민 청소년을 위한 진로지도 프로그램 모형에서 내용요소와 목표와의 관련성을 [그림 6-1]과 같이 제시하고 있다. 즉, 문화적 차이 이해, 기술 훈련, 새터민 출신 역할모델 제시 등의 개입 방법을 통해, 궁극적으로는 새터민 청소년의 진로발달을 촉진하는 것이지만, 즉시적 효과로는 직업세계 이해 능력 증진, 합리적·현실적 의사결정, 진로장벽 대처기술 함양에 도달하

**소수집단으로서의 새터민 청소년**

▼

| 진로핵심문제 | | |
|---|---|---|
| 직업세계<br>이해 능력 부족 | 즉흥적 · 비현실적<br>의사결정 | 진로장벽<br>대처 기술 부족 |

▼

| 문화적으로 적합한 개입 방법 | | |
|---|---|---|
| 문화적 차이 이해 | 기술 훈련 | 새터민 출신<br>역할모델 제시 |
| 직업선택/직업배치<br>개인능력/출신성분<br>고도산업화/초기산업화 | 진로정보탐색기술<br>의사결정기술<br>진로장벽대처기술 | 정체성 통합<br>대처능력 개발<br>새터민 강점 활용 |

▼

| 개입 결과 | | |
|---|---|---|
| 직업세계<br>이해 능력 증진 | 합리적 · 현실적<br>의사결정 | 진로장벽<br>대처기술 함양 |
| 문화 차이에 대한 긍정적 인식 · 정체성 확립 | | |

▼

**새터민 청소년의 진로발달 촉진**

**[그림 6-1] 프로그램의 내용과 목표관련성 예시**

출처: 허은영, 강혜영(2010).

도록 하는 것이 목표가 되는 것이다.

이와 같이 즉시적 효과를 측정해 본다는 것은 프로그램의 내용이 태도 변화, 구체적인 지식, 신념, 가치, 규범 또는 의도의 변화, 헌신할 마음의 준비, 기술의 습득, 특정한 행동의 시작이나 중단 등에 미치는 효과를 살펴보는 것이다.

### (3) 목표 집단에 미치는 영향력

프로그램의 내용을 선정하는 기준으로 최종적으로 고려할 것은 목표 집단에 미치는 영향력이다. 즉, 프로그램을 실시했을 때 그 대상이 되는 사람들에게 과연 의도했던 효과가 나타날 것인가 하는 것이다. 이를 알아보는 가장 좋은 방법은 이후 프로그램의 실시 대상자와 가장 유사한 사람들을 표본으로 하여 그 반응을 살펴보는 것이다. 따라서 프로그램 내용요소를 선정할 때는 궁극적인 프로그램 대상자와 매우 유사한 특성을 가진 사람들 혹은 관련 집단에 속한 사람들에게 프로그램 내용을 소개하고, 그 효과에 대해 평가해 보도록 하는 절차가 필요하다. 김희정(2018)은 제3국 출생 북한이탈가정 아동대상 애착기반정서조절 프로그램의 개발과정에서 예비연구를 통해 부모와 자녀의 애착관계 증진을 충분히 경험할 수 있도록, 즉 목표에 도달할 수 있도록 내용이 구성되었는지 확인하였다. 이 과정을 통해 아동을 체벌하는 빈도가 높은 부모가 있을 경우를 고려하여 학대 예방에 대한 내용을 추가하고, 어머니 회기의 효과를 높이기 위해 어머니 안내문 발송의 횟수를 기존의 2회에서 3회로 증가하였다.

이와 같은 프로그램 내용의 선정기준이 충분히 반영되기 위해서는 적절한 평가절차를 밟아야 한다. 이 절차는 프로그램을 실시하고 난 다음에 그 효과를 평가하는 것과는 그 목적이 다르다. 다양하게 표집된 프로그램 내용 중 무엇을 선정할지를 정하기 위해 필요한 평가절차이기 때문이다. Sussman(2001)은 이를 위한 평가방법으로 다음과 같은 평가방법들을 제안하였다.

### 2) 프로그램 내용의 평가

프로그램 개발자가 아무리 좋은 내용이라고 생각하더라도 실제로 그 프로그램의 목표 대상이 될 사람들이 그것을 어떻게 지각하고 있는지를 조사해 보지 않고 바로 실시할 경우 자칫 예상과 전혀 다른 결과를 가져올 수도 있다. 프로그램 내용에 대해 프로그램 목표 집단에 해당되는 참여자들에게 평가를 받는 것은 바로 이 문제를 해결하기 위한 것이다. 프로그램 내용의 일부 또는 전체를 실시하면서 프로그램의 내용이 목표에 잘 맞는지, 그 프로그램에 참여할 사람들의 필요를 잘 충족시킬 수 있는지를 알아보는 절차이다. Sussman(2001)은 이를 지각된 효율성 평가절차라고 명명하였다. 지각된 효율성 평가를 실시할 때는, 표본 수가 많지 않거나 선발 대상도 어느 한쪽에 치우칠 수 있다. 그렇더라도 비교적 짧은 기간 안에 여러 내용요소에 대한 의견을 수집할 수 있기 때문에 이와 같은 평가절차는 프로그램의 내용을 선정하는 데 도움이 된다.

이 절에서는 Sussman(2001)이 제시한 지각된 효율성 평가방법을 토대로 면접, 델파이 기법, 역할극, 초점집단, 자기보고식 질문지, 주제가 있는 이야기 기법, 카드 분류법, 투사적 기법 등으로 정리하여 보았다.

### (1) 면접

면접(interview)을 사용한 지각된 효율성 평가방법은 면접자가 개인적으로 피면접자를 만나서 보통 1~2시간 정도에 걸쳐 프로그램 및 프로그램의 내용과 관련된 질문을 통하여 관련된 정보를 수집하는 방법이다. 면접은 구조화 정도와 면접시간에 따라 다음과 같이 분류할 수 있다.

#### ① 구조화 정도에 따른 분류

면접자가 피면접자에게 실시하는 질문이 결정된 순서와 미리 짜인 정도에 따라 면접은 구조화된 면접, 비구조화된 면접, 반구조화된 면접으로 구별된다. 구조화된 면접은 모든 질문이나 순서가 미리 정해져 있다. 그래서 시간은 절약될 수 있지만 면접자가 미리 의도하고 계획한 내용 이외의 정보가 반영될 여지가 적다. 반대로 비구조화된 면접은 질문의 내용을 구체적으로 정하지 않고 피면접자와 함께 나눌 큰 주제 몇 가지만을 정해서 자유롭게 이야기를 나누기 때문에 피면접자의 개인적인 상황, 감정, 의견 등이 반영될 여지가 많으나, 면접자가 원하는 정보를 얻기까지 시간이 너무 많이 걸릴 수 있다. 따라서 지각된 효율성 평가를 위한 면접방법으로는 일반적으로 이 두 가지 방법의 장점을 취한 반구조화된 면접방법을 사용하는 경우가 많다. 반구조화된 면접방법은 꼭 필요한 질문을 면접자가 미리 정해 두고 피면접자에게 질문을 하지만 면접을 할 때 상황에 따라 질문의 순서를 바꿀 수도 있고 추가 질문을 할 수도 있다. 〈표 6-1〉은 반구조화된 면접방법에 사용된 면담지의 예시이다.

표 6-1 **반구조화된 면담지 예시**

| 면담 단계 | 교사 | 학생 |
|---|---|---|
| 1. 생애사적 이해 | ㄱ. 영재교육원에서 이루어지는 과학 영재 수업의 특징은 어떠하다고 생각하는가? 왜 그렇게 생각하는가?<br>ㄴ. 지금까지 가르쳤던 영재 대상 과학 수업 중에서 가장 기억에 남는 수업은 무엇인가? 왜 그 수업이 가장 기억에 남는가?<br>ㄷ. 지금까지 참관했던 과학 수업 중에서 가장 기억에 남는 수업(내용, 방법, 환경 등)은 무엇인가? 왜 그 수업이 가장 기억에 남는가?<br>ㄹ. 본인의 영재 대상 과학 수업 중 가장 좋은 수업(내용, 방법, 환경)이었다고 생각하는 수업은 무엇인가? 왜 그렇게 생각하는가? | ㄱ. 영재교육원에서 이루어지는 과학 영재 수업의 특징은 어떠하다고 생각하는가? 왜 그렇게 생각하는가?<br>ㄴ. 영재교육원 과학 수업 중에서 가장 기억에 남는 수업(내용, 방법, 환경 등)은 무엇인가? 왜 그 수업이 가장 기억에 남는가?<br>ㄷ. 영재교육원 과학 수업 중에서 가장 좋은 과학 수업(내용, 방법, 환경, 학습형태, 진행방식 등)이라고 생각하는 수업은 어떤 수업이었는가? 왜 그렇게 생각하는가? |
| 2. 현재의 상세한 이해 | ㅁ. 영재 대상의 과학 수업과 일반 학생 대상의 과학 수업에 어떤 차이점을 두고 있는가? 왜 그렇게 하고 있는가?<br>ㅂ. 선생님이 하고 있는 영재 대상의 과학 수업이 좋은 과학 수업이라면 그 수업의 특징은 무엇인가? 왜 그렇게 하고 있는가?<br>ㅅ. 영재 대상의 좋은 과학 수업을 실현하기 위해 어떠한 교수전략이나 방법을 사용하고 있는가? 왜 그렇게 하고 있는가?<br>ㅇ. 좋은 과학 영재 수업 주제 선정과 자료 투입의 형태는 일반 과학 수업과 어떤 차이를 두고 있는가? 왜 그렇게 하고 있는가? | ㄹ. 영재교육원의 과학 수업과 학교에서의 과학 수업의 차이는 무엇인가? 왜 그렇게 생각하는가?<br>ㅁ. 영재교육원에서의 과학 수업 중 좋은 과학 수업이라고 생각되는 수업은 어떤 수업인가? 왜 그렇게 생각하는가?<br>ㅂ. 영재교육원에서 좋은 과학 수업에 사용되고 있는 프로그램, 도구, 모둠 구성, 평가의 형태는 어떠한가?<br>ㅅ. 영재교육원에서의 좋은 과학 수업의 주제나 수업 진행 방식은 일반 과학수업과 어떤 차이가 있는가? |

| | | |
|---|---|---|
| 3.<br>의미의<br>반성 | ㅈ. 영재 대상의 좋은 과학 수업을 위해 필요한 것은 무엇이라고 생각하는가? 왜 그렇게 생각하는가?<br>ㅊ. 좋은 과학 영재 수업을 위해 노력할 점은 무엇이라고 생각하는가(교사, 학생, 학부모, 환경 등)? 왜 그렇게 생각하는가?<br>ㅋ. 좋은 과학 영재 수업이 갖춰야 할 조건 세 가지를 든다면 무엇이라고 생각하는가?<br>ㅌ. 좋은 과학 영재 수업의 이미지를 그림이나 짧은 글로 표현해 본다면 어떻게 표현할 수 있는가? | ㅇ. 영재교육원에서 좋은 과학 수업을 위해 필요한 것은 무엇이라고 생각하는가? 왜 그렇게 생각하는가?<br>ㅈ. 영재교육원에서 좋은 과학 수업을 위해 노력할 점은 무엇이라고 생각하는가(교사, 학생, 학부모, 환경 등)? 왜 그렇게 생각하는가?<br>ㅊ. 영재교육원에서 좋은 과학 수업이 갖춰야 할 조건 세 가지를 든다면 무엇이라고 생각하는가?<br>ㅋ. 영재교육원에서 좋은 과학 수업의 이미지를 그림이나 짧은 글로 표현해 본다면 어떻게 표현할 수 있는가? |

출처: 양일호, 최현, 임성민(2014).

#### ② 내용의 깊이에 따른 분류

일반적으로 면접은 한두 시간 정도 주제를 가지고 진행된다. 그러나 심층면접을 진행할 경우 어떤 방향으로 면접을 할 것인지 주제를 정하기는 하지만 그것과 관련되는 다양한 사안에 대해 시간제한 없이 최대한 자세히 면접을 한다. 때문에 심층면접은 여러 시간 동안 지속되기도 하고, 여러 번의 추가 면접이 진행되기도 한다. 반면, 간단면접은 면접자가 프로그램과 가장 밀접한 관련이 있는 사람이 많이 모인 장소에 가서, 가능한 한 많은 사람에게 실시될 프로그램의 내용에 대한 평가를 받는 형태로 진행한다. 비교적 시간도 짧고, 횟수도 단회로 진행된다.

### (2) 델파이 기법

델파이 기법(Delphi technique)은 문서를 통해 의견을 교환할 수 있는 방법이다. 목표 집단을 대표할 수 있는 사람들, 관련 분야의 전문가 집단 등 다양한 사람에게 프로그램의 내용을 보내서 그 적절성에 대해 양적 및 질적 평가를 받고 대안적 의견도 얻는 절차이다. 이와 같이 얻은 의견을 반영하여 프로그램 내용을 수정 · 보완한 다음, 다시 새 버전의 프로그램 내용에 대한 의견을 다시 구한다. 예를 들어, 김선연(2018)은 디자인 씽킹에 기반한 집단 창의성 사고과정 모형 개발을 위해 전문가 15명

| 기간 | 절차 | 내용 |
| --- | --- | --- |
| 2017. 12. | 델파이 1차 조사 | • 도입 단계 집단 창의성 프로세스에 대한 개방형 질문<br>• 전개 단계 집단 창의성 프로세스에 대한 개방형 질문<br>• 정리 단계 집단 창의성 프로세스에 대한 개방형 질문<br>• 집단 창의성 핵심 역량에 대한 개방형 질문 |
| 2018. 4. | 델파이 2차 조사 | • 집단 창의성 사고과정 단계에 대한 중요도 평가<br>• 집단 창의성 사고과정 단계별 활동에 대한 중요도 평가 |
| 2018. 8. | 델파이 3차 조사 | • 집단 창의성 사고과정 단계에 대한 중요도 재평가<br>• 집단 창의성 사고과정 단계별 활동에 대한 중요도 재평가 |

**[그림 6-2] 델파이 기법을 활용한 평가절차**

출처: 김선연(2018).

을 대상으로 델파이 조사를 활용하였고, [그림 6-2]와 같이 3차에 걸쳐 진행하였다. 1차 델파이 조사에서는 집단 창의성의 사고과정을 도입-전개-정리 단계로 나누어 각 단계별로 필요한 내용이 무엇인지에 대한 의견을 수렴하였다. 2차 델파이 단계에서는 1차 실시 결과 도출된 집단 창의성 사고과정 7단계에 대한 중요도를 분석하고 그에 따른 전문가들의 의견을 제시하도록 하였다. 3차 델파이 조사에서는 2차 응답을 참고하여 전문가 자신의 의견을 수정할 기회를 주었다. 이런 절차를 통해 한 자리에 모여 의견을 나누기 어려운 다양한 사람의 의견이 프로그램에 반영되고, 지속적인 피드백 과정을 통해 심도 깊은 의견 교환과 판단이 가능해진다.

### (3) 역할극

역할극(role play)은 프로그램 개발자가 프로그램이 필요한 상황 또는 개발된 프로그램 내용 등에 대해 간략하게 요약된 '연기 대본'을 미리 만들고, 참여자들에게 역할을 나누어 주고 즉석에서 연기를 해 보도록 한 다음 참여자에게 제시된 프로그램 내용을 평가해 보도록 하는 것이다.

예를 들어, '왕따 학생을 위한 프로그램'이라면 왕따 현상이 일어나는 장면이나 왕따 현상을 예방하기 위해 개발된 프로그램 내용을 목표 집단 학생들의 참여를 통해 연출해 낸 다음, 그 내용이 왕따를 당하는 학생에게 도움이 될 것인지, 혹은 왕따를 가하려는 행동을 줄여 줄 수 있겠는지 등을 평가하도록 하는 것이다. 또한 프로그램의 목표를 달성하기 위해 새로운 아이디어로는 무엇이 있을지 등에 대해서도 의견을 구할 수 있는데, 역할극을 통해 상황을 연출한 뒤여서 참여자들로부터 구체적이고 생생한 아이디어를 얻게 될 가능성이 높아진다.

### (4) 초점집단

초점집단(focus group)에서 진행자는 주요한 문제영역과 관련하여 비교적 동질적 특성을 가진 8~10명으로 구성된 사람들에게 프로그램이 필요한 문제 상황에 대한 토론, 문제해결을 위한 자원 및 지금까지의 해결 방안, 그리고 제시된 프로그램 활동에 대한 평가 등을 요청할 수 있다. 초점집단의 진행자는 사전에 주제와 관련된 주요한 개방질문을 준비해 두었다가 면접의 진행과정을 살펴보면서 이런 질문이 자연스럽게 다루어질 수 있도록 해야 한다. 예를 들어, 인터넷 중독과 관련된 프로그램의 개발을 위해 초점집단을 운영한다면, 초점집단은 인터넷 중독 고위험군에 속한 사람들, 인터넷 중독에서 회복한 경험이 있는 사람들, 인터넷 중독 치료 전문가 등으로 구성할 수 있을 것이다. 초점집단은 동질적 특성을 갖는 것이 좋으므로 이렇게 각기 다른 경험을 가진 사람들을 한 집단에 넣기보다는 각기 따로 집단을 구성하는 것이 좋다. 개개인을 면접하는 것보다 시간과 비용 면에서 효과적이며 구성원의 상호작용을 통해 다양한 관점을 얻을 수 있다.

### (5) 자기보고식 질문지

자기보고식 질문지(self-report questionnaires)를 활용하여 프로그램의 내용을 평가하도록 할 수 있다. 프로그램을 구성하고 있는 내용을 제시한 다음 각 내용에 대한 흥미도, 신뢰도, 지각된 유용성을 평정하도록 한다. 이때 평정은 예-아니요로 표시하도록 하거나, 해당 문항에 모두 표시하도록 하기, 가장 많이 해당된다고 생각하는 한 문항에만 표시하기, 순위 혹은 번호 매기기, 리커트 평정 등 다양한 방법으로 할 수 있다.

### (6) 주제가 있는 이야기 기법

주제가 있는 이야기 기법(theme studies)은 프로그램의 내용을 간략하게 이야기로 만들어 들려주고 각 내용의 흥미나 유용성 정도를 평정하도록 하는 방법이다. 이때 평정하는 방법은 질문지 방법과 크게 다르지 않으므로 이 두 가지 방법을 함께 사용하는 것도 가능하다. 많은 시간이 소요되지 않으면서 목표 집단은 물론 전문가 집단의 의견도 들을 수 있다.

### (7) 카드 분류법

카드 분류법(card sorting)은 프로그램의 내용이나 전달 방법을 그림에 담은 카드를 제시한 다음, 응답자에게 그 카드를 '인상적이고 기억에 남는 것'과 '평범하고 눈에 띄지 않는 것'으로 구별하도록 하거나 선호하는 순서대로 배열하도록 요청할 수 있다. 글자를 아직 익히지 못했거나 해독능력이 떨어지는 대상 등에도 쉽게 적용할 수 있는 방법이다.

### (8) 투사적 기법

투사적 기법(projective techniques)은 모호한 자극을 제공하여 연상되는 이미지나 생각 등을 이야기하도록 하고, 이를 통해 심리 내적 과정이 밖으로 표현될 수 있도록 하는 방법이다. 구체적으로는 단어 연상법, 문장 완성법, 주제통각 검사방법, 그리고 가상 상황에서의 반응법 등이 있다.

#### ① 단어 연상법

단어 연상법은 프로그램의 내용이나 실시방법에 대한 내용을 듣고 떠오르는 생각이나 감정을 이야기하거나 쓰도록 해서 프로그램에 대한 생각이나 감정이 긍정적인지 혹은 부정적인지를 알아보는 방법이다.

#### ② 문장 완성법

문장 완성법은 프로그램 내용의 흥미나 유용성에 대해 이야기할 수 있도록 미완성의 문장을 제시하고 빈 부분을 채우도록 하는 방법이다. 예를 들면, '이 프로그램 활동을 접했을 때 나에게 떠오르는 생각은 ＿＿＿＿＿＿이다.', '이 프로그램의 내용을 들으니 나는 ________을 하고 싶어진다.', '이 프로그램의 목적을 달성하기 위해 나는 ________ 활동을 제안하고 싶다.' 등과 같은 문장을 제시하고 이를 채우면서 프로그램 내용에 대한 평가를 하도록 하는 것이다.

③ 주제통각 검사방법

주제통각 검사방법은 프로그램 내용과 관련된 그림을 제시하면서 TAT검사(thematic apperception test)에서와 같이 그림과 관련된 앞, 뒤 이야기를 만들어 보도록 하는 것이다. 예를 들어, 왕따 상황에 대한 대처 장면을 그림으로 제시하고, 그렇게 했을 때 어떻게 될 것 같은지 학생들에게 이야기해 보도록 하는 것이다. 이와 같은 과정을 통해 제시된 내용을 얼마나 흥미롭게 느끼는지, 얼마나 도움이 되는 것으로 지각하는지 등을 알 수 있다.

④ 가상 상황에서의 반응법

가상 상황에서의 반응법(articulated thoughts in simulated situations: ATSS)은 Davison, Robins와 Johnson(1983)에 의해 제안된 방법(Sussman, 2001에서 재인용)으로 프로그램의 내용과 관련된 상황을 오디오나 비디오로 제시해 주고 중간중간 떠오르는 생각을 적도록 하는 방법이다. 예를 들어, 학습부진아 지도를 위해 교사를 대상으로 한 프로그램을 개발하고, 구체적인 상황에 대해 교사의 개입 방안을 재연한 오디오나 비디오를 보도록 한 다음 중간중간 떠오르는 생각을 교사에게 적어 보게 하는 것이다. 이 방법은 회상에 의한 왜곡을 줄이고 상황과 밀착된 반응을 얻어내는 데 도움이 된다.

## 3) 프로그램 내용의 연구방법

### (1) 프로그램 내용의 관계 유형

프로그램의 내용은 여러 가지가 함께 작용하여 궁극적으로 프로그램에서 의도한 효과를 얻도록 한다. 때문에 각각의 내용뿐 아니라 이런 내용이 어떤 형태로 구성되어 있는가 하는 것도 중요하다. Sussman(2001)은 프로그램 내용의 네 가지 관계 유형을 제시하였다.

① 동일목표 지향형

2~3개의 프로그램 내용요소가 하나의 효과를 얻기 위해 구성되어 있는 유형이다. 한 가지 목표를 얻기 위해 각각 다른 형태의 내용으로 프로그램이 진행되지만, 궁극적으로는 같은 목표를 지향하는 것이다. 예를 들어, 이경희, 이규미(2012)의 '고등학생의 사회성 향상을 위한 집단상담 프로그램 개발'에서는 '자주성' 향상이라는 동일한 목표를 이루기 위해 5회기 '그럴 수도 있는 거야!', 6회기 '나, 이런 사람이야!', 7회기 '이렇게 말해 봐!' 등 세 개의 회기가 배정되어 있고, 지도성이라는 목표를 이루기 위해 8회기, 9회기, 10회기가 배정되어 있다. 이와 같은 형태가 동일한 목표 지향형으로 프로그램 내용이 구성된 관계 유형이라고 볼 수 있다.

표 6-2 동일목표 지향형의 내용요소 배열의 예시

| 하위 요소 | 회기 | 프로그램 제목 | 회기별 목표 | 활동 내용 |
|---|---|---|---|---|
| 사전 | 1 | 나의 이미지 | • 프로그램의 목표와 내용을 이해한다.<br>• 집단원의 친밀감, 참여동기를 높인다. | • 프로그램 안내<br>• 색과 이미지로 자신 표현하기 |
| 사교성 | 2 | 내 · 친 · 소<br>(내 친구를 소개합니다) | • 자신을 개방하고 친구를 알아 감으로써 서로에 대한 이해를 높인다. | • 친구에 대해 탐색하고 소개하기<br>• 친구가 받고 싶은 그림으로 선물하기 |
| | 3 | 그 · 힘 · 속 · 애<br>(그랬구나! 힘들었겠다! 속상하겠다! 애썼다!) | • 친구의 상황을 잘 경청하고 공감하여 서로가 가까워짐을 경험한다. | • 경청 및 공감 연습<br>• 공감받은 후 변화된 감정을 얼굴 표정으로 표현하기 |
| 신뢰성 | 4 | 신뢰통장계좌 | • 신뢰의 형성과정과 중요성을 인식하고 신뢰감을 증진하기 위한 방안을 모색한다. | • 자신의 신뢰통장계좌 기입하기<br>• 신뢰 새싹 키우기 |

| | | | | |
|---|---|---|---|---|
| 자주성 | 5 | 그럴 수도 있는 거야! | • 합리적 사고를 통한 자기 탐색 및 자기평가를 통해 긍정적 자아관을 갖는다. | • 비합리적 생각 측정해 보기<br>• 합리적 생각으로 바꿔 보기 |
| | 6 | 나, 이런 사람이야! | • 자신의 단점에 대해 보완점을 생각해 본 후 강점으로 전환해 봄으로써 자신감을 갖는다. | • 자기주장 말주머니에 자신의 강점을 써 넣고 공개하기 |
| | 7 | 이렇게 말해 봐! | • 여러 상황에 대해 스스로 결정한 정당성을 주장하여 능동성을 갖는다. | • 비폭력대화법의 설명을 듣고 상황에 따라 비폭력대화법을 실시하기 |
| 지도성 | 8 | 설득의 힘 | • 주어진 주제에 대해 조리있게 명확히 전달할 수 있는 설득 능력을 기른다. | • 주어진 주제에 대해 연설해 보기<br>• 연설 평가 척도지 작성하기 |
| | 9 | 나는 중재 도우미 | • 갈등상황에서의 중재역할을 통해 갈등 해결능력을 갖는다. | • 갈등상황에 대한 중재 방법에 대해 설명을 들은 후, 중재해 보기 |
| | 10 | 나 · 회 · 장 (나는 회장이다) | • 회의 진행자의 역할 경험을 통해 바람직한 지도 능력을 갖는다. | • 역할을 분담한 후 회의를 진행해 보기 |
| 협동성 | 11 | 함께 만드는 영화필름 | • 영화를 완성하기 위한 의사교류 및 결정과정을 통해 협동작업을 경험한다. | • 각자 영화필름 만들기<br>• 함께 영화필름 만든 후 발표하기 |
| 종결 | 12 | 끝은 시작이다 | • 프로그램에 대한 느낌 나누고 변화된 모습을 평가한다. | • 프로그램의 성과와 앞으로의 실천 사항에 대해 적기 |

출처: 이경희, 이규미(2012).

② 빌딩 블록형

2~3개의 프로그램 내용이 연계적인 과정으로 구성되어, 앞에 제공된 활동이 다음에 제공되는 활동의 기초과정 혹은 필수과정처럼 되어 있는 유형이다. 그래서 이와 같은 순서가 제대로 지켜지지 않는다면 의도했던 목표를 달성하는 것도 어려워진다. 예를 들면, 진로 관련 프로그램에서 전반부에는 '자기 자신의 이해'를 위한 내용요소를 배치하고, 중반부에는 '직업 세계에 대한 이해'를 위한 내용요소를 배치한

다. 그리고 이런 과정을 다 마친 다음에야 '합리적인 의사결정' 내용요소를 배치한다. 이러한 순서가 바뀌게 되면 프로그램의 목표 달성이 원활하게 진행되지 않을 수 있으므로 순서가 잘 지켜지도록 해야 한다.

③ 상보적 관계형

2~3개의 프로그램 내용이 각기 다른 형식으로 진행되면서 서로 간에 상승효과를 주는 유형이다. 예를 들어, 인터넷 중독을 해결하기 위한 프로그램을 만들면서 인터넷에 대한 '비합리적인 신념을 다루어 주는 프로그램 활동'을 제공하고, 더불어 대인관계에서의 스트레스를 제대로 풀지 못하면 인터넷 중독이 심화될 수 있다고 보고 '대인관계기술 훈련'을 함께 배우도록 하는 경우이다. 두 내용은 전혀 다른 성격과 목표를 지향하는 것 같지만 상보적 역할을 하게 된다.

④ 실시집단에 따른 유형

같은 목표를 가진 프로그램이라도 어떤 집단을 대상으로 실시되는가, 어떤 방법으로 실시되는가에 따라 프로그램의 내용이 달라질 수 있다. 예를 들어, '학습전략 프로그램'을 실시하고자 할 때는 그 대상이 학부모인가, 초등학생인가, 중ㆍ고등학생인가 등에 따라 프로그램의 내용요소는 달라질 수 있다. 학부모를 대상으로 하는 경우라면 세세한 학습전략 내용을 훈련하도록 하는 활동보다는 자녀에게 학습동기를 유발하도록 하는 대화방법이나 학습전략의 점검과 지도방법에 초점을 두는 활동이 더 강조될 수 있다. 또한 초등학생의 경우는 학업습관의 형성과 관련된 활동이, 중고생을 대상으로 한 프로그램에서는 시험불안과 관련된 활동이 상대적으로 강조될 수 있다. 즉, 같은 프로그램이라 하더라도 실시대상에 따라 강조되거나 우선시되는 프로그램의 내용이 달라질 수 있다.

### (2) 프로그램 내용의 연구방법

Sussman(2001)은 앞에서 언급한 프로그램 내용의 관계 유형을 고려해 볼 때 프로그램 실시 후 프로그램의 내용이 과연 효과적인 것이었는지를 평가하는 방법으로 핵심요소 비교연구, 순서기반 연구, 집단비교평가의 세 가지 방법을 제시하였다.

① 핵심요소 비교연구

핵심요소 비교연구란 같은 목표를 가지고 있는 프로그램의 내용 중 더 효과적인 것이 무엇인지 평가하는 것이다. 가장 손쉬운 방법은 잠재적으로 그 프로그램의 대상자가 될 수 있는 집단으로 하여금 비교되는 내용을 경험하도록 해서 그 효과를 비교하는 것이다. 또 다른 방법은 각 분야별로 매우 보편적으로 사용되는 프로그램의 내용이 존재할 경우, 그것과 비교하여 어느 것이 더욱 효과적인지 검토해 보도록 하는 것이다. 예를 들어, 학습전략 프로그램에 인지전략과 초인지전략이 가장 보편적인 내용이나 동기향상 전략이나 정서관련 조절전략이 추가될 경우 학습과 관련된 더욱 효과적인 개입이 되는지의 여부 등을 비교해 볼 수 있다.

② 순서기반 연구

순서기반 연구란 두 개 혹은 그 이상의 내용을 어떤 방법으로 배열하는 것이 효과적인지에 대해 비교연구를 해 보는 것이다. 이때 다른 조건은 모두 같은 상태에서 오로지 순서만 다르게 배열한다. 예를 들어, 학습전략 프로그램이라면 자신의 현재 상태를 점검하는 검사를 실시하고 해석하는 활동을 먼저 하고, 읽기전략을 습득하는 활동을 하는 것이 효과적인지 혹은 그 반대로 하는 것이 효과적인지를 점검해 볼 수 있다.

③ 집단비교평가 연구

프로그램의 내용이 특정 대상에게 어느 정도 효과가 있는 것으로 나왔을 때, 이 내용이 다른 집단이나 다른 상황에서도 같은 효과를 발휘할 것인지를 알아보는 것이다. 예를 들어, 학습전략을 익히는 활동이 일반적인 청소년뿐 아니라 비행청소년 집단에서도 같은 효과를 발휘할 수 있을 것인지, 더 나아가 다문화가정의 청소년에게 실시된다면 어떤 효과가 나올 것인지에 대해 알아보는 것이다.

#### (3) 프로그램 내용 연구의 시행절차

프로그램 내용 연구를 시행하고자 할 때는 다음과 같은 절차를 거쳐야 한다.

첫째, 프로그램 내용 연구를 하려면 어떤 기준으로 측정할 것인지 구체화해야 한다. 가장 일반적으로 사용되는 기준은 내용요소에 대한 수용 가능성과 접근 가능성,

그리고 행동변화에 대한 영향력 등이다.

둘째, 내용 연구를 하기 위해서는 목표 대상이 누구인지 분명히 할 필요가 있다. 또한 목표 대상과 가까이 있기 때문에 내용에 어떤 변화를 주었는지 잘 관찰할 수 있는 대상도 함께 선정하여 관찰 결과를 들어 보는 것도 필요하다.

셋째, 어떤 방법으로 프로그램의 내용을 경험하게 할 것인지 정해야 한다. 한 가지 내용만을 경험하도록 할 수도 있고, 다른 내용과 묶어 동시에 경험하게 할 수도 있다. 어떤 방법으로 프로그램의 내용을 경험하도록 할 것인지 선택해야 한다.

넷째, 프로그램의 내용이 얼마나 효과적이었는지, 그 내용 때문에 효과가 발생한 것인지 등을 체계적으로 연구하기 위해 연구설계 방법을 선택해야 한다. 연구설계 방법에는 단일집단 사전 사후 연구설계 방법, 유사 실험설계 방법, 진실험설계 방법 등이 있다. 각각에 대한 구체적인 설명은 이 책 제9장을 참조하면 된다.

다섯째, 측정방법을 선택해야 한다. 질적인 방법으로 측정할 것인지 혹은 양적인 방법으로 측정할 것인지를 우선 결정해야 한다. 질적인 방법의 경우는 개방적인 질문을 사용하고 다양한 형태의 반응을 허용한다. 양적인 방법의 경우는 정해진 설문지를 통해 질문을 하고 그 결과에 대해서 통계처리를 하게 된다. 물론 최근에는 이 두 방법을 적절히 조합하여 사용하기도 한다.

여섯째, 결과를 해석해야 한다. 프로그램의 내용을 경험하고 난 다음에 이전의 것과 비교하여 통계적으로 유의미한 차이가 나타나면 우선 그 프로그램의 내용은 효과가 있다고 볼 수 있다. 그러나 표집 대상의 수가 크면, 적은 효과 차이도 통계적으로 유의미한 것이 될 수 있으므로 통계적으로 유의미한 차이가 있다고 해서 반드시 특정한 내용요소가 더 효과적이라고 단정할 수 없음을 염두에 두어야 한다. 반대로 표집 대상의 수가 지나치게 적으면, 통계적으로는 내용요소별로 효과 차이가 별로 없는 것으로 나타나겠지만, 그렇더라도 선호도의 차이가 어느 정도 드러나는 점수라면 이를 무시할 필요는 없다. 그리고 변화에 기여할 수 있을 것으로 판단된 프로그램 내용요소 가운데서도 실행 가능성을 다시 숙고할 필요가 있다. 즉, 그 내용을 실시하는 것이 어렵지는 않은지, 시간과 공간의 제약을 받지는 않는지 살펴보아야 한다.

## 2. 프로그램 내용 조직의 원리

프로그램의 내용은 각각에 대한 평가뿐 아니라 적절하고도 타당한 배열의 순서로 구성되어야 한다. 상담 혹은 상담교육은 최종적으로 인간의 행동, 인지, 정서 등의 변화를 목표로 하고 있는데, 이와 같은 변화에는 일련의 단계와 과정이 있다고 본다. 따라서 이런 변화를 복표로 실시되는 다양한 상담 및 교육 프로그램은 그 변화의 원리를 고려하여 프로그램을 구성해야 한다. 같은 내용이라 하더라도 변화의 원리를 잘 고려하였는지의 여부에 따라 그 효과는 매우 달라질 수 있다.

이 절에서는 Sussman(2001)에 제시된 내용에 기초해 상담 및 심리교육 프로그램 조직의 원리를 발달과정 및 환경적 맥락을 고려한 활동 순서와 프로그램의 흐름과 관련된 요인을 고려한 프로그램 내용의 순서로 보고 그 내용을 제시하였다.

### 1) 발달과정 및 환경적 맥락을 고려한 내용 조직의 원리

#### (1) 발달이론

상담 및 심리교육 프로그램을 개발할 때는, 인간의 발달과정에 대해 설명하고자 했던 많은 발달이론을 염두에 두어야 한다. 예를 들어, Piaget(1952)는 인지발달 단계를 네 단계로 나누어 각 단계에서 질적으로 다른 인지적 특성이 나타난다고 하였다. 1단계인 감각운동기는 출생~2세로, 주어진 자극을 감각기관을 통해서만 확인해 볼 수 있는 시기이다. 2단계인 전조작기는 2~7세로, 상징적으로 사고하는 능력이 감각운동기에 비해 증가하기는 하지만 실제로 경험하지 않은 일에 대해서 그 논리적 관련성을 생각할 수 있는 논리적 조작능력은 아직 가능하지 않은 시기이다. 3단계인 구체적 조작기는 7~12세로, 구체적으로 경험한 사실에 대한 논리적 조작이 가능해지는 시기이다. 그리고 4단계인 형식적 조작기는 12세~성인기로, 눈에 보이지 않는 추상적인 개념에 대해서도 이해할 수 있게 되는 시기이다.

물론 개인마다 많은 차이가 있지만, 각 인지발달 단계를 염두에 두는 것은 프로그램의 내용을 선택하고 조직할 때 구체적인 활동을 중심으로 할 것인가, 얼마나 직접 몸으로 체험하는 활동을 중심으로 할 것인가, 또래와의 상호작용을 강조할 것인가,

표 6-3 인지적 발달단계를 고려한 프로그램 내용의 예시

| 단계 | 회기 | 원적학급 또래 상호작용 촉진집단 | |
|---|---|---|---|
| | | 회기별 목표 | 활동 내용 |
| 시작 단계 | 1회 | • 프로그램에 대한 흥미유발<br>• 소리를 통한 어우러짐 경험 | • 프로그램에 대한 소개 및 규칙 알려주기<br>• 돌림노래 부르기<br>• 소리 오케스트라 |
| | 2회 | • 장애 체험: 장애인의 마음 되어 보기 | • 거울게임 |
| 중간 단계 1 | 3회 | • 친구관계에서 발생할 수 있는 긍정적 · 부정적 상황의 경험과 문제해결 경험<br>• 입장 바꿔 생각하기 | • 누가 먼저 했나<br>• 흉내쟁이 호랑이 |
| | 4회 | • 감각의 제한을 경험하기<br>• 감각 제한의 상태에서 타인과의 관계를 경험하기 | • 비행기와 관제탑 |
| | 5회 | • 언어 이외의 몸짓과 표정 등 다양한 단서를 이용한 마음 읽기와 마음 나누기 | • 번호 부르며 일어서기<br>• 몸으로 말해요 |
| | 6회 | • 즐거운 놀이 경험을 통한 유대감 증진<br>• 모둠별 협력의 경험 | • 우리 집에 왜 왔니 1<br>• 우리 집에 왜 왔니 2 |
| | 7회 | • 즐거운 놀이 경험을 통한 유대감 증진<br>• 모둠별 협력의 경험 | • 박수 도미노<br>• 인물 덧붙이기 |
| | 8회 | • 장애아동과 관련된 학급 내 문제행동에 대한 문제해결 과정의 경험 | • 문제의 제기<br>• 역할극을 통한 브레인스토밍<br>• 대안의 평가와 선택 |
| | 9회 | • 놀이활동에 대한 회상과 느낌 나누기 | • 진행과정 비디오 시청과 느낌 나누기<br>• 공동화 그리기 |
| 중간 단계 2 | 10회 | • 장애인과 공감대 형성하기 | • 〈세진이〉 비디오 시청<br>• 편지 쓰기 |
| | 11회 | • 장애인에 대한 정확한 정보 습득<br>• 장애인에 대한 예절 익히기 | • 1학년: 장애아동 어머니 초청강연<br>• 2학년: 강의, OX 게임 |
| 종결 단계 | 12회 | • 전체 회기에 대한 회상과 정리 | • 〈천상의 빵〉 비디오 시청<br>• 장애인이 만든 빵 함께 먹기 |

출처: 이지수(2006).

혹은 프로그램 진행자의 개입을 강조할 것인가 등을 결정하는 데 도움을 준다. 예를 들어, 이지수(2006)는 대상 학생이 초등학교 1학년과 2학년이라는 점을 감안하여 전체 프로그램 내용을 구성할 때 '직접적인 상호작용을 경험하게 하는 놀이 활동'을 먼저 배치하고 장애아동에 대한 교육 프로그램은 후반부에 배치하였다(〈표 6-3〉 참조). 초등학교 1, 2학년이 Piaget의 인지발달 단계 중 전조작기를 이제 막 벗어나 구체적 조작기에 접어든 시기라는 점을 감안하여 이와 같이 놀이 중심 활동에 더 우선순위를 둔 것이다.

### (2) 범이론적 모형

범이론적 모형(transtheoretical model)에서는 인간의 행동 변화가 점진적인 과정을 거쳐 이루어지며, 이는 변화하려는 생각을 전혀 갖지 않는 전숙고 단계에서 시작하여, 변화가 필요한지 아닌지를 심각하게 고려해 보는 숙고 단계, 변화를 계획하고 변화에 대한 의지를 다지는 준비 단계, 실제적으로 변화를 실천해 가는 실행 단계, 변화된 행동을 지속적으로 유지해 가는 유지 단계 등 일련의 단계를 거치게 된다고 보았다(Prochaska & Diclemente, 1983). 물론 이런 변화는 저절로 이루어지는 것은 아니고 지속적인 노력을 해야만 가능하다고 본다.

상담 및 심리교육의 영역에서도 '학습 태도', '진로에 대한 인식', '인터넷 중독에서 벗어나기', '대인관계 기술 향상' 등 그 목표가 되는 행동은 매우 다양하고 최종 목표에 도달하기까지 일련의 변화 단계가 있을 것이다. 프로그램을 통해 대상자에게서 변화가 일어나도록 하려면 현재 프로그램의 대상자가 어느 단계에 속해 있는지를 잘 알아야 그에 맞는 활동을 실행할 수 있다.

만일 변화에 대한 동기가 높지 않은 상황에 있는 사람이라면 좀 더 천천히 진행해 가야 할 것이다. 변화에 대한 준비도 되어 있지 않은데 막무가내로 많은 변화를 실행하고자 한다면 변화에 대한 저항감만 높일 뿐 별다른 효과를 얻지 못할 가능성이 높다. 〈표 6-3〉에서도 보면 궁극적인 목적은 장애아동에 대한 일반아동의 태도 변화이지만 처음부터 그와 관련된 활동이 바로 등장하지 않고 있다. 즉, 1회기와 2회기는 프로그램에 대해 흥미를 가지도록 하는 활동으로 구성하며, 3~7회기는 간접적으로 장애아동에 대한 이해를 증진시키는 활동을 배치하고, 8회기 이후가 되어서야 비로소 직접적으로 장애아동에 대한 인식의 변화를 시도하고 있는 것을 볼 수 있다.

### (3) 체계이론

상담 및 교육의 직접적인 대상은 개인이나 집단이 되는 경우가 많다. 그러나 개인 혹은 집단은 단독으로 존재하는 것이 아니라 환경적인 맥락 속에서 존재한다. Bronfenbrenner(1979)는 인간을 둘러싼 환경체계를 미시체계(microsystem), 중간체계(mesosystem), 외체계(exosystem), 거시체계(macrosystem), 그리고 시간체계(chronosystem)의 다섯 개 체계로 분류하였다. 미시체계는 특정한 물리적 특성을 가지고 있는 행동의 장으로, 개인이 직접 경험하는 물리적 환경(집, 학교, 직장 등)과 사회적 환경(부모, 형제자매, 교사, 직장 동료, 친구 등)이 포함된다. 중간체계는 미시체계 간의 상호관계를 의미한다. 교사와 친구 간 관계, 부모와 교사 간 관계, 가족과 친구 간 관계 등이 해당된다. 외체계는 직접 참여를 하는 것은 아니지만 영향을 미치는 사회적 환경을 의미한다. 정부, 학교 운영위원회, 학교의 운영 방침, 대중매체, 부모의 회사 고용주 등이 해당된다. 거시체계는 미시체계, 중간체계, 외체계의 문화적 환경, 즉 경제적, 사회적, 교육적, 법적 체계 등을 포함한다. 그리고 시간체계는 전 생애에 걸쳐 일어나는 변화와 사회 · 역사적인 영향을 의미한다. 개인이나 특정한 집단은 이와 같은 환경적 맥락 안에 존재하므로 프로그램을 구성하고 시행할 때도 개입 대상과 함께 그 대상을 둘러싼 환경적 맥락이 어떤 상태에 있고, 따라서 어떤 방법으로 개입할 것인지 등을 염두에 두어야 한다(이지수, 2006; 황은숙, 2007). 예를 들어, 황은숙(2007)은 이혼가정의 부모교육 프로그램을 개발하면서 그 주된 내용은 자아를 재발견하고 현실에 적응하며 자녀를 더욱 잘 이해하기 위한 방법으로 구성하였으나, 법률 정보와 모 · 부자 가정지원 정책에 대한 정보 등도 함께 제공함으로써 외체계에 대한 이해까지 프로그램 내용에 포함시키고 있다.

이와 같이 프로그램 개발자는 프로그램 대상 집단에게 영향을 미칠 수 있는 환경적 맥락을 함께 고려하고, 프로그램의 효과를 위해 어느 수준의 체계까지 프로그램에 포함시킬지를 고려해야 한다.

## 2) 프로그램 흐름의 관련 요인을 고려한 내용 조직의 원리

### (1) 대인관계의 역동

프로그램을 통해 변화가 이루어지기 위해서는 프로그램의 실시자와 참여자, 그리고 참여자 간의 관계가 자연스럽게 형성되고 발전되는 것이 중요하다. M. Corey와 G. Corey(2007)는 집단상담의 진행과정에 따라 〈표 6-4〉와 같은 역동이 나타난다는 것을 제시한 바 있다. 이 표에시와 같은 집단상담의 진행과정에 따른 대인관계의 역동은 프로그램의 규모나 운영방식에 따라 차이가 있을 수 있으나, 전반적인 프로그램의 흐름을 구성하는 데 있어서는 참고할 만하다.

그러나 이와 같은 진행 단계별 흐름은 프로그램의 대상 집단이 누군가에 따라 그 강조점이 달라질 수 있다. 예를 들어, 평소에 잘 알지 못했던 참여자들이 만나 함께

**표 6-4 대인관계 역동을 고려한 회기별 특성**

| 단계 | 특징 |
|---|---|
| 초기 단계 | • 참가자들은 분위기를 시험하며 친숙해진다.<br>• 집단원은 무엇이 기대되는지, 집단이 어떻게 기능하는지, 또 어떻게 참가하는지를 배운다.<br>• 위험하게 느껴지는 행동이나 탐색을 매우 제한적으로 한다.<br>• 집단원이 그들의 생각이나 느낌을 표현하고자 할 때 집단의 응집력과 신뢰가 점차적으로 형성된다.<br>• 초기에 부정적인 감정을 표현함으로써 집단에서 모든 감정이 받아들여지는지 시험해 본다.<br>• 핵심 주제는 신뢰와 불신의 문제이다.<br>• 침묵과 어색함이 느껴지는 순간이 종종 있고, 이런 순간에 참가자들은 상담자나 다른 누군가가 방향을 제시해 주기를 기대한다. |
| 과도기 단계 | • 자기 자각이 증대되면서 스스로에 대해 어떠한 생각을 갖게 될지, 그리고 타인이 자신을 수용할지 혹은 거부할지에 대해 염려한다.<br>• 집단환경이 얼마나 안정적인지 판단하기 위해 상담자나 타 집단원을 시험한다.<br>• 집단에 참여하기 위해 위험을 무릅쓸 것인지, 아니면 뒤로 물러나 안주할 것인지 선택의 기로에서 고심한다.<br>• 통제와 힘을 얻고자 하는 역동, 타 구성원 및 상담자와 갈등을 경험한다.<br>• 집단상담자가 신뢰할 만한 존재인지 탐색한다. |

| | |
|---|---|
| 작업 단계 | • 신뢰와 응집력이 높다.<br>• 집단 내의 의사소통이 개방적이고 자신이 경험한 것에 대해 정확히 표현한다.<br>• 집단원 모두가 지도력을 가지고 있으며 그런 점에서 집단원은 직접적으로 자유롭게 상호작용한다.<br>• 용기를 내어 자신을 다른 사람에게 알린다.<br>• 피드백을 자유롭게 주고받으며 충분히 심사숙고한다.<br>• 집단원은 변화하려는 자신의 시도가 지지받는다고 느끼며 과감히 새로운 행동을 시도한다. |
| 종결 단계 | • 헤어진다는 사실에 대해 슬픔과 우려를 느낀다.<br>• 집단원은 상담이 곧 끝난다는 사실에 심리적으로 움츠러들며 이전보다 덜 열심히 집단활동에 참여한다.<br>• 집단원은 배운 것을 실생활에 옮길 수 있을 것인지에 대한 두려움은 물론 집단이 해체되는 것에 대한 두려움을 느낀다.<br>• 집단원은 서로 간에 두려움과 희망, 근심을 표현한다.<br>• 집단원이 집단상담에 대해 평가한다. |

출처: Corey & Corey (2007).

프로그램에 참여할 경우 서로 알아 가는 활동이 초기 단계의 중요한 내용이 될 수 있다. 하지만 이미 알고 있는 학생들을 대상으로 프로그램이 진행될 때는 서로 아는 것에 초점을 두기보다는 프로그램의 목표를 더욱 분명히 알고 직접 경험해 보도록 할 수 있을 것이다.

프로그램의 전체 순서도 그렇지만, 회기별 내용의 구성에서도 그와 같은 흐름이 자연스럽게 진행되도록 프로그램을 구성해야 한다. 예를 들어, 자신감 있게 자기 자신의 생각을 표현하게끔 훈련하도록 구성된 '크리스토퍼 리더십 코스'의 경우 매 회기를 3부로 구성하였다. 1부는 워밍업을 통해 긴장을 풀고, 2부는 특정한 일(즉, 연설문, 일기, 소개와 감사의 말, 선물 주고받을 때의 말 등)에 대해 발표하고, 3부는 프로그램 진행 강사가 5~10분 동안 주제와 관련된 이야기를 해 주는 시간을 갖도록 하였다.

### (2) 논리적 순서

프로그램 내용의 순서는 논리적 순서에 기초하여 정할 수도 있다. 가장 일반적인 논리적 순서는 단순한 내용에서 점차 복잡한 내용으로 나아가도록 구성하고 정의나 개념을 익히는 것에서부터 점차 적용과정으로 나아가도록 구성하는 것이다. 앞서 〈표 6-3〉의 일반 학생을 대상으로 장애를 가진 학생을 이해하도록 하는 프로그램 내용에서도 전반부에는 비교적 간단한 내용을 통해 장애를 가진 학생의 입장을 이해해 보게 하고 후반부에는 역할극 등 장애를 가진 친구를 대하는 방법을 알려 주는 활동을 배치함으로써 점차 복잡한 내용으로 나아가는 방법으로 구성하였다.

또 하나의 논리적 기반은 프로그램의 이론적 배경이다. 프로그램의 이론적 배경에는 프로그램의 최종 목표를 달성하는 데 영향을 주는 다양한 매개변인이 추출되어 있고, 프로그램 내용은 이런 매개변인을 변화시켜 최종 목적을 이룰 수 있도록 구성되어야 한다.

#### (3) 체계적인 순환성

체계적인 순환성에 근거하여 프로그램의 내용을 구성해야 한다. 순환성이란 어떤 목적을 지향하는 활동에 한 번 참여한 것만으로는 변화가 바로 이루어지지 않기 때문에 변화를 위해서는 여러 번에 걸친 참여와 강화를 받아야 한다는 것이다. 그러나 이런 활동이 그때마다 내용이 다 같다면 참여자는 지루함을 느끼고 적극적으로 참여하기 어려울 것이다. 따라서 목표가 같은 활동이라 하더라도 회기별 활동을 다양한 방식으로 구성함으로써 중요한 목표가 반복적으로 학습되고 동시에 참여자가 흥미를 가지고 프로그램에 참여하도록 해야 한다.

## 3. 예비연구를 통한 프로그램 내용 조직의 평가와 수정

프로그램의 여러 내용을 검증하여 최종적인 형태를 갖춘 다음이라 하더라도 바로 프로그램을 시행하기보다는 예비연구 단계를 거치는 것이 필요하다. 예비연구란 상대적으로 적은 표본 수를 대상으로 완성된 프로그램의 초안을 검증해 보는 것이다. 예비연구를 통해서 프로그램이 잘 실행될 수 있는지, 참여자가 프로그램의 내용을 잘 수용할지, 기대했던 효과를 거둘 수 있는지 등을 살펴볼 수 있다. 그리고 그 결과를 바탕으로 본 프로그램의 내용을 변경하거나 수정할 수 있다. 예비연구에서는 경제성을 고려하여 실제 프로그램보다는 적은 규모로 진행해야 하지만, 집단 구성원의 특징은 본 프로그램의 실시 대상과 충분히 유사하게 구성해야 한다. 그렇지 않을 경우 예비연구 결과를 즉시 적용하기가 어렵게 된다.

## 1) 연구설계 방법

예비연구도 상황과 여건에 따라 다음의 연구설계 방법 중에서 선택할 수 있다.

### (1) 단일집단설계 방법

단일집단설계는 프로그램을 실시하기 전에 사전 검사를 실시하고, 프로그램 실시 후 사후 검사를 실시하여 프로그램을 통해 얼마나 결과에 변화가 있는지 살펴보는 방법이다. 가장 쉽게 실시할 수 있는 방법이기는 하지만, 통제집단이 없기 때문에 결과에 변화가 있다 하더라도 그것이 프로그램으로 인한 변화인지 혹은 다른 요인 때문인지를 결론 짓기가 어렵다.

### (2) 실험설계 방법

실험설계의 가장 큰 특징은 통제집단을 설정한다는 것과 실험집단과 통제집단에 대상자를 무선으로 배정할 수 있다는 것이다. 무선배정의 목적은 두 집단 대상자의 다양한 변인을 비슷하게 해서 프로그램 실행 이전에는 두 집단 간에 차이를 최대한 없애기 위한 것이다.

이와 같은 실험설계 중 가장 간단한 형태로 실험집단 1개와 통제집단 1개를 비교하여 두 집단 간의 차이를 살펴보는 두 집단 실험설계를 들 수 있다. 그러나 프로그램의 실시 방법을 다양하게 하여(예: 순서를 변경하거나 개입 방법의 차이를 두는 방법) 2개 이상의 실험집단을 두고 통제집단과 함께 비교하는 방법도 가능하다.

### (3) 유사 실험설계 방법

실험설계의 가장 중요한 특징 중 하나는 무선배정인데 이것이 실제로 불가능한 상황이 종종 있다. 예를 들어, 상담 기관에 온 내담자를 대상으로 프로그램을 진행할 경우에는 보통 대기자 집단을 통제집단으로 하기 때문에 무선배정이 어렵다. 그럴 경우는 무선배정을 하지는 못해도 통계적 분석방법(공변량분석, 다중회귀분석 등)

을 활용하여 통계적 차이를 통제할 수 있다.

### 2) 예비연구에서의 평가방법

예비연구는 본 프로그램을 시행하기에 앞서 최종으로 프로그램이 제대로 실시될 수 있는지, 원하는 효과를 거둘 수 있을지 등을 점검하는 과정이다. 따라서 프로그램으로 인한 장기적인 효과를 알 수는 없지만 그 외 프로그램의 실행 및 그 결과에 대해서는 본 프로그램의 실시 결과와 마찬가지로 다양하게 확인해 보아야 한다. 그중에서도 간과하지 말아야 할 방법은 운영평가, 과정평가, 성과평가, 그리고 비용-효과평가이다.

#### (1) 운영평가

예비연구에서 관심을 가지고 고려해야 할 가장 중요한 문제 중 하나는 프로그램이 의도했던 대로 실행될 수 있는지, 그리고 그 실행과정이 원래 계획했던 것과 일치하는지의 여부이다. Pentz와 Trebow(1991)는 프로그램의 운영과 관련하여 '프로그램이 원래 계획한 대로 되었는가?', '프로그램의 내용이 모두 제공되었고 대상 집단에 그대로 받아들여지고 있는가?', '프로그램의 내용이 개발된 대로 제공되었는가 혹은 일부 변형되었는가?'를 고려해야 한다고 보았다. Sussman 등(1995)은 이 세 가지 사안과 함께 '프로그램 진행을 방해하는 요소는 없었는가?'도 고려해야 한다고 보았다. 이와 같은 사안은 설문지 실시를 통해서도 알 수 있고, 면접 혹은 직접 관찰을 통해서도 얻을 수 있다.

#### (2) 과정평가

운영평가와 달리 과정평가는 프로그램 참여자로부터 프로그램에 대한 반응을 살펴보는 것이다. 즉, 과정평가는 참여자나 진행자가 프로그램을 얼마나 수용하는지 그리고 매력적으로 평가하는지를 평가하는 것이다. 이를 평가하는 방법으로는 질문과 토론 등이 있으며, 그 주제로는 '프로그램이 얼마나 재미있었는지', '도움이 되었는지', '도움이 되었다면 어떤 점이 도움이 되었는지' 등이 있다.

### (3) 성과평가

성과평가란 프로그램의 실시를 통해 어떤 변화가 일어났는지를 평가하는 것이다. 그 변화로는 관련 지식의 변화, 태도나 신념의 변화, 행동의 변화 등이 해당된다. 물론 이와 같은 평가는 예비연구 단계에서는 프로그램을 실시한 직후의 변화일 수밖에 없기 때문에 과연 그 결과가 오랫동안 유지될 수 있는지에 대해서는 확답을 줄 수 없다. 예비연구 단계에서는 그와 같은 장기적인 효과까지 평가하는 것이 사실상 어렵기 때문에 대부분이 즉시적인 성과평가에 초점을 두고 진행된다.

### (4) 비용-효과평가

예비연구를 실시할 때 관심을 가져야 하는 중요한 영역 중 하나는 프로그램을 실시하는 데 얼마나 비용이 들어가고 프로그램이 그 비용만큼의 가치가 있는가 하는 점이다. 재정적 자원은 무한한 것이 아니기 때문에 프로그램을 통해 어떤 이익을 얻을 수 있는지가 반드시 고려되어야 한다. 특히 대규모로 실행되기 이전 단계인 예비연구 단계에서 그와 같은 비용-효과를 평가해 보는 것은 재정의 효과적인 운용 차원에서도 매우 중요한 일이다. 예를 들어, 가출청소년을 위한 프로그램을 전국적으로 실시한다면 프로그램 개발, 보급, 실시와 관련된 '비용'을 계산해 볼 수 있다. 그러나 다른 한편 가출청소년을 위한 수용시설 비용, 청소년 범죄 발생으로 인해 사회적으로 치르는 비용 등을 절약할 수 있으므로 이를 효과비용으로 계산할 수 있을 것이다.

상담 및 심리교육 영역에서의 변화는 쉽게 관찰되기 어려운 감정, 생각, 행동 등의 변화를 포함하고 있는 경우가 많아서 이를 산정해 내는 것은 그리 간단하지 않다. 그렇기에 대부분의 상담 및 교육 관련 프로그램은 비용-효과평가에서 매우 소극적인 태도를 보인다. 그러나 상담 및 교육 프로그램의 필요성을 사회나 국가에 더욱 적극적으로 호소하고 그 보급을 위한 재정 확보를 하기 위해서는 정확한 수치는 아니더라도 추론 가능한 비용-효과평가를 시도해 보아야 한다.

## 4. 프로그램 지침서 제작

프로그램 지침서(manual)는 프로그램의 각 활동이 궁극적으로 도달하기 위한 목표가 무엇인지 알게 해 주어 프로그램 진행자로 하여금 프로그램 전반에 대한 큰 그림을 머릿속에 넣고 프로그램을 진행할 수 있도록 해 준다. 프로그램 지침서에는 일반적으로 프로그램의 목표, 회기별 활동목표, 운영 지침, 준비물 등의 사안이 기록되어 있으며, 이를 통해 프로그램 개발자의 취지나 목표가 프로그램 실시자에게 제대로 전달될 수 있도록 구성되어 있다. 특히 프로그램의 실시타당도를 높이기 위해서는 정교한 프로그램 지침서가 필수적이다(김계현, 2000). 그러나 프로그램 지침서의 항목이나 내용은 프로그램마다 차이가 있다. 따라서 다양한 프로그램 지침서의 예를 통해 프로그램 지침서의 여러 형태를 살펴보고, 자신의 프로그램에 가장 적절한 것을 선택할 필요가 있다.

일반적으로 프로그램 지침서에는 회기별 목표, 주요 내용의 소개, 준비사항, 활동 내용 등이 제시된다. 활동 내용에는 구체적인 진행 순서와 예상시간, 진행 시 유의사항 등이 같이 제시된다. 프로그램 지침서의 항목은 비슷하더라도, 얼마만큼 프로그램의 진행과정을 순서에 따라 세부적으로 제시하고 있는지와 진행자가 해야 할 말을 예로 들어 자세하게 제시하고 있는지 등은 차이가 있을 수 있다. 자세한 지침서일수록 프로그램을 처음 진행하는 진행자에게는 도움이 될 수 있으며, 진행자에 따른 프로그램의 효과에 대해서도 적절한 통제를 할 수 있다. 그러나 실시자가 프로그램 실시에 익숙한 전문가 집단이라면 상세한 지침서는 불필요할 수도 있다. 따라서 프로그램 지침서를 어느 정도 구체적으로 작성할 것인지의 여부는 프로그램 실시자의 요구와 수준 등에 대한 파악이 이루어진 다음 결정하도록 한다. 또한 프로그램 지침서가 실제로 프로그램의 실행에 도움이 되기 위해서는 프로그램의 예비연구 단계를 가급적 실시하고, 그 과정에서 참여자와 실시자의 주관적·객관적 평가 절차를 한 다음 도출된 결과를 반영하여 지침서를 작성해야 한다. 프로그램 지침서의 구체적인 예시는 제7장에 제시되었다.

## 생각해 보기

1. 프로그램의 내용요소를 평가할 수 있는 기준은 무엇인지 설명하시오.
2. 프로그램의 내용을 평가할 수 있는 방법에는 어떤 것이 있는지 설명하시오.
3. 프로그램의 내용에 대한 연구방법에는 어떤 것이 있는지 설명하시오.
4. 프로그램 내용의 조직원리 및 순서를 위해 고려할 수 있는 이론적 근거를 설명하시오.
5. 예비연구를 통해 프로그램을 검증하는 방법에는 어떤 것이 있는지 설명하시오.

## 적용

1. 개발하고자 하는 프로그램의 내용 개발을 위해 다양한 내용 요소를 수집한 다음 다양한 기준을 고려하여 선정하여 보시오.
2. 선정된 프로그램 내용의 적절성을 평가하기 위한 방법을 적어도 세 가지 이상 선택하여 적용계획을 세워 보시오.
3. 선정된 프로그램 내용요소의 관계유형 중 가장 적절한 형태를 도출하기 위한 연구를 한다면 어떤 연구설계 방법을 적용할 수 있는지 계획을 세워 보시오.
4. 개발하고자 하는 프로그램의 내용요소를 배열하고 조직할 때 고려할 이론적 근거를 선택하고 이를 적용하여 보시오.
5. 개발하고자 하는 프로그램을 시행하기에 앞서 예비연구를 실시한다면 어떤 실험설계 방법을 선택할 것인지, 어떤 평가방법을 적용할 것인지 계획을 세워 보시오.

제4부

# 프로그램 실행

제7장

# 프로그램 실행 준비

프로그램 실행이란 개발된 프로그램을 실제 현장에서 직접 실시하고 운영하는 과정이다. 앞서 프로그램 기획과 설계를 통해 프로그램 내용을 구성하는 과정이 세밀한 설계도에 따라 배를 만드는 과정이라면, 프로그램 실행 단계는 그 배를 직접 바다에 띄우고 결함을 점검하고 보완하여 배를 완성해 가는 작업에 비유된다. 설계된 프로그램을 시험적으로 실시하고 그 결과를 토대로 프로그램을 개선해 가는 시범실시 단계에 해당되며, 프로그램이 의도하는 성과를 도출하고 있는지 점검하고, 운영상의 어려움은 없는지 검토하면서 프로그램을 개선해 가는 과정이라는 점에서 프로그램 개발과정의 한 국면이기도 하다. 성공적인 프로그램 실행을 위해서는 철저한 사전 준비가 필요하다. 프로그램이 실행되는 현장은 다양한 요인이 상호 관련되어 있으며, 실행과정에 영향을 미치기 때문이다. 따라서 프로그램 실행에 영향을 미칠 수 있는 다양한 측면을 사전에 점검하고 실행계획을 수립할 수 있어야 한다.

**이 장에서 다룰 주제**

- 프로그램 실행이란 무엇이며, 고려해야 할 관련 요인은 무엇인가?
- 프로그램 실행을 위해 준비해야 할 제반 사항은 무엇인가?
- 프로그램 실행을 위한 마케팅과 홍보는 어떻게 할 것인가?
- 프로그램 참여자를 어떻게 선정할 것인가?
- 프로그램 실행을 돕는 지침서를 어떻게 구성하고 작성할 것인가?

## 1. 프로그램 실행의 의미와 관련 요인

### 1) 프로그램 실행의 의미

프로그램을 실행한다는 것은 프로그램의 목적과 목표를 달성하기 위해 계획된 프로그램을 실제로 수행하고 전개해 가는 과정이다. 프로그램 참여자의 관점에서 보면, 구성된 프로그램 활동이 참여자의 경험에 축적되어 가는 과정이기도 하다. 즉, 실행자와 참여자가 프로그램 활동 내용을 매개로 상호작용이 이루어지면서 참여자가 프로그램이 지향하는 목표를 향해 변화해 가는 구체적인 전개과정이다. 실행자는 프로그램을 직접 현장에 적용하여 성과를 이뤄 내기 위해 프로그램을 실행하는 과정에서 다양한 과제에 부딪힌다. 우선, 프로그램을 수행하기 위한 인적 자원을 구성하고 물적 자원을 확보하며, 이를 위한 예산을 수립하고 관리하게 된다. 또한 프로그램을 홍보하고 참여자를 모집하며, 프로그램의 목표에 도달할 수 있도록 조직화된 프로그램 내용을 전개해 나간다. 이러한 프로그램 진행과정을 기록 · 정리하고, 프로그램 실행에 대한 평가와 자료를 작성하고 정리하는 일련의 과제가 실행과정에 포함된다. 물론, 프로그램의 활동 내용을 매개로 지도자와 참여자들이 상호작용을 맺어 가는 세부적인 진행과정도 프로그램의 실행에서 중요한 부분을 차지하기도 한다. 프로그램 실행의 의미를 광의적으로 해석하면, 설계된 프로그램을 실제적으로 실행하기 위하여 운영조직을 편성하는 단계에서부터 실제로 프로그램 내용을 매개로 참여자와 상호작용하며, 활동 내용을 기록 · 정리하여 평가에 이르기까지의 일련의 과정을 포함한다. 협의적인 의미로는 표적 집단을 대상으로 프로그램을 실시하는 도입–전개–정리의 과정을 일컫는다.

프로그램의 전개과정은 프로그램의 성격이나 접근방식에 따라 프로그램 실행과정에서 주안점을 두는 영역에 있어 차이가 있다. 이를테면 제1장에서 프로그램의 유형을 Bronfenbrenner(1977)의 생태학적 체계모형에 따라 살펴보았는데, 개인이나 집단에 직접적인 상호작용경험을 제공함으로써 변화를 꾀하는 미시체계(microsystem)의 개입 프로그램과 대상자에게 영향을 미치는 지원이나 환경을 조성하는 외체계(exosystem)의 개입 프로그램은 실행과정에서 차이가 있을 것이다. 만일 개인이나 집단의 심리적 변화와 성장에 초점을 맞추는 미시체계에서 개입하는 프로그램이라면, 프로그램 내용을 습득하고 내면화하는 참여자의 변화과정에 더 많은 주의를 기울이게 된다. 따라서 프로그램을 매개로 지도자와 참여자 간에 이루어지는 역동적인 상호작용을 통해 개인의 경험이 축적되고 변화가 촉진되도록 미시적인 상호작용과 실행과정이 좀 더 강조될 것이다. 반면에 개인의 내면적 변화 과정에 직접적으로 개입하기보다는 개인과 사회에 영향을 미치는 제도나 정책에 초점을 둔 외체계의 개입 프로그램이라면, 이러한 의도가 효과적으로 구현되기 위한 실행과정에 주안점을 두게 된다. 따라서 프로그램 운영을 위한 인적 자원과 물적 자원을 확보하고, 환경을 조성하고 체제를 정비하고 구조적인 지원 등 거시적이고 광의적인 프로그램 실행계획을 수립하게 된다.

이렇듯 프로그램 실행은 다차원적인 전개 과정을 포함한다. 프로그램을 도입하고 실행하기 위해 운영조직과 환경을 편성하는 과정에서부터, 프로그램이 시작하여 종료되기까지 기록 · 정리 · 평가하는 일련의 실시과정, 그리고 매 회기 참여자

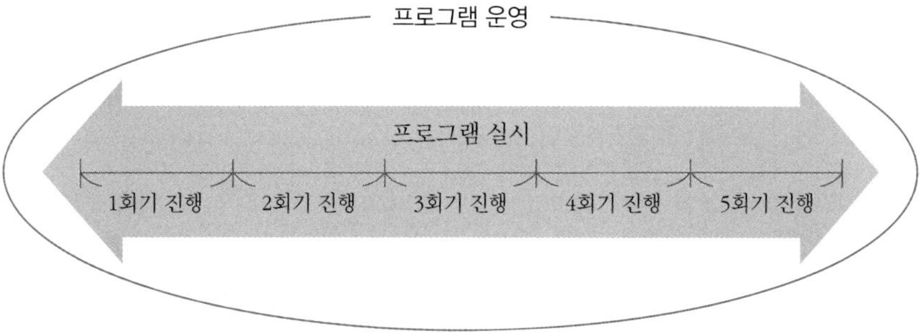


[그림 7–1] 프로그램 실행의 전개과정

에게 의미 있는 경험이 축적되어 가는 회기 진행과정, 이렇게 세 차원으로 볼 수 있다. 이 세 차원을 편의상 '프로그램 운영', '프로그램 실시', '회기 진행'으로 명명하고 그림으로 표현하면 [그림 7-1]과 같다.

[그림 7-1]에서 보는 바와 같이, 프로그램 실행의 전개과정은 한 회기 내에서 일어나는 상호작용(회기 진행), 여러 회기로 구성된 프로그램을 시작하여 마치기까지의 실시과정(프로그램 실시), 학교나 기관에서 프로그램을 도입하여 시행하는 전체 운영과정(프로그램 운영)이라는 세 차원으로 볼 수 있다.

일반적으로 '프로그램 실행'이라고 하면 프로그램의 실제적인 전개를 위한 도입과정에서 정리 단계까지의 과정을 일컫는데, 이 과정은 각 회기 안에서 일어나는 미시적 상호작용을 포함하며, 넓게는 학교나 기관의 프로그램 운영체계 안에서 이루어진다. 문헌에 따라서는 용어를 달리 사용하거나 혼용하는 경우도 있는데, 어느 국면을 지칭하느냐는 문맥에 따라 쉽게 파악할 수 있다. 이 책에서는 전체 프로그램의 전개과정을 '프로그램 실행'이라 하되, 문맥에 따라서는 '회기의 진행'과 '체제 안에서의 프로그램 운영'의 의미를 프로그램 실행이라 명명하여 논의하게 될 것이다.

### 2) 프로그램 실행 관련 요인

프로그램 실행은 진공상태에서 이루어지지 않는다. 프로그램의 목적, 프로그램 개발자, 지도자와 참여자, 프로그램이 실행되는 특정한 조직이나 기관의 특성 등이 프로그램 실행과정에 영향을 미친다. 프로그램 실행과 관련된 요인을 직간접적으로 언급한 학자들의 제반 견해를 살펴보면 관련 요인이 매우 다양함을 알 수 있다. 예를 들어, Knowles(1998)는 프로그램 실행에 영향을 미치는 변인으로서 개발 참가자, 조직 풍토, 사회환경, 기관, 지도자의 능력 등과 같은 요인을 지적하고 있다. 그는 교육에서 교육자의 역할과 임무가 개인 및 기관, 사회의 욕구의 목표에 부응하는 데 있다고 강조하는데, 프로그램 목표 설정에서 개인, 조직, 지역사회의 요구를 반영하면서 기관의 요구의 실현 가능성 및 청소년의 흥미와 같은 요인을 반영해야 한다고 주장하였다. Heimlich와 Norland(1994)는 프로그램 실행에 영향을 미치는 요인으로 일차적으로는 내용, 환경, 지도자, 참여집단, 개별 참여자의 다섯 가지 요인을 지적하고, 이차적으로는 이들 요소에 문화와 조직을 더하여 언급하고 있다.

일반적으로 개인적 요인이나 환경요인이 프로그램 활동에 영향을 주기도 하지만, 그 반대로 프로그램 활동을 통해 개인적 요인 및 환경요인 또한 변화할 수 있다(권두승, 2005; 김윤나, 오승근, 정건희, 손진희, 양은일, 2018). 개인적 요인이란 참여자의 성별, 연령, 직업 및 학력 등 개인의 속성뿐만 아니라 개인의 생활양식이나 생활주기, 인지적 · 정서적 특성 등을 의미한다. 환경요인은 참여자나 지도자가 속한 집단의 특성이나 조직 풍토 및 전체 사회문화적 요인과 관련된 것으로, 프로그램이 실행되는 지역 및 기관의 조직 풍토, 경제 · 기술적 환경 등의 맥락을 의미한다. 한편, 김윤나 등(2018)은 청소년프로그램의 경우 청소년활동가의 태도와 역할이 프로그램 실행에 영향을 미치는 가장 중요한 변수라고 강조하고 있다. 청소년 프로그램이 참여자의 자발성과 자주성에 기초하여 운영되므로, 참여자의 참여수준을 끌어올리고 성찰로 이끄는 청소년활동가의 실행역량이 환경적 요인을 넘어설 수 있다고 보았다.

이상의 내용을 종합해 보면, 프로그램을 실행하는 데 있어서 고려해야 할 측면은 세 가지 차원(프로그램, 참여자, 지도자)으로 살펴볼 수 있는데, 이는 [그림 7-2]에 제시되어 있다.

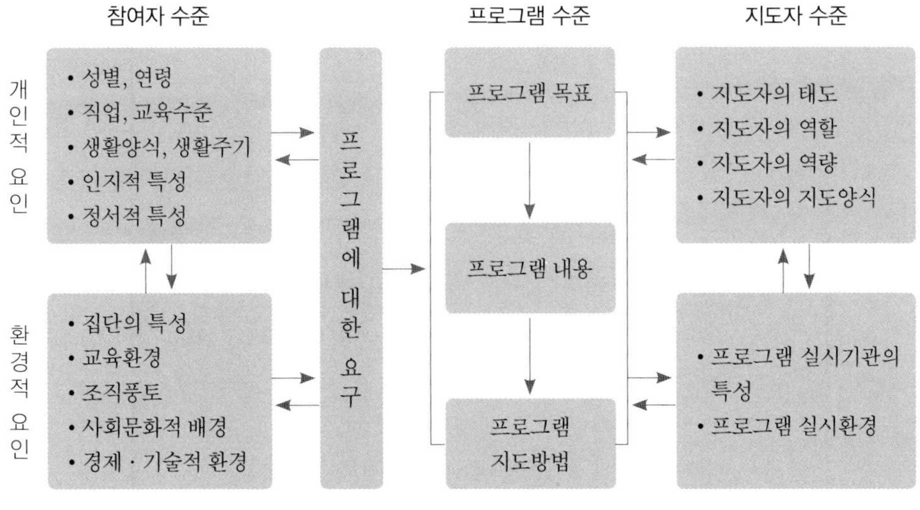

[그림 7-2] 프로그램 실행에 영향을 미치는 요인 간의 관계

우선, 프로그램 차원이란 프로그램이 추구하는 가치와 목표가 무엇이며, 어떠한 내용과 방식으로 전달되느냐 하는 측면이다. 프로그램은 넓게는 사회 제도나 정책 등의 시행일 수도 있고, 좁게는 특정 이슈를 다루는 소규모의 집단 프로그램일 수도 있다. 이 책에서는 상담 및 심리교육 프로그램에 초점을 맞추고 있는데, 이 역시 학교나 기관 내에서 조직 단위의 전체 프로그램으로 시행되는 형태가 있는가 하면, 학급 단위 혹은 개별 소집단으로 진행되는 형태도 있다. 또한 프로그램의 목표와 내용, 방식에 따라 프로그램을 전개해 가는 과정에서도 차이를 가진다.

두 번째로 참여자의 특성과 관련된 측면이다. 참여자란 프로그램의 표적 대상(수혜자)이라고 할 수 있다. 프로그램의 표적 대상이 가진 여러 가지 특성과 요구에 기초하여 프로그램을 개발하였다면, 실행과정은 실제 표적 대상에게 프로그램을 제공함으로써 그들의 요구를 충족시켜 가는 과정이라고도 할 수 있다. 참여자의 개인적인 특성뿐 아니라 참여자가 속한 환경적 · 문화적 특성은 이러한 실행과정에 영향을 미치게 된다. 이를테면 감염병(예: 코로나19) 예방을 위한 사회적 거리두기 단계에 따라 면대면 집단활동이 제약을 받는 경우, 온라인을 통한 비대면 활동으로 프로그램을 진행할 수도 있을 것이다. 또한 같은 시공간에 함께 모이는 것이 어려운 근로자를 대상으로 할 경우, 구조화된 웹기반 상담프로그램(예: 이상희, 2006)의 형태로 제공할 수 있다.

마지막으로, 지도자는 프로그램을 실행해 가는 주체자로서 중요한 영향을 미친다. 참여자의 개인적 요인이나 참여자가 속한 사회문화적 요인이 프로그램 실행과정에서 영향을 미치는 주요 변인이긴 하지만, 더욱 중요한 것은 지도자의 실질적인 실행역량이다. 지도자는 프로그램을 매개로 참여자들과 상호작용하면서 프로그램이 추구하는 변화를 참여자들의 경험에 축적되고 내면화하도록 이끄는 역할을 한다. 따라서 지도자의 자질과 능력에 따라 프로그램의 전개과정이나 성과가 좌우되기도 한다. 또한 지도자는 그가 속한 집단 혹은 프로그램이 실시되는 맥락에 영향을 주기도 한다.

이상의 프로그램과 참여자 및 지도자 요인은 상호 관련이 있으며, 프로그램 실행과정에서 서로 영향을 주고받는다. 또한 이들 기본 요인은 관련 외부 환경이나 문화적 맥락의 영향을 받기도 한다. 즉, 프로그램 실행은 프로그램이 지향하는 가치와 내용이 무엇인지에 따라, 지도자의 능력과 자질을 포함한 조직의 역량과 특성에 따라, 그리고 참여자의 참여 동기를 포함한 준비도 및 제반 특성 등에 따라 영향을 받게 된다. 따라서 이들 요인을 체계적으로 이해하고 프로그램 실행을 위한 효과적인 지식과 기술을 습득하여 프로그램의 효과성과 효율성을 높이도록 노력해야 한다.

## 2. 프로그램 운영관리체제 수립

### 1) 예산수립과 관리

프로그램을 개발하고 실행, 평가하기 위해서는 필요한 예산을 확보하고 구체적인 지출계획이 필요하다. Gross(1978)는 예산을 행동계획으로 보면서 조직의 내년도 청사진을 금전적 용어로 표현한 것이라고 하였다. 이러한 정의에 비추어 보면, 프로그램의 예산수립이란 프로그램을 개발하고 운영관리 및 평가하는 활동과정을 금전적으로 표시한 것이라 할 수 있다. 일반적으로 1년 단위 혹은 프로그램 기간을 단위로 해서 예산수립이 이루어지는데, 예산 확보와 집행 과정이 잘 짜여진 예산안은 프로그램의 개발과 운영 · 평가의 집행 지침이 되기도 한다.

#### (1) 예산수립의 원리

프로그램은 예산에 따라서 달리 운영되므로, 프로그램이 제대로 구현되기 위해서는 적절한 예산을 수립하고 확보하는 것이 중요하다. 예산을 수립할 때 다음과 같은 요소를 고려해 볼 수 있다.

첫째, 예산을 승인하는 재정 관련 담당자가 프로그램의 취지에 동의할 수 있도록 충분한 설명과 설득의 과정이 필요하다. 프로그램이 추구하는 방향을 이해하고 동의하는 경우, 그렇지 않은 경우에 비해 더 호의적일 수 있다.

둘째, 프로그램 재정을 개발비용, 실행비용, 평가비용 등으로 구분하여 각 항목의 소요비용과 한계를 정해 두는 것이 계획적인 예산집행에 도움이 된다. 기관에 따라서는 인건비, 사업비, 관리운영비의 영역으로 구분할 것을 요청하는 경우도 있으므로, 재정을 지원하는 기관의 양식에 맞춰 예산을 편성한다.

셋째, 낭비요인이 없도록 합리적인 예산을 수립하는 것이 중요하다. 사전 시장조사를 통해 실질적이고 세밀하게 예산을 수립하도록 한다. 예산이 삭감될 것을 감안하여 더 많은 예산을 책정할 경우 예산구성의 신뢰도에 영향을 미칠 수 있다. 또한 다른 프로그램과 공동으로 사용할 수 있는 비품이나 경비가 있다면 공동비용으로 부담할 수도 있을 것이다.

넷째, 재정 확보방법도 예산을 수립하면서 함께 고려한다. 일반적으로 학교나 기관, 단체의 일반재정 혹은 공적 사업으로 재원을 확보하기도 하지만, 수혜자 부담의 원칙으로 참가비를 받아 재원을 충당하는 경우도 있다.

**표 7-1 진로멘토링프로그램 개발 예산안 예시**

| 항목 | | 계획 예산 | | |
|---|---|---|---|---|
| | | 계 | 산출근거 | |
| | | | 직접비 | 간접비 |
| 인건비 | 프로그램 개발 및 실행담당자 | 28,000,000 | | 3,500만 원*0.8*1년 |
| | 프로그램 지도자 수당 | 3,200,000 | 2인*8회기*200,000 | |
| | 멘토링 수당 (활동지원금) | 1,000,000 | 5인*200,000 | |
| | 소계 | 32,200,000 | | |
| 프로그램 개발 | 자료수집비 | 500,000 | 500,000 | |
| | 자문회의비 | 1,200,000 | 자문수당 3인*2회*200,000 | |
| | 출장비 | 300,000 | 2회*15만 | |
| | 소계 | 2,000,000 | | |
| 프로그램 실행 | 강의장 임대료 | 1,280,000 | 8회*80,000*2개 집단 | |
| | 기자재사용료 | 800,000 | 8회*50,000*2개 집단 | |
| | 현수막 및 홍보물제작 | 200,000 | 현수막 50,000*2 홍보물 굿즈 제작 100,000 | |
| | 심리검사구입 및 결과처리비용 | 300,000 | 10,000*30명 | |

| | | | | |
|---|---|---|---|---|
| | 교재 및 지침서 제작 | 150,000 | 150,000 | |
| | 운영비품 및 문구류 | 200,000 | 200,000 | |
| | 음료 및 간식 | 360,000 | 8회*30명*1,500 | |
| | 소계 | 3,290,000 | | |
| 평가 및 종결 | 평가회의비 | 100,000 | 5인*20,000 | |
| | 보고서제작 | 30,000 | 30,000 | |
| | 소계 | 130,000 | | |
| 관리 운영비 | 야간난방비 | 300,000 | | 월 100,000*3개월 |
| | 전기료 | 300,000 | | 야간전기사용료<br>월 평균 15,000*10개월<br>냉방비(에어컨)<br>월 평균 50,000*3개월 |
| | 소계 | 600,000 | | |
| 기타(예비비) 10% | | 3,822,000 | | |
| 총계 | | 42,042,000 | | |

### (2) 예산집행과 관리

예산은 재정을 관리하는 기준이 된다. 프로그램 예산안으로 어느 영역에, 어느 정도의 비용이 할당되었는지를 알 수 있다면, 예산집행이란 해당 비용을 언제, 어떤 방식으로 지출하는지를 말해 준다. 한 개인이 금전관리를 잘하기 위해서는 수입과 지출계획을 세우고 수입 내에서 생활비나 교육비 등의 지출항목에 따라 적절한 시점에 돈을 쓰게 된다. 이와 마찬가지로 프로그램 예산집행이란 확보된 예산을 배정된 예산항목에 따라 분기별/단계별로 계획적으로 지출하는 것을 의미한다. 금전적인 지출계획을 프로그램 개발-실행-평가의 일련의 과정에 맞춰 일정표로 작성하여 예산집행안을 마련해 두고, 이 일정표에 따라 비용지출 계획을 세우면 프로그램 개발과 실행 및 평가의 일정을 관리하는 데 도움이 된다(〈표 7-2〉 참조).[1]

1) 세부항목은 프로그램 개발과정을 세부적인 단계로 계획하여 항목으로 작성하고, 그에 따라 예산집행계획안도 지출금액을 명시할 수도 있다.

표 7-2 **프로그램 개발과정에 따른 예산집행계획안**

| 세부과정 | | 프로그램 개발과정과 예산집행계획 | | | | | | | |
|---|---|---|---|---|---|---|---|---|---|
| | | 5월 | 6월 | 7월 | 8월 | 9월 | 10월 | 11월 | 12월 |
| 기획 및 설계 | 자문회의1 | | | | | | | | |
| 프로그램 내용구성 | 관련자료 수집 | | | | | | | | |
| | 자문회의 2 | | | | | | | | |
| | 프로그램 내용구성 | | | | | | | | |
| 프로그램 실행 | 프로그램 지침서 제작 | | | | | | | | |
| | 프로그램 홍보 | | | | | | | | |
| | 참여자 모집 | | | | | | | | |
| | 프로그램 실시 | | | | | | | | |
| 프로그램 평가 | 평가 | | | | | | | | |
| 예산집행 계획 | | 10% | 20% | 10% | 10% | 20% | 10% | 10% | 10% |

예산집행에서 고려할 사항은 다음과 같다.

첫째, 예산범위를 넘어선 지출이나 예산 내 항목 간의 조정이 필요할 때는 승인 절차를 어떻게 밟을 것인지에 대한 지침을 미리 마련해 둔다.

둘째, 회계처리 방법과 절차, 지출과 정산 방식 등을 미리 숙지한다.

셋째, 공정하게 예산집행이 이루어지도록 한다. 간혹 구성된 예산액에 맞춰 집행하기 위해 불필요한 경비를 지출하는 경우, 운영자의 윤리적 책임과 책무성에도 부정적인 영향을 미칠 수 있다.

넷째, 재정상의 거래는 기관의 증빙서류 양식에 맞춰 정확하게 기록한다.

## 2) 인적 자원 확보와 관리

프로그램의 실행과 관리에서 인적 자원은 매우 중요한 위치를 차지한다(김영숙 외, 2002; 김윤나 외, 2018). 인적 자원에는 프로그램 실행에 필요한 관리자, 실무자, 지도자 등이 포함되며, 필요할 경우 자원봉사자도 활용할 수 있다. 한 사람이 프로그램 운영을 총괄하여 관리하면서 직접 실시할 수도 있으나, 이 책에서는 프로그램 지도자, 프로그램 관리자, 프로그램 설계자 및 평가자의 역할과 그들 간의 유기적 관계를 살펴보고자 한다.

### (1) 프로그램 지도자 선정 및 교육

집단상담 프로그램에서 지도자의 역할은 매우 큰 비중을 차지한다. 지도자는 단순히 지식이나 기술을 일방적으로 전달하는 사람이 아니라, 프로그램 내용을 매개로 참여자와 상호작용하며 그들의 체험과정을 촉진하는 전문적인 조력자이다. 지도자의 역량, 자질, 태도는 집단원과의 상호작용 및 체험의 깊이에 영향을 미치는 요인이다. 따라서 프로그램 특성에 적합한 자질과 역량 있는 지도자를 선정하는 것이 중요하며, 프로그램의 목적을 달성하기 위한 구체적인 전략과 내용에 대한 교육도 이루어져야 한다.

동일한 프로그램을 여러 집단에서 실시할 때 여러 명의 지도자가 필요하다. 이때 지도자의 개인적 특성이나 역량의 차이가 미치는 영향을 최소화하기 위해서는 지도자를 위한 사전교육이 필수적이다. 대단위 집단 프로그램을 개발할 때는 지도자 교육을 할 수 있도록 프로그램 운영 및 진행 매뉴얼도 함께 개발하는 경우가 많다.

### (2) 프로그램 관리자

프로그램을 성공적으로 운영하기 위해서는 지도자와 참여자의 상호작용이 프로그램 목표를 향해 원활하게 이루어지기 위한 제반 사항이 마련되어야 한다. 즉, 프로그램을 실시하기 전에 프로그램을 홍보하고, 참여자를 선정하고, 장소를 마련하고, 예산을 수립하고, 관련 기관과 유기적인 협력을 맺는 등 다양한 영역의 활동을 해야 한다. 아울러 프로그램을 진행하는 중에도 비품이나 기자재, 활동에 필요한 준비물을 챙겨야 하며, 참가자 등록 및 공지사항 전달, 프로그램 진행과정의 모니터링 등 다양한 일을 하게 된다. 소규모 집단상담 프로그램에서는 지도자가 프로그램 운영과 조정에 관한 업무를 모두 담당하는 경우가 많은데, 경우에 따라서는 일부 과정을 지원할 수 있는 인력을 확보하는 것도 좋다. 이때 지원 인력은 단순히 보조적인 역할이라기보다는 지도자가 프로그램을 충실히 다룰 수 있도록 제반 환경 여건을 지원한다는 점에서 또 다른 운영 주체로서 관리자 역할을 맡게 된다. 때로는 프로그램 과정을 함께 모니터링하고 이들 제반 여건 마련에 공동으로 대처할 수도 있다.

#### (3) 프로그램 설계자 및 평가자

프로그램의 설계와 평가는 프로그램의 시작과 끝이 연결된 것처럼 순환적인 관련성이 있다. 대상자의 욕구를 파악하고 프로그램의 목적과 목표를 설정하여 프로그램을 설계 · 구성하였다면, 제반 여건을 조성하여 프로그램을 운영한 후 프로그램의 운영결과를 평가하게 된다. 평가 결과는 프로그램의 수정이나 후속 프로그램의 개발을 위한 발판이 되므로 프로그램을 운영하는 데 있어서 프로그램의 시작과 끝, 프로그램의 설계 의도와 평가를 염두에 두어야 한다. 즉, 프로그램의 개발 배경과 맥락을 이해하고 프로그램을 운영하며, 프로그램의 목표와 목적에 맞게 운영되고 있는지를 지속적으로 평가하는 것이 프로그램을 성공적으로 운영하는 데 도움이 된다. 일반적으로 지도자가 프로그램의 설계자와 평가자 역할을 맡기도 하지만, 대규모 프로그램에서는 이들의 역할이 분담되어 수행될 수도 있다. 따라서 설계와 평가의 역할을 분담하는 인적 자원의 경우에는 프로그램 진행자 및 관리자와 유기적인 연계를 이루도록 하는 것이 프로그램을 성공적으로 운영하도록 해 준다.

### 3) 물적 자원 확보와 관리

프로그램 활동을 구체적으로 실행하기 위한 제반 시설과 설비, 다양한 보조활동 매체는 프로그램 운영과 효과에 영향을 미친다. 장소 선정을 비롯하여 프로그램 운영에 필요한 물적 자원을 얼마나 확보할 수 있는지를 가늠하여 프로그램이 원활하게 진행될 수 있도록 준비하는 것이 필요하다.

#### (1) 장소 선정과 안전관리

어떤 장소가 프로그램을 진행하는 데 적당할까? 자연을 접할 수 있는 야외나 수련기관, 외부 숙박시설을 선택할 수 있고, 학교나 종교기관 내 시설, 혹은 별도로 마련된 집단상담실을 이용할 수도 있다. 참여자의 내적 경험과 구성원 간의 상호작용을 고려하여 집단활동에 몰입할 수 있는 환경이면 더욱 좋을 것이다. 물리적 환경이 열악하면 집중도가 떨어지고 산만해져서 집단과정에 영향을 미칠 수 있으니 유의해야 한다. 다양한 장소가 가능하겠지만, 대상자의 인원, 연령, 시설, 거리, 비용 등을 고려하여 프로그램의 목표를 달성하는 데 기여할 수 있는 장소를 선정하도록 한

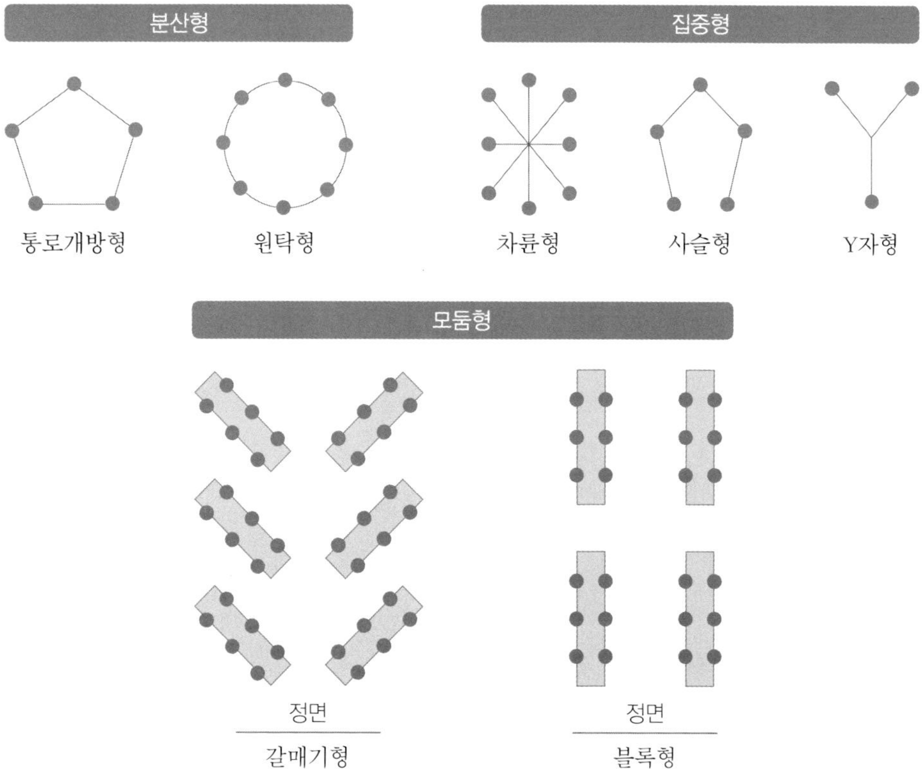


[그림 7-3] 프로그램 진행을 위한 다양한 좌석배열방식

다. 붙박이 의자와 책상이 있는 것보다는 자유롭게 대형을 만들 수 있는 개방적인 공간이 좋으며, 경우에 따라서는 신체 움직임을 자유롭게 할 수 있는 여유 있는 공간이 필요할 때도 있다. 일반적으로 집단상담은 원형으로 앉게 되는데 이는 서로 간의 상호작용을 활발하게 일어나게 해 주기 때문이다. 그러나 부득이 학급 단위로 이루어지는 프로그램의 경우, 교실에서 이러한 조건을 충족시키기가 어렵다. 이럴 경우 책상 배열을 달리하여 서로 간의 상호작용을 긴밀하게 할 수도 있을 것이다([그림 7-3] 참조).

아울러 프로그램 운영에서 안전성을 확보하고 점검하는 것도 중요한 과제이다. 현실적으로 위험이 전혀 없는 완벽한 안전을 확보한다는 것은 불가능하다. 그러나 발생할 수 있는 잠재적 위험요소를 예측하고, 예측된 위험에 대한 대책을 수립하는 예비적 태세는 안전관리를 위한 중요한 자세이다. 특히 청소년의 경우 급격한 발달상의 변화를 겪고 있으며 위험이 높은 활동일수록 매력도가 증가하기에 활동중심의 프로그램에 모험적인 요소가 포함될 수밖에 없으므로, 안전관리를 위한 다방면의 주의를 강조하고 있다(권일남, 전명순, 김태균, 김정율, 2016). 시설적인 측면에서의 안전관리뿐만 아니라, 프로그램 운영 중에 있을 수 있는 안전사고에 대한 사전 및 사후 안전점검과 관리가 필요하다. 프로그램 운영장소의 출입구와 화재 시 대피로 확인과 안내, 소화기 위치 파악, 구급함 마련, 이동 동선 확인과 주변 위험물 파악, 위급 상황 발생 시 역할 분담 확인 등을 토대로 한 안전사항 체크리스트를 마련하여 점검할 수도 있다. 또한 최근의 코로나19 팬데믹 상황에서는 감염병 예방을 위한 방역지침을 준수하는 것도 매우 중요한 안전관리 사항이다. 아울러 사회적 거리두기 시행으로 인해 일정 인원 이상 모일 수 없는 경우 온라인 화상회의 프로그램으로 진행될 수도 있는데, 이때 안정적인 온라인 접속을 위한 제반 디지털 환경 여건을 마련하는 것도 필요하다.

#### (2) 기자재 및 비품 확보

프로그램에 따라 필요한 기자재와 물품은 다양하다. 노트북이나 빔프로젝터, 음향기기 등을 비롯하여 프로그램의 구체적인 활동에 수반되는 물품이 있다. 일반적으로 기자재와 같은 물적 자원은 학교나 기관에서 확보・관리하고 있다. 그러므로 프로그램을 운영하기 전에 확보할 수 있는 자원을 미리 확인하고, 사용 가능 여부와 활용 시기를 정해 두도록 한다. 확보되지 않은 물적 자원은 기부나 대여 등을 통해 사용할 수 있는 방법을 모색하거나 예산을 확보하여 마련할 수 있다.

### 4) 관련 기관과의 협력

프로그램은 해당 기관이나 학교에서 자체적으로 개발하여 운영되는 경우도 있지만 타 기관의 의뢰를 통해 이루어지기도 한다. 프로그램의 수혜자가 비용을 부담하지 않고 정부나 사회단체, 기관의 재정으로 프로그램이 운영되는 경우, 프로그램 참여자뿐만 아니라 의뢰기관도 고객이므로 양측의 고객을 만족시켜야 할 책무가 있다. 따라서 프로그램에서 지도자와 참여자의 직접적인 상호작용의 질을 향상시킴으로써 행동 변화를 도모해야 함은 물론, 프로그램을 의뢰한 기관과의 의사소통과 협력이 유기적으로 이루어져야 한다. 이러한 협력관계는 프로그램 실행과정을 좀 더 원활하게 해 준다는 점에서 참여자에게 이익이 되기도 한다.

예를 들어, 청소년 관련 단체 혹은 학교의 의뢰를 받아 학교폭력 피해학생을 위한 집단상담 프로그램을 운영한다고 가정해 보자. 프로그램 활동을 통해 집단지도자와 참여자가 상호작용하면서 참여자는 개인적인 차원에서 긍정적인 변화를 이룰 수 있을 것이다. 그런데 프로그램을 진행해 가면서 참여자가 속한 학교환경이 학교폭력의 위험요소가 많은 것으로 확인된다면 개인적인 차원의 변화가 지속되기 어렵고 또 다른 학교폭력이 발생할 수 있다. 그렇다면 학교폭력 감소를 위해 환경적 개입(예: 가해학생교육, 학교문화 및 학급분위기 개선)의 필요성을 제언해 볼 수 있다.

### 5) 실행계획 수립 및 진행 관리

프로그램을 효과적으로 실행하기 위해서는 프로그램을 도입하는 준비 단계에서부터 진행과정을 계획하고 관리하는 것이 필요하다. 프로그램 진행 상황을 미리 예측하고 프로그램 전 과정에 대한 구체적인 실행계획을 가지고 있다는 것은 프로그램이 의도하는 목표에 도달하도록 이끄는 안내지도가 있다는 의미이다. 다양한 프로그램 진행관리 기법 중에서 상담 및 심리교육프로그램을 실행하고 관리하는 데 도움이 될 만한 방법으로 활동별 진행계획도표와 총괄진행도에 대해 소개하고자 한다.

#### (1) 활동별 진행계획도표

활동별 진행계획도표(갠트 차트, Gantt chart)는 1919년 Henry Gantt가 고안한 것으로, 각 업무별로 일정의 시작과 끝을 막대(bar) 형태의 그래픽으로 표시하여 전체 일정을 한눈에 볼 수 있도록 한 프로젝트 일정관리 차트이다. 이 도표는 한 프로그램을 완결하기 위해 일정 기간 동안 행해야 할 의도적인 활동을 일목요연하게 정리한 것으로 프로그램을 구성하는 개별활동을 완성하는 데 필요한 시간을 결정하고 그러한 활동의 진행일정을 도표로 제시한다([그림 7-4] 참조).

[또래상담 연간운영계획]

| 영역 | 활동 내용 | 실시 시기(월) | | | | | | | | | | | | 비고 |
|---|---|---|---|---|---|---|---|---|---|---|---|---|---|---|
| | | 3 | 4 | 5 | 6 | 7 | 8 | 9 | 10 | 11 | 12 | 1 | 2 | |
| 양성 과정 | 또래상담반 모집 홍보 | ● | | | | | | | | | | | | |
| | 또래상담반 인원 선발 | ● | | | | | | | | | | | | |
| | 또래상담 프로그램 교육(12시간) | | ● | ● | | | | | | | | | | |
| | 고민 들어주기 | | | ● | ● | ● | ● | ● | ● | ● | ● | ● | ● | |
| 상담 활동 | 상담전문가, 교사 연계하기 | | | ● | ● | ● | ● | ● | ● | ● | ● | ● | ● | |
| | 이동수업 할 때 함께 가 주기 | | | ● | ● | ● | ● | ● | ● | ● | ● | ● | ● | |
| | 조퇴/결석한 친구에게 문자하기 | | | ● | ● | ● | ● | ● | ● | ● | ● | ● | ● | |
| | 다른 친구들 소개시켜 주기 | | | ● | ● | ● | ● | ● | ● | ● | ● | ● | ● | |
| | 학교생활 안내해 주기 (전학생) | | | ● | ● | ● | ● | ● | ● | ● | ● | ● | ● | |
| | 생일 축하 메일 및 문자 보내기 | | | ● | ● | ● | ● | ● | ● | ● | ● | ● | ● | |
| 기타 활동 | 교내 홍보 부스 운영 | | | | | | | ● | | | | | | |
| | 수호천사의 날 | | | ● | ● | ● | | ● | ● | ● | ● | | | |
| | 사과Day | | | | | | | | ● | | | | | |
| | 명언카드 만들어 게시하기 | | | | | ● | ● | | | | | | | |
| | 또래상담 사례지도 | | | ● | ● | ● | ● | ● | ● | ● | ● | | | |
| | 또래상담 보수교육 | | | | | | ● | | | | | | | |
| | 고운 말 쓰기 캠페인 활동 | | | | | | | ● | ● | ● | ● | | | |
| | 교직원 학교폭력 예방 특강 | | | | | | ● | | | | | | | |
| | 또래상담자 지역 연합 활동 | | | | | ● | | | | | | | | |
| | 학부모 특강(2회) | | | | ● | | | ● | | | | | | |
| | 또래상담 우수사례 공모전 | | | | | | | ● | ● | | | | | |
| | 전국 또래상담 보고대회 | | | | | | | | | | ● | | | |
| | 활동집 제작하기 | | | | | | | | | | | ● | | |

[그림 7-4] 활동별 진행계획도표 예시

출처: 한국청소년상담복지개발원(2019).

갠트 차트 작성 방법은 다음과 같다.

- 세로축에 과업을 작성할 수 있는 란을, 가로축에는 월별 일정란을 만든다.
- 세로축의 왼쪽 란에 프로그램 운영을 위한 주요 세부목표나 과업 및 관련 활동을 기입한다.
- 세부 과업의 진행시기는 음영이나 화살표로 표현한다.
- 해당 과업별로 선정된 담당자(책임자)가 있다면 명시한다.
- 일정은 통상적으로 월 단위로 1년 기간을 표현하지만 주 단위로 세분화할 수도 있다.

갠트 차트는 우리나라에서도 오래전부터 군조직, 행정관서, 기업체 및 기타 사회단체 등에서 많이 이용하고 있다. 그러나 이 도표에서는 프로그램의 각각의 하위 세부활동만을 나타내고, 활동 간의 진행과정은 나타내지 않기 때문에 각 단계의 활동과 진행 사이의 상관관계를 보여 주지 못해 전반적인 계획과 진행상황을 점검하는 데는 한계가 있다.

### (2) 총괄진행표

총괄진행표(flow chart)는 흐름을 나타내는 그림 차트로서, 프로그램의 진행과정을 한눈에 조감해 볼 수 있도록 총괄적으로 나타낸다. 프로그램 시작에서 종료까지의 단계를 작성하여 프로그램이 제대로 이루어지도록 돕는 지침 역할을 하는데, 단순히 활동의 흐름만을 보여 주기보다 전체적인 조직도와 활동 및 서비스구성도를 함께 보여 주는 것도 좋은 방법이다. [그림 7-5]는 총괄진행표의 예시이다.

[진로멘토링의 전체 흐름도]

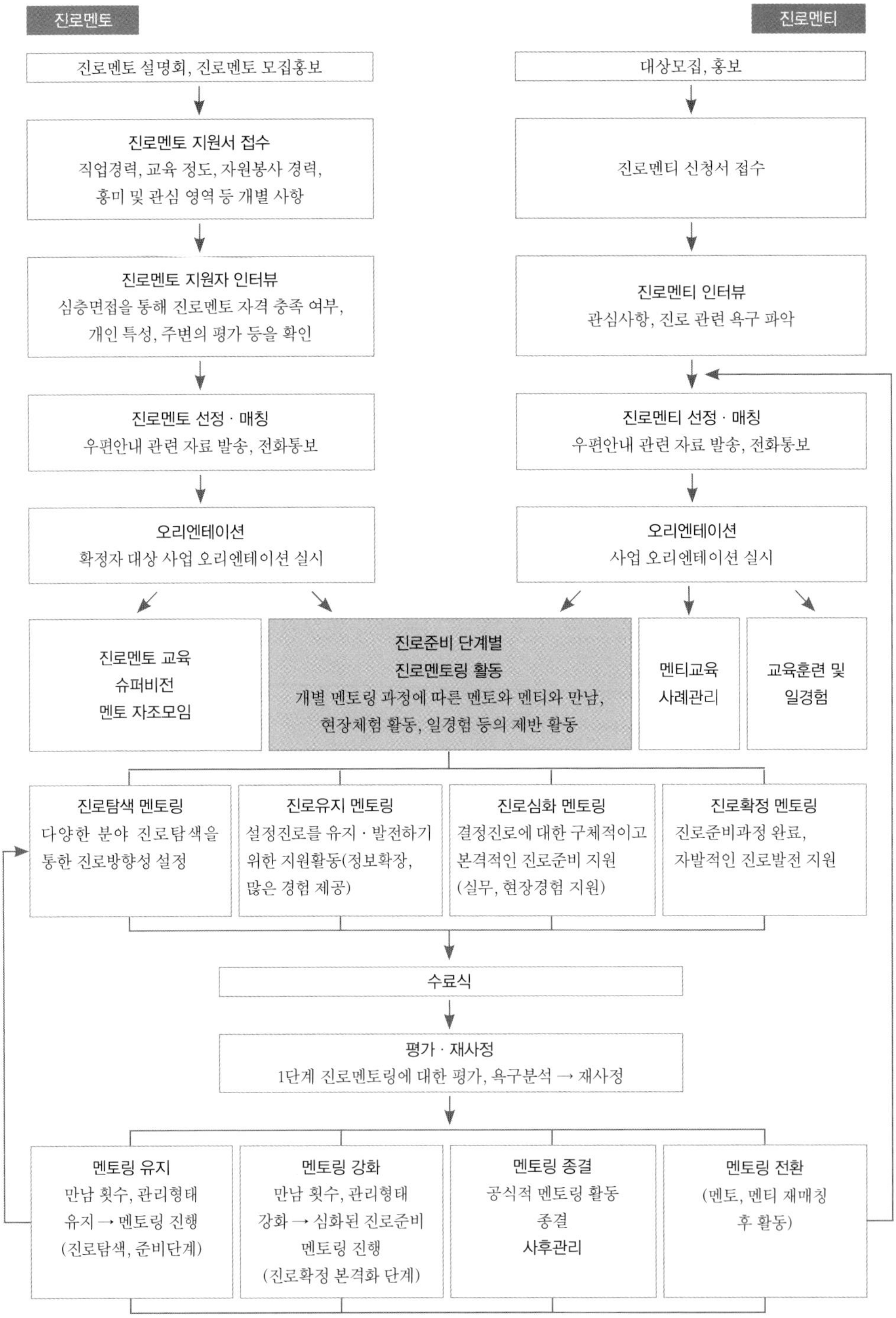


[그림 7-5] 총괄진행표 예시

출처: 조성우, 안정선, 최승희, 김상곤(2018), p. 176

# 3. 프로그램 마케팅과 홍보

## 1) 마케팅의 의미와 필요성

일반적으로 마케팅이란 "소비자의 필요와 욕구를 발견하고 이를 충족시키기 위한 제품이나 서비스를 제공하는 경영활동"(오혁진, 2005, p. 154)으로, 생산조직이나 기업에서 영리활동을 위한 행위로 인식되어 왔다. 그러나 최근에는 기업의 제품생산과 판매에만 국한되는 것이 아니라 비영리 조직의 서비스 분야에서도 중요하게 받아들이고 있으며 상담 분야도 예외가 아니다. 상담에서 마케팅에 대한 논의는 외국의 경우 1980년대 중후반부터 이루어졌는데(Fong-Beyette, 1988; Ritchied, 1989; Stadler, 1988; Walz, 1985; Wittman, 1988), 상담이 전문적인 서비스 영역으로 생존할 수 있는가라는 현실적인 문제에서 출발하였다. 당시 상담서비스가 다른 서비스들에 비해 일반인들에게 알려지지 않아 예산지원을 제대로 받지 못하고 있는 현실을 극복하기 위해 마케팅 개념을 받아들이고 활용할 것을 제안한 것이다. 마케팅의 개념이 상품이나 서비스가 생산자에서 소비자에게로 이전되도록 하는 일련의 활동이라는 점에서 상담서비스와 상담프로그램이 고객에게 제공되는 과정을 마케팅의 관점으로 접근해 볼 수 있을 것이다.

기업의 마케팅 활동이 불특정대상을 특정화하고, 이들의 숨겨진 욕구를 발굴하며, 이를 토대로 제품을 개발시켜 유통시키는 제반 활동을 포함한다고 볼 때, 마케팅 활동은 프로그램 개발의 전체 과정과 유사한 과정을 담고 있다. 마케팅을 추진하기 위해서는 환경분석, 시장 선택, 마케팅 목표 수립, 시장세분화와 표적시장 선정, 시장성 평가와 욕구조사, 마케팅 전략 등이 실행되는데, 이러한 일련의 마케팅 활동은 프로그램 개발의 전체 과정과 일맥상통한다. 즉, 프로그램의 잠재고객을 찾아내어, 이들이 원하는 것을 파악하여 프로그램을 개발하는 것, 그리고 이들이 지불할 수 있는 비용을 분석 · 결정하고, 홍보전략을 세우는 일, 또한 참여자들의 참여 경험을 모니터링하고 개선하는 과정 등 프로그램 개발의 전 과정이 마케팅과 관련되어 있다. 이러한 점에 착안하여 성낙돈과 김창엽(2011)은 평생교육 프로그램의 개발모형을 마케팅이론을 기반으로 제시하고 있다. 한국청소년개발원(2005)의 청소년프로그램 개발모형에서는 프로그램마케팅을 프로그램에 잠재적 고객의 참여를 유도하고 촉진시키기 위한 과정이라 보고 프로그램 개발의 중요한 단계에 포함시키고 있다.

한편, 신동열 등(2020)은 마케팅적 관점에서 심리상담을 설명한다. 수요자인 내담자와 공급자인 상담자 간에 상담이라는 시장이 형성되는데, 상담(시장)은 도움이 필요한 내담자(고객)가 심리상담(제품)을 요청(구매의사)해야 이루어진다. 이를 위해 잠재 내담자(잠재고객)를 확인하고 이들의 욕구를 파악(마케팅 조사)하여 적합한 상담서비스를 개발(제품개발)한 후 커뮤니케이션을 통해 홍보(촉진)하는 것이 요구되는데 이를 심리상담 마케팅이라 보고, 이에 관한 절차와 전략을 소개하고 있다.

이렇듯 마케팅이 기업의 제품생산과 판매에만 국한되는 것이 아니라 비영리 조직의 서비스 분야에도 확대 적용되면서, '비영리 마케팅'을 눈여겨볼 만한다. 비영리 마케팅이란 기관의 아이디어와 실천이 사회적으로 수용되도록 하기 위해 프로그램을 설계, 실시, 통제하는 등의 활동을 의미한다(홍부길, 1996). 이렇게 일반대중이 비영리기관의 서비스에 더 큰 관심과 요구를 가지도록 하기 위한 활동을 사회적 마케팅(social marketing)이라 일컫는데(Barker, 1995, p. 453), 사회적 문제와 관련된 마케팅 활동을 수반한다. 이러한 사회적 마케팅의 표적대상은 프로그램의 참여자뿐만 아니라 일반 대중에게까지 프로그램을 제공하는 기관의 가치를 알릴 수 있다는 점에서 상담서비스와 프로그램을 제공하는 기관 입장에서 주목할 부분이 있다. 예를 들어, Wilson(1987)은 청년실업문제라는 사회적 문제와 관련하여 청년 구직자들을 위한 취업능력 향상 집단상담을 제공하는 방식의 사회적 마케팅을 제안한다. 그 외에도 학교상담, 진로상담, 재활상담에서의 마케팅 활용 가능성을 제안하고 있는 사례들도 다수 있다(Ritchie, 1989; Hopkins, 1995; Patterson, 2009).

이러한 선행사례를 상담 및 심리교육 프로그램에 적용해 보면, 마케팅은 프로그램을 제공하는 기관이나 상담자뿐만 아니라 고객 입장에서도 유용한 측면이 있다(강혜영, 2011; 이창호, 강혜영, 유현실, 2011).

첫째, 고객(내담자) 차원에서 보면, 자신이 필요로 하는 프로그램을 접하게 될 기회가 많아지므로 원하는 것을 충족할 수 있는 질 높은 서비스를 제공받을 수 있다.

둘째, 상담자 입장에서 보면, 서비스참여자와 잠재적 고객의 긍정적인 반응으로 전문가로서의 만족도가 높아지고, 고용의 안정성이 확보될 수 있다.

셋째, 기관 측면에서는 서비스 이용률 증가와 만족도 증가로 기관에 대한 긍정적인 평가를 얻을 수 있고, 이에 따른 예산 증액의 가능성도 높아진다.

## 2) 프로그램 마케팅 전략

마케팅과 유사한 용어로 프로그램 홍보, 판촉, 모집, 광고 등이 있는데, 이들의 공통점은 프로그램을 이용할 잠재고객에게 정보를 제공하고 참여를 유도하는 활동이라는 점에서 협의의 의미를 담고 있다. 구체적인 홍보 전략과 방법은 추후에 살펴보겠지만, 프로그램 개발과정의 기획 단계에서부터 잠재고객을 발굴하고 그들의 필요에 맞는 프로그램 제공한다는 마케팅적 관점을 갖춘다면 프로그램을 실행하는데 있어서 보다 전략적으로 접근할 수 있을 것이다.

프로그램 마케팅을 잘하기 위해서는 어떻게 해야 할까? 마케팅 활동이 소비자가 필요로 하는 제품을 만들고(product), 가격을 정해서(price), 시장에 잘 유통시켜(place)[2] 구매를 촉진하는(promotion)[3] 일련의 과정이라는 점에서 프로그램 개발 과정과도 유사한 면이 있다. 그렇다면 프로그램 마케팅을 잘하기 위해서는 앞서 언급한 네 가지 요소(4P: Product, Price, Promotion, Place)를 적절히 관리하고 활용하는 4P Mix 전략을 고려해 볼 수 있다.

- **제품**(Product): 제품은 고객의 욕구를 충족시키는 유형의 제품 또는 무형의 서비스로 일컫는 말로, 상담 및 심리교육 프로그램도 이에 해당한다. 프로그램 기획 단계에서부터 잠재적 대상과 환경을 분석하고 요구분석을 거쳐 프로그램의 이론적 모형에 근거해 내용요소들을 선정함으로써 프로그램이 잘 설계되었다면 좋은 제품이 준비된 셈이다. 이제 개발된 프로그램을 제공하기 위해서는 프로그램 명칭, 즉 브랜드명이 필요하다. 브랜드란 판매자의 제품이나 서비스를 식별하고, 경쟁자와 구별하기 위해 의도된 이름, 용어, 신호, 상징, 디자인이나 이들의 결합이다(유순근, 2017, p. 163). 브랜드는 제품이 가지는 속성과 가

2) place는 장소라는 의미이지만, 제품이 거래되는 것과 관련되므로 유통으로 번역된다.

3) promotion은 상품의 존재를 알리고 구매하도록 설득하고 유인하는 행위로, 광고, PR, 홍보 등 구매를 자극하는 모든 형태의 촉진활동을 의미한다.

치, 개성을 나타내며 고객의 유형을 암시하므로, 프로그램 명칭도 브랜드로서의 가치를 담아낼 수 있으면 좋다. 고용노동부에서 개발된 취업지원프로그램 중 구직자의 성공적인 취업을 돕기 위한 '성취프로그램', 중장년 재취업자들을 위한 '성장(성공장년)프로그램' 등은 프로그램의 특징이 드러나면서도 부르기 쉬운 프로그램 명칭의 좋은 예이다.

- 가격(Price): 가격은 제품을 구매하기 위해 지불해야 하는 비용으로, 참가비와 같은 경제적인 비용뿐만 아니라, 들이는 시간과 노력 등도 포함된다. 따라서 프로그램 참가비를 책정하기 위해서는 다양한 측면을 고려해야 한다. 프로그램을 제공하는 입장에서는 운영을 위한 최소경비를 고려하게 되는데, 프로그램 비용을 지불하는 주체가 참가자 개인인지 혹은 개인이 속한 기관인지에 따라서도 비용 책정은 달라질 것이다. 또한 개인 참가자의 입장에서는 경제적 여건, 현재 어려움의 정도, 외부지원 여부에 따라서 감당할 수 있는 비용 부담이 다를 것이다. 또한 경제적인 비용뿐만 아니라, 프로그램에 참여하기 위해 다른 것을 포기하고 시간과 노력을 들여야 하는 기회비용도 고려해야 할 것이다. 따라서 프로그램의 가격을 책정할 때는 프로그램의 잠재고객이 누구인지를 명확히 하고 그 특성과 요구를 면밀히 파악하는 것이 필요하다.
- 유통(Place): 유통은 제품을 어떤 경로로 판매할 것인가에 관련된 것으로, 무형의 서비스제품은 이 서비스를 어디에서, 누구에 의해, 어떤 방식으로 제공할 것인가에 관한 것이다. 프로그램 유통이라는 측면에서 보면, 프로그램 개발자가 직접 운영할 수도 있지만, 다른 사람이 진행할 수도 있다. 이럴 경우 프로그램 개발과정에서 지도자 지침서도 함께 개발되는데, 지침서만 제공될 수도 있고, 소정의 교육을 받은 후 프로그램을 진행하도록 할 수도 있다. 또한 프로그램이 제공되는 방식, 이를테면 프로그램 운영시간대, 장소 선정, 집단원 구성방식 등도 프로그램 유통과 관련된 사항이다. 같은 프로그램이라도 참여자의 특성에 따라서 유연하게 운영할 필요가 있다. 이를테면 교대근무가 많은 직군이나 학기 중의 학생, 혹은 영유아 자녀를 둔 엄마 등, 참여자의 특성에 따라 운영 요일이나 시간대를 달리 해야 할 것이다. 결국 프로그램을 잘 유통시킨다는 것은 참여자의 상황을 고려하여 편리하게 참여할 수 있는 통로를 마련한다는 의미이기도 하다.

- 촉진(Promotion): 촉진은 제품을 알리고 구매하도록 설득하며, 구매를 유도하는 여러 가지 커뮤니케이션 수단의 총합을 의미한다(오세조, 박충환, 김동훈, 김영찬, 박진용, 2017, p. 220). 즉, 잠재적 고객과 어떻게 커뮤니케이션할 것인가에 관한 것으로 홍보, 광고 등의 활동이 포함된다. 프로그램을 촉진한다는 것은 프로그램을 홍보하여 참여자를 모집하는 활동뿐만 아니라 프로그램을 지원하는 자원봉사자나 후원자를 모집하는 것도 포함된다. 촉진활동은 프로그램을 시작할 때 일회적으로 이루어지기도 하지만, 지속적인 노출로 잠재고객의 수요를 이끌어 낼 수 있다. 또한 이러한 과정은 프로그램의 가치를 지속적으로 알림으로써 프로그램의 인지도와 브랜드 가치를 높일 수 있다는 점에서 상담전문가들이 관심을 가질 필요가 있다.

이상 4P Mix 전략으로 프로그램 마케팅 전략을 살펴보았는데, 제품-가격-유통-촉진의 네 가지 요소는 유기적으로 연결되어 있으며, 프로그램 개발과정과 유사한 측면이 있다. 대상자의 특성과 요구에 맞는 프로그램 내용을 조직하여, 적절한 비용으로 참여를 독려하고, 이들의 참여 경험을 모니터링하면서 프로그램을 개선해 간다는 점에서 프로그램을 기획하고 내용을 조직하여 실행 · 평가하는 개발과정을 4P 개념으로 설명할 수 있다. 따라서 프로그램 마케팅 전략은 실행 단계에서만 고려되는 것이 아니라, 프로그램 기획 단계에서부터 시작되고 평가 단계까지 연속적으로 이어진다.

최근에는 정보화 사회로 SNS가 발달하면서, 4P에서 4C로 패러다임이 바뀌고 있다(안병만, 2015). 과거의 마케팅 개념은 좋은 제품(프로그램: Product)을 만들어서, 적당한 가격(Price)을 책정하여, 현장에 잘 유통/전달하여서(Place), 잘 팔리게/참여를 촉진시키는(Promotion) 활동으로, '공급자' 중심의 일방향적인 측면이 강조되었다. 그러나 오늘날은 소비자(Customer)의 욕구와 가치에 맞게, 소비자의 기회비용(Cost)을 고려하여, 편리하게(Convenience) 구매/참여할 수 있도록, 소비자와 상호소통(Communication)하는 양방향적 관계활동을 강조한다. 이러한 변화는 프로그램 개발과정에도 반영될 수 있는데, 참여자의 의견과 현장의 요구가 프로그램에 지속적으로 반영되면서, 프로그램을 계속적으로 확대 발전시켜 갈 수 있다. 이러한 예시로 다음과 같은 한국청소년상담복지개발원의 또래상담프로그램을 꼽을 수 있다.

### 현장의 의견을 반영하여 프로그램을 개발·발전시킨 예시

'또래상담'은 1994년 한국청소년상담복지개발원에서 개발한 프로그램으로, '또래의 고민을 듣고 함께 문제를 해결하기 위해 돕는 친구'라는 의미를 담아서, solve(해결하다)+ian(사람을 뜻하는 접미어)의 합성어인 '솔리언(solian)' 또래상담으로 브랜드화하여 보급하고 있다.

1994년부터 초기 도입기에는 또래상담자를 양성하기 위한 훈련 프로그램을 개발 · 보급하면서 또래상담자 양성에 주력하였는데, 1999년부터는 학교에서 또래상담을 활성화할 수 있는 방안을 모색하면서 학교에서의 또래상담운영프로그램으로 확대해 왔다. 또한 다양한 현장의 요구와 필요를 수용하면서 또래상담운영도 다양화되었고, 제도나 정책으로서의 프로그램 성격을 띠게 되었다.

다양한 대상과 영역에서의 또래상담 운영 예는 다음과 같다.

- 학교(초 ,중, 고, 대학)에서의 또래상담프로그램
- 군대에서의 또래상담프로그램
- 해외교포대상 또래상담프로그램
- 다문화/탈북청소년 학교적응을 위한 또래상담프로그램
- 학교폭력 예방을 위한 또래상담프로그램
- 사이버폭력 예방을 위한 또래상담프로그램
- 스마트폰 사용조절을 위한 또래상담프로그램

또한 현장의 참여를 높이기 위해 다양한 소통채널을 마련해 두고 있다. 이를테면 공모전을 통해 또래상담굿즈(엽서, 스티커)나 또래상담활동 UCC를 제작하여 홍보물로 사용하기도 하고, 우수 사례를 지속적으로 발굴하며 현장의 참여를 높이고 있다. 아울러 카카오톡 오픈채널과 인스타그램을 통해 또래상담 관련 소식 전달과 문의가 가능하도록 하였고, 별도의 홈페이지를 구축하여 또래상담자와 지도자의 활동을 지원하고 있다. 기관 주도의 일방적인 프로그램 보급을 넘어서서, 또래상담지도자와 또래상담자들의 참여로 양방향적 소통 프로그램이 운영되면서 또래집단의 공감배려문화를 확산하는 데 기여하고 있다.

출처: 또래상담 홈페이지(https://www.peer.or.kr:488/) 내용을 기반으로 작성함.

### 3) 홍보 기획과 원리

프로그램을 알리고 참여를 유도하는 촉진(promotion)활동에서 홍보는 중요한 부분을 차지한다. 개발자에 의해 만들어진 프로그램이라는 배를 타고 함께 항해할 고객들을 초대한다는 의미에서 잠재적 소비자의 마음을 사로잡는 커뮤니케이션 전략이 필요하다. 마케팅과 홍보를 프로그램 개발의 중요한 과정으로 포함시킨 청소년 프로그램 개발모형(한국청소년개발원, 2005)에서는 홍보의 기본과정을 제시하고 있는데, 이를 중심으로 홍보를 기획할 때 고려해야 할 사항을 살펴보면 다음과 같다.

- 홍보대상이 누구인가?: 프로그램을 알리고 참여를 권하기 위해서는 누구에게 홍보할 것인가를 정해야 한다. 청소년을 대상으로 하는 프로그램의 경우 청소년 당사자가 일차 홍보대상이 되기도 하지만, 부모나 교사도 중요한 홍보대상이다. 프로그램 도입 여부를 결정하는 의사결정 권한이 있는 재정후원자나 예산을 결정하는 행정가가 포함될 수도 있다. 동일한 프로그램이라도 홍보대상이 누구냐에 따라 홍보내용에서 강조되는 부분이 달라질 수도 있다. 기관의 후원이나 예산을 확보하기 위한 홍보라면, 관련 정책이나 법, 제도 등을 살펴보고

이를 입안, 실행하는 기관 및 개인들에게 어떻게 홍보할 것인가를 강구해야 할 것이다.

- 홍보의 목적이 무엇인가?: 홍보를 통해 무엇을 얻고자 하는가, 홍보대상에게서 기대하는 반응이 무엇인가를 명확히 한다. 이를테면 프로그램이나 프로그램 제공기관에 대한 인식변화를 기대하는지, 혹은 직접적인 참여나 후원 등의 행동적인 반응을 독려하는지에 따라 홍보 메시지와 형태는 달라질 수 있다.
- 어떤 메시지와 내용을 홍보할 것인가?: 전하고 싶은 내용과 메시지를 규명하는 것은 홍보의 핵심적인 부분이다. 좋은 메시지는 홍보대상자의 주목과 관심을 불러일으키고, 홍보의 목적을 달성할 수 있게 한다. 메시지에는 이성적 메시지, 감성적 메시지, 도덕적 메시지 등의 세 가지 종류가 있다(한국청소년개발원, 2005, p. 171). 이성적 메시지는 프로그램의 특징, 경제성, 가치를 담고 있어, 홍보대상자에게 정보를 전달하여 프로그램을 이해를 시키는 데 초점을 맞춘다. 감성적 메시지는 부정적 또는 긍정적 감정을 고양시키는 데 사용하는 메시지이다. 예를 들어, 학교폭력으로 인해 학업을 중도포기하게 되는 학생의 어려움이나 자신에게 맞지 않는 학과 선택으로 인해 겪는 정서적 갈등과 부적응 등을 표현하여 해당 프로그램의 필요성을 부각시킬 때 사용한다. 도덕적 메시지란 홍보에 많이 사용되지는 않지만, 정의감에 호소할 경우 주로 사용되는 메시지로서 인간의 권리나 도리 등과 관련된 내용을 담는다.
- 어떤 홍보매체를 선택하고, 누가 전달할 것인가?: 홍보 메시지 전달은 직접적인 대인 접촉을 통해 의사소통하는 방식을 선택할 수도 있고, 신문, 잡지, TV, 광고게시판, 우편, 가정통신문, SNS, 행사 등의 매체를 선택할 수도 있다. 또한 누가 이 메시지를 전달할 것인가도 중요한 부분이므로, 전달자의 신뢰성, 전문성, 호감도 등을 고려하여 선택한다. 홍보의 목적과 메시지, 홍보대상에 따라 효과적인 매체와 전달방식이 달라질 수 있다. 이를테면 프로그램 도입이나 후원자의 기부 결정에는 직접적인 대인 의사소통이 설득력이 있을 것이며, 프로그램 참여 독려나 인식개선 등은 비대면 의사소통 채널방식이나 동료들의 입소문 등을 활용할 수도 있다. 따라서 홍보대상자의 매체사용 습관, 홍보 메시지와 전달내용, 비용 등을 고려하여 주요 매체를 적절히 활용할 수 있어야 한다.
- 홍보의 효과(피드백)를 어떻게 확인할 것인가?: 홍보효과를 어떻게 측정할지를 미

리 염두에 두는 것은 홍보의 목적과 메시지를 명확히 하고 효과적인 매체와 전달방식을 선택한다는 의미에서 기획 단계에서부터 고려해야 하는 사항이다. 홍보대상자들이 어떤 메시지를 인지하고 있는지, 어떻게 인지하고 있는지, 전달매체에 대해서는 어떻게 평가하는지, 프로그램의 참여 의사는 어떠한지 등을 살펴볼 수 있다.

홍보의 목적과 메시지, 홍보대상에 따라서 홍보매체를 달리 선택하게 된다. 다양한 홍보매체의 특성에 따라 세부적인 홍보전략도 다르겠지만, 효과적으로 홍보하기 위해서는 AIDMA모델을 기본 원리로 적용해 볼 수 있다. 이는 1920년대 미국경제학자 R. Hall이 제안한 모델로, 소비자의 구매행동을 일으키는 심리적 과정을 설명한 것이다. 이에 따르면 구매행동에 이르기까지는 주목(Attention)–관심(Interest)–욕구(Desire)–기억(Memory)–구매(Action)의 순서가 있다고 본다. 최근에는 인터넷을 통한 정보통신의 발달로 인해 구매행동을 최종 종착지로 보지 않고, 구매행동 전후의 단계를 고려하면서 온라인 환경에서의 홍보 전략으로 AISAS모델을 고려하게 된다(Dentsu, 2008). AISAS모델에서는 제품에 대해 알게 되고(Attention), 관심(Interest)이 생기면, 추가 검색(Search)을 통해 관련 정보를 비교하고, 구매(Action)를 결정하고, 구매경험을 공유하는(Share) 행동을 한다고 본다. 공유한 경험은 인터넷상에 검색정보로 활용되어 누군가의 구매를 결정하는 데 영향을 미치기도 하므로 연속적이

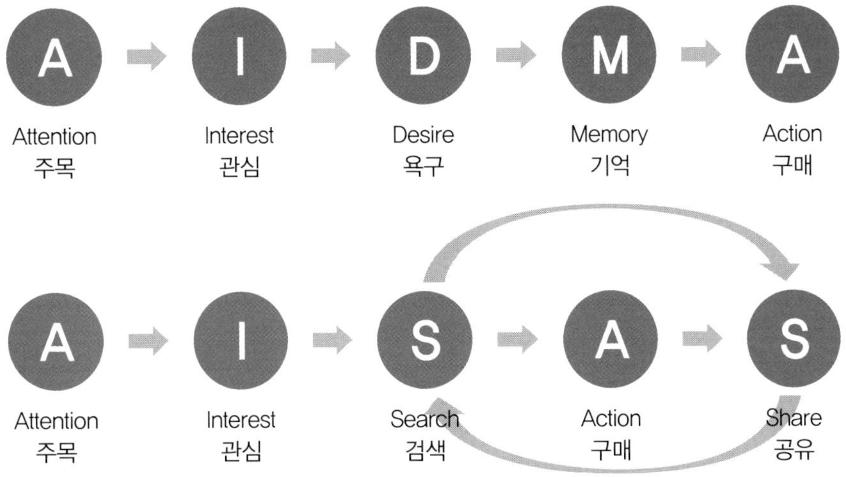


[그림 7-6] 홍보의 AIDMA모델과 AISAS모델

고 순환적인 형태를 갖는다([그림 7-6] 참조).

이를 프로그램 홍보에 적용시켜 본다면, 홍보는 프로그램에 대한 정보와 메시지를 노출시켜서 사람들이 프로그램에 대해 인지하고 주목(attention)하는 단계에서부터 시작된다. 그리고 프로그램에 대한 흥미와 관심(interest)을 갖게 되고, 참여하고 싶은 욕구(desire)가 생기면, 그 기억(memory)을 지속시켜서, 구매, 즉 프로그램 신청 및 참여라는 행동(action)으로 옮기므로, 이러한 일련의 단계에 맞는 홍보전략을 구성할 수 있다. 또한 최근에는 원하는 물건 하나를 구입하더라도 인터넷 검색을 통해 관련 정보나 사용 후기를 살펴본 후에 구매를 결정한다. 프로그램 홍보에서도 이러한 면을 감안하여 다양한 SNS 채널에서 프로그램과 관련된 다양한 정보가 검색(search)될 수 있도록 하고, 참여자의 경험을 공유(share)하게 함으로써 또 다른 검색 정보로 노출되어 관심 있는 사람들의 참여를 유도하는 홍보전략을 세워 볼 수 있다.

한편, 프로그램을 홍보할 때 신뢰감을 떨어뜨리는 과대홍보는 프로그램에 대한 이미지를 실추시킬 가능성이 있으므로 조심해야 한다. 영리를 목적으로 하는 비즈니스 분야와 달리 상담 및 심리교육 프로그램의 홍보는 대중에게 정확한 정보를 제공하여 참여동기를 일으키는 것이며, 프로그램을 제공하는 기관의 가치를 알리는 과정이라 할 수 있다. 정직하고 꾸준한 홍보는 프로그램에 대한 잠재고객을 확보하는 기반이 될 것이다.

### 4) 홍보전략과 홍보매체 선정

프로그램 홍보는 매우 현실적인 과제이다. 잠재 대상자들의 주목과 관심을 끌어내고 참여를 결정하게끔 유도하기 위해 홍보내용 구성, 홍보문안 작성, 홍보매체 선정이라는 세 가지 차원에서 구체적인 전략을 살펴보면 다음과 같다(양병찬, 2001).

첫째, 눈길을 끄는 홍보내용을 구성한다. 프로그램을 홍보하기 위해서는 자료를 제작하게 된다. 홍보내용에는 기관소개와 함께 프로그램 과정과 내용, 프로그램 방법, 프로그램 시행 기간 및 일시, 장소 및 비용 등이 포함된다. 홍보내용을 구성할 때는 프로그램에 대한 정확하고 명확한 정보를 포함하되, 최소한의 내용으로 전달되도록 구성한다. 또한 잠재적 대상자들에게 친숙한 내용으로 구성하고, 쉬운 표현으로 전달하도록 한다.

둘째, 효과적인 홍보문안을 작성한다. 홍보문안은 잠재고객의 주목과 관심을 끌어낼 수 있도록 작성한다. 그러기 위해서는 홍보의 목표대상이 누구인지를 명확하게 하고, 프로그램을 통해 충족할 수 있는 욕구와 프로그램에 참여함으로써 얻을 수 있는 혜택이 무엇인지를 명시한다. 홍보메시지를 접하는 처음 3~4초 내에 관심을 포착할 수 있도록 디자인되어야 하며, 즉각적인 참여를 독려하도록 실천적이고 행동적인 메시지를 담아 전달한다. 프로그램 제목을 통해서도 프로그램의 내용과 목적이 전달되므로, 매력적인 프로그램 명칭을 만들어 관심을 유도하는 것도 좋다. 또한 작성된 홍보문안을 보고 프로그램에 관해 더 많은 정보를 얻기 위해 다가올 수 있도록 호기심을 자극하고 접근경로를 열어 놓는 것이 좋다. 아울러 홍보문안이 원하는 효과를 가져오는지 지속적으로 점검할 필요가 있다.

셋째, 적절한 홍보매체를 선정한다. 홍보내용을 구성하고 홍보문안을 작성하는 것과 함께 홍보매체를 선정하는 것도 중요한 일이다. 매체의 종류는 크게 세 가지로 대별할 수 있는데, 우편물, 전단지와 포스터, 신문, 잡지 등 종이를 매개로 하는 인쇄매체와 라디오나 TV와 같은 방송매체, 쌍방향 소통이 가능한 인터넷미디어를 활용한 소셜미디어(social media)이다. 특히 최근에는 관련 정보와 참여 경험을 공유하고 반응하는 쌍방향적 커뮤니케이션이 이루어지는 소셜미디어로서, 트위터, 카카오톡, 페이스북, 인스타그램, 블로그, 유튜브 등을 많이 이용하므로 SNS를 중요한 홍보매체로 활용할 수 있다.

각 홍보매체마다 장단점이 있고, 홍보대상에 따라 효율적인 홍보매체가 다르므로, 홍보매체를 선정할 때 고려해야 할 몇 가지 지침을 제시하면 다음과 같다.

- 최소 경비로 최대의 효과를 얻을 수 있는 매체를 선택한다.
- 정확한 내용을 신속하고 광범위하게 전달할 수 있는 매체를 선택한다.
- 참여 욕구를 촉발시킬 수 있을 정도로 내용 전달이 가능한 매체를 선택한다.
- 홍보내용의 특성에 따라 이미지 정보와 청각 정보를 차별적으로 활용한다–간단한 내용은 '눈보다 귀', 복잡한 내용은 '귀보다 눈'을 활용하는 홍보매체가 효율적이다.
- 홍보매체의 특성을 감안하여 주 매체를 선정하고, 그 매체의 단점을 보완할 수 있는 보조매체를 다각적으로 활용한다.

• 홍보대상의 특성에 맞는 홍보매체를 활용한다. 최근에는 SNS를 통한 홍보가 활발하게 이루어지고 있지만 연령대별로 선호하는 SNS가 다르므로, 대상 연령층이 주로 이용하는 홍보매체를 선택하는 것이 효율적이다.

한국미디어패널 조사에 따르면 SNS 이용이 지속적으로 증가하고 있으며, 2020년 기준 서비스 전체 이용률은 페이스북(23.7%)－유튜브(22.4%)－인스타그램(22.3%)－카카오스토리(16.6%)－네이버밴드(7.9%)－트위터(6.2%) 순으로 조사되었다([그림 7-7] 참조).

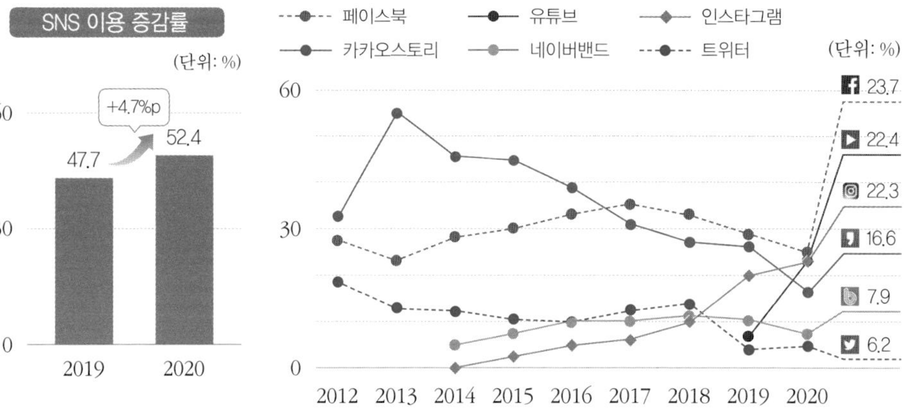


[그림 7-7] SNS 이용 행태와 증감률

출처: 미디어통계포털(https://stat.kisdi.re.kr/main.html).

한편, 연령대별로 선호하고 빈번하게 사용하는 SNS는 다른 것으로 조사되었다(임정하, 김경민, 송지은, 최정원, 2021). 10대와 20대는 페이스북이나 인스타그램을 가장 많이 사용하는 데 비해(약 81%), 연령대가 높아지면서 카카오스토리 또는 네이버밴드 사용 비중이 높아지고 있으며, 60대의 경우 거의 과반에 해당하는 46%가 카카오스토리를 가장 많이 사용하는 계정으로 선택하였다(〈표 7-3〉 참조). 이처럼 연령대별 SNS 이용현황에 차이가 있으므로, 대상에 따라 차별화된 SNS 홍보전략을 세워야 할 것이다.

표 7-3 **연령대별로 가장 많이 사용하는 SNS 계정** 단위: n(%)

| | 10대 (n=320) | 20대 (n=898) | 30대 (n=562) | 40대 (n=853) | 50대 (n=772) | 60대 이상 (n=357) | 전체 (n=3,762) |
|---|---|---|---|---|---|---|---|
| 트위터 | 25(7.8) | 101(11.2) | 63(11.2) | 53(6.2) | 39(5.1) | 12(3.4) | 293(7.8) |
| 페이스북 | 164(51.3) | 338(37.6) | 183(32.6) | 254(29.8) | 163(21.1) | 59(16.5) | 1,161(30.9) |
| 카카오스토리 | 21(6.6) | 57(6.3) | 72(12.8) | 191(22.4) | 278(36.0) | 164(45.9) | 783(20.8) |
| 인스타그램 | 97(30.3) | 386(43.0) | 233(41.5) | 228(26.7) | 93(12.0) | 9(2.5) | 1,046(27.8) |
| 네이버밴드 | 13(4.1) | 16(1.8) | 11(2.0) | 127(14.9) | 199(25.8) | 113(31.7) | 479(12.7) |

출처: 임정하 외(2021).

SNS에서의 가시성을 높이기 위해서는 몇 가지 전략을 세워 볼 수 있다. 첫째, 간결하고 매력적인 제목으로 클릭을 유도한다. 둘째, 텍스트의 제한을 이미지나 동영상 혹은 추가 정보의 링크를 추가하여 세부적인 내용을 직접 확인하고 판단할 수 있도록 한다. 셋째, 대상자의 특성에 따라서는 안내문이나 브로셔, 포스터 등의 홍보물로 제공하게 되는데, 이때 배포된 정보의 핵심내용을 SNS로 공유하여 홍보채널을 다원화시키는 것도 필요하다. 넷째, QR코드(Quick Response Code)를 활용한다. QR코드는 사진, 동영상, 인터넷주소, 지도, 추가 텍스트 등의 다양한 정보를 담아낼 수 있으며, 온라인으로 신청서를 작성할 수 있도록 하여 참가자의 신청경로를 단순화할 수 있는 장점이 있다. 또한 인쇄매체의 한정된 지면에 실을 수 없는 관련 정보를 QR코드에 담아 홍보효과를 높일 수 있다(예시 참조).

### QR코드 활용 예시

다음은 2021년 인성교육프로그램의 일환으로 교육개발원에서 개발한『언제 어디서나 우리는, 존중과 책임』(대면/비대면 모듈 인성교육프로그램)의 브로마이드이다. 여기에는 전체 프로그램과 네 개 영역에 대한 개요를 간략하게 담고 있지만, QR코드를 통해 유튜브 영상으로 연결되어 자세한 내용을 볼 수 있도록 제작되었다.

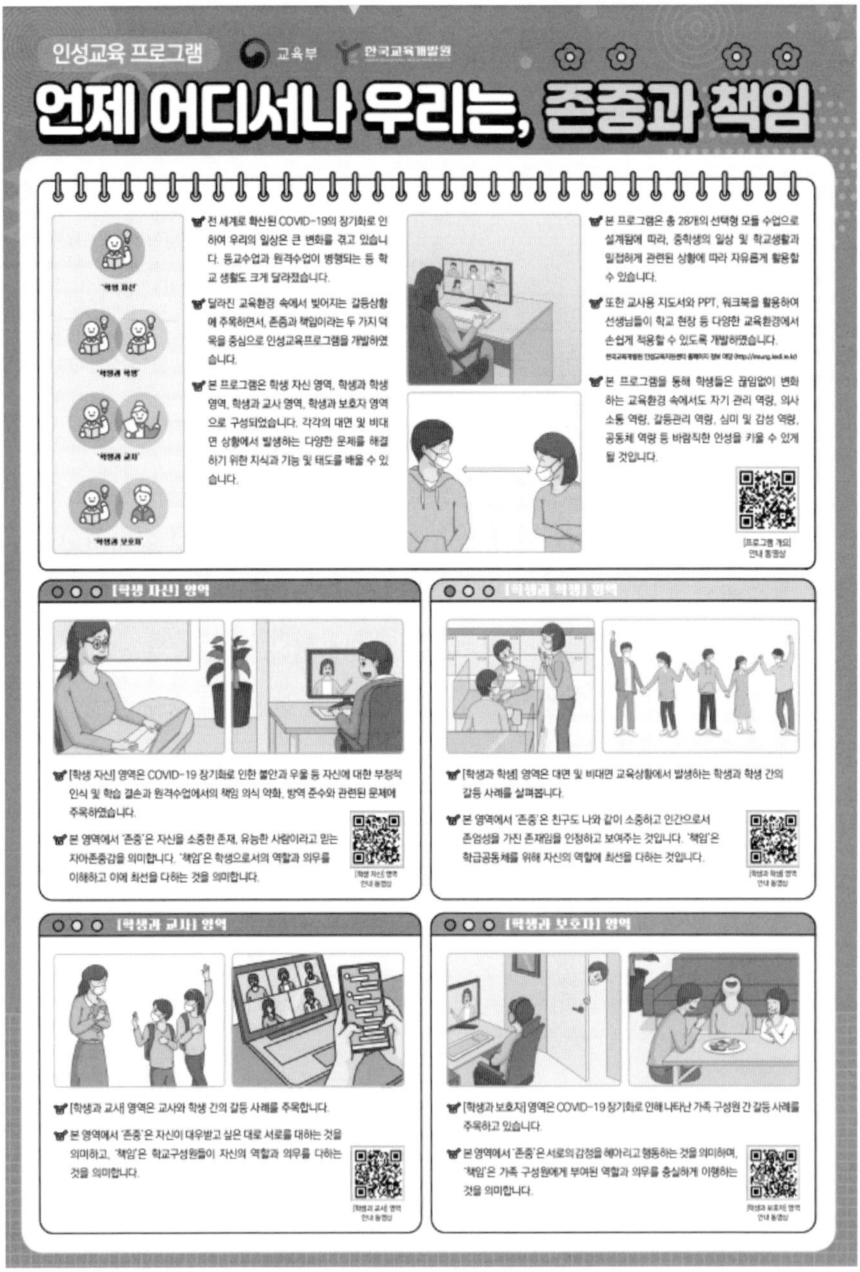


출처: 인성교육지원센터(http://insung.kedi.re.kr/) 자료실.

# 4. 참여자 모집과 선발

프로그램의 직접적인 대상자이자 활동 주체인 참여자를 모집하고 선정하는 것은 매우 중요하다. 프로그램이 추구하는 목표와 대상에 적합한 참여자로 집단을 구성하는 것은 프로그램의 타당성을 확보하기 위해서도 필수적인 과제이다. 참여자 모집 방법과 선정기준은 프로그램의 취지와 유형에 따라 달리 적용되는데, 그에 따라 집단이 구성되는 형태도 다양하다.

## 1) 참여자 선정방식

### (1) 기준을 적용한 참여자 선정

프로그램이 적용되는 대상을 제한적으로 명시한 경우, 이 기준에 맞는 참여자를 선정하게 된다. 이를테면 '북한이탈주민 맞춤형 정서심리상담프로그램'이라면, 북한이탈주민이, '청소년 정서조절능력 향상프로그램'이라면 청소년이 참여대상이 된다. 참여자 선정기준이 조금 더 엄격하고 세분화되는 경우도 있는데, 프로그램 개발과 효과검증 연구로 진행될 경우 그러하다. 연구의 타당성 확보를 위해 연구대상자인 참여자 간의 개인차를 통제하고 최대한 동질적인 집단으로 구성해야 하기 때문이다. 일례로 김정은과 권현철(2012)은 정서중심 집단상담프로그램이 고등학생의 정서지능과 사회성에 미치는 효과를 검증하기 위해 다음과 같은 절차와 기준으로 참여자를 선정하였다.

**예시: 기준을 적용한 참여자 선정**

김정은, 권현철(2012). 정서중심집단상담프로그램이 고등학생의 정서지능과 사회성에 미치는 효과. **재활심리연구, 19**(3), 653-678.

남자고등학교에 재학 중인 1학년 학생 291명을 대상으로 사회성 척도 실시

→ 사회성 척도에서 하위 15%에 해당하는 학생들을 선별하고

→ 이들 중 프로그램 참가에 동의한 26명을 선정하여

→ 두 집단(프로그램 집단과 통제집단)으로 참여자를 배정함

프로그램 참여대상자의 폭이 넓고 다양할 경우, 대상자를 유형별로 구분하고 참여 제외기준을 명시함으로써 프로그램의 취지에 맞는 대상자를 선정할 수 있도록 가이드라인을 제공할 수도 있다. 다음의 '취업성공패키지'가 그 예이다.

### 참여 제외 기준을 명시한 예시

고용노동부의 '취업성공패키지'는 저소득취업취약계층에게 취업지원서비스를 제공하는 프로그램으로, 다음과 같이 참여유형과 참여 제한 대상자를 명시하고 있다.

| Ⅰ유형<br>(만 18~69세) | Ⅱ유형(청·장년층) | |
|---|---|---|
| | 청년층(만 18~34세 이하) | 중·장년층(만 35~69세 이하) |
| 1. 생계급여수급자<br>2. 차차상위 이하 저소득층<br>3. 특수형태근로종사자<br>4. 노숙인 등 비주택거주자<br>5. 북한이탈주민<br>6. 신용회복지원자 〈중략〉<br>13. 건설일용직<br>14. FTA피해근로자<br>15. 기초연금수급자<br>16. 연간 매출액 1억 5천만 원 이하 영세 자영업자<br>17. 희망리턴패키지 참여자 | 1. 고졸 이하 비진학 청년<br>2. 대학·대학원 마지막 학기 재학생<br>3. 대졸 이상 미취업자<br>4. 연간 매출액 1억 5천만 원 이하 영세 자영업자(참여자의 희망에 따라 Ⅱ유형으로 참여 가능)<br>〈후략〉 | 1. 중위소득 100% 이하 가구원<br>2. 연간 매출액 1억 5천만 원 이하 영세 자영업자(참여자의 희망에 따라 Ⅱ유형으로 참여 가능)<br>3. 희망리턴패키지 참여자<br>4. 일자리안정자금 지원대상 이직자(기준 중위소득 120% 이하)<br>〈후략〉 |

〈취업성공패키지 참여 제한 대상자〉

1. 취업자(주 30시간 이상 근로) 및 창업자: 참여신청일을 기준으로 4주간 평균하여 근로시간이 주 30시간 미만인 경우로서 더 나은 일자리 취업을 희망하는 경우 취업성공패키지 참여 허용
2. 실업급여 수급 중인 자
3. 대학교 재학생 참여자로 교육편제단위 표준분류체계의 중(소)분류 ① 약학(약학·한약학), ② 간호(간호학), ③ 의료(의학, 치의학, 한의학, 수의학), ④ 교육(유아교육) 분야 재학생
4. 무급휴직자
5. 재참여 제한기간 미경과자, 주 30시간 이상 재정지원 일자리 참여자, 외국인, 기타 참여제한 사유에 해당되는 자

출처: 고용노동부(2020).

### (2) 희망자 지원을 통한 참여자 선정

프로그램 보급을 목적으로 하거나 정원에 여유가 있는 프로그램이라면 희망자 모두 참여하도록 개방할 수 있다. 경우에 따라서는 적극적으로 홍보하여 많은 사람이 지원하도록 독려하기도 한다. 이를테면 학교나 학급 단위로 실시되는 프로그램의 경우, 대부분의 학생이 프로그램에 참여하도록 권하게 된다.

만일 프로그램 정원이 제한되어 있어서 희망자를 모두 참여시킬 수 없는 상황이라면, 선착순 혹은 추첨제로 참여자를 선정하게 된다. 선착순으로 모집할 경우, 공지가 나가고 일정 기간 후에 신청을 받을 수 있도록 하는 것이 좋다. 공지를 미처 보지 못해 신청하지 못하거나, 즉흥적으로 신청하고서는 임박하여 취소하는 경우가 있기 때문이다. 추첨제라면 선정기준과 방식을 미리 명시하여 탈락자들로부터 이의제기를 최소화하도록 한다. 만일 선정기준이 있다면 프로그램을 공지할 때 세부 내용을 알려 주어야 한다. 아울러 참여 신청을 받을 때는 소수의 대기자를 확보하여 갑작스러운 취소자가 생겼을 때 결원을 보충하도록 한다.

### (3) 의무참가자 선정

참가자가 원해서가 아니라 의무적으로 프로그램에 참여해야 하는 경우가 있다. 징계교육의 일환으로 프로그램을 이수해야 하거나, 학급이나 부서 단위의 집단프로그램, 혹은 특정 대상을 위한 프로그램 등이다.

#### ① 징계집단

학교나 사회의 규칙을 어겼을 때, 징계의 일환으로 프로그램을 의무적으로 이수해야 하는 경우가 있다. 학교폭력 가해학생 교육 프로그램, 성폭력/가정폭력가해자 교육 및 상담프로그램 등이 그러한 예이다. 당사자는 프로그램 참여를 처벌로 받아들이기 때문에 프로그램에 대한 관심과 동기, 참여도가 낮을 수밖에 없다. 이때 참여자는 더 이상 피할 수 없는 막다른 골목에 다다른 심정으로 집단에 참여하므로 마음을 열지 못하고 수동적이고 방어적인 태도로 임하게 된다. 지도자는 이러한 마음을 공감하고 수용해 주는 것으로 라포를 형성할 수 있다. 또한 참여자는 공정한 기준과 절차에 의해 본 프로그램의 대상이 되었으니, 인격적인 비난과 질책의 대상으로 보지 않도록 주의한다. 지도자는 중립적 태도를 견지하면서 프로그램에서 다룰 내용과 프로그램을 통해 얻게 되는 효과를 설명해 줌으로써 관심을 유발하도록 한다. 아울러 프로그램의 참여 규칙이나 제한을 분명하게 제시해 주어 프로그램이 진행되는 동안 협조적으로 참여할 수 있는 구조화된 환경을 마련해 주어야 한다.

② 학급/부서 단위 또는 특정대상 집단

학교 및 학급, 회사 내 부서 단위나 특정집단을 대상으로 프로그램을 실행하는 경우도 있다. 인성교육이나 학교 적응을 돕는 학급 단위의 집단 프로그램, 부서 단위의 팀빌딩 프로그램, 회사 승급자 대상의 리더십 향상프로그램 등이 그러한 예이다. 학급이나 부서 단위는 서로 아는 사이이기 때문에 초반에 관계 형성이 쉽게 이뤄지고, 생활 속에서 실천 · 적용한 것에 대해 피드백을 나눌 수 있다는 장점이 있다. 그러나 기존의 관계역동이 집단 분위기에 영향을 미칠 수 있고, 고정된 관계 때문에 프로그램에서 새로운 행동을 시도하는 데 제한을 느낄 수도 있다. 프로그램 환경을 수업/근무시간과 구별하기 위해 평소와 다른 장소와 시간대에 프로그램을 운영하거나, 자리 배열을 바꾸는 등의 환경적 변화를 시도해 볼 만하다. 4~5명의 소그룹을 형성하여 상호작용한 후, 그 경험을 전체와 나누는 방식으로 진행하여 평소에 교류가 적었던 사람과의 상호작용을 유도할 수 있다. 또한 사전 공지를 통해 프로그램을 충분히 알려 주고 프로그램에 대한 관심과 호응을 유도하는 것도 필요하다.

## 2) 참여자 선정을 위한 사전 면담

참여자를 모집하고 선정할 때 사전 면담이 이루어지기도 한다. 사전 면담은 프로그램의 취지에 적합한 대상을 선정할 수 있고, 참여자의 동기 및 제반 특성을 파악할 수 있다는 이점이 있다. 참여자 역시 프로그램에 대한 이해와 관심을 가질 수 있다는 점에서 사전 면담은 지도자와 참여자, 프로그램과 참여자 간에 조율하는 과정이기도 하다. 한편, 프로그램에 참여 의사를 밝힌다는 것은 프로그램의 목적과 진행과정에 따른다고 동의하는 것이므로, 신청과정에서 동의 여부를 묻는 절차를 포함하기도 한다. 이때 필요에 따라서는 개인정보이용동의서를 따로 받거나 신청서에 동의 여부를 응답하도록 할 수도 있다.

### (1) 사전 면담의 목적

#### ① 참여 동기 확인

프로그램에서 무엇을 얻기를 기대하는지 알아보고, 그 기대가 과연 이 프로그램을 통해 채워질 수 있는지를 확인한다. 더불어 참여자의 동기 수준도 파악하게 된다. 타인의 권유나 의뢰를 받은 비자발적 신청자라도 등록하게 된 이유를 탐색하면서 참여 동기를 확인할 수 있다. 혹 프로그램에 대해 잘못된 정보와 인식을 가지고 신청하였다면, 좀 더 명료하게 안내하여 충족될 수 있는 부분과 충족될 수 없는 부분을 설명하고 다시 한번 참여 결정을 하도록 해 준다. 이러한 과정은 참여자가 좀 더 프로그램에 적극적으로 참여할 수 있게 도와준다.

#### ② 참여자의 제반 특성 탐색

프로그램 주제와 관련된 참여자의 제반 특성을 파악하는 것은 프로그램 진행에 도움이 된다. 기본적인 인적사항이나 프로그램 주제와 관련된 배경을 탐색할 수도 있다. 이를테면 진로탐색 프로그램의 경우 참여자의 진로에 대한 생각과 준비 정도를 미리 파악한 상태로 집단을 운영한다면 집단원의 수준에 맞는 프로그램의 운영이 가능할 것이다.

아울러 집단에서 어려움을 초래할 가능성이 있는지의 여부도 사전 면담을 통해 확인하도록 한다. 구조화된 단기집단 프로그램에서 다루기에는 적절하지 않은 위급한 어려움이 있는 참여자라면 개인상담이나 적합한 다른 프로그램으로 안내할 수도 있다.

#### ③ 라포 형성

프로그램에서 여러 참여자와의 첫 대면은 지도자는 물론 참여자에게도 긴장되는 순간이다. 하지만 사전 면담을 통해 지도자와 참여자가 개별적인 접촉을 함으로써 유대관계가 이미 시작되었다면 새로운 사람과 만나게 되는 프로그램에 좀 더 편안한 마음으로 참여할 수 있게 된다.

### (2) 사전 면담의 방식

#### ① 대면 면담

직접 대면은 언어적 의사소통 외에 참여자의 비언어적 메시지를 통해 더 많은 정보를 가질 수 있다는 장점이 있다. 프로그램에 대한 자세한 안내가 이루어질 수 있다는 점에서 참여자의 동기를 더 높일 수도 있다. 개별적인 면담은 많은 시간이 소요된다는 단점이 있는데, 다수에게 프로그램을 소개하고 그에 대한 질문과 참여 신청을 받는 집단면담의 형식도 가능하다.

#### ② 전화, 온라인 화상미팅

전화나 온라인 화상미팅을 통한 사전 면담은 시·공간적인 제약을 벗어날 수 있다는 장점이 있다. 전화의 경우 비언어적 정보를 파악하는 데는 제한이 따르지만, 본인 확인이나 간단한 정보교류를 위해 간편하게 이용할 수 있다. 최근에는 온라인 화상미팅 기능을 활용한 비대면 면담도 많이 이루어지고 있어 활용해 볼 만하다. 안정적인 면담시간을 확보하기 위해 미리 통화/접속 가능한 시간을 약속하고 진행하는 것이 좋다.

#### ③ 인터넷 게시판 혹은 온라인 신청서

홈페이지를 통한 프로그램 공지와 접수 신청을 받을 경우 간단한 질문양식에 맞춰 응답하는 것으로 접수를 받을 수 있다. 참가자 이름, 연락처, 프로그램을 통해 기대하는 것, 프로그램 주제와 관련하여 공개할 수 있는 정도의 가벼운 경험(예: 스트레스 받을 때 어떻게 하시나요?) 등을 등록하면서 접수 절차를 마칠 수도 있다. 공지문에 대한 댓글로 신청접수를 받는 것은 프로그램에 대한 사람들의 관심 정도를 알 수 있다는 점에서 또 다른 홍보 수단이 되기도 한다. 또한 이번 차수에 참여하지 못하더라도 차후의 기회를 도모할 수도 있어 잠재고객을 확보하는 수단이 되기도 한다.

온라인 신청서(예: 네이버폼, 구글폼, 카카오톡 채널 등)를 통해 프로그램 안내와 더불어, 참여자의 기본정보나 참여동기, 관련 경험을 물어볼 수도 있다. 또한 개인정보수집 및 이용에 관한 동의 여부를 묻거나, 비밀보장에 관해 안내할 수도 있다([그림 7-8] 참조). 온라인 신청양식은 참여자의 작성 내용을 엑셀 시트로 취합 정리할 수 있어서 참여자 관리의 사무절차가 간편하다는 장점이 있다.

④ 이메일 혹은 서면

일정한 양식의 질문지를 작성하여 직접 혹은 이메일이나 우편으로 접수하는 방법도 있다. 프로그램을 운영하기 위해 사전에 알아야 할 참여자의 정보를 구조화된 질문양식을 통해 수집함으로써 단시간 안에 여러 명의 정보를 얻을 수 있다는 장점이 있다. 그러나 자칫 형식적이고 피상적인 응답을 얻을 가능성도 있다. 충실한 정보를 얻기 위해서는 이러한 사전 질문지가 왜 필요한지, 어떤 목적으로 쓰이는지, 프로그램 내용과 어떤 연관성이 있는지를 친절하게 설명해 줌으로써 응답의 질을 높이도록 한다. 아울러 이메일이나 서면 접수를 받은 후에는 바로 확인 답신을 보내 지도자와 긴밀한 상호작용을 경험하도록 한다.

## 5. 프로그램 지침서 제작

프로그램 지침서(manual)는 성공적인 프로그램 실행을 위해 매주 중요하다. 지침서는 프로그램의 목표가 무엇인지, 이 목표를 달성하기 위해 어떠한 내용으로 구성되었고, 왜 이러한 순서로 조직화되었는지 등 프로그램 전반에 대해 큰 그림을 제공한다. 즉, 프로그램이 궁극적으로 도달하려는 목적지까지 참여자들을 어떻게 안내해야 하는지를 알려 주는 지도와 같다. '모로 가도 서울만 가면 된다'가 아니라, 목적지에 가기 위해 프로그램에서 계획한 경험의 경로를 따라갈 수 있도록 안내하는 것이다. 정교한 프로그램 지침서는 프로그램의 실시타당도를 높이는 데 필수적이다(김계현, 2000). 잘 만들어진 지침서는 진행자 간의 개인차를 줄이고, 프로그램의 목표와 의도한 활동들이 실행과정에서 충실하게 구현되도록 안내할 것이다.

프로그램 지침서를 작성하는 데 있어서 고려할 사항은 다음과 같다.

- 지침서 제작 집필진에 프로그램 개발자뿐만 아니라, 관련 분야 전문가와 현장 전문가를 포함시켜, 프로그램에 대한 전문적인 이해와 현장 활용성을 높인다.

## 대인관계향상 집단상담 안내문 및 동의

### 1. 집단상담의 주체

집단상담은 상담자가 조언하고 이끄는 것이 아니라, 귀하가 주체가 되어 함께 길을 모색해 가는 과정입니다. 대인관계 프로그램은 다양한 활동을 통해 자신의 대인관계를 이해하는 과정과, 집단원 간 상호작용을 통해 새로운 대인관계를 맺어 보는 과정으로 구성되어 있으며, 그 과정에서 집단원에게 자신의 이야기를 개방하게 될 수 있습니다.

### 2. 집단상담 횟수 및 시간

겨울 학기 집단상담은 매주 4시간씩 5주, 총 20시간 진행됩니다. 본 프로그램은 집단원과의 상호작용을 중심으로 이루어지는 집단상담이므로 가능한 결석 없이 끝까지 참석해 주시기 바랍니다. 잦은 결석은 본인뿐 아니라 다른 집단원의 상담성과까지도 저해할 수 있습니다. 프로그램 전 과정의 75% 이상 참여자에게는 프로그램 종료 후 수료증이 수여됩니다.

### 3. 비밀보장

집단에서 들은 다른 사람의 얘기를 집단 밖에서 절대 화제로 삼지 않습니다. 이것은 우리 집단의 안전에 관한 굉장히 중요한 원칙입니다. 집단 첫 회기에 리더가 이를 다시 구체적으로 다룰 것입니다.

### 4. 상담 기록 및 자문에 관한 등의

집단을 진행하고 운영하는 리더는 상담 진행과정을 점검하기 위해 기록을 작성할 수 있으며, 상담 자문이 필요한 경우 집단원의 동의하에 상담과정을 녹음할 수 있습니다. 상담 기록과 녹음 자료는 리더가 더 나은 상담을 진행하기 위해 개인을 식별할 수 있는 정보를 제외하고, 상담 자문과 사례회의를 위해서 사용됩니다. 상담 기록과 녹음 자료는 프로그램 종료 후 즉시 폐기되며, 개인 정보가 제외된 회기보고서는 기관에서 안전하게 보관하다가 5년 후 폐기(온라인 시스템 자료는 10년 후 폐기)됩니다.

---

위의 사항에 동의하십니까?

□ 동의함(다음 섹션으로 넘어갑니다.)

□ 동의하지 않음(신청이 종료됩니다.)

프로그램 신청에 필요한 정보들을 기입해 주세요.

1. 이름 ____________________

2. 성별
□ 남성 □ 여성 □ 기타

3. 생년월일(예: YYYY년 MM월 DD일) ____________________

4. 소속대학 ____________________

〈중략〉

11. 이전에 심리검사, 개인상담, 집단상담을 받아 본 경험이 있나요?(중복 선택 가능)
□ 없다
□ 심리검사
□ 개인상담
□ 집단상담
□ 기타

12. 이 프로그램을 알게 된 경로는 무엇입니까?(중복 선택 가능)
□ 개인 메일
□ 마이스누 게시판 및 배너
□ 대학생활문화원 홈페이지
□ 에브리타임 홍보 게시판
□ 스누라이프 홍보 게시판
□ 경험자의 권유
□ 기타

13. 대인관계향상 집단상담프로그램을 신청하는 이유는 무엇인지 적어 주세요.
(최대한 상세히 말씀해 주시면 집단 배정 및 운영에 도움이 됩니다.)

14. 대인관계향상 집단상담프로그램에 가지는 기대는 무엇인지 적어 주세요.
(최대한 상세히 말씀해 주시면 집단 배정 및 운영에 도움이 됩니다.)

[그림 7-8] 온라인 신청서 양식 예시

출처: 서울대학교 대학생활문화원(2021).

예를 들어, 창직교육 프로그램[4] 운영매뉴얼(김중진, 최영순, 최희영, 2017)의 경우, 창직(創職) 분야에 다양한 영역이 개입되어 있으므로 창직, 직업, 직무분석, 진로, 창업, 교육등의 전문가 11인과 현장 담당자가 지침서 집필에 참여하였다.

- 프로그램의 개발배경, 목적 및 목표, 프로그램 구성원리를 명확하게 전달하고, 관련 용어나 개념 설명, 이론적 토대 등을 습득하도록 한다. 관련자료나 보조교재를 포함시켜 진행자의 전문역량을 갖도록 도울 수 있을 것이다. 예를 들어, '북한이탈주민 정서 · 심리상담 전문상담사 매뉴얼'(김창대, 김동민, 최한나, 김은하, 2014)은 북한이탈주민의 특성에 대한 이해와 맞춤형 상담모형(PBIM-NKR)을 제공하고, 이와 관련된 동영상 및 교육연수 교재 등의 도움자료를 풍부하게 제시하였다.
- 프로그램 지침서가 실제 프로그램 실행에 도움이 되기 위해서는 예비연구나 시범 운영, 자문 등 다양한 경로의 피드백과 현장 의견을 받아 지침서 작성에 반영한다. 실시자뿐만 아니라 참여자의 주관적 · 객관적 반응자료는 프로그램 수정 · 보완에도 반영될 수 있는 상호보완적 채널을 허용한다.
- 진행지침은 자세하고 친절하게 작성하되, 지나치게 경직되지 않도록 진행자가 유연성을 활용할 수 있는 여지를 둔다.
- 워크시트, 다양한 활동자료나 예시자료 등을 제공하여, 현장에 맞게 선택 · 활용할 수 있는 편리성을 제공한다 .

### 1) 지침서의 구성

프로그램 지침서를 어떠한 내용으로 구성할 것인가는 프로그램 실행의 어떠한 차원을 강조하느냐에 따라 다르다. 앞서 프로그램 실행을 회기 진행, 프로그램 실시 및 운영의 세 차원으로 살펴보았는데(p. 215 [그림 7-1] 참조), 프로그램의 취지에 따라 강조되는 차원이 다르므로 그에 적합한 지침서 구성을 하게 된다. 예를 들어, 프로그램 개별 회기 내의 미시적인 진행과정과 집단활동의 상호작용과정을 상세하게 안내하는 지침서로 구성할 수도 있고, 참여자 모집부터 프로그램을 시작하고 종료

4) 창직교육 프로그램의 개발과정은 제11장에서 자세하게 소개하였다.

하기까지의 실시과정에 대한 지침을 제공하기도 한다. 좀 더 넓게는 프로그램을 도입하기 위해 제반 환경을 조성하는 전체 운영과정에 대한 가이드라인을 포괄할 수도 있다.

또한 소정의 지도자 교육을 받아야 프로그램을 운영·실시할 수 있는 자격이 주어지는 것인지, 혹은 별도의 지도자 교육 없이 지침서를 제공받아서 프로그램을 실행할 수 있는지에 따라서도 지침서 구성에서 강조되는 부분이 다를 것이다.

[그림 7-9]는 한국청소년상담복지개발원(2019)의 또래상담 운영지침서의 구성이다. [그림 7-9]에서 보는 바와 같이 또래상담자를 양성하고 관리해야 하는 교사들이 학교 현장에서 또래상담을 체계적으로 운영하는 데 도움이 되도록, 프로그램 도입부터 운영하고 평가하는 전체 과정에 대한 지침과 보조자료를 담고 있다.

〈도입 단계〉에서는 학교현장에 또래상담의 필요성과 또래상담 운영에 관한 전반적인 사항을 알려 준다. 이를 위해 또래상담의 필요성과 효과를 자세하게 기술하고, 지도교사의 역할에 대해 안내하고 있다. 〈기획 단계〉에서는 학교환경에 맞추어 또래상담을 운영하기 위해 전반적인 사항에 대해 준비할 수 있도록 안내하고 있다. 이를테면 학교장의 허가를 받기 위한 가이드라인부터 운영자원을 확보하는 것, 청소

| 도입 단계 | 기획 단계 | 운영 단계 | | | 평가 단계 |
|---|---|---|---|---|---|
| | | 양식 | 활동 | | |
| 또래상담의 이해<br><br>또래상담 지도교사 자격취득 | 또래상담자 대상 기획<br><br>학교 대상 기획<br><br>또래상담반 운영 허가<br><br>교내자원 확보<br><br>외부 연계 기관 기획 | 또래상담반 모집 홍보<br><br>또래상담자 모집 및 선발<br><br>또래상담자 기본교육 및 심화교육<br><br>또래상담반 조직관리 | 정서적 지지자<br><br>조력자<br><br>또래해결자<br><br>학교 및 지역사회 공감배려문화 형성 활동 | 또래상담 스마트 수첩 관리<br><br>사례지도<br><br>특성화 교육<br><br>또래상담 주간행사 | 또래상담자 개인 내적 역량 강화<br><br>학급응집력 강화<br><br>학교폭력에 대한 올바른 태도 형성<br><br>학교생활 만족도 향상 |

[그림 7-9] 또래상담운영지침서의 구성

출처: 한국청소년상담복지개발원(2019).

년상담지원센터와의 연계 등에 관한 자세한 안내가 있다. 〈운영 단계〉는 또래상담자 교육 · 양성 단계와 또래상담자 활동 단계, 또래상담자 추수관리 단계에 따라 필요한 지침을 제공하고 있다. 또래상담자 양성 단계에서의 지침으로 또래상담반 모집 홍보, 또래상담자 모집 및 선발, 또래상담자 교육, 또래상담반 조직관리를 지도하는 방안 등을 기술하고 있다. 또래상담자 활동 단계에서는 친구들에게 정서적 지지, 조력자, 문제해결자로서의 역할을 하고, 긍정적인 공감배려문화를 형성할 수 있도록 지도하는 방안이 구체적으로 기술되어 있다. 특히 초 · 중 · 고등학교 간의 차이가 크다는 점을 고려하여 학교급별로 또래상담자 양성과 활동지도지침을 세분하여 제공하였다. 마지막으로, 추수관리 단계에서는 또래상담 실적 관리, 또래상담 사례지도 방안 등을 자세히 안내하고 있다. 〈평가 단계〉에서는 또래상담 교육 및 운영 효과를 체계적으로 평가하기 위한 다양한 평가도구를 제시하고 평가 결과를 활용하는 방법을 제안하였다. 이와 같이 또래상담운영지침서는 또래상담이라는 제도를 처음 도입하고 기획하는 단계에서부터 또래상담자를 양성하고 활동을 지도하고, 평가하는 단계에 이르기까지 도움이 되는 지침과 자료를 제공하고 있다. 따라서 지침서의 내용도 미시적인 회기진행이나 프로그램 실시과정에 초점을 맞추기보다는 프로그램의 전체 운영과정에 맞춰 구성되어 있다.

또한 또래상담은 소정의 지도자교육을 받은 교사에 의해 전국적인 제도로 운영되는 프로그램이라서 운영지침서가 매우 상세하면서도 학교급별 운영현황을 취합할 수 있도록 체계화되어 있다. 운영지침서와 별도로 표준화된 훈련 프로그램에 따라 또래상담자를 양성하고 활동을 지도하는 지침서도 별도로 제공되고 있다. 이와 같이 프로그램 운영의 전체 과정을 포괄하는 지침을 단계별로 제공할 수도 있지만, 프로그램의 취지에 따라서는 전체 운영과정에 대한 상세한 지침보다는 구체적이고 미시적인 회기 진행에 초점을 맞출 수도 있다. 프로그램 실행의 세 차원을 모두 포괄할 것인지, 어느 차원에 초점을 맞추어 얼마나 상세한 지침을 제공할 것인지는 프로그램의 취지에 따라서 결정하도록 한다.

### 2) 프로그램 실시 및 회기 진행을 위한 지침 작성

프로그램 활동이 참여자의 경험에 축적되어 가면서 프로그램이 추구하는 목표에 도달하기 위해서는 몇 회기로 구성된 프로그램 실시과정과 매 회기별 진행과정에 대한 안내가 필요하다. 프로그램 지침서에는 일반적으로 프로그램 목표, 회기별 활동 목표, 운영지침, 준비물 등의 사안이 기록되어 있으며, 이를 통해 프로그램 개발자의 취지나 목표가 프로그램 실시자에게 전달될 수 있도록 구성한다. 이때 지침을 어떠한 형식과 내용으로 제시하는지는 프로그램마다 차이가 있다. 다음에 제시되는 두 가지 예시를 통해 지침서의 다양한 형태를 살펴보고, 자신의 프로그램에 어떠한 형식이 적절할지 가늠해 보자.

[그림 7-10]은 교육부 인증을 받은 고등학생 인성교육 프로그램『함,만,세』(함께 만들어 가는 세상: 인성교육-2021006호) 지도자 지침서의 2차시 내용이다. 회기지침은 크게 수업개요와 수업지도안의 두 파트로 제시되어 있다. 수업개요에는 학습주제 및 학습목표와 함께 수업의 의도를 제시하여 본 회기의 목표를 도달하기 위해 어떤 내용이 전개되어야 하는지를 밝히고 있다. 그리고 학습단계의 전체 구조를 도입-전개-정리 단계로 요약하고 시간 배분도 알려 주고 있다. 아울러 사전준비와 활용자료들을 일목요연하게 정리해 두어서 수업준비를 돕는다. 수업지도안은 본 회기가 진행되는 과정을 도입-전개-정리의 3단계로 보고, 각 단계의 주요활동을 교수자와 학습자의 관점에서 기술하였다.[5] 회기 진행에 도움이 되는 팁을 제공하고, 자칫 회기 진행이 어려워질 수 있는 경우를 미리 알려 주어 지도자의 시행착오를 줄여 주려는 시도가 엿보인다.

[그림 7-11]은 한국청소년상담복지개발원(2018)의 초등 인성교육 프로그램『올바름』(교육부 증-인성교육2019007호) 지도자 지침서 〈6차시-내 감정 사용법(자기조절)〉의 내용이다. 회기 진행 지침의 구성은 회기목표와 준비사항, 이 시간의 의미와 인성덕목과 관련 있는 인물을 소개하여 지도자가 회기내용을 깊이 있게 이해할 수 있도록 하였다. 진행과정은 도입활동-본활동-정리활동으로 전개하고, 각 단계의 활동과 안내 멘트를 예시로 제공하였으며, 활동을 위한 워크시트도 마련되어 있다. 또한 주제와 관련된 심화내용과 자료를 지도자 Tip으로 제공하고 있는 것이 특징이다.

5) '교수자-학습자의 반응' 형태의 회기 진행절차가 이보다 더욱 상세하게 기술된 사례는 삼성사회정신건강연구소(2016)의 초등학교 인성교육 프로그램『나, 너, 우리』 지도자 지침서를 참고하시오(인성교육지원센터 insung.kedi.re.kr/에서 열람 가능).

## 2. 이기주의 극복하기

**학습주제**

이기주의 극복하기

**차시구성**

2차시

**학습목표**

-이기주의의 의미를 설명할 수 있다.

-개인 이기주의의 문제와 극복방안을 설명하고 이를 실천할 수 있다.

**수업의도**

이기주의, 개인주의, 집단주의, 전체주의 개념을 학습하고, 본인은 어디에 해당하는지 성찰함으로써 개인주의가 이기주의로 흘러갈 수 있음을 주의하도록 한다. 한편, 지나친 집단주의는 전체주의가 될 수 있음을 알리면서 어떠한 입장에서건 상대방을 배려하는 기본자세를 갖춰야 함을 깨닫도록 한다.

**학습단계 요약**

도입(10분)

-괴로운 조별 과제

전개(35분)

-이기주의, 개인주의, 집단주의, 전체주의

정리(5분)

-이기주의 극복을 위한 실천 방법

**사전준비**

**활용자료**

-(워크북) p. 8~p. 13

-(활동지) 이기주의 극복을 위해 실천해야 할 내용 적어 보기

-(PPT) [2] 이기주의 극복하기

-(동영상)

- 잠재적 이기주의 https://youtu.be/1DbJbNRYOLM
- 조별과제 무임승차 https://www.youtube.com/watch?v=TNtbThicCl8
- 인간이 지구를 망친 과정 https://youtu.be/bm-FaiKG3L4

**수업지도안**

| 도입 | |
|---|---|
| 〈교수자〉 | 〈학습자〉 |
| • (워크북 읽기 지도) '괴로운 조별과제'를 읽게 한다.<br>• (설명) 사례의 고애신과 김희성의 입장 중 학습자가 어디에 동의하는지 고민할 수 있도록 부연 설명<br>• (워크시트 작성지도) '괴로운 조별과제'에 대한 워크시트를 작성하게 한다. | • (워크북 읽기) '괴로운 조별과제'를 읽는다.<br>• (성찰) 사례의 고애신과 김희성의 입장 중 학습자가 어디에 동의하는지 고민<br>• (워크시트 작성) '괴로운 조별과제' 내용과 교수자의 설명을 토대로 워크시트를 작성한다. |

| 전개 | |
|---|---|
| 〈교수자〉 | 〈학습자〉 |
| • (워크시트 작성) 이기주의/개인주의/집단주의/전체주의를 읽게 하고 워크시트를 작성, 발표하게 한다.<br>• 워크시트를 작성하게 하면서 학습자별로 각자가 평소 가치관과 행동이 이기주의, 개인주의, 집단주의, 전체주의 중 어디에 해당되는지 고민하게 한다.<br>–또한 여러 명의 학습자가 발표하도록 유도하여 각자 생각의 차이를 비교할 수 있도록 한다. | • (성찰 및 나누기) 이기주의/개인주의/집단주의/전체주의를 읽고 워크시트를 작성, 발표한다.<br>• 워크시트를 작성하고 발표 또는 발표를 경청하면서 본인의 평소 가치관과 행동이 이기주의, 개인주의, 집단주의, 전체주의 중 어디에 해당되는지 고민해 본다. 다른 사람들과 어떤 차이가 있는지 비교한다. |

| 정리 | |
|---|---|
| 〈교수자〉 | 〈학습자〉 |
| • (질문 및 정리) 배운 내용, 질문을 작성하게 한다.<br>• (실천의지 갖게 하기) 이기주의를 극복하기 위해 실천해야 할 내용을 작성하게 한다. | • (질문 및 정리) 배운 내용, 하고 싶었던 질문을 작성한다.<br>• (실천의지 갖기) 이기주의를 극복하기 위해 실천해야 할 내용을 작성한다. |

| 수업 시 이렇게 하면 좋아요 |
|---|
| • 학습자들은 이기주의 극복 방안으로 사람들과 적극적으로 소통한다는 답변을 가장 많이 하는데 소통의 어려움과 중요성을 깨닫지 못한 채 구체적인 실천의지가 없이 답변하는 것이 통상적임<br>–따라서 소통의 어려움을 설명하고, 이기주의 극복을 위한 구체적 실천방법을 고민하고 실천의지를 가질 수 있도록 지도할 수 있어야 함 |

| 수업 시 이렇게 하면 어려울 수 있어요 |
|---|
| • 이기주의의 반대 개념을 이타주의로 설정하여 이타성을 지나치게 강조하면 학습자로 하여금 심리적인 반발감을 발생시킬 수 있음<br>–개인주의에 가치를 두고 있는 학습자는 스스로의 개인주의 수준을 스스로 성찰해 봄으로써 자신의 생각과 태도를 스스로 변화시키는 계기를 제공하는 것이 바람직함<br>• 공동체 또는 집단을 강조하는 것이 극단적일 경우 개인의 입장을 고려하지 않는 전체주의로 나타난다는 것을 알려 주어야 함<br>–개인주의 수준이 높은 사람을 배척하지 않고 배려하며, 공동체 구성원의 사고와 태도가 균형을 이루어야 한다는 것을 알려 주기를 권장함 |

[그림 7-10] 고등학생 인성교육 프로그램 『함, 만, 세』 지도자 지침서의 2차시 내용

## 06 내 감정 사용법

**1. 목표**

첫째, 다양한 감정단어를 익힌다.
둘째, 자신과 친구의 감정조절방법을 알아본다.
셋째, 자기대화를 활용한 감정조절방법을 익힌다.

**2. 준비사항**

워크시트, PPT 자료, 필기구

**3. 이 시간의 의미**

개인은 기질이나 성장환경 등에 따라 자기 나름의 감정조절방법을 개발하여 사용한다. 다양한 감정조절방법 중에는 적응적인 것도 있고 부적응적인 것도 있다. 적응적인 방법은 부정적인 정서를 해소시키는 데 효과적이며 해소과정에서 자신과 타인을 해치지 않는다.

〈중략〉

본 회기는 인지행동치료이론과 Donald Meichenbaum의 인지적 행동수정의 기법을 활용하여 청소년의 감정조절능력을 함양하는 데 도움을 주고자 한다.

> ※ 안내멘트의 예시
>
> 이 시간의 주제는 '자기조절'이에요. 여러분은 어린 시절이 기억나나요? 식당에서 내 마음대로 소리 지르고 뛰어다닐 때, 부모님이 "그러면 안 돼."라고 말했던 적이 있었죠? 그런 부모님의 훈육이 우리 마음속에 자기조절장치를 만들어서 중학생이 된 지금은 식당에서 소리 지르면서 뛰어다니지 않게 되었잖아요.
> 〈중략〉

**4. '자기조절'의 인물: 넬슨 만델라**

> 넬슨 만델라, 전 남아프리카공화국 대통령은 남아공의 흑백분리정책에 저항하다가 종신형을 선고받고 로벤섬의 차가운 감방에 27년간 수감됐습니다. 처음에 그는 힘든 고문과 열악한 감옥 환경 때문에 하루하루를 보내는 것이 지옥과 같았다고 합니다. 그는 변호사들을 만날 때마다 자신의 분노를 쏟아 놓았습니다.
> 〈중략〉

**5. 진행과정**

**1) 도입활동**

●감정카드게임

① 모둠별로【워크시트 6-1】감정단어카드를 한 세트씩 나누어 준다.
② 감정단어카드를 글자가 적힌 면이 보이지 않도록 뒤집어서 책상 위에 정렬하게 한다.

③ 각 모둠원이 자신의 순서에 카드 두 장을 뒤집어 카드 내용을 확인하게 한다.
④ 뒤집은 두 장의 카드에 같은 감정단어가 적혀 있으면 그 카드는 뒤집은 사람이 가지고, 다른 감정단어가 적혀 있으면 도로 뒤집어 제자리에 두게 한다.
⑤ 뒤집을 카드가 없어질 때까지 카드가 있던 위치를 기억해 내면서 카드 뒤집기를 계속하게 한다.
⑥ 게임을 마친 후, 각자 획득한 카드의 장수를 세고, 가장 많은 카드를 가진 사람이 이기게 된다.
⑦ 각 모둠별로 카드게임에서 이긴 사람에게 보상물을 수여한다.

※ 안내멘트의 예시

여러분이 게임에 사용한 감정단어 카드에는 다양한 감정이 적혀 있죠? 우리는 이렇게 다양한 감정을 느끼면서 살고 있어요. 그 감정 중에 내가 조절하기 어려웠던 감정이 있나요? 이번에는 내가 감정을 어떻게 조절하고 있는지, 내 옆의 친구는 어떻게 감정을 조절하고 있는지 찾아보면서 우리들의 '감정 사용설명서'를 만들어 볼 거예요.
〈중략〉

2) 본 활동

● 우리의 감정 사용설명서

①【워크시트 6-3】의 감정조절방법 예시를 나누어 주고 다양한 감정조절방법을 소개한다.
②【워크시트 6-2】의 '우리의 감정 사용설명서'를 나누어 주고, 각자 부정적인 감정이 들었던 상황과 그때의 감정을 워크시트에 적게 한다. 그리고 그때 감정을 조절하기 위해 시도했던 방법을 '나의 감정조절방법' 란에 작성하게 한다(작성 시, 사전에 나누어 준 감정조절방법 목록을 참고하도록 한다).
③ 워크시트를 옆 친구에게 돌리고, 워크시트를 받은 친구는 '내 친구들의 감정조절방법' 란에 자신의 감정조절방법을 작성하게 한다.
④ 롤링페이퍼 형식으로 워크시트를 계속 돌려 다른 친구의 워크시트에 자신의 감정조절방법을 적어 주도록 한다.
⑤ 자신의 워크시트를 돌려받고 난 후, 자신과 친구들의 감정조절방법들을 읽어 보고 더 효과적이고 건강한 방법을 선택하여 '더 좋은 감정조절방법' 란에 작성하게 한다.
⑥ 모둠별로 1~2명씩 대표로 워크시트의 내용을 발표하게 하고, 발표자에게 보상물을 수여한다.

※ 지도자 Tip

불쾌한 감정을 해소하기 위한 청소년만의 방법이 있다. 우선은 그 방법이 부적응적이든, 적응적이든 불쾌한 감정에서 벗어나기 위한 최선의 노력인 것에 대해서는 인정해 주는 것이 중요하다. 그리고 적응적인 방법이 감정을 해소하는 데 더 효과적이며, 결과도 긍정적이라는 점을 부각하면서 적응적인 감정조절방법을 소개하는 것이 좋다. 다음은 이지영 박사의 정서조절 코칭북의 일부로, 정서조절방법을 분류한 내용이다. 학생들 개인의 감정 사용설명서 작성활동을 진행할 때 정서조절방법에 대한 기본적인 지식을 갖추고 있으면 도움이 될 것이다.

1. 부적응적 방법
 (1) 부정적으로 생각하기: 불쾌한 감정을 일으킨 사건의 부정적인 측면을 반복해서 떠올리는 것, 상황을 더 파국적으로 생각하는 것, 자기비난하는 생각을 하는 것
 〈중략〉

2. 적응적 방법
 〈중략〉

● 감정조절을 위한 셀프토크(Self Talk)

① 생각이 감정을 유발하는 과정과 생각의 전환을 통해 감정을 조절하는 셀프토크 기법을 소개한다.

※ 안내멘트의 예시

감정은 어떻게 만들어질까요? 어떤 심리학자들은 우리가 느끼는 감정은 우리가 떠올리는 생각에 의해서 생긴다고 했어요. 어두운 밤, 골목 저 멀리서 누군가 걸어오고 있는 상황에서 '저 사람은 나를 해칠지도 몰라.'라고 생각하면 어떤 감정이 들까요? 공포감에 머리가 쭈뼛 서겠죠? 반대로 '저 사람은 내가 좋아하는, 우리 삼촌일 거야.'라고 생각하면 어떤 감정이 들까요? 반갑고 기쁜 감정이 들지 않을까요?
〈중략〉

※ 지도자 Tip

Meichenbaum의 자기-지시치료
〈중략〉

② 【워크시트 6-4】를 나누어 주고 부정적인 감정이 생겼던 상황과 그때 머릿속에 떠올랐던 생각을 기억해서 워크시트의 상단에 작성해 보도록 한다.
③ 그때 느낀 자신의 감정을 점수로 표현해 보게 한다.
④ 그 생각을 전환하는 셀프토크를 워크시트의 하단에 작성해 보도록 한다.
⑤ 셀프토크를 하고 난 후 자신의 감정이 어느 정도 변화되었는지 점수로 표현해 보게 한다.

3) 정리활동
① 활동을 통해 새롭게 알게 된 점과 느낀 점을 나누도록 한다.
② '자기조절을 잘하는 나'가 되기 위한 실천행동에는 어떤 것이 있을지 나누도록 한다(【워크시트 12-1】 활용).
③ 이번 시간의 전체적인 내용을 요약 · 정리하고 마무리한다.

[그림 7-11] 초등 인성교육 프로그램 『올바름』 지도자 지침서 6차시 진행과정

이 두 가지 예시에서 보는 바와 같이 프로그램 회기 진행지침은 회기별 목표와 주요 내용 소개, 준비사항, 진행과정에 따른 활동지도 등으로 구성된다. 그러나 회기의 주제와 전개 과정을 얼마나 자세하고 심도 있게 제공하느냐에 따라 차이가 있다. 회기에서 다루는 주제와 관련된 심화자료를 제공하여 진행자의 역량을 높일 수 있다. 또한 도입-전개-정리의 회기 진행과정에서 진행자가 할 말을 자세하게 제시하는 경우 프로그램을 처음 실시하는 진행자의 부담을 줄여 주고, 진행자 간의 개인차를 줄일 수 있다는 장점이 있다. 그러나 지나치게 상세한 지침에 따라 정해진 순서대로 진행하다가 자칫 집단의 역동적인 흐름을 놓치고 경직된 분위기에 빠질 수 있다. 따라서 프로그램 지침서를 어느 정도 상세하게 기술할 것인가는 프로그램의 성격, 프로그램 진행자의 역량과 요구 등을 고려하여 결정하도록 한다. 다양한 프로그램 지침서의 예시를 살펴보고 적합한 지침서 구성 형태를 결정할 수 있는데, 공신력 있는 기관의 인증프로그램[6]을 참고해 볼 만하다. 프로그램 지침서의 기능은 프로그램의 취지와 목표, 그리고 이 목표에 도달하기 위해 프로그램이 어떻게 구성되었는지를 명확하게 이해하고, 프로그램 활동을 전개할 수 있도록 돕는 것이다. 이러한 지침서의 기능을 할 수 있다면 프로그램에 적합한 새로운 형식의 지침서도 가능할 것이다.

이 장에서는 프로그램 실행을 앞두고 준비해야 할 제반 사항에 대해 살펴보았다. 〈표 7-4〉는 프로그램 실행을 준비하고 계획하면서 점검하고 확인해야 할 사항을 정리한 것으로, 준비과정에서 체크리스트로 활용할 수 있다.

6) 교육부의 인증을 받은 인성 교육프로그램은 인성교육지원센터(insung.kedi.re.kr/)에서 열람이 가능하다.

**표 7-4 프로그램 실행 준비를 위한 체크리스트**

| | 점검사항 | 담당자 | 점검 여부 |
|---|---|---|---|
| 예산수립과 관리 | • 필요한 예산의 확보가 가능한가? | | |
| | • 원하는 일정에 맞춰 경비 지출이 가능한가? | | |
| | • 경비 지출에 필요한 구비 서류 및 양식은 무엇인가? | | |
| 인적 자원 확보와 관리 | • 프로그램 운영진은 어떻게 구성할 것이며, 각각의 역할 분담은 명확하게 이루어졌나?(프로그램 관리자, 지도자, 설계자 및 평가자) | | |
| | • 프로그램 지도자 선정/섭외가 적절히 이루어졌나?<br>–필요할 경우 지도자 교육/훈련이 가능한가?<br>–프로그램 지침서를 충분히 숙지하였는가? | | |
| | • 프로그램 운영의 제반 활동을 지원하는 인력이 필요하다면, 어떻게 인력을 충원할 것인가? | | |
| | • 프로그램 평가를 위해 사전에 준비할 사항은 무엇이며 누가 담당하나? | | |
| | • 관련기관과의 협의와 조율이 필요한가?<br>–의뢰된 프로그램을 진행할 경우, 진행상황에 대한 보고와 프로그램 평가 결과를 어떻게 전달할 것인가? | | |
| 물적 자원 확보와 관리 | • 장소는 잘 준비되었나?<br>–지정된 날에 장소를 사용할 수 있나?<br>–교육장소의 위치, 크기, 밝기, 온도, 환기는 적절한가?<br>–프로그램 진행에 적합한 좌석배열이 가능한가?(책상 및 의자) | | |
| | • 기자재 및 설비는 잘 갖춰졌나?<br>–필요한 기자재는 무엇인가?(칠판, 화이트보드, 노트북, 빔프로젝터, 녹음 및 녹화장치 등)<br>–음향시설은 적합한가?(마이크, 스피커 등)<br>–그 외 필요한 교구 및 물품은 잘 준비되었나? | | |
| | • 안전관리를 위한 사전점검과 준비가 되어 있나?<br>–화재 및 안전사고에 대한 점검이 이루어졌나?(교육장소의 비상대피로, 소화기 위치, 구급의약품 등의 확인, 교육장 및 주변의 위험요소 확인 및 조처)<br>–감염병 예방을 위한 대처방안은 마련되어 있나?(방역 및 소독/거리두기 수칙에 따른 대안 마련 등)<br>–돌발상황 발생 시의 역할분담이 이루어졌나? | | |

| | | | |
|---|---|---|---|
| 프로그램 마케팅 및 홍보 | • 프로그램 마케팅 전략은 무엇인가?<br>–프로그램의 취지와 가치를 어떻게 전달할 것인가?<br>–이를 효과적으로 전달하기 위한 방법은 무엇인가? | | |
| | • 누구를 대상으로 어떠한 내용을 홍보할 것인가?<br>–홍보문에 프로그램에 대한 안내가 명확하게 담겨 있는가?<br>–홍보대상에게 적합한 홍보채널과 홍보매체는 무엇인가?(포스터, 가정통신문, 이메일, 홈페이지 게시, SNS 등)<br>–홍보기간은 충분하였나?<br>–홍보기간 중에 문의사항에 대한 안내는 원활하게 이루어지고 있나? | | |
| 참여자 모집과 선발 | • 프로그램 참여자를 어떻게 모집할 것인가?<br>–일정 기준에 부합하는 참여자를 선정한다면, 그 기준은 명확한가?<br>–희망자를 모집하는 경우, 제한 인원을 어떻게 설정할 것인가?(선착순, 추첨, 선발 등)<br>–의무적으로 참여하는 경우, 이들의 참여도를 높이기 위한 전략은 무엇인가? | | |
| | • 별도의 사전 면담이 필요한가?<br>–사전 면담의 취지는 무엇인가?<br>–사전 면담은 어떤 방식으로 이루어지나?(대면, 전화/화상미팅, 온라인신청서 등)<br>–사전 면담을 진행할 담당자는 누구인가? | | |
| | • 프로그램 참가 접수방법은 쉽고 명확한가?<br>–프로그램 접수담당자는 누구인가?<br>–참가자에게 참석확정에 대한 통지 및 사전 안내는 잘 이루어졌나?(프로그램 목적, 일시, 장소, 사전준비물 등) | | |
| | • 참가신청에 따른 개인정보수집의 절차는 타당한가?<br>–개인정보수집에 대한 기준과 안내가 명확히 이루어졌나?<br>–개인정보수집에 대한 참여자 동의를 얻었는가? | | |
| 프로그램 진행 관련 준비사항 | • 일정 및 장소안내는 잘 이루어졌는가?<br>–사전확인, 장소안내문 부착 등 | | |
| | • 출결관리 기준이 있는가?<br>–출석체크방식, 수료기준, 결석 시 패널티 혹은 보충계획 등 | | |
| | • 매 회기 필요 물품과 자료는 준비되었는가?<br>–명찰 및 출석부, 간식 및 음료수, 필기도구, 유인물 및 자료 등 | | |

| | | | |
|---|---|---|---|
| 프로그램 진행 관련 준비사항 | • 지도자와 운영진과의 협의가 원활하게 이루어지고 있나?<br>–사전준비사항에 대한 점검이 이루어졌나?(지도자가 외부강사라면 강의일정, 장소, 시간 등에 대한 사전확인이 이루어졌나?) | | |
| | • 진행과정에서의 제반 사항을 누구에게 문의하고 확인하나?<br>–운영진과 지도자가 원활하게 소통할 수 있는 채널이 있나?<br>–참여자의 문의사항에 누가 어떻게 안내할 수 있나?(문의창구가 공지되었나?) | | |
| | • 기록계획이 있다면 어떤 방식으로 할 것인가?<br>–기록방식에 따른 준비가 되었나?(녹음, 녹화, 기록 등)<br>–기록에 대한 참여자의 사전동의를 구하였나?<br>–기록물 보관 기한은 언제까지인가? | | |

## 생각해 보기

1. 프로그램 실행에 영향을 미치는 요인을 열거하고, 본인이 구상하고 있는 프로그램에는 어떤 요인들이 어떻게 영향을 미치게 되는지를 설명하시오.
2. 본인이 프로그램을 실행하게 되는 시점에 이르렀다고 가정해 보자. 함께 운영할 인력 자원을 떠올려 보고, 이들의 역할분담을 계획해 보시오.
3. 본인이 구상하고 있는 프로그램이 효과적으로 실행되기 위해서 갖춰져야 할 물리적 자원 및 환경(장소)은 무엇이며, 이를 확보하고 관리하기 위한 방법을 계획해 보시오.
4. 학교장면에서 전교생을 대상으로 하는 프로그램을 실행하게 되었다. 학생들의 관심과 참여를 높이기 위한 홍보전략을 구상하고, 홍보문을 작성해 보시오.
5. 인원 제한이 있는 특정 프로그램을 실시한다고 할 때 참여자를 어떻게 모집할지를 구상해 보시오(참여자 선정기준 선정, 선정기준의 적용방식, 선정기준을 신청자에게 공지하는 방식 등을 어떻게 정하고, 적용할 것인지, 이 내용을 신청자에게는 어떻게 전달할 것인지에 관한 구체적인 전략을 세워 보시오).

## 적용

1. 자신이 관심을 두고 다루어 온 프로그램을 선정하여, 그 프로그램을 실행하기 위한 구체적인 실행계획을 수립하고, 자신이 속한 기관에 제출할 프로그램 실행계획서를 작성해 보시오.

- 프로그램명

  일시:

  장소:

  대상:

  장소:

  집단 운영방식(집단의 크기/형식):

- 프로그램 실행을 위한 인력구성 및 역할 분담

- 예산수립

- 실행계획 일정관리

- 프로그램 홍보 전략

- 참여자 모집과 선발방식

- 준비사항 점검을 위한 실무 체크리스트

제8장

# 프로그램 실행과 모니터링

프로그램을 실행하기 위한 만반의 준비를 마치고 드디어 프로그램을 실시하는 시점에 이르렀다. 이제는 구체적인 실행을 위한 실전 경험과 노하우가 필요하다. 이 장에서는 프로그램의 목적과 목표에 도달하기 위해 실제적인 운영과 개입과정을 살펴보고자 한다. 우선, 프로그램을 성공적으로 실행하기 위한 전략을 세우고, 지도자의 역할과 지도형태를 알아본 후, 자신의 프로그램에 적합한 지도역량을 키우게 될 것이다. 아울러 프로그램이 실시 · 전개되어 가는 진행단계별로 다뤄야 할 과제와 실행 전략을 제안한다. 프로그램을 실행하면서 프로그램의 의도와 절차대로 실행되는지를 점검하고 개선 · 보완하는 작업은 매우 중요하다. 이를 위해 프로그램 모니터링의 의미와 방법을 설명하고 있다. 더불어 프로그램 실행과정을 기록 · 관리하는 방식과 실행윤리에 대해서도 살펴볼 것이다.

**이 장에서 다룰 주제**

- 성공적인 프로그램 실행 전략은 무엇인가?
- 프로그램 지도자는 어떠한 역할을 하고 어떻게 지도할 것인가?
- 프로그램 실시 단계별 과제와 전략은 무엇인가?
- 프로그램 모니터링을 해야 하는 이유는 무엇이며, 어떻게 하는가?
- 프르로그램 실행에서 기록이 왜 필요하며, 기록은 어떻게 관리하나?
- 프로그램 실행윤리는 무엇인가?

## 1. 프로그램 실행

### 1) 프로그램 실행 전략

프로그램 실행이란 프로그램이 지향하는 목적과 목표를 실현하기 위해 실제 행동으로 옮기고 전개해 가는 과정이다. 프로그램을 전개해 가는 현실 세계는 여러 가지 요인이 실행과정에 영향을 미친다. 잘 조직화된 프로그램이라 하더라도, 프로그램 단독으로 실행이 이루어지지는 않는다. [그림 8-1]에서 보는 바와 같이, 프로그램이 성공적으로 이루어지기 위해서는 프로그램 지도자의 지도활동, 관리자의 운영관리, 참여자의 학습활동이 통합적으로 상호작용하는 노력이 필요하다. 아울러 이 세 측면이 속한 환경적 맥락의 영향도 함께 고려해야 한다.

따라서 프로그램이 성공적으로 실행되기 위해서는 다음과 같은 기본적인 전략들을 고려해 볼 수 있다.

첫째, 프로그램 지도자는 참여자들이 프로그램에 적극적으로 참여하도록 촉진하는 것에서부터, 프로그램 실행을 위한 제반 여건을 운영·관리하는 관리자와 긴밀한 협력관계를 구축해야 한다. 일반적으로 상담 및 심리교육 프로그램에서 지도자는 참여자와의 상호작용과정에 더 많은 비중을 두게 되는데, 프로그램 활동경험이 축적되어 가면서 변화를 이뤄 가는 참여자가 프로그램의 직접 대상자이기 때문이다. 그러나 프로그램이 실행되는 맥락이나 외부환경도 프로그램 활동에 영향을 미

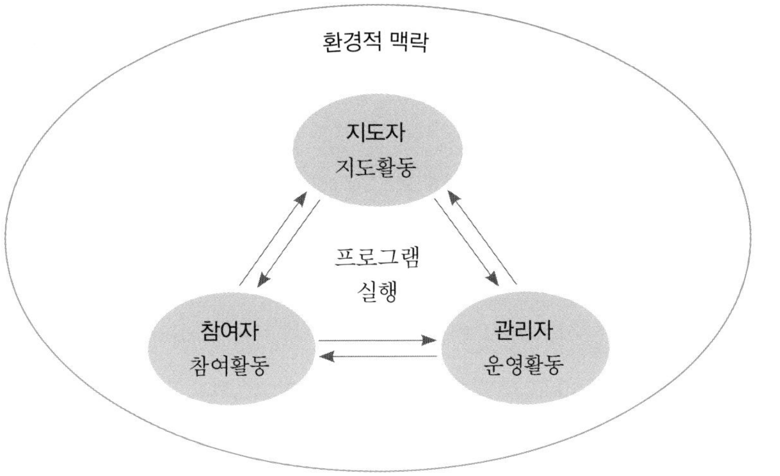


[그림 8-1] 프로그램 실행의 전개요인

친다. 프로그램이 실행되는 기관에서 자신이 진행하는 프로그램의 의의를 알리고 협력관계를 구축함으로써, 필요한 물적 자원을 확보하고 협조적인 환경을 조성할 수 있어야 한다.

둘째, 효과적으로 프로그램을 실행하기 위해 필요한 인적 자원을 확보 · 조직하여 역할분담을 명확히 하고, 그 역할을 효과적으로 수행하기 위한 제반노력을 강구하여야 한다. 아울러, 프로그램 실행과정에 혼란이 일어나지 않도록 물적 자원을 체계적으로 확보 · 정비하고, 원활한 의사소통과 긴밀한 협력관계를 유지하도록 한다. 경우에 따라서는 지도자가 프로그램 진행뿐만 아니라, 운영관리의 역할을 함께 담당할 수도 있는데, 제반 진행 상황을 알리고 유사시에 지원을 요청할 수 있는 협조체제를 구축해 두는 것이 좋다.

셋째, 프로그램을 실행하는 과정은 필요에 따라 조정할 수 있는 융통성이 필요하다. 프로그램을 실행하다 보면, 참여자를 비롯하여 외부 환경 등 다양한 변수에 의해 영향을 받게 된다. 이를테면 기상조건의 변화, 지도자나 관리자, 참가자의 예기치 못한 사정, 프로그램 장소나 일정의 갑작스러운 변화 등이 생길 수 있다. 따라서 프로그램 진행과정을 환경적 맥락 안에서 주의 깊게 관찰 · 탐색하고, 보다 나은 실행을 위해 필요한 조치들을 부단히 강구하면서 수정 · 보완활동이 이루어져야 한다. 이러한 개선활동은 보다 만족스러운 결과를 얻는 데 도움이 될 것이다.

넷째, 지도자는 참여자들의 변화를 돕는 촉진적인 상호작용 환경을 마련하고, 지속적인 관심과 강화를 제공해야 한다. 참여자는 프로그램에 계획된 활동에 참여하지만, 프로그램의 내용을 습득하는 것뿐만 아니라, 지도자나 다른 참여자와의 촉진적인 상호작용과 경험적 과정을 통해 변화를 체험하게 된다. 따라서 지도자는 참여자가 변화의 힘을 가지고 있다는 것을 믿고, 이러한 내적 경험을 체험할 수 있도록 다양한 전략과 기법을 구사할 수 있어야 한다.

다섯째, 지도자는 참여자들의 변화과정을 잘 감지하고 이해할 수 있는 감수성을 갖추고, 그 과정에 반응하고 적절한 조치를 취하여야 한다. 프로그램 실행과정에서 참여자는 다양한 상호작용과 내적 경험을 하게 된다. 이때 지도자는 참여자가 보이는 반응을 기꺼이 공감하고 수용할 수 있어야, 참여자가 안정감을 느끼고, 이를 바탕으로 변화를 시도할 수 있을 것이다. 또한 프로그램 진행과정에서 발생할 수 있는 참가자의 불만이나 비협조 등을 예방하고 해결할 수 있는 지도역량을 갖춰야 한다.

### 2) 지도자의 역할과 지도형태

프로그램 실행이란 프로그램의 목적과 목표를 실현해 가는 과정이다. 즉, 프로그램 실행이란 지도자가 지도활동을 전개해 감으로써, 참여자들의 경험이 축적되어 가고, 그로 인해 참여자들의 변화가 일어나는 과정이다. 따라서 참여자가 의미 있는 경험을 할 수 있도록 집단활동을 전개하는 지도자의 역량이 매우 중요하다. 지도자의 전문적인 역량은 프로그램 내용과 관련된 지식뿐만 아니라, 프로그램 활동에 참여하는 지도자의 자세, 참여자와의 관계를 맺어 가는 방식 등이 영향을 준다. 프로그램을 실행하는 데 있어서 지도자가 얼마나 많이 아느냐보다는 어떻게 행하느냐가 매우 중요하기 때문이다.

프로그램의 형태와 접근 방식에 따라 지도성을 발휘하는 형태가 조금씩 다르지만, 김영숙 등(2002)은 효과적인 프로그램 실행을 위하여 지도자가 수행해야 할 역할과 갖추어야 할 자세에 대해 네 가지를 언급하였다.

첫째, 지도자는 명령, 강제, 통제하기보다는 참여자의 활동을 촉진하고 격려하는 역할을 수행해야 한다.

둘째, 지도자는 참여자의 눈높이에 맞추어야 하고, 참여자 개개인을 독특성을 지닌 인격체로 바라보고, 각자가 가진 성장가능성을 인정해야 한다.

셋째, 지도자는 참된 '만남'을 통해 인간의 사고와 행동 · 태도 · 습관이 변하고 전체 인격의 발달로 이루어진다는 것을 깊이 인식하고, 이를 바탕으로 최선의 지도활동을 구사하여야 한다.

넷째, 지도자는 전문가적 자질을 향상시켜야 하며, 진솔하고 자연스러운 행동을 통하여 참여자에게 자신이 한 인간으로서 어떤 식으로 삶을 살아가는가를 보여 주는 모델이 되어야 한다.

프로그램의 성격과 범위에 따라, 그리고 지도자와 참여자와의 상호작용 양상에 따라 지도자의 지도형태나 역할이 다양한 양상을 띤다. 지도자나 참여자가 어느 정도의 권한과 자유를 가지느냐에 따라 집단 내 상호작용 양상이 다르며, 그에 따라 집단의 전개과정도 달리 진행될 수 있다. Napier와 Gershenfeld(1973) 및 Tannenbaum과 Schmidt(1960)는 의사결정과정에서 상담자의 권한 영역과 집단원의 자유재량 영역이 어느 정도냐에 따라 집단상담에서의 지도성 형태를 구분하였는데, [그림 8-2]와 같다(이형득, 김성회, 설기문, 김창대, 김정희, 2002).

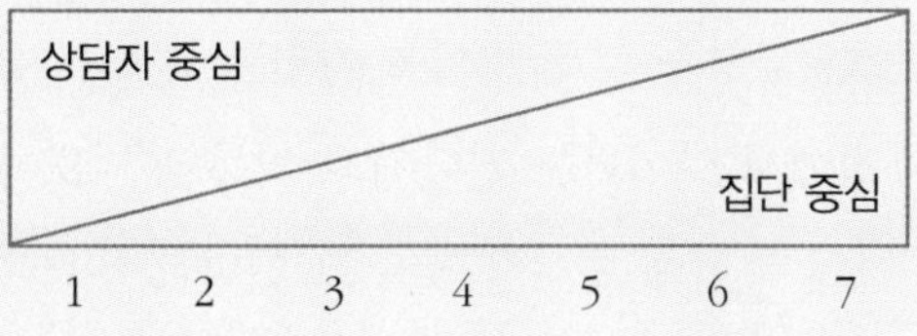


1. 집단상담자가 미리 정하여 일방적으로 알리는 형태
2. 집단상담자가 미리 결정하여 따르도록 설득하는 형태
3. 집단상담자가 그의 결정을 제시하고 이해시키기 위하여 질문을 받는 형태
4. 집단상담자가 임시적 결정을 제시하고 집단의 반응을 참작하여 최종 결정을 하는 형태
5. 집단상담자가 몇 가지 안을 제시하고 집단이 그중에서 결정을 하는 형태
6. 집단상담자가 범위를 정해 주고 그 안에서 집단이 토의, 결정케 하는 형태
7. 문제, 범위, 결정 등 모든 것을 집단(집단상담자도 포함)에서 토의하고 결정하는 형태

[그림 8-2] 권한 영역에 따른 집단지도의 형태

그림에서 보는 바와 같이 왼쪽으로 옮겨 갈수록 집단상담자에게 권한이 있어 강한 통제를 하게 되고, 오른쪽으로 옮겨 갈수록 집단에 주어지는 자유재량권이 커져 집단상담자는 가능한 통제를 풀어 주게 된다. 왼쪽으로 갈수록 집단상담자가 집단의 방향을 결정하고 사전에 계획된 조직적인 프로그램에 따라 집단상담자의 구체적인 지시에 의해 집단활동이 전개된다. 구조화된 집단프로그램이 왼쪽에 위치한다고 볼 수 있다. 왼쪽으로 옮겨 갈수록 집단상담자는 그 집단의 방향과 결과 혹은 성공, 실패에 대한 전적인 책임을 지게 되므로 지시적인 자세를 취하며 스스로를 전문가로 보고 전문적인 기술을 동원하여 적극적으로 집단을 이끌어 나가려고 노력한다. 반면에 오른쪽으로 옮겨 갈수록 집단상담자는 집단의 방향 결정과 결과의 책임을 집단에게로 이양한다. 집단상담자 자신도 한 사람의 일원으로 집단활동에 참여한다. 사전계획이나 준비에 의해 집단을 이끌기보다는 집단원의 상호작용과 역동에 따라 집단의 과정이 복잡하게 전개된다. T집단과 참만남집단, 비구조화 집단상담은 오른쪽에 위치한다.

본인이 진행하게 될 집단프로그램이 연속선상의 어느 위치에 있는지 가늠해 보자. 집단의 전개과정에서 지도자가 어느 정도 권한을 가지고 주도해 갈 것인지, 집단원의 상호작용과 역동을 어느 정도 활용할 것인지를 가늠해 볼 수 있을 것이다. 관련문헌을 살펴보면, 집단지도나 사회복지프로그램의 경우 집단의 전개과정에서 프로그램의 '내용'을 잘 다루기 위해 지도자의 지도성을 발휘하기 위한 구체적인 지침에 초점을 맞추고 있다(김영숙, 김욱, 엄기욱, 오만록, 정태신, 2002). 반면에 집단상담 분야에서는 전개과정에서 일어나는 집단원의 역동을 지도자가 어떻게 다루어야 할 것인가라는 '과정'적인 측면에 초점을 맞추고 있다(강진령, 2019; 이장호, 강숙정, 2016; 장성란, 고기홍, 김정희, 권경희, 이윤주, 2019; Corey et al., 2019). 사전에 준비된 내용으로 계획된 절차에 따라 구조화된 집단프로그램을 진행하더라도, 집단의 역동적인 상호작용 과정을 이해하고 다룰 수 있어야 한다.

상담 및 심리교육 프로그램의 경우, 구조화된 절차와 진행방향이 어느 정도 계획되어 있는데, 이는 지도자가 집단의 전개과정에 어느 정도 책임을 갖는다는 의미이다. 그러나 계획된 절차와 내용을 따르더라도 집단원의 상호작용을 촉진하며 집단의 역동을 활용하여 집단을 전개해 가기도 한다. 즉, 비중의 차이는 있으나 지도자와 집단원 모두가 역동적인 상호작용을 맺으며 프로그램의 내용을 다루게 된다. 따라서 상담 및 심리교육 프로그램을 운영할 때는 '내용'과 '과정'이라는 두 측면을 함께 고려해야 한다. 내용적인 측면이 집단활동에서 무엇을 다루고 토의할지에 관한 것이라면, 과정적인 측면은 구성원이 어떤 방식으로 참여하고 의사소통하고 있는지, 어떠한 상호작용 양상을 보이는지에 관한 것이다. 일반적으로 구조화된 상담프로그램의 경우, 무엇을 토의하고 다루게 될지에 관한 '내용'에 있어서는 사전에 미리 계획되어 있다. 그러나 집단이 어떤 방식으로 의사소통하고 상호작용하는지에 관한 '과정'적인 측면은 그때그때 집단의 역동에 따라 변화하게 된다. 두 사람 이상으로 구성된 집단에는 매 순간 집단 활동을 좌우하는 어떠한 복합적인 힘에 의해 집단역동이 일어나며, 집단의 상호작용이 변화 혹은 발달해 나간다. 따라서 지도자는 이러한 집단역동의 흐름을 이해하고 이를 활용할 수 있다면 프로그램의 효과를 극대화시킬 수 있을 것이다.

따라서 상담 및 심리교육 프로그램을 운영하는 지도자는 프로그램의 목표와 내용을 숙지하고 프로그램을 실행해 가는 지도력을 갖추어야 할 뿐만 아니라, 집단의 역동적인 상호작용과정을 민감하게 파악하고 이를 활용할 수 있도록 집단상담자로서의 전문성을 갖추는 것이 필요하다.

**집단상담전문가로서의 훈련과 성장에 도움이 되는 책**

Corey, M. S. et al. (2019). **집단상담 과정과 실제**(10판). (김진숙 외 역). 서울: CENGAGE Learning. (원서 출판 2012)

강진령(2019). **집단상담의 실제**(3판). 서울: 학지사.

정성란 외(2019). **집단상담**(2판). 한국상담학회 상담학 총서 4. 서울: 학지사.

이장호, 강숙정(2016). **집단상담의 기초: 원리와 실제**. 서울: 박영사.

## 2. 프로그램 실시 단계별 과제와 전략

프로그램 실행을 위한 제반 여건이 마련되고, 참여자를 대상으로 실제 프로그램 활동을 전개해 가는 실시 단계에 이르렀다. 프로그램 유형에 따라서 프로그램이 실시·전개되어 가는 양상은 다를 수 있지만, 일반적으로 상담 및 심리교육 프로그램은 집단상담 및 활동으로 실시된다. 매 회기가 진행되면서 프로그램의 '내용'은 집단원과의 역동적인 상호작용 '과정'을 통해 참여자의 체험으로 쌓여 가게 된다. 지도자는 집단의 역동적인 발달과정을 이해하고 프로그램을 전개해 간다면 더욱 효과적일 것이다. 프로그램이 진행되는 과정을 독립된 단계로 구분하는 것은 무리가 있지만, 집단의 역동적인 발달과정을 설명하는 이론가들은 통상적으로 몇 개의 단계로 그 특징을 살펴보고 있다. 이 장에서는 도입-전개-정리의 3단계로 구분하고, 각 단계의 과제와 실행 전략을 살펴보고자 한다.

### 1) 도입 단계

시작이 반이라는 말이 있듯이, 시작 단계에서 참여자가 지도자와 집단에 대해 가지는 태도는 이후의 과정에 영향을 미친다. 프로그램이 효과적으로 전개되기 위해서는 초기에 참가자들의 동기유발이 중요하다. 오리엔테이션과 구조화를 통해 프로그램 전반에 대한 이해를 도모하고, 참여자들의 자발적인 활동에 의해 프로그램이 전개될 수 있도록 관심과 의욕을 갖게 하는 것이 중요한 과제가 된다. 이를 위해 도입 단계에서의 실행 전략은 다음과 같다.

- 프로그램 첫 회기를 실행하기 전에 만반의 준비를 하여 편안하고 안정된 분위기로 시작할 수 있도록 한다. 참가자 등록이나 장소 및 공지사항 안내, 프로그램 진행에 필요한 물품 준비 등 운영상의 행정 절차는 프로그램 실시 전에 이루어지는 것이 좋다.
- 오리엔테이션을 통해 프로그램의 성격과 목적, 진행과정 등에 관해 전반적으로 소개하여 프로그램에 대한 이해와 참여동기를 높인다. 프로그램 지도자의 자기소개는 물론, 프로그램 운영을 지원하는 진행인력도 소개하며, 프로그램에 참가하게 된 것을 환영하고 유대감을 갖도록 한다.
- 프로그램 첫 시간의 어색함과 긴장감을 풀어 주고, 우호적이고 신뢰로운 분위기를 만든다. 참여자의 자기소개를 통해 친밀감을 형성하기도 하고, 게임이나 몸을 움직이는 비형식적인 아이스브레이킹 활동으로 불안을 감소시키고 흥미

를 유발하여 참여동기를 높이도록 한다. 아울러 프로그램을 통해 무엇을 얻고 싶은지에 관한 기대를 공유할 수도 있다. 참여자가 이 시간을 통해 무엇을 배우고, 무엇을 달성하고 싶은지를 표현하면, 지도자는 이러한 기대를 구체화시키고 프로그램을 통해 다룰 수 있는 여지를 알려 줌으로써 참여동기를 고취시킬 수 있을 것이다. 혹, 프로그램의 목표와 어긋나거나 과도한 기대를 가지고 있다면, 지도자는 프로그램을 통해 충족이 가능한 부분과 그렇지 않은 부분을 안내해 주고, 현실적인 목표로 조정할 수 있도록 도와준다.

- 구조화(structuring)를 통해 프로그램 참여규칙이나 집단에서 지켜야 할 기본적인 행동 규범을 익히도록 하여, 응집력 있는 집단 분위기를 조성할 수 있도록 준비한다. 이때 지도자가 일방적으로 규칙을 제시하거나 지나치게 구체적인 구조화는 참가자에게 부담을 주어 경직되거나 의존적인 분위기로 이어질 수 있다. 따라서 지도자는 최소한의 기본지침만 제시하고, 참여자 스스로 자신들이 지켜야 할 규칙을 정하는 경우도 있다. 이렇게 함으로써 집단활동에 대한 관심을 자극하고, 자율성과 응집성을 높일 수 있다. 집단활동의 기본적인 참여규칙으로는 '다른 사람의 이야기 경청하기', '적절한 자기공개로 집단에 참여하기', '지각, 결석, 조퇴를 삼가되, 불가피한 경우 사전에 알리고 양해를 구하기' 등을 제안할 수 있다. 비밀 유지도 중요한 규칙인데, 자칫 비밀이 보장되니 자신을 드러내야 한다는 압력이 되지 않도록 스스로 자신의 정보를 노출하는 수위를 조정하도록 안내한다.
- 지도자는 참여자와 상호작용하면서 촉진적인 의사소통의 모델링이 되어 준다. 초반부에 지도자가 먼저 자기소개로 인사하면서 적절한 자기공개의 수위를 보여 줄 수 있고, 참여자의 이야기를 경청하고 공감 · 반영해 줌으로써 안전하고 수용적인 경험을 제공한다. 참여자는 지도자의 촉진적인 의사소통을 관찰하고 경험하면서 서로 간의 상호작용에도 긍정적인 영향을 미치게 된다.

## 2) 전개 단계

도입 단계에서 프로그램에 대한 오리엔테이션이 이뤄지고 참여동기가 유발되어 성공적인 집단활동을 위한 준비가 되었다면, 전개 단계는 본격적으로 프로그램이 실행되는 단계이다. 문헌에 따라서 실천단계 혹은 역할수행단계(권두승, 2005), 문제해결촉진단계(이재규, 2004). 과도기 및 작업단계(이장호, 강숙정, 2016; Corey et al., 2019), 작업 및 생산 단계(강진령, 2019) 등 다양한 용어로 지칭되는데, 프로그램의 목표에 맞춰 구체적인 활동이 가장 많이 이루어지는 중심 단계이다.

프로그램의 유형과 목적, 집단의 특성에 따라 다양한 방식(강의나 관찰, 토론, 조사, 견학, 면담, 상호작용활동 등)으로 프로그램이 진행되는데, 참여수준과 진행과정을 모니터링하면서 프로그램을 수정 · 보완하며 조정하기도 한다. 또한 참여자 간의 집단역동이 활발해지면서 응집력이 높아지기도 하고, 갈등이나 저항이 나타나는 시기라서 지도자의 전문적인 역량과 운영기술을 필요로 한다. Wlodkowski(1995)는 참가자의 주의와 관심을 유지하고 적극적인 참여를 이끌기 위한 전개전략과 참가자의 정서를 격려하고 통합하여 최적의 정서적 집단풍토를 유지하기 위한 심화전략을 제안하고 있다(권두승, 2005). Flash(1995)도 프로그램 활동을 명확하고 구체적으로 전달하기 위한 몇 가지 전략을 제시하였다. 이 전략을 토대로 집단상담의 과도기–작업–생산 단계에서 과업(강진령, 2019; 이장호, 강숙정, 2016; Corey et al., 2019)을 고려하여 전개 단계에서의 실행 전략을 살펴보면 다음과 같다.

- 프로그램에 대한 관심을 지속적으로 유지하고 참여도와 몰입도를 높이기 위해서 프로그램의 방향성과 프로그램을 통해 얻게 되는 이득을 명확하게 전달한다. 명시적인 언어로 설명할 수도 있지만, 프로그램 활동을 통해 자신의 변화를 경험할 때 프로그램에 대한 흥미와 신뢰를 가 더 높아질 것이다. 매 회기마다 그 시간에 다루게 될 주제와 내용을 전체 프로그램 맥락과 연결시켜서 지속적인 관심과 동기를 유지하도록 한다.
- 프로그램 전개 과정은 참가자의 관심과 흥미, 능력 수준에 맞게 이루어져야 한다. 참가자의 발달 수준 및 프로그램 주제와 관련된 경험을 미리 파악하고 참가자 개개인에 대한 관심을 기울이면 회기가 진행되면서 보이는 개인의 변화를 민감하게 포착하고 반응할 수 있다. 참여자의 작은 시도와 변화를 지지하고 격려할 때 자기 탐색이 더욱 촉진되며, 후속 활동에 더욱 적극적으로 참여하게 할 것이다.
- 프로그램 내용이 참가자의 경험에 축적되는 내면적 과정에 주의를 기울이고,

정서나 태도, 행동변화를 촉진하는 경험을 제공한다. 참여자 간의 촉진적인 상호작용을 통해 신뢰감이 쌓이고 집단의 응집력이 높아질 때 개개인은 피드백을 주고받으면서 기꺼이 모험을 시도하고 새로운 행동을 적용하는 등 변화의 동력를 갖게 된다. 따라서 지도자는 이러한 과정을 촉진할 수 있는 집단상담의 전문기술을 활용할 수 있어야 한다.

- 배운 내용을 연습, 실천하고 적용해 볼 수 있는 경험을 충분히 제공하도록 한다. 프로그램 회기 중에는 실습을 통해 충분히 체험할 수 있도록 하고, 실천해 볼 수 있는 과제를 찾아 적용해 보고, 피드백을 받을 수 있을 것이다. 변화와 진전이 있으면 긍정적인 피드백으로 성취감을 얻을 수 있고, 그렇지 않다면 걸림돌과 장애가 무엇인지를 파악하고 새로운 방식으로 시도해 볼 수 있을 것이다.
- 프로그램 전개에 영향을 미치는 다양한 집단역동을 파악하고, 생산적으로 활용한다. 과도기적 양상으로 참가자의 불만이나 비협조, 참여자 간의 갈등이 나타날 수 있다. 이를 덮기보다는 솔직한 의사소통으로 갈등을 해결하여 집단의 응집력이 높아지면, 서로의 성장을 촉진하는 분위기로 전환된다. 따라서 지도자는 집단역동을 다루는 전문역량을 갖출 것을 권한다.
- 예기치 않은 상황 변화로 인한 영향력을 최소화하기 위한 조처가 필요하다. 이를테면 예상치 못한 기상조건의 변화, 감염병으로 인한 사회적 거리두기 강화 등으로 인해 대면 활동이 어려울 경우를 대비하여 몇 가지 대안을 미리 마련해 두는 것이다. 또한 중도 탈락자가 생기지 않도록 출석관리도 신경을 써야 하는 부분이다. 회기 사이에 간헐적으로라도 지도자가 메일이나 전화로 진행과정에 대한 피드백을 하는 것도 프로그램 참여동기를 강화하는 방법이 될 수 있다.
- 진행과정을 기록하여 프로그램에 대한 모니터링과 피드백이 가능하도록 한다. 기록은 지도자가 직접 할 수도 있고, 참여자에게 매 회기마다 경험보고서를 작성하도록 권할 수 있다. 참여자가 자신의 경험을 글로 적어 보면 내적 경험을 반추하게 되고, 변화를 촉진하는 계기가 되기도 한다. 또한 진행과정의 기록물은 프로그램 내용이나 운영에서 수정 · 보완하여야 할 부분이 있는지 모니터링 자료로 활용될 수 있다.

### 3) 정리 단계

정리 단계는 그동안의 활동을 마무리하는 단계로 지도활동이 최고조에 달한다. 프로그램에서 경험한 내용들을 정리, 요약하면서 변화에 대한 성취감을 맛보게 된다. 아울러 참가자들에게 지속적인 변화와 적용을 위한 실천적 과제를 구체화하고, 미진한 부분에 대해 반성하며, 보완해 가도록 한다. 참가자 전체가 함께 정리하고 개인적인 경험을 나누고 서로 간의 피드백을 통해서, 더 많은 것을 배우게 되고 변화를 공고히 한다. 정리 단계에서의 실행 전략은 다음과 같다.

- 지도자는 프로그램 전반에 대한 개관과 요약, 질문 등을 통해 참가자가 자신의 경험을 정리하고 의미를 찾을 수 있도록 돕는다. 프로그램에서 이룬 성과와 변화를 확인하고 그 변화를 지속시켜 갈 수 있는 동기를 갖도록 한다. 프로그램 시작 전의 상태와 종결시점의 상태를 비교할 수 있는 구체적인 자료가 있다면, 본인의 변화를 확인하고 더 강력한 변화 동인으로 삼을 수 있다.
- 또한 집단 안에서 미처 다루지 못했거나 미진한 부분이 있다면 이를 확인하고, 반성 또는 보완할 수 있는 경험을 마련한다. 필요에 따라서는 후속 프로그램이나 추수모임으로 연계할 수도 있다.
- 종결시점에 이르면 이별에 대한 아쉬움을 경험할 수도 있다. 이를 충분히 공감하고 나누게 되면, 감정이 완화되면서 집단원 간의 유대감은 더 깊어질 것이다. 프로그램을 통해 도움이 된 점을 말할 수 있도록 초대함으로써 집단의 종결이 새로운 삶의 장으로 나아갈 수 있도록 돕는다.
- 참여자 서로 간의 피드백을 통해 자신과 타인에 대한 이해가 깊어지고, 변화를 더욱 분명히 확인해 준다. 롤링페이퍼나 장점 세례와 같은 활동은 프로그램을 마치면서 서로가 서로에게 선물을 주는 행위와도 같다. 추수모임에 대한 계획이 있다면 이를 알리고, 그동안 어떻게 지낼 것인지, 이후에 자신의 어떤 모습이 되기를 기대하는지 등에 대한 이야기를 나누면서 변화에 대한 동기를 좀 더 구체화할 수 있다.

프로그램의 실시 단계별 특징과 과제 및 실행 전략을 정리하면 〈표 8-1〉과 같다.

표 8-1 **프로그램 실시 단계별 과제와 진행 전략**

| 단계 | 과제 | 실행 전략 |
|---|---|---|
| 도입 | • 동기유발<br>• 오리엔테이션과 구조화<br>• 친밀감과 유대감 형성<br>• 프로그램에 대한 이해와 자발적 참여의지 고취 | • 프로그램 진행과 관련된 만반의 준비를 마치고, 편안하고 안정된 환경과 분위기에서 시작한다.<br>• 프로그램 오리엔테이션을 통해 프로그램에 대한 이해와 참여동기를 높이고, 지도자와 진행인력을 소개하고 유대감을 형성한다.<br>• 참여자의 자기소개나 게임 활동 등을 통해 긴장감을 낮추고 흥미를 유발하며, 우호적이고 신뢰로운 분위기를 형성한다.<br>• 구조화를 통해 프로그램 참여규칙을 마련하고 안정적인 집단분위기를 조성한다.<br>• 지도자의 촉진적 의사소통으로 모델링이 되어 준다. |
| 전개 | • 지속적인 관심 유지와 참여도 및 몰입도 향상<br>• 개인차를 고려한 개입<br>• 내용 전달뿐만 아니라 내면적인 경험과정을 고려한 개입<br>• 연습-실천-적용을 통한 변화 촉진<br>• 집단역동에 영향을 미치는 과도기 양상의 극복<br>• 예기치 않은 상황변수에 대한 대처와 통제<br>• 진행과정 기록과 관리 | • 참여자의 흥미, 욕구, 능력 수준을 민감하게 파악하고 이들의 변화에 주목하고 강화한다.<br>• 진심 어린 격려와 지지, 촉진적 피드백으로 참여자의 자기탐색을 돕는다.<br>• 참여자의 상호작용을 강화하여 집단응집력을 높인다.<br>• 비효과적인 행동을 지적 · 비난하지 않고 대안행동을 습득할 수 있도록 안내한다.<br>• 시행착오를 감수할 수 있도록 허용적인 분위기를 조성한다.<br>• 참여자의 불만이나 비협조, 갈등 등을 예방 · 해결하기 위해 개방적인 태도를 유지하고 집단역동을 다루는 전문능력을 활용한다.<br>• 지도자와 참여자의 인격적인 만남과 모델링을 통해 학습과 전이를 유발한다.<br>• 진행에 영향을 미치는 위험요소들을 미리 예상하고 그에 대한 대처방안을 마련해 둔다.<br>• 사전에 기록 양식을 마련하고, 작성지침과 기록관리 방법을 정하여, 진행과정을 기록하고 관리한다. |
| 정리 | • 전 과정에 대한 정리와 평가<br>• 변화 확인과 지속적인 변화와 학습전이를 위한 발돋움<br>• 미진한 부분의 확인과 보완<br>• 종결 감정 처리<br>• 집단원 간의 의미 있는 관계 경험으로 유대관계 결속 | • 성장과 변화를 칭찬하고 보상을 제공한다.<br>• 집단 경험에서 얻은 긍정적인 의미를 밝힌다.<br>• 변화의 구체적인 측면을 확인함으로써 긍정적인 경험을 강화하고, 이후의 지속적인 변화동인으로 삼는다.<br>• 미해결과제, 미진한 부분을 확인하고, 보완방법을 찾는다.<br>• 종결로 인한 아쉬움에 공감하며 집단원과 소통의 장을 마련한다.<br>• 프로그램 과정과 결과에 대해 평가하고 기록한다. |

## 3. 프로그램 모니터링

프로그램 모니터링이란 프로그램을 실행하는 전 과정이 과연 프로그램 목표를 달성하는 방향으로 나아가고 있는지, 예기치 못한 문제는 발생되지 않는지에 관한 정보를 수집, 분석하여 프로그램 개선에 활용하는 노력을 말한다.

모니터라는 용어는 '경고한다'의 의미를 지닌 라틴어 'monere'에서 유래한다. 비행기 항공시스템에 비유하자면, 비행기가 항로를 벗어나면 경고음이 울려서 조종사에게 알리고, 조종사는 적절하게 항로를 수정하게 된다. 이와 같이 프로그램이 의도한 대로 실행되고 있는지, 실행과정에 문제가 있다면 시정조치를 취할 수 있도록 모니터링하게 된다. 프로그램에 대한 투입요소와 프로그램 활동 내용에 관한 자료와 정보를 수집해서, 그것들이 프로그램 계획에 알맞게 정확한 대상에서 적절한 서비스가 충실히 제공되고 있는지를 점검하는 데 목적을 두고 있다. 그런 점에서 프로그램 모니터링은 경영자적인 입장을 취하게 된다(Kettner et al., 1999; 이민홍, 정병오, 2012 재인용).

프로그램 모니터링은 프로그램이 실행되는 '과정'에 대한 평가라 할 수 있다. 즉, 프로그램을 계획했을 때 가정했던 것들이 제대로 실행되고 있는지를 조사하는 것으로, 프로그램의 작동과 내적 역동성을 평가한다. 이러한 과정 평가의 목적은 좋은 프로그램으로 개선하거나 프로그램의 내용 및 절차나 활동을 보다 바람직한 방향으로 변화시키기 위한 것이다. 특히 사회복지 분야에서 프로그램의 모니터링이라는 의미는 공공복지 프로그램이 제대로 작동하고 있는지, 담당자들이 임무를 충실하게 수행하고 있는가를 점검하고, 프로그램이 충실하게 수행되도록 감독·통제하기 위한 목적의 평가라는 의미로 사용된다. 과정평가분석은 때때로 블랙박스(black box)로 비유되기도 한다(Patton, 1997; Rossi, Freeman, & Lipsey, 1999). 프로그램이 투입되고 의도한 계획과 절차에 따라 시행되고 성과가 나타나더라도, 프로그램 시행과정에서 무슨 일이 일어날지 아무도 확신할 수 없기 때문이다. 과연 프로그램 성과에 도달하기까지 무엇이 작동되는 것일까? 이에 대한 답을 찾는 데 논리모델(logic model)을 적용해 볼 만하다(조성우, 안정선, 최승희, 김상곤, 2018; Royse, Thyer, & Padgett, 2016). 논리모델이란 [그림 8-3]과 같이 투입-과정-산출-성과의 도식

| 투입(Input) | 과정(Process) 활동(Activity) | 산출(Output) | 성과(Outcome) |
| --- | --- | --- | --- |
| 프로그램에 투입되는 재정적, 조직적, 인적 자원 (예산, 인력, 시설, 정보, 네트워크, 시간 등) | 자원을 활용하여 프로그램 산출과 성과를 생성하기 위해 수행되는 모든 활동 (프로그램을 구성하는 작업, 이벤트 등의 과정활동) | 프로그램 과정/활동을 모니터할 수 있는 자료 (인원수, 시간, 활동량, 물품 수, 배포된 교육 팸플릿 수, 결산액 등의 객관적인 실적) | 프로그램을 통해 나타나는 변화 (예: –방과후 아동보호 –자아존중감 향상 –6개월간 알코올 및 약물금주) |

[그림 8–3] 프로그램 논리모델

으로 계획된 프로세스가 어떻게 프로그램의 목표를 달성하도록 이끄는지를 시각적으로 보여 준다.

논리모델은 프로그램이 어디에서 시작해서 어디로 가는지를 보여 주는 안내도(road map)의 역할을 하며, 무엇이 투자되었는지, 어떤 활동을 했는지, 그 결과가 무엇인지에 대해 시각적으로 보여 준다. 이러한 논리모델을 적용하면, 프로그램 실행과정을 모니터링한다는 것은 프로그램 성과를 얻기까지 적절한 자원이 적합한 대상에게 투입되는지, 계획된 프로그램 활동이 적절하게, 그리고 충실하게 진행되는지를 평가하는 것이다.

문헌에 따라서는 모니터링을 과정평가와 동일한 의미로 사용하기도 하고, 미시적 실행과정을 넘어서서 운영전반을 점검하는 넓은 의미로 사용하기도 한다. 형성평가와 과정평가를 포괄하는데, 형성평가는 프로그램 실행 초기 단계에 프로그램을 형성해 가기 위한 목적으로 이루어지는 평가이며, 과정평가는 프로그램 실행의 전 과정에 걸쳐 이루어진다. 형성평가가 넓은 의미에서는 과정평가의 범주 안에 들어가며, 과정평가의 중요한 목적 중의 하나가 프로그램 실행과정을 모니터링하는 것이기 때문에 용어 사용이 혼용된 것으로 보인다. 특히 각 개념이 상호배타적인 개념이 아니고, 학문 영역에 따라 강조하는 내용이 다르기 때문에 이러한 혼용은 불가피할 수밖에 없다. 이 책에서는 [그림 8–4]와 같이 의미를 정리하고, 각각에 대해 살펴볼 것이다.

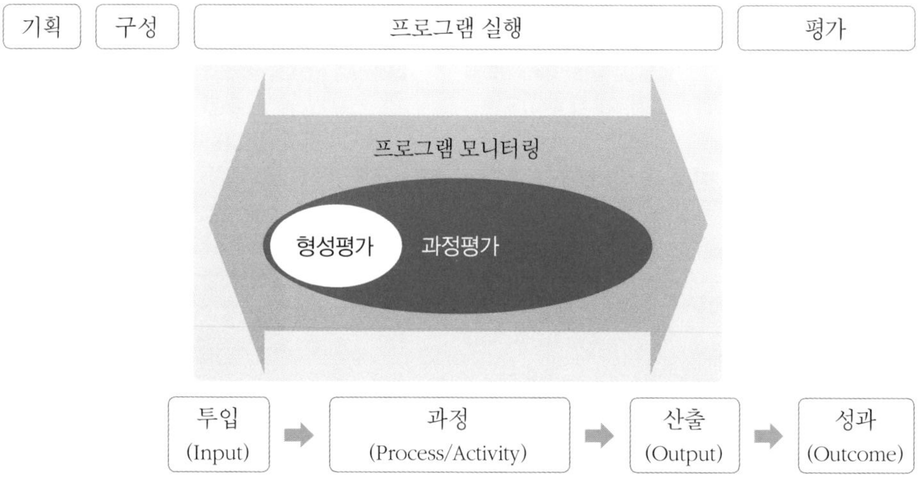


[그림 8-4] 프로그램 모니터링, 형성평가 및 과정평가의 의미

### 1) 프로그램 모니터링

프로그램 관리자라면 반드시 현재 수행되는 프로그램이 과연 원래 의도한 방향으로 나아가고 있는지 확인해야 한다. 프로그램 모니터링이란 프로그램이 누구를 위해 행해지고, 프로그램에서 어떤 일이 벌어지고 있는지를 이해하려는 노력으로서, 과정평가의 중요한 부분인 동시에 프로그램 관리를 위해 필수적인 부분이다(Royse et al., 2016). 프로그램 모니터링의 목적은, 첫째, 프로그램이 특정 목표에 부합되게 진행되고 있는지를 체크하고, 둘째, 프로그램의 잠재적인 문제를 확인하고 증상을 진단하기 위한 것이다.

프로그램 관리자는 프로그램 모니터링을 위해 다음과 같은 구체적인 질문이 필요하다(김상곤, 최승희, 안정선, 2012).

- 프로그램의 목적이 달성되어 가고 있는가?
- 프로그램이 표적 집단에 속하는 사람 가운데 어느 정도에게 서비스를 전달하고 있는가?
- 프로그램을 통해 적합한 내용과 적절한 양의 서비스가 전달되고 있는가?
- 원래의 계획대로 각 사업이 진행 · 운영되고 있는가? 사업운영에 변화가 필요

한 것은 무엇인가?

- 프로그램 수행자는 적합한 능력을 갖추고 있고, 그 수와 업무비중은 적절한가?
- 프로그램 수행에 필요한 시설, 기자재, 물품 등은 적절히 지원되는가?
- 프로그램의 자원은 예산 범위 내에서 적절히 집행되고 있는가? 계획된 예산이 잘 집행되고 있는가? 조정되거나 재편성되어야 할 예산이 있는가?
- 세부 서비스는 적절한 전달 체계를 통해서 표적 집단에 전달되고 있는가?
- 프로그램이 정부 또는 자원 제공자가 부과한 기준과 요구에 따르고 있는가?
- 사업 운영에 변화가 필요한 것은 무엇인가? 특별히 어려운 점과 지원이 요구되는 부분은 무엇인가?

프로그램 모니터링은 실제로 프로그램을 수행하는 도중에 클라이언트, 서비스, 인력, 예산, 법적 규정 등에 관한 현존하는 기관의 자료를 활용하여 문제점을 분석하고 모니터링의 결과가 다시 피드백되어 프로그램의 개선으로 이어진다는 장점을 갖고 있다(DePoy & Gilson, 2003, p. 152; 황성철, 2005 재인용). 따라서 본격적인 프로그램 평가처럼 정교한 연구설계나 고급통계기술을 사용하지 않더라도, 훨씬 수월한 방법으로 프로그램 실행의 주요 요소를 체크하는 기능을 한다고 볼 수 있다. 이를테면 프로그램의 구체적인 목표와 목적을 검토하고 서비스기관에서 수집한 자료를 비교하는 것에서부터 이루어진다.

프로그램 모니터링 유형은 관리정보시스템(management information system: MIS)을 통한 모니터링, 성과측정(performance measurement)을 통한 모니터링, 과정평가(process evaluation)를 통한 모니터링 등 세 가지로 나누어 설명할 수 있다(Rossi et al., 1999).

- 관리정보시스템을 통한 모니터링: 프로그램 참여인원에 대한 정보(서비스 내용 및 시간)와 특성 등을 기록한 정보를 활용하는 방법으로, 문서가 전산화되어 있는 경우 방대한 자료를 정교하게 모니터할 수 있다.
- 성과측정을 통한 모니터링: 책무성에 대한 프로그램의 산출(output)과 성과(outcome)의 양과 질에 관한 종합적 점검으로, 프로그램 목표달성을 주기적으로 측정하여 기대한 성과와 실제 성과를 비교하여 점검하는 활동이다.

• 과정평가를 통한 모니터링: 프로그램이 실제 의도한 서비스가 표적 집단에 전달되고 있는지에 관해서 전반적인 프로그램 운영과 서비스 전달에 비추어 점검 또는 검토하는 작업을 의미한다. 주요 방법으로 프로그램 감사, 적용대상 측정, 과정분석 등이 있다.

지금까지 프로그램 모니터링은 사회복지, 행정, 평생교육 영역에서는 책무성(accountability)의 이슈 때문에 중요하게 다루어지고 있는 반면에, 상담 및 심리교육 프로그램 영역에서는 그다지 강조되지 않았다. 전자의 경우 지역사회나 국가와 같은 상위 위계에 속하는 체계의 변화를 꾀하므로, 프로그램 성과를 이끌어 내기 위한 실행과정에서 '서비스가 잘 전달되고 있는가', 그리고 '의도했던 대로 진행되고 있는가'라는 두 측면이 중요한 과제일 것이다.

그렇다면 상담 및 심리교육 프로그램에서는 프로그램 모니터링을 어떻게 적용할 수 있을까? 우선, 프로그램 실행 국면에서 원래의 의도와 절차대로 진행되고 있는지를 점검하는 것이 필요한 일이다. 프로그램이 타깃으로 삼은 대상이 참가자로 선정되었는지, 프로그램을 전개해 가는 과정을 방해하는 요소가 있는지, 만일 그렇다면 프로그램을 개선하기 위해 어떠한 시도를 해 볼 수 있는지 등을 고려해 볼 수 있을 것이다. 예를 들어, 프로그램 진행과정 중에 어느 시점에서 결석자나 중도 탈락자가 많이 나타났다고 가정해 보자. 지도자는 무슨 이유로 이러한 일이 발생되었는지를 모니터링해야 할 것이다. 시험기간과 일정이 겹쳤다거나, 이전 시간에 지속적인 참석을 어렵게 만드는 에피소드가 있었는지 점검해 보고, 이후 진행과정에서 개선책을 강구하게 된다. 별도의 양식에 따라서 프로그램 전개과정에 대한 세부관찰 기록이나 지도자 혹은 참여자의 경험보고서와 같은 질적 자료는 프로그램이 어떠한 과정을 거쳐 진행되고 있으며 참여자가 무엇을 경험하고 있는지를 가늠해 볼 수 있는 자료가 된다. 또한 집단상담프로그램이라면 매 회기별로 회기평가를 할 수 있고, 이 평가자료와 매 회기별 다른 요소들과의 관련성을 분석하여 성과요소들을 추출해 볼 수 있을 것이다. 또 다른 예로 이은주 등(2018)이 정서 · 행동문제로 거주형 치료프로그램에 참여한 청소년의 경험과정을 분석하여 프로그램의 치료적 요인과 변화과정을 밝히고, 이를 토대로 효과적인 거주형 프로그램을 위한 대안을 제시한 연구가 있다. 이 연구에서 프로그램에 참여한 청소년의 면담자료를 시간의 경과에 따라 작용/상호작용의 범주와 하위범주들 간의 지속적 연결이 변화하는 과정을 추적하는 과정분석이 이루어졌는데, 질적 연구의 형식이었으나 프로그램 모니터링의 과정분석과 유사한 면이 있다. 이를테면, 변화요인과 과정을 밝히면서 현재의 거주형프로그램의 제한점을 극복하기 위해 향후에는 지역상담센터, 가족, 학교 등과의 연계가 필요하고, 성장교육이나 집단상담 진행방식의 변화가 필요하며, 참여자의 발달단계와 문제유형에 따른 차별적인 진로개입을 제안하였다.

## 2) 형성평가

형성평가(formative evaluation)는 프로그램 실행 초기에 프로그램을 '형성'하기 위한 목적으로 이루어지는 평가이다. 형성평가는 M. Scriven(1967)이 소개한 용어로, 총괄평가(summative assessment)와 대비하여 교수-학습과정에서의 평가를 일컫는다. 그에 의하면 '교육프로그램을 개발하는 도중에 아직 개선될 가능성이 있는 유동적 상태에서 그러한 미완성 프로그램의 질을 평가하는 것'이 형성평가라고 규정하였다. 형성평가를 통해 학생은 추가적인 학습이 필요한지 알아볼 수 있고, 교수 프로그램을 수정·보완해 갈 수 있다는 점에서 성과보다는 과정에 초점을 두고 이뤄지는 평가이다. 따라서 대상(학생, 교수프로그램)을 향상시키려는 목적이 있다. 프로그램 형성평가의 목적 역시 이 프로그램을 계속할 것인지를 결정하거나 기금을 받을 만한 것인지를 검증하기 위해서가 아니라, 새로운 프로그램이 진행될 수 있도록 하고 프로그램을 발전시켜 가기 위한 것이다(Royse et al., 2016). 이는 마치 초보운전자가 개인 운전교습을 받는 것에 비유할 수 있다. 숙련된 운전교사가 옆에 앉아서 초보운전자가 운전에 숙달되게 하기 위한 과정을 떠올려 보라. 이때 운전의 목적은 목적지로 가기 위해서가 아니라, 운전실력을 향상시키기 위한 것이다. 이와 마찬가지로 형성평가의 목적은 프로그램에 대한 최종적인 평가가 아니라, 프로그램 진행과정에서 발생하는 문제점을 찾고 수정·보완하여 프로그램을 더 향상시키기 위해 필요한 정보를 모으는 것이다.

형성평가는 수혜자와 실시자, 관리전략과 철학, 프로그램 비용 간의 상호작용을 살펴봄으로써, 새로운 프로그램이 계획대로 실행되었는지를 결정하는 데 활용된다(Chelmisky, 1985). 아울러 어떤 서비스가 누구에게, 언제, 어떻게, 어떤 상황에서 이루어졌는지를 밝혀 준다(Moskowitz, 1989). 이러한 형성평가는 초기 프로그램의 강점과 약점을 확인해 준다. 형성평가의 기능은 손님에게 대접할 음식을 만드는 과정에서 요리사가 맛을 보는 단계에 해당한다고 볼 수 있다(Scriven, 1967).

형성평가는 특정한 방법이나 절차에 얽매이지 않는 편이다. 어떠한 형태이든 프로그램을 향상시키기 위해 유용한 자료를 얻는 것에 중점을 둔다. 관리자나 클라이언트의 인터뷰, 기관의 기록이나 진행노트, 참가자의 관찰에서 얻을 수 있다. 다음과 같은 가상의 사례로 형성평가를 이해해 볼 수 있다.

**형성평가를 통해 기존의 프로그램 대신 증거기반 프로그램을 채택한 예시**

어느 프로그램 관리자가 약물남용자의 자녀를 위한 프로그램을 시작하는 데 어려움이 있었다. 3개월 전부터 가족강화프로그램(SFP)을 시작하였으나, 아이들은 집중하지 않았고 출석도 문제였으며, 부모들도 프로그램이 마음에 안 든다고 불만이 제기되었다. 형성평가가 필요한 상황이었다.

우선, 프로그램의 원래 계획과 목표를 검토하고, 유사한 증거기반 프로그램을 검토해 보니, 자신이 채택한 프로그램이 올바른 원칙에 기반하지 않는다는 것을 확인하게 되었다. 입증된 모델을 채택하기 위해 국립약물남용연구소(NIDA) 웹사이트에서 여러 자료를 찾아보았다. 이곳에는 약물남용 아동을 위한 약물남용 예방프로그램을 만드는 방법을 자세하게 설명하는 매뉴얼이 탑재되어 있었다. NIDA 프로그램은 10개 이상의 다른 지역에서 실시되어 왔고, 세 개의 평가연구에서 효과가 입증되었다. 관리자는 이 매뉴얼을 채택하고 기존의 프로그램은 버리기로 결정하였다.

→ 이러한 예시는 증거기반 프로그램의 중요성을 알려 주고, 형성평가가 '최종' 혹은 총괄평가가 이루어지지 않더라도 프로그램 개선에 도움이 된다는 것을 보여 준다.

출처: Royse et al. (2016), p. 137.

형성평가는 프로그램을 형성하는 데 사용되므로, 덜 위협적이며, 다른 형식의 평가보다 기관의 직원이 더 잘 받아들인다. 형성평가는 세 가지 접근방식이 있는데, 기준 모델과의 비교, 전문가의 자문, 임시 평가위원회 구성 등이다. 이 중 어느 한 가지를 적용할 수도 있고, 두세 가지를 함께 사용할 수도 있다(Royse et al., 2016).

### (1) 기준 모델과 비교하기

유사한 프로그램에 대한 기준이 국가기관에서 개발된 것이 있다면, 특정 프로그램들이 이 기준과 비교하여 어떤 차이가 있는지를 검토하는 것이다. 예를 들어, 주거시설의 기준으로 각 방에는 창문이 있고, 2층에는 비상탈출구가 있어야 하고, 주방에는 소화기가 설치되어야 한다는 기준을 제시할 수 있다. 인간서비스 분야에도 이러한 기준을 찾아볼 수 있는데, 미국의 경우 COA(Council on Accreditation)의 기준을 참조할 수 있을 것이다.[1] 국내의 경우 기준모델은 아니지만, 교육개발원의 인성교육지원센터에서 해마다 우수한 인성교육 프로그램을 인증하여 공개하고 있으니 참고해 볼 만하다.[2]

### (2) 전문가 자문

관련 전문가나 유사한 프로그램에서 인정을 받은 사람의 자문을 구하는 것도 유용하다. 정책과 절차의 검토, 지역거주민, 운영진 등을 면담할 수 있는데, 자신의 프로그램이나 다른 모델 프로그램과의 비교를 통해 개선안을 제시할 수도 있다. 이 경우 제시되는 기준은 전문가의 경험에서 나오는 것이므로 비형식적인 면이 있다.

자문비용이 문제가 된다면, 프로그램의 성공에 관심 있어 하는 관련 정부부처로부터 자문을 받을 수도 있을 것이다. 서로 자문해 줄 수 있는 소위원회를 구성하는 것도 한 방법이다.

### (3) 임시평가위원회 구성

위원회는 운영진, 운영국, 지역사회전문가, 서비스 수혜자 등 관련된 사람으로 구성될 수 있다. 운영진 면담으로 위원회가 시작되기도 하며, 부모와 아이들이 참여하기도 하고, 외부 전문가를 모집할 수도 있다. 프로그램 실행자는 그 프로그램에 너무 익숙해 있기 때문에, 프로그램의 어떤 점을 개선시켜야 할지 잘 보지 못하는 경향이 있다. 따라서 형성평가는 전문가나 외부인에게 새로운 시각이나 관점으로 다르게 보도록 함으로써 새로운 관점을 얻는 데 사용되기도 한다.

1) https://coanet.org/standards/

2) http://insung.kedi.re.kr/business.do?mid=10

형성평가 단계에서 반드시 비싼 비용을 지불해야 하는 전문가가 필요한 것은 아니다. 때로는 관심 있는 지역사회인사가 유용한 정보를 줄 수도 있고, 기관 실습생의 관찰 피드백이 형성평가로 활용될 수 있다.

### 3) 과정평가

과정평가(process evaluation)는 프로그램이 어떻게 설계되고 실행되는지를 기술하고, 수정사항이 있을 때 그 이유를 설명해 준다. [그림 8-5]는 형성평가와 과정평가가 전체 평가에서 어떤 위치인지를 보여 준다(Royse et al., 2016).

형성평가도 최종 성과가 아닌 개입에 초점을 둔다는 점에서 과정평가의 범주로 볼 수 있다. 형성평가와 과정평가를 구분하자면, 형성평가는 프로그램의 초기 단계에 영향을 주는 것이라면 과정평가는 어느 때든지, 심지어 프로그램 마지막에도 이루어질 수 있다는 점이 주요한 차이점이다. 프로그램의 마지막 단계에 과정평가를 하는 이유는 무엇일까? 이 프로젝트를 실시하면서 배운 점이 무엇인지를 알고 싶기 때문이다. 이러한 정보는 다른 지역에서 이 프로그램을 실시하고자 할 때 귀중한 참고자료가 될 것이다.

형성평가가 프로그램을 만들어 가는 초기 단계에 도움이 된다면, 일단 프로그램이 만들어지고 실시되는 중에는 과정평가가 이루어진다. 과정평가란 '프로그램이 어떻게 개념화되고, 실시되고, 수정되고, 종료되는지에 관한 광범위한 기술이며 분석'이다(Royse et al., 2016). 과정평가는 프로그램의 성과나 결과와 관련되어 있는 프로그램 활동의 수준과 목적을 평가한다(Krisberg, 1980). 결국 프로그램에 관한 '왜'와 '어떻게'에 관한 질문에 대답하기 위해 정보를 수집하게 되므로, 양적 조사방법

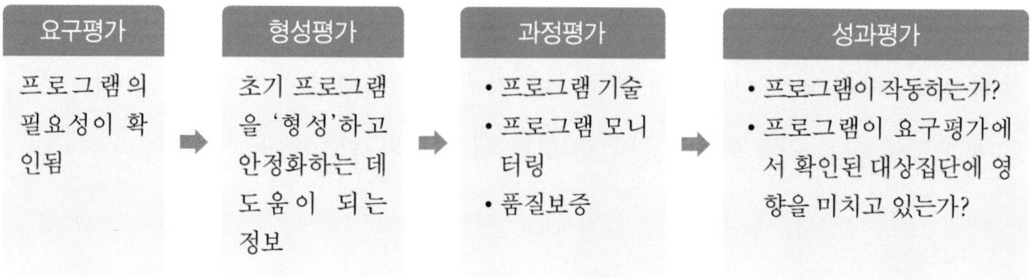


[그림 8-5] 프로그램의 전체 평가과정

보다 질적 조사방법을 많이 사용하게 된다.

Royse 등(2016)은 과정평가가 세 가지 목적—프로그램 기술(記述, program description), 프로그램 모니터링(program monitoring), 품질보증(quality assurance) 차원—에서 이루어진다고 설명하고 있다.

프로그램 기술은 어떻게 프로그램이 어떻게 이루어졌는지를 기록해 놓고 있기 때문에 그 프로그램을 다른 인구집단이나 다른 장소에서 재실행하고자 할 때 매우 요긴하다. 가능한 프로그램이 실행되는 과정에 대한 정확한 그림이 그려질 수 있도록 여러 방면의 관련자료를 포함시키는 것이 좋다.

프로그램 모니터링은 앞에서는 형성평가와 과정평가를 포괄하는 넓은 의미로 사용하였는데, 여기에서는 프로그램 수행과정에 중점을 두는 실행 모니터링(implementation monitoring)이라는 의미에서 과정평가의 한 차원으로 제시하였다. 프로그램 모니터링과 과정평가는 서로의 개념을 내포하고 있어 문맥에 따라 혼용되고 사용되고 있으나, 둘 다 성과평가와 대비되는 개념으로 이해할 수 있다. 성과평가가 대상자의 변화가 나타났는지를 평가하여 프로그램의 효과성을 입증하기 위한 것이라면, 과정평가는 프로그램 실행과정에서의 문제점과 한계를 찾아내어 프로그램을 개선하고자 하는 것이 목적이다. 따라서 과정평가는 프로그램이 성과가 있건, 혹은 성과를 이루지 못했건, 그 이유를 설명하는 데 도움이 된다.

프로그램 기술과 모니터링 자료가 관리 차원에서는 유용할지 모르나, 다양한 내담자 집단에게 제공되는 서비스의 질을 밝혀 주지는 않는다. 제공된 프로그램 서비스에 대한 기술정보, 서비스를 받은 내담자의 특징을 검토하고, 실행과정을 모니터링하는 것만으로는 프로그램이 얼마나 '좋은지'를 확인하기 어렵다. 프로그램을 통해 좋아졌다는 것을 입증하려면 프로그램 성과평가 모델로 검증해야 하지만, 그 전에 과연 프로그램이 기준에 따라 충실하게 제공되고 있는가라는 품질보증시스템(quality assurance system)을 검토해야 한다. 이에 관해서는 다음 절에서 좀 더 자세히 언급하고자 한다.

### 4) 품질보증

품질보증이란 일정한 기준에 따라 프로그램이 실행되고 있는지를 검토하는 평가

방법으로, 제공되는 서비스과정에서 일어나는 결함을 확인하고 수정하기 위한 것이다. 상담, 치료, 교육을 비롯한 사회복지프로그램은 무형성, 이질성, 소멸성이 있고, 모호하고 표준화하기 어려우며, 비축 또는 저장할 수 없다는 특성이 있다. 때문에 일반 재화의 제품을 생산, 판매하는 과정보다 품질을 보증하는 데 어려움이 있다. 그 대안으로 사회복지 및 대민서비스 분야에서는 수혜자에게 제공되는 서비스과정에 대한 기준과 규정을 마련하고 이러한 인증기준(accreditation standards)을 따르도록 함으로써 서비스의 품질을 보증하고 있다.

그러나 기준에 부합하는 것이 품질보증을 좌우하는 것은 아니다. 또한 품질보증이 프로그램의 성공 여부나 중재결과로 인한 내담자의 변화 여부, 향후 프로그램의 지속가치 여부를 확인하는 것은 아니다. 품질보증은 처치결과보다는 처치과정이 어떻게 이루어졌는가에 초점을 맞춘다. 품질보증과 프로그램 성과평가는 다소 비슷해 보이기도 하지만, 〈표 8-2〉와 같은 차이점이 있다(Royse et al., 2016).

표 8-2 **품질보증과 프로그램 성과평가의 차이점**

| 품질보증 | 프로그램 성과평가 |
|---|---|
| • 임상가들이 품질보증을 시도하는 데 참여함<br>• 품질관리에서는 기록 관리를 위해 임상가들과 후속연계를 가질 것을 권함<br>• 품질보증은 동료 검토자들의 전문 의견과 기록 내용이 기준에 부합되는지 여부에 근거함 | • 프로그램 평가자들은 평가 대상이 되는 서비스에 관여하지 않음<br>• 평가의 결과는 임상가들에게 피드백해 줄 수도, 안 해 줄 수도 있으며, 주로 행정적인 수준에서 활용됨<br>• 프로그램 평가방법들은 동료들의 검토에 덜 의존하며 양적 자료, 연구설계, 가설검증, 통계적 분석 등에 더 의존함 |

품질보증은 책무성(accountability)을 확보할 수 있다는 장점이 있다. 품질보증의 기준이 잘 세워져 있고, 신뢰롭고 일관성 있는 개입이 이루어진다면, 긍정적인 효과나 부정적인 효과가 나왔을 때 그 결과를 이해하고 설명할 수 있는 근거를 제공해 준다. 하지만 무형의 서비스 과정, 특히 상담 및 심리교육 프로그램에 품질보증을 적용하기 위해서는 고민해야 할 과제가 많다. 눈에 보이는 생산공정이나 유형의 산물을 드러내는 것이 아니라, 눈에 보이지 않는 심리적 과정에 대한 품질보증을

확보하기가 쉽지 않기 때문이다. 그러나 어떠한 형태로든 프로그램이 의도한 내용과 절차에 따라 제대로 실행되고 있음을 보증하는 일은 필요하다. 처치충실도와 신뢰도가 품질보증을 위한 과정평가의 예가 될 수도 있다. 이는 프로그램 효과연구에서도 적용될 수 있는데, 프로그램이 의도한 바대로 충실하게 실행되었다는 것을 입증하기 위한 방법으로 사용되고 있다. 한편, 국제표준화기구(International Standard Organization: ISO)의 인증을 통해 프로그램의 품질을 보증하는 사례도 있는데, 다음 예시와 같다.

**학생 진로 및 취업프로그램의 ISO인증 사례(품질보증 사례)**

2009년 8월 부산 영산대학교 학생진로취업개발프로그램(YCMP)이 ISO9001인증을 취득하였다. ISO9001 인증은 품질경영시스템표준에 적합한지를 심사하여 인증을 부여하는 제도로서, 제조업, 건설업뿐 아니라 각종 서비스 분야까지 모든 산업에 적용 가능한 표준이다.

YCMP는 기존의 취업전략이 한계가 있다는 판단에서 자체적으로 기업맞춤형 취업진로 프로그램을 개발하였는데, 각 학과마다 다른 특성의 취업성향을 분석하는 동시에 학생들이 작성한 커리어맵을 중심으로 개인별, 학년별로 밀착관리하는 시스템이다. 이번 인증은 영산대학교 취업분야 업무와 시스템 전반에 관한 것으로 이 분야에서는 국내 첫 사례이다.

출처: YTN & Digital YTN (2009. 9. 11.).

일반 서비스 분야의 서비스품질을 측정하기 위해 서브퀄 모델(SERVQUAL Model)을 적용할 수도 있다. 1985년 Parasuraman, Zeithaml, Berry가 함께 모여 서비스품질을 평가하기 위해 서브퀄 모델을 발표했다. 처음에는 서비스품질의 특성을 10개 차원(유형성, 신뢰성, 반응성, 고객이해, 접근성, 커뮤니케이션, 안정성, 신용도, 능력, 예의)으로 분류했으나 1988년에 10개 차원을 다시 다섯 개 차원으로 축소해서 발표했고, 이 모델은 오늘날 서비스품질을 평가하는 전통적인 모델로 평가받고 있다. 최근에는 비영리·사회복지 분야에서도 품질조사를 위해 활용하고 있다(조성우 외, 2018).

서비스품질의 다섯 가지 차원은 〈표 8-3〉과 같다.

표 8-3 서브퀄 모델의 서비스품질의 다섯 가지 차원

| 차원 | 정의(평가요소) |
|---|---|
| 유형성(Tangible) | 물리적 시설, 장비, 직원의 용모와 외양, 의사소통 자료 등 서비스의 외형적 품질 |
| 신뢰성(Reliability) | 약속한 서비스를 신뢰롭고 정확하게 수행할 수 있는 능력 |
| 반응성(Responsiveness) | 고객에게 기꺼이 도움을 주고 신속한 서비스를 제공하려는 의지 |
| 확신성(Assurance) | 직원의 지식과 능력, 예절, 고객에게 신뢰와 확신을 심어 줄 수 있는 능력 |
| 공감성(Empathy) | 고객에 대한 개별적인 관심과 배려, 접근 용이성과 원활한 의사소통 |

서브퀄 모델에서 서비스품질이란 고객이 기대하는 서비스와 지각하는 서비스 성과의 차이를 의미하는데, 그 차이(gap)가 작을수록 서비스품질이 높다고 본다. 안성식과 이제경(2011)은 서브퀄 모델을 사용하여 국내 대학 커리어센터의 서비스품질을 측정하고, 구체적인 서비스 개선안을 제안하고 있어 시사하는 바가 크다. 단일 프로그램에 대한 평가는 아니지만, 대학생을 위한 진로 및 취업과 관련된 일련의 프로그램을 제공하는 커리어센터의 서비스품질을 측정했다는 점에서 상담 및 심리교육프로그램에서의 적용 가능성을 보여 준다. 연구에서 제시한 서비스품질 측정절차와 결과 및 개선안은 다음 예시와 같다.

예시: 서브퀄 모델을 이용한 대학 커리어센터의 서비스품질 측정 결과 및 개선안

1. 서브퀄 모델(SERVQUAL Model)의 다섯 가지 서비스품질 차원(신뢰성, 반응성, 공감성, 확신성, 유형성)에 따라 커리어센터의 서비스품질 수준을 측정할 수 있는 평가도구를 개발하였다.
2. 요인분석결과 국내 커리어센터의 서비스품질 차원은 3차원(친절성, 신뢰성, 반응성)으로 밝혀졌다. 3차원의 세부 문항내용을 살펴보면 다음과 같다.

**표 8-4 서비스품질 차원과 대학 커리어센터를 위한 수정된 서브퀄 17문항**

| 서브퀄 서비스 품질 차원 | 각 차원의 의미 | 문항 수 | 문항내용 | 커리어센터 서비스 품질 차원-요인분석 결과 |
|---|---|---|---|---|
| 유형성 (Tangible) | 커리어센터의 외형적 설비, 기자재, 직원, 센터나 프로그램에 대한 홍보물의 비치 | 4 | 1. 각종 구인정보 검색에 필요한 정보를 보유하고 있다.<br>2. 전국의 구인정보를 보유하고 있다.<br>3. 모든 학년을 위한 진로설계 자료를 보유하고 있다.<br>4. 모든 기업정보를 보유하고 있다. | 3요인-유형성 |
| 신뢰성 (Reliability) | 믿을 수 있고 정확하게 약속된 서비스를 제공할 수 있는 능력 | 4 | 5. 어떤 서비스에 대해 어느 시각까지 해 주겠다고 약속하면, 그 시각까지 해 준다.<br>6. 학생의 문제를 해결하는 데 진실한 관심을 보여 준다.<br>7. 첫 서비스를 제공할 때 올바른 정보를 제공해 준다.<br>8. 학생에 대한 기록에 오류가 없도록 관리를 잘할 것이다. | 2요인-신뢰성 |
| 반응성 (Responsiveness) | 고객을 도와주고 즉각적인 서비스를 제공하려는 의지 | 3 | 9. 방문한 학생에게 언제 서비스를 받게 될 것인지 알려 준다.<br>10. 방문한 학생에게 즉시 서비스를 제공한다.<br>11. 항상 도움을 주고자 노력한다. | |
| 확신성 (Assurance) | 직원들의 전문지식과 예의 바른 태도, 믿음과 자신감을 보여 주는 직원들의 능력 | 3 | 12. 학생들을 언제나 친절하게 대한다.<br>13. 전화문의 시 친절하게 대한다.<br>14. 학생들을 존중해 준다. | 1요인-친절성 |
| 공감성 (Empathy) | 고객에게 보여 주는 친절함과 개인화된 관심 | 3 | 15. 학생들에게 개인적인 관심을 기울이는 직원을 두고 있다.<br>16. 학생의 최고의 이익을 위한다.<br>17. 모두에게 편리한 시간대에 서비스를 제공한다. | |

3. 서브퀄 모델에서 서비스품질은 고객이 기대하는 서비스와 지각하는 서비스 성과의 차이로, 그 차이가 작을수록 서비스품질이 높다고 본다. 서비스품질을 측정한 결과와 그에 따른 시사점 및 제안은 다음과 같다.

표 8-5 서비스품질 측정 결과에 따른 시사점 및 제안(개선안)

| 품질 측정 결과 | 시사점 및 제안(개선안) |
|---|---|
| 두 곳 모두 세 차원에서 기대보다 못한 서비스품질 평가를 받음 | 서비스품질 차원이 축소된 것은 대학 커리어센터의 서비스가 분화되어 있지 않는 것으로 보고, 체계적인 대학커리어센터의 서비스시스템을 구축할 필요성 제안함(방문목적 선별을 할 수 있는 접수창구와 전문인력 배치 및 상담환경조성 등) |
| 차원별 서비스품질 측정: 친절성>신뢰성>유형성 순으로 측정되었고, 모든 차원에서 서비스품질 향상을 위한 노력이 필요한 것으로 나타남 | 관련된 정보들이 온라인으로 제공되고 있으나 방문자에게 제대로 전달되지 않아 온라인서비스에 대한 품질 측정(유형성)에서 제외되었을 수 있으므로, 센터 방문 시 온라인과 오프라인에서 제공되는 모든 정보와 서비스에 대한 안내와 모든 정보에 접근 가능한 환경을 구축할 필요성을 제안함 |
| 서비스품질의 차원별 가중치 분석결과: 두 곳 모두 신뢰성>친절성>유형성 순으로 중요한 것으로 나타남 | 단순 정보제공보다 일반서비스업종과 같이 친절하고 존중받는 느낌의 서비스와 개인맞춤서비스를 중요하게 여기므로, 체계적인 대인서비스 및 개인맞춤서비스를 제공하도록 노력할 필요가 있음 |
| 성별 차이: 세 차원 모두 남학생보다 여학생이 지각하는 서비스품질이 낮음 | 여학생이 기대하거나 도움받을 수 있는 서비스가 부족하므로, 여학생 집단에 대한 차별화된 서비스를 개발할 필요가 있음 |
| 학년 차이: 4학년은 대체로 높게, 2학년은 대체로 낮게 서비스품질을 평가함 | 취업에 임박한 4학년에 비해, 2학년은 비로소 본격적인 진로탐색을 시작하면서 진로에 대한 회의, 미래에 대한 불안감으로 방문하지만 기대만큼의 서비스를 제공받지 못한 것으로 보임. 4학년에 집중된 서비스나 프로그램에서 각 학년별로 이용 가능한 서비스나 프로그램으로 확대할 필요가 있음. 즉, 집단 특성을 고려한 차별적 서비스 제공이 필요함 |

출처: 안성식, 이제경(2011).

## 4. 프로그램 기록관리와 실행윤리

### 1) 프로그램 실행기록과 관리

프로그램이 실행되는 과정을 기록하고 문서화하고 정보를 관리하는 것은 매우 중요하다. 그 이유는, 첫째, 프로그램이 의도한 목표와 절차대로 실행되고 있는지를 점검하는 모니터링 자료가 되기 때문이다. Rossi 등(1999)은 프로그램 모니터링 방법의 하나로 관리정보시스템(Management Information System: MIS)을 제안하였는데,

MIS를 통해 참여인원 정보와 특성 등을 손쉽게 파악하여 프로그램 실행과정을 모니터링할 수 있다. Royse 등(2016)도 프로그램 기술을 과정평가의 목적 중 하나라고 앞서 언급한 바 있다. 둘째, 프로그램 기술은 프로그램이 어떻게 이루어졌는지를 기록한 것으로 그 프로그램을 다른 인구집단이나 다른 장소에서 재실행하고자 할 때 매우 요긴하다. 셋째, 기록을 통해 프로그램 실행의 충실도를 높일 수 있다. 비윤리적이고 부적절한 개입을 방지하여 프로그램 대상자를 보호하고, 타성에 빠지지 않도록 운영진을 보호할 수 있다. 넷째, 최근 과정 평가와 질적 평가의 중요성이 강조되고 있다는 점에서 프로그램 실행과정과 참가자의 참여 반응, 참가자의 소감, 프로그램 담당자의 평가기록 등은 매우 중요한 평가자료로 활용될 수 있다. 다섯째, 프로그램과 관련된 이해관계자(예: 예산지원이나 후원자 또는 평가책임자 등)의 인정과 지원을 받는 데 필요한 질적 근거자료가 되기도 하며, 기관의 자원과 운영진을 효율적으로 활용할 수 있는 정보를 제공한다.

그렇다면 프로그램 실행과정에서 무엇을 기록할 것인가? 가능한 프로그램이 실행되는 과정에 대한 정확한 그림이 그려질 수 있도록 여러 방면의 정보를 포함시키는 것이 좋다. 그러나 모든 것을 기록에 담을 수는 없으므로, 어떠한 목적으로 정보를 활용할 것인가를 염두에 두고 기록의 내용과 방법, 양식 등을 사전에 계획하는 것이 필요하다.

일반적으로 프로그램을 실행하면서 두 가지 차원의 기록을 관리하게 되는데, 하나는 프로그램 차원의 기록과 프로그램에 참여하는 참여자 개인 차원의 기록이다. 프로그램 차원의 기록이란 프로그램 운영 전반에 대한 것으로 프로그램을 도입하여 운영하고 평가하는 일련의 과정에 관한 기록이다. 도입 시기에 활용한 프로그램 기획서를 포함하여 홍보물, 신청 인원과 참여자 및 수료자 인원수, 프로그램 회기별 진행 기록(예시 참조), 진행자의 회기별/전체 프로그램 평가 혹은 종결 기록, 예산 집행내역 등이 이에 해당된다. 참여자 개인 차원의 기록이란 참가자의 개별적인 특성과 반응에 관한 것으로 개인신청서(인적사항 및 참여동기 등)를 비롯하여 사전검사 질문지, 지도자의 개별 관찰기록, 회기별/프로그램 만족도, 혹은 소감문, 사전사후 변화지표 등이다.

예시: 프로그램 회기 진행일지

### ○○○○프로그램 회기 진행일지

<table>
<tr><td rowspan="2">지도자</td><td>소속</td><td colspan="2">이름</td><td>연락처</td><td>회기</td></tr>
<tr><td></td><td colspan="2"></td><td></td><td></td></tr>
<tr><td>일시</td><td colspan="2">년 월 일 교시</td><td>대상</td><td colspan="2">학년 반 명</td></tr>
<tr><td>장소</td><td colspan="2"></td><td>준비<br>사항</td><td colspan="2"></td></tr>
<tr><td>목표 및<br>과제</td><td colspan="5"></td></tr>
<tr><td>진행<br>과정</td><td colspan="5"></td></tr>
<tr><td>학생<br>반응</td><td colspan="5"></td></tr>
<tr><td>회기<br>운영<br>소감</td><td colspan="5"></td></tr>
<tr><td>실천<br>과제<br>내용</td><td colspan="5"></td></tr>
</table>

정보를 수집하는 방법은 관찰, 면담, 설문조사 등 다양하며, 질적 정보와 자료와 양적 정보 모두 활용 가능한데, 수집된 정보를 어떤 목적으로 분석 활용할 것인가에 대해 미리 논의해야 필요한 정보를 효율적으로 기록하고 관리할 수 있을 것이다. 특히 광범위하게 지속되는 프로그램이라면 수집된 정보를 관리하는 정보관리시스템을 구축하여 운영하는 것도 프로그램 운영관리에 필요한 부분이다. 예를 들어, 전국적으로 운영되고 있는 한국청소년상담복지개발원의 또래상담은 별도의 DB시스템을 마련하여 또래상담지도자와 또래상담자에 대한 현황 파악이 가능하며, 관련 자료를 제공하고, 또래상담을 매칭해 주는 등 또래상담프로그램을 지원하고 있다([그림 8-6] 참조).

[그림 8-6] 또래상담 정보관리시스템 예시

출처: www.peer.or.kr:448

## 2) 프로그램 실행윤리

프로그램이 의도했던 목적과 목표에 도달하기 위해 프로그램은 충실하게 실행되어야 한다. Rubin과 Babbie(1997)는 사회복지조사뿐만 아니라, 연관된 분야에서 널리 활용되고 있는 윤리적 고려사항들을 다음과 같이 다섯 가지로 제시하였다.

- 자발적인 참여와 정보제공에 근거한 동의
- 참여자에게 피해 주지 않기
- 익명성과 비밀보장
- 연구대상자에게 솔직하기
- 객관적이며 솔직한 분석과 보고

상담 및 심리교육 프로그램의 경우, 프로그램 성격과 진행방식에 따라 지도자와 참여자의 상호작용 형태가 다르고, 그에 따라 고려해야 할 윤리적 측면도 상이하다. 권경인과 조수연(2015)은 집단상담의 윤리를 세 가지 범주로 분류하고, 각각의 세부 요소에 관한 윤리적 측면을 다음과 같이 제시하고 있다.

- 집단원 권리 및 교육윤리: 비밀보장, 상담관계, 사전동의, 다문화, 미성년자 및 학교장면의 집단원에 관한 윤리
- 집단상담자 전문성 및 책임윤리: 집단상담자의 전문, 전문적 책임에 관한 윤리
- 집단상담 과정 및 운영윤리: 집단상담 구성 및 운영상의 윤리, 집단상담 과정에서 주의할 집단상담윤리

이러한 내용을 프로그램 실행에 적용해 볼 때 몇 가지 지침을 다음과 같이 제안할 수 있다. 이는 고정적인 절대 원칙은 아니며, 실행과정에서 잠재하는 윤리적 문제를 예상하고 대처하는 데 참고할 사항들이다.

- 참여자의 자발성을 존중한다. 강제집단 참가자라면 프로그램으로 인한 영향을 설명한다.
- 프로그램의 취지와 목적을 과장하지 않고 전달한다.
- 참여자의 비밀보장과 개인정보 및 기록관리물의 활용 범위와 기간을 고지한다.
- 지도자는 참여자들을 편견이나 차별 없이 대한다.
- 지도자는 프로그램 실행에 필요한 기본 지식을 습득하고, 전문가로서의 지도 역량을 갖춘다.

## 생각해 보기

1. 자신이 기획하고 구성한 프로그램을 직접 실행하게 되었다고 가정해 보자. 프로그램을 효과적으로 실행하기 위해서 프로그램이 진행되는 기관의 관리자와 어떻게 협조체제를 맺어 갈지, 구체적인 방안을 생각해 보시오.
2. 자신이 실행하게 될 프로그램의 지도형태는 어떠한가? 집단의 방향과 흐름을 전개해 가는 과정에서 지도자인 내가 권한을 갖고 있는지, 참여자에게 자발적인 자유재량권을 더 많이 주는지 가늠해 보고, 그에 따른 집단의 특성에 대해 설명해 보시오.
3. 프로그램의 실시 단계에 따른 특징을 살펴보고, 자신의 프로그램 특성에 맞는 실행 전략을 계획해 보시오.
4. 자신의 프로그램을 모니터링하기 위한 전략과 방법을 구상해 보시오.
5. 프로그램 실행과정에서 무엇을 기록하고 어떻게 활용할 것인지, 자신의 프로그램 취지에 적합한 기록관리체제를 구상해 보시오.
6. 프로그램을 실행하면서 자주 부딪히는 윤리적 갈등상황은 무엇이며 어떻게 대처할 수 있을지 생각해 보시오.

## 적용

1. 프로그램을 실행하는 과정은 더 좋은 프로그램으로 개선하기 위한 모니터링 과정이기도 하다. 그렇다면 자신이 만든 프로그램을 실행하는 시점에 이르렀다고 가정해 보라. 자신의 프로그램 모니터링을 위해 프로그램을 실행하는 과정에서 행해야 할 형성평가와 과정평가의 구체적인 계획과 전략을 세워 보시오.

제5부

# 프로그램 평가

제9장

# 프로그램 평가절차

조력 전문직(helping profession)에 종사하는 사람 가운데 과학적인 연구 자체에 몰두하려는 사람은 많지 않다. 그러나 자신의 서비스가 원래 의도했던 대로 서비스 수혜자에게 잘 전달이 되고 도움이 되었는지에 대해서는 깊은 관심을 보인다. 연구가 자신의 주 업무라고 생각하지 않는 사람일지라도 믿을 만한 연구도구를 사용하여 서비스와 프로그램을 평가하는 것이 가치 있다는 점에 동의할 것이다. 이 장에서는 먼저 가치를 함의하는 활동인 프로그램 평가의 일반적 개념을 기술하고 상담적 관점에서 평가의 개념을 기술하고자 한다. 평가의 개념에서는 프로그램 평가의 필요성과 목적을 함께 살펴보겠다. 그리고 그러한 실제 평가활동이 기반하고 있는 주요 원리와 평가모형에 대해서 살펴보고자 한다.

**이 장에서 다룰 주제**

- 조력 전문직에 종사하는 사람들은 과학적인 연구 자체에 관심을 지니고 있는가?
- 원래 의도했던 대로 서비스 수혜자에게 잘 전달이 되고 도움이 되었는지에 대해 어떻게 알 수 있는가?
- 믿을 만한 연구도구를 사용하여 서비스와 프로그램을 평가하는 것은 가치 있는 일인가?
- 프로그램 평가의 일반적 개념을 기술하고 상담적 관점에서 평가의 개념을 기술할 수 있는가?
- 실제 평가활동이 기반하고 있는 주요 원리와 평가모형 및 전략에는 어떤 것들이 포함되는가?

## 1. 프로그램 평가의 개념, 기능 및 원리

### 1) 프로그램 평가의 개념

평가는 일상적 삶에서 지속적으로 일어나는 일반적인 행동으로서, 사전적 의미는 숙고와 연구를 통해 무언가의 중요성, 가치 또는 상태를 결정하는 것으로 정의된다. 일상의 거의 모든 것은 평가의 대상이 될 수 있다. 우리는 자신과 타인에 의해 공식적 혹은 비공식적, 주기적 혹은 비주기적으로 항상 평가되고 있다. 개인, 집단, 가족, 프로그램, 기관, 지역사회, 국가정책 등 평가의 대상은 매우 다양할 수 있는데, 이러한 대상을 평가하는 이유에는 규격, 서열, 교정, 개선, 변화의 관점에서 가치, 질, 중요성, 관련성, 수행성 등을 추정하는 것이 포함된다. 대개 평가는 전문적 활동을 기술하고 그 결과에 대해 조사하며, 새로운 처치나 개입 형태에 관한 실험을 통해 더욱 효과적인 개입 방법을 개발하기 위해 설계된 조사의 의미를 포함한다. 통상 변화의 과정과 성과 모두를 측정하기 위해 객관적인 조사방법을 적용하게 된다. 이때 조사방법의 객관성은 특히 정확한 성과 측정을 위한 것으로 다른 방법이 아닌 오직 프로그램에 의해서만 성취된 결과를 잘 밝혀내기 위한 것이다. 이상의 내용을 정리하면 평가의 일반적인 개념은 다음 세 단계로 요약될 수 있다(정무성, 정진모, 2001).

① 프로그램 실행 시 단계별 과정에서 얻어진 결과를 자원 투입, 효과, 효율, 책무성, 이용자의 만족도 등의 항목을 기준으로 하여 체계적으로 자료를 수집하고 분석하는 행동으로 프로그램 실행평가라고 볼 수 있다.

② 프로그램의 가치, 질, 중요성, 타당성, 업무 수행에 관한 효과, 효율 및 책무성을 전체적으로 분석·정리하는 연구활동으로 프로그램 종합평가라고 볼 수 있다.

③ 프로그램에 대한 의사결정을 돕기 위해 이상의 총체적인 정보를 제공하는 과정으로 프로그램 결정평가라고 볼 수 있다.

프로그램 평가는 이와 같은 평가 행위가 여러 대상 가운데 프로그램을 대상으로 하여 이루어지는 활동이다. 기능적 관점에서 평가의 정의는 무엇에 대한 평가인가와 관련성을 지닌다. 따라서 프로그램 평가를 이해하기 위해서는 프로그램에 대한 이해가 선행되어야 한다.

프로그램은 어떤 목적을 달성하기 위해 고안된 활동으로 이루어진 조직화된 집합체이다. 프로그램은 특정 목적을 위해 만들어지며 정해진 목적에 부합하는 일련의 계획된 행동으로 구성된다. 이때의 목적은 보통 어떤 문제 혹은 필요 상황이 전제가 되는데, 우리나라의 상황에 비추어 보면 이러한 문제 혹은 상황에는 물질 남용, 노숙, 청소년 문제, 실업, 정신질환, 아동학대, 교육, 가정폭력, 범죄, 질병 문제 등이 포함된다. 이와 같은 개념에 기초할 때, 결국 프로그램은 프로그램 참여자에게 영향을 주기 위한 일련의 개입이나 서비스가 된다.

프로그램 평가는 조사과정이 논리적이고 순서가 갖춰진 절차를 따른다는 측면에서 기초연구와 비슷한 면이 있다. 프로그램 평가 역시 연구 문제와 가설에서 시작하게 되며, 평가에 적합한 연구설계 방법이 개발되어 왔다. 그리고 자료를 수집하고 분석하는 절차 등에서 기초연구와 유사한 측면이 있다. 이로 인해 프로그램 평가를 '사실이나 원리를 찾는 데 사용되는 체계적인 절차'로 간단히 정의하기도 한다(Barker, 1995). 연구의 관점에서 프로그램 평가를 살펴보면 다음과 같이 설명할 수 있다.

첫째, 프로그램 평가는 관리과정의 일부로서 응용연구 분야에 속한다. 프로그램 평가는 프로그램에 대해 행정적 결정을 해야 하는 사람들을 돕기 위해 행해지는 경우가 많다. 이론적 연구와 달리 프로그램 평가는 실용적 이유를 갖기 때문에 프로그램에 대해서 체계적으로 검토하는 과정을 거치게 된다. 프로그램을 평가하여 그 결과를 의사결정에 반영해야 하는 사람들은 그 프로그램이 목적을 달성했는지, 차후에 다시 자금지원을 할 만한지, 그리고 똑같은 결과를 내면서도 돈이 덜 들어가는 프로그램이 있는지에 대해 알기 원할 것이다.

둘째, 프로그램 평가는 논리와 연구 순서에서 기초연구와 비슷하다. 연구와 평가 모두 문제와 질문 혹은 가설에서 시작한다. 그다음 연구나 평가, 설계가 개발되고, 자료가 모아지고 분석이 이루어진다. 이런 방법을 고려할 때 연구나 평가 모두 과제중심 혹은 문제해결 과정과 비슷하다. 그러나 연구와 평가는 그 용도에서 다르다. 연구의 목적은 지식을 일반화하는 데 있다. 반면, 프로그램 평가는 그것에서 얻어진 정보를 특정 프로그램에 적용하는 것을 우선 목적으로 두고 있다.

셋째, 프로그램 평가는 비교 기준이 포함된다. Schalock과 Thornton(1988)은 프로그램 평가를 '구조화된 비교'라고 정의했다. 비교하지 않고 평가될 수 있는 프로그램은 거의 없다. 한 기관에서 시행된 프로그램은 같은 기관 내 혹은 다른 기관에서 시행된 유사 프로그램과 비교될 수 있다. 이로 인해 비교 형식을 갖추지 않은 평가는 여러모로 모호해질 수 있으며 그 기능을 다하기 어렵다.

이와 같은 연구의 관점에서 프로그램 평가는 '특정한 프로그램의 성공 여부를 검증하기 위한 체계적인 조사'로 요약될 수 있을 것이다. 그러나 먼저 염두에 두어야 할 것은 어디까지나 프로그램 평가는 실제적인 목적을 위한 노력이지 학술적인 이론을 세우거나 사회과학 지식을 발전시키려는 것이 우선 목적은 아니라는 점이다. 따라서 Tripodi(1987)는 '프로그램 평가의 사명은 사회적 프로그램을 개선시키는 데 사용될 수 있는 정보를 제공하는 것이다.'라고 주장하였다.

앞서 밝힌 바와 같이, 프로그램 평가는 실제적 활동이다. 점차 변화되고 있으나 기존의 프로그램 평가활동은 자료의 수집과 프로그램에 대한 기술적 수준에 초점이 맞춰진 경우가 많았다. 따라서 프로그램 평가활동을 절차적으로 세분화하여 살펴보는 것이 필요하게 되었다. 일반적으로 모든 평가과정은 3단계, 즉 평가, 자료의 보급, 자료의 활용으로 나눌 수 있다.

[그림 9-1]은 김형식(1999)이 제시한 것으로 이러한 과정을 시각적으로 표현한 것이다. 그림에서와 같이 평가의 단계별 요소는 서로 관련성을 지닌다. 평가 단계

에 속해 있는 협의(negotiation)와 보급(dissemination)은 사회적인 상호작용 과정과 관련된 것이다. 예를 들어, 프로그램 협의에서 평가를 수행하게 된 배경, 동기 설명, 평가 대상 규정, 계획된 평가와 관련된 쟁점, 평가 결과에 따른 변화, 평가 실시자 선택, 평가 준거 선정, 기존 자료 활용 등은 평가 실시 이전에 점검되고 필요할 경우 사전에 협의가 이루어져야 한다. 평가활동이 보급되고 이를 통해 자료가 수집되면 그 자료가 프로그램 관련자에게 보급된다. 평가 결과에 대한 자료는 평가가 진행되고 있는 과정에 관심을 갖고 있던 모든 사람에게 의도적으로 보급된다. 이러한 보급 활동은 평가의 전 과정에서 일어나야 한다. 일반적으로 보고(reporting)라는 개념은 사후적(reactive) 개념이며, 보급은 사전적(proactive)적 개념을 지닌다. 평가 결과에 대한 보급은 적재적소에 이루어져야 하며 평가자료가 은폐 또는 왜곡되거나 사장되어서는 안 된다. 이러한 이유로 정부정책에 기초하여 이루어지는 프로그램 사업은 지속적인 평가 실시와 함께 평가 결과가 대중에게 공개되고 있다.

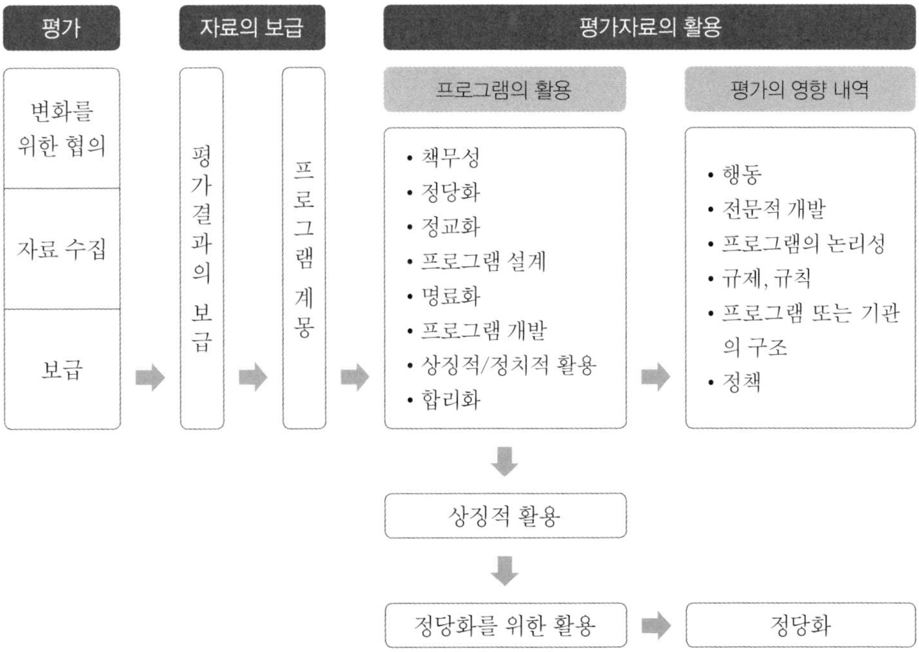


**[그림 9-1]** 평가 및 결과의 보급과 활용 과정

출처: 김형식(1999).

## 2) 평가의 목적과 기능

### (1) 목적

프로그램이 고유한 목적을 지니고 있다고 할 경우, 프로그램 평가를 하는 이유는 프로그램의 개수만큼 다양하다. 프로그램이 지닌 목적이 곧 명확한 평가 이유를 제공해 준다. 동시에 조력 전문가는 그들이 제공하는 프로그램을 개선할 책임이 있기 때문에 프로그램 평가를 실시해야 한다. 미국의 사회복지사 윤리규정에는 사회복지사는 정책, 프로그램 수행, 개입의 실제를 감독하고 평가해야 한다는 점과 지식의 발전에 기여하는 평가와 연구를 권장하고 장려해야 한다는 점이 기록되어 있다. Royse 등(2001)이 프로그램 평가의 필요성을 동기 측면에서 요약하여 제시한 내용을 정리하면 다음과 같다.

① 평가 요구: 스폰서나 자금을 지원해 주는 기관에 설명을 해야 할 때, 또는 새로운 프로그램 설계를 하기 위해 자금 조달을 받아야 할 때는 프로그램 제안서를 준비해야 한다. 제안서에는 프로그램 목표, 고유성, 소요되는 총 자금비용 등과 함께 프로그램 평가가 포함되어야 한다.

② 부족한 예산으로 인한 경쟁: 프로그램을 지원하는 행정 기관 및 단체는 무한한 자원을 갖고 있지 않다. 따라서 가장 효과적이고 효율적인 하나 또는 소수의 프로그램만이 제한된 예산의 지원을 받을 수 있는데, 이를 입증하기 위해서는 프로그램 평가가 필요하다.

③ 새로운 개입에 대한 평가: 새로운 프로그램 개입이 시도되는 상태에서 그것이 잘 알려져 있지 않을 때에는 그 효과를 밝혀 보급하거나 혹은 더 개선될 수 있다고 판단될 경우 프로그램 평가를 실시한다.

④ 해명을 위한 평가: 프로그램 문제가 아닌 다른 문제로 인해서 프로그램에 대한 평이 좋지 않거나 프로그램 자체에 대한 문제가 제기되었을 때에는 그 프로그램의 강점을 해명해야 하는데, 이때 프로그램 평가가 필요하다.

프로그램 평가의 필요성은 이와 같은 프로그램 평가의 동기적 측면이 고려된 것이다. 이러한 동기에 기초해 프로그램 평가가 실시되는 것이며, 이때 구체적인 목적이 수반된다. 따라서 프로그램 평가의 목적은 보다 적극적인 성격을 지닌다. 다음에서는 프로그램 평가의 목적과 기능에 대해서 살펴보고자 한다. 프로그램 평가의 목적은 그 효용성 측면에서 프로그램 기획과 실행에 필요한 정보의 제공, 책무성의 이행, 이론 형성에의 기여 등으로 개념화될 수도 있다. 미국의 『사회복지사전』(Barker, 1999)이나 『사회복지 분야에서의 프로그램 평가의 발달 과정에 대한 보고서』(Austin, 1998)에서는 평가의 목적을 결과 활용성 측면에서 제시하고 있다. 그 내용을 정리하면 다음과 같다.

① 사회복지기관의 업무 수행을 체계적인 방법으로 밝히는 역할을 한다. 이때 평가 항목은 수혜집단에 대한 서비스의 요구 충족 여부, 정책 또는 서비스 전달 절차의 준수 여부, 그리고 업무 수행의 질과 양을 포함한다.
② 체계적인 방법으로 업무 수행의 효과성 및 효율성을 밝히는 역할을 한다.
③ 응용연구의 형태로 사회복지기관에 관한 일반적 법칙을 발견하는 역할을 한다.
④ 사회복지기관의 업무 수행 또는 서비스 수혜집단에 관한 문제를 규명하기 위한 논리적이고 공정한 체계적 연구 역할을 한다.
⑤ 합리적인 방법으로 자원을 할당하는 방법으로서의 역할을 한다.
⑥ 사회개혁을 제도화시키기 위한 정치활동의 역할을 한다.
⑦ 평가연구 결과를 활용하여 개혁 또는 개입적 프로그램의 실시 결과를 보여 주는 역할을 한다.
⑧ 일반적으로 문제해결을 위한 첫 단계 역할을 한다.
⑨ 변화 여부 및 요인 규명, 소요 비용 산출, 프로그램의 일반화 가능성을 체계적으로 밝히는 역할을 한다.

평가의 기본 목적은 향후 어떤 서비스가 제공되어야 하는지를 결정해야 하는 조력 전문가의 입장에서 프로그램의 내용과 성과로부터 피드백을 제공하고 서비스 내용과 체제를 개선하고 강화하는 것이다. 따라서 평가자 입장에서는 다음과 같은 목적을 달성하기 위해서 평가를 시행한다.

첫째, 서비스 결과에 대한 수혜자의 만족 여부를 확인한다. 대개의 조력 전문가는 프로그램이 실제 수혜자에게 도움이 되었는지 확인하고 싶어 한다. 그리고 다양한 프로그램 평가를 통해서 수혜자에게 적절한 서비스 유형을 선택한다. 프로그램 평가는 보다 나은 개입 또는 처치를 추구하기 때문에 지속적으로 이루어진다.

둘째, 의사결정을 위해서 평가를 한다. 프로그램 평가는 수혜자가 도움을 받았는지뿐만 아니라 다른 비교 프로그램에 비해 효과성과 효율성이 높은지를 밝히기 위해 이루어진다. 나아가 공적 지원을 받거나 마케팅 전략 차원에서 이루어진다. 프로그램 평가는 이를 위한 의사결정에 필요한 정보를 제공하려는 목적으로 이루어진다.

셋째, 새로운 사실을 배우거나 중요한 사항을 명료화하기 위해 실시된다. 프로그램 평가는 사회 문제 전반에 걸쳐 새로운 사실을 인식하고 중요한 사항을 더욱 명료화하기 위해서 실시된다. 현재 다양한 사회 문제(실업, 빈곤, 노숙, 비행 및 약물 남용, 정신질환, 학대 등)를 다루기 위한 수많은 프로그램이 있는데, 프로그램 평가는 이러한 프로그램의 구성, 운영 및 개입 방법, 예산 배분 등의 측면에서 중요한 정보를 제공해 준다.

이상의 내용을 정리하면, 프로그램 평가의 목적은 프로그램 기획과 실행에 필요한 정보 획득, 책무성 이행 확인, 이론 형성에 대한 기여 등을 포함한다. 프로그램 기획과 실행에 필요한 정보 제공의 경우 프로그램의 효과성(effectiveness)과 효율성(efficiency)에 대한 평가 내용이 포함된다. 이러한 정보는 프로그램의 유지 · 확대 또는 중단 · 축소에 대한 판단자료로 활용된다. 책무성의 이행을 위해 실시되는 프로그램 평가는 사회적 · 국가적으로 제도화된 프로그램에 대해서 더욱 강조된다. 이때 프로그램을 관리 · 운영하는 주체는 그러한 활동을 할 수 있는 인가를 받고 그에 대한 지원을 받는 경우가 많다. 인가를 받은 주체는 사회에 대하여 책임을 지게 되는데, 이와 같이 해당 주체가 프로그램의 관리와 운영에서 책무성을 이행하게 하는 것이 프로그램 평가의 한 가지 목적이 된다. 프로그램 평가는 이론의 형성에도 기여할 수 있다. 평가의 과정은 프로그램이 지니고 있는 처치적 요소와 프로그램 성과 간의 인과 경로를 검토하면서 이루어진다. 프로그램의 성과와 관련해서 평가자가 세운 가설이 그 타당성을 확인받고 이론으로 발전하게 되면 그렇지 못한 경우라도 이론을 수정하는 데 기여할 수 있게 된다(최호윤, 2007).

### (2) 신화

목적에 따른 평가 수행에는 여러 제한점이 따르는데, 충분한 평가이론이나 의사결정 과정에 대한 지식의 부족, 서로 다른 평가 기준의 적용, 평가 의미에 대한 왜곡, 평가를 수행할 숙련된 인적 자원의 부족 등이 이에 해당된다. 평가의 의미가 서로 다른 사람에게 왜곡되는 것과 관련된 문제에는 두 가지가 있다. 첫째, 개개의 사람이 가치판단을 할 때 활용하는 합법적 기준을 서로 달리하는 데서 발생하는 문제이다. 이것은 평가 목적과 결과에 대한 갈등을 함께 불러일으킨다. 둘째, 평가와 관련된 사람들이 효과성에 대한 체계적인 조사 결과에 대해 방어적일 수 있다는 점이다(Royse et al., 2001). 경우에 따라 평가라는 말이 위협적으로 인식되기도 하며 이런 저런 이유로 평가에 대한 신화가 발생하고 있다. 그 가운데 몇 가지를 제시하면 다음과 같다.

① 심리교육 프로그램에 대한 가치는 양적으로 측정될 수 없다. 이 점은 사실이 아니다. 심리교육 프로그램을 평가하기 위한 평가도구와 이를 분석하는 여러 방식이 개발되었으며, 따라서 거의 모든 프로그램의 효과를 쉽게 측정하게 되었다.

② 평가를 수행할 때 수집되어야 할 필요한 정보가 어떤 것인지 명확히 하기 어렵다. 어떤 프로그램이 잘 설계되고 목표가 정확하고 측정 가능하다면 평가를 위해 수집되어야 할 정보의 유형 또한 구체화하게 된다.

③ 교육에 대한 투자회수율을 계산할 수 없을 경우, 교육 프로그램을 평가하는 것은 소용없는 일이다. 궁극적으로 평가는 투자회수율을 결정하는 것이다. 그러나 사람에 대한 프로그램 적용과 그에 대한 투자회수율은 자본 지출에 대한 투자회수율에 비해 구체성이 결여된다. 동시에 객관적인 평가 역시 어려울 수 있다. 그러나 이 경우라도 주관적인 평가가 가능하며 어떤 측면에서는 오히려 바람직하다고 할 수 있다. 평가자가 프로그램 수혜자의 만족도를 평가 항목에 포함시키는 것은 수혜자의 주관적 견해를 고려하는 것이다.

④ 일반적으로 상급자 혹은 상급기관이 평가를 요구하지 않는 경우 일부러 그것을 해야 할 책임을 느끼지 않는다. 이것은 아주 쉽게 발생할 수 있는 문제이다. 그러나 자원이 투입되어 운영되는 프로그램에 대해 누군가 평가를 요구할 때

까지 기다린다는 것은 바람직하지 않으며 무책임한 행동이 될 것이다. 앞서 제시한 바와 같이, 프로그램 평가는 프로그램을 실시하는 조력 전문가에게는 중요한 책무이다.

⑤ 행동 변화에 영향을 주는 처치 외 요인이 너무 많기 때문에 프로그램의 영향력을 정확히 평가하기 어렵다. 프로그램 성과를 있는 그대로 밝히는 데 방해가 되는 주요 요소는 이미 밝혀져 있다. 그리고 그것을 통제할 수 있는 평가연구 설계 등이 제시되어 있다. 따라서 이러한 요소가 프로그램 실시에 영향을 주었다 하더라도 그 영향을 최소화하여 프로그램의 고유 성과를 더 잘 밝힐 수 있게 되었다.

⑥ 평가는 비판을 가져올 것이다. 평가 결과는 프로그램을 만든 사람, 그것을 실시한 사람, 그리고 그것을 지원한 사람 또는 기관까지도 비판을 받게 할 여지가 있다. 만약 평가에 비판이 포함되지 않는다면 조직은 평가하려고 하지 않을 것이다. 다만, 그 비판을 건설적으로 받아들일 수 있도록 하려는 노력이 요구된다. 이러한 노력 가운데에는 비교 우위에 있는 경우에 대한 보상을 문제의 경우에 대한 처벌보다 우선하는 것이 포함될 수 있다.

⑦ 이미 잘 알려진 프로그램은 특별히 결과를 평가할 필요가 없다. 심리교육 프로그램은 대상, 장소, 시간 측면에서 프로그램에 대한 지속적인 타당화 과정이 요구된다. 특히 프로그램 적용 대상은 세월이 흐르면서 그 집단의 태도와 속성이 변화할 수 있다.

⑧ 목표 향상에 대한 측정만으로 충분한 평가전략이 된다. 이러한 생각은 전형적으로 프로그램의 내용, 활동, 그리고 프로그램의 즉시적 효과에만 관심을 갖게 한다. 평가전략은 프로그램 결과에서 얻어지는 장기적 영향을 포함해야 한다.

### (3) 개선방안

프로그램 평가에 대한 몇 가지 신화에도 불구하고 평가는 지속적으로 이루어져야만 하며 또 그렇게 되고 있다. 다음은 프로그램 평가가 충분한 힘을 갖도록 개선되는 데 필요한 요구 사항이다.

첫째, 평가는 충분한 지적 기초가 필요하다. 평가에 필요한 새로운 방법론과 기법을 다른 학문에서 이끌어 내려는 노력이 필요하다. 평가와 관련된 개별 연구에서는 평가 계획이나 기법의 상대적 효율성 또는 평가의 적절한 구성요소에 대한 경험적 정보가 부족하다. 평가에 필요한 정보에는 적어도 평가가 실행되는 상황, 유용한 평가 특성, 구체적인 평가방법의 효과성 등에 대한 정보가 필요하다.

둘째, 평가는 반복해서 이루어져야 한다. 메타분석에 대한 필요성이 거의 모든 평가자에 의해서 제시되고 있다. 이는 프로그램의 효과 여부에 대한 큰 결정(big decision)을 내리기 위한 목적에서만 실시되는 것은 아니다. 여러 연구의 축적된 정보는 프로그램의 개선을 위한 구체적인 정보를 더 많이 제공해 준다.

셋째, 프로그램 평가자는 평가의 정치적 특성을 이해해야 한다. 프로그램 평가는 반드시 합리적인 것은 아니며 경우에 따라 강한 정치적 의도를 지닌다. Cronbach 등(1980)은 평가가 본질적으로 정치적인 활동이라고 주장하였다. 즉, 프로그램 평가자와 관련 기관은 '진실'의 발견과 함께 '옳은' 결정이라는 점을 드러내기 위한 목적을 추구한다고 주장하였다. 프로그램 평가는 정책 형성과 그 과정에 포함된 여러 정치력 간의 상호작용이며, 프로그램의 규모가 커질수록 이러한 성향은 짙어지는 경향이 있다. 이런 기본적 사실을 이해하지 못하는 평가자는 프로그램 평가가 당연한 성과를 산출했다는 것이 얼마나 중요한지를 간과하기 쉬우며, 경우에 따라서는 인적 또는 물적 자원을 낭비할 수 있다.

**프로그램의 정치적 의도를 강조하고 있는 몇 가지 평가전략**

- 눈 가리고 아웅 하기(eye-wash): 남 보기에 좋고 자랑할 만한 프로그램만 선별·평가하며 약점이 많은 프로그램은 평가에서 제외하여 방어 혹은 정당화하는 평가전략
- 흰색 칠하기(white-wash): 객관적인 평가를 회피하고자 프로그램의 실패를 은폐하려는 것으로, 프로그램이 잘 운영되고 있는데 구태여 평가를 할 필요가 있겠느냐는 태도를 취하는 평가전략
- 잠수함(submarine): 프로그램의 장단점에 관계없이 무조건 프로그램을 폐기시키려는 의도로 시행되는 평가전략
- 포즈형(posture): 겉보기에 좋도록 객관적이고 전문적인 평가를 하는 체하는 전략
- 지연작전(postponement): 사실 발견 및 평가 연구를 핑계로 서비스 전달을 소홀히 하는 평가전략

• 대체(substitution): 프로그램 실패를 은폐하기 위해 중요하지는 않지만 더 잘 운영된 프로그램을 평가의 대상으로 삼는 평가전략

출처: Suchman (1969).

### 3) 평가의 원리

프로그램 평가과정은 그 구성이 체계적이며 논리적인 일관성이 있어야 한다. 따라서 단순히 평가라고 하지 않고 평가체계(evaluation system)라고 부른다. 평가자가 평가체계를 구성할 때 먼저 정하는 것은 평가의 철학 혹은 이념인데, 이는 평가행위가 기초하는 가치와 관련되는 것이다. 일반적으로 조력 전문직에서 평가의 기본 철학은 '수혜자 중심(client-direction)'에서 프로그램이 서비스의 질을 확보하고 있는지를 확인하는 것이다(정무성, 정진모, 2001).

수혜자에 초점을 맞춘 원리에서 비롯되는 핵심적인 평가의 원칙을 네 가지로 요약하면 다음과 같다.

① 이용자의 욕구에 대한 평가와 제공된 서비스에 대한 평가를 반복적으로 실시해야 한다. 프로그램 평가는 결국 프로그램 수혜자에 대한 평가를 통해 함께 이루어진다. 이러한 평가는 일회적으로 끝나는 것이 아니라 반복적으로 이루어지는 것이 바람직하다. 이는 수혜자의 욕구가 지속적으로 변화하며, 따라서 서비스 제공이 그에 잘 반응하고 있는지를 지속적으로 평가할 필요가 있기 때문이다.

② 성과 측정, 평가 대상, 평가기간, 평가 정보의 활용을 포함한 시스템을 갖춰야 한다. 실천적인 측면에서 보면 성과 측정에는 측정할 수 있는 목표, 목표의 우선순위, 효과성과 효율성 측정, 수혜자의 만족도 항목 등이 포함된다. 평가 대상에는 이용자의 선정기준, 제공된 서비스 목록이 포함되며, 평가기간에는 측정이 제공된 시간의 내역이 포함된다. 그리고 평가 정보의 활용은 프로그램을 향상시키거나 혹은 중지하기 위한 의사결정에 평가 정보를 적용하는 것을 의미한다.

③ 수혜자의 욕구에 대한 조사는 정기적으로 전문적이고 행정적인 방식으로 이루어져야 한다. 조사 내용은 제공된 서비스의 강도 및 형태의 특수성과 서비스의 지속 및 확대 여부를 결정하기 위해 서비스 수혜자에 대한 인구학적 변화를 조사하는 것을 포함한다.

④ 프로그램 평가 결과의 활용은 서비스 수혜자와 제공자 그리고 지원체계 모두에 적절히 전달되어야 한다. 그리고 계획을 수립하는 데 다시 활용되어야 한다.

이상의 내용은 프로그램 수혜자를 중심으로 한 평가의 주요 원칙이다. 이러한 원칙을 지키기 위해서는 평가과정에서 발생할 수 있는 저항요인을 잘 고려해야 한다. 그러한 요인으로는 프로그램 효과에 대한 과대 혹은 과소 기대감, 상위 기관 또는 관계자의 부적절한 압력과 평가가 오히려 쇄신을 가로막을 수 있다는 걱정, 프로그램이 중지될 수 있다는 걱정, 평가 정보가 남용될 수 있다는 걱정, 비밀보장이 될 것인가에 대한 걱정 등이 있다.

## 2. 평가의 기준 및 유의성

### 1) 평가의 기준

상담 프로그램 효과 유무의 기준은 관점에 따라 다양할 수 있다. 그 가운데 다음의 내용은 통상 많이 쓰이는 네 가지 평가 기준을 제시한 것이다.

#### (1) 주관적 기준

상담회기의 과정, 절차, 결과, 전문성 등에 대한 내담자 자신의 주관적 느낌과 생각을 포함한 현상학적 정보들을 대상으로 한다. 구체적으로는 회기나 상담 전 과정에 대한 만족도 또는 목표달성 정도에 대한 평가가 해당된다. 주관적 평가 결과는 프로그램이 잘 적용되고 있는지와 함께 어떤 식으로 하면 더 나아질 수 있는지에 대한 정보를 얻을 수 있으므로 반복 적용이 가능하다.

### (2) 객관적 기준

내담자에게서 객관적으로 관찰되는 것을 측정의 대상으로 한다. 예를 들면, 신체-생리적 변화, 심리적 반응, 행동관찰에 대한 평가가 해당된다. 우울이나 불안은 간혹 신체-생리적 측정이 가능하다. 급성 스트레스와 관련된 내적 변화는 미묘하고, 급격하며, 그때그때 자각이 어렵기도 하다. 이런 경우 질문지로는 그 변화를 측정해 내기 어렵다. 신체-생리적 측정대상에는 뇌파, 심박수, 땀, 표피 체온, 근전도, 혈압, 혈당 등이 포함된다.

### (3) 임상적 기준

임상적 의의 혹은 실제적 의의(significance)를 의미하며, 현장에서 경험하는 효과를 의미한다. 프로그램을 적용한 후에 처치 전과 비교하여 차이 또는 변화가 있을 때, 그 변화의 양이 임상적으로 충분한 것인지 여부에 대한 전문적 견해를 임상적 의의라고 부른다. 이때, 얼만큼 효과가 있으면 효과가 있다고 말할 것인가의 기준이 전제될 필요가 있다. 이를 위해서 사회적 타당화 관점이 고려 및 적용되기도 한다. 사회적 타당화는 프로그램을 통해 얻어진 행동의 변화는 내담자가 살고 있는 사회에서 용납되는 범위, 그 사회의 건강한 동료집단과 비교해서 크게 벗어나지 않는 범위에 들어야 한다는 기준을 지닌다. 따라서 프로그램 참가자의 변화를 동료집단 및 가족 등 주변인에게 확인하는 평가를 실시하는 것이다.

### (4) 통계적 기준

통계학에서 표준화한 절차에 의해 추리해 보았을 때 표집에서의 통계치가 전집을 반영하는 정도, 즉 유의성에 기초해서 효과평가를 하는 것이다. 연구설계에서 다뤄지는 집단 간 비교의 평가방법에서는 집단 간 평균 비교(분산분석) 형태로 그리고 일부 집단 내 비교 형태의 성과 분석에서는 반복측정치 간의 비교에 따른 통계적 방식을 적용할 수 있다.

이어지는 다음 절에서는 앞의 네 가지 상담 효과평가 기준 가운데 프로그램 효과평가에서 상대적으로 더 많이 적용하게 되는 통계적 기준 및 그 유의성 판단에 초점을 맞춰 좀 더 구체적으로 살펴보고자 한다.

## 2) 평가 결과의 유의성 판단

프로그램의 효과를 측정한다고 할 때, 양적 평가에서는 프로그램 적용 전-후 또는 실험집단-통제집단 간 측정값의 차이 여부를 그 통계적인 유의성으로 판단하는 경우가 많다. 그러나 통계적으로 유의한 차이가 있다는 것이 실제적으로도 의미있는 차이라고 여길 수 있을 것인지 확신하기는 어렵다. 프로그램 평가에서는 크고 실제적인 차이를 가져오는 개입 방법을 찾아내는 것이 주된 목적이다. 상담의 자연적 호전율을 연구한 고전적인 예들을 지나오면서, 효과성을 밝히는 연구들은 단순히 '심리치료와 상담이 효과가 있는가?'라는 총체적인 질문에서 벗어났으며, 효과성 면에서 상담이나 프로그램의 최적화에 초점을 두고 있다. 따라서 상담자들은 프로그램 평가에서 통계적 유의성 이외에 실제적 및 이론적 유의성을 높이기 위해 통계적 유의도(*p*값)뿐만 아니라 효과의 강도를 밝히려는 노력을 해야 한다.

유의도 값은 통계적 기준을 따를 때 제시되는 것으로 통계학에서 표준화한 절차에 의해 추리해 보았을 때 표집에서의 통계치가 전집을 반영한다는 결론을 내리기 위해 활용되는 값이다. 이 값은 '얼만큼 효과가 있으면 효과가 있다고 말할 것인가?'의 기준, 즉 임상적 의의 혹은 실제적 의의와는 매우 다른 것이다(Kazdin, 1977). 또한 연구에서 얻어진 유의확률 값을 비교하여 유의성을 결정하는 기준, 즉 유의수준 역시 통상 .05나 .01 수준을 경계로 하기는 하지만 통계적으로 유의한가 하는 것은 적용 프로그램과 대상 등을 포함한 맥락에 따라 가변적인 것이다. 즉, 유의수준은 연구자가 내릴 오판의 확률, 즉 제1종 오류로서 연속선상에 존재하는 확률이며, 그 설정과 해석은 사안을 고려해야 한다(Cohen, 1988). 기본적으로는 표본에서 계산된 통계치가 가설로 설정된 모집단의 특성과 현저하게 차이가 있다는 함의를 가지고 있는 것에 불과하다는 점을 기억할 필요가 있다. 유의성을 가늠하는 방식은 연구에서 얻어진 통계량(t, F 등)이 나타날 유의확률(p)을 미리 정해져 있는 유의수준(.05나 .01)과 비교하여, 그보다 유의확률이 낮은 경우 유의한 것으로 간주하고 후속적으로 영가설을 기각하게 된다. 이때 사용되는 유의확률은 표본의 수와 독립변인의 처치 조건의 수에 따라 영향을 받는다. 〈표 9-1〉의 내용은 처치수준 수 및 표본 수에 따라서 *F*값과 유의확률 간의 관계를 제시한 것이다.

표 9-1 독립변인의 처치수준 수(k) 및 표본 수(N)와 *F*값 및 유의확률(*p*값) 간의 관계

| 처치수준 수(k) | 표본 수(N) | *F* | 유의확률(*p*) | 효과강도($\eta^2$) |
|---|---|---|---|---|
| 2 | 10 | 2.00 | ns | 0.20 |
| | 30 | 6.99 | .05 | 0.20 |
| | 40 | 9.52 | .01 | 0.20 |
| | 60 | 14.49 | .01 | 0.20 |
| | 100 | 24.39 | .01 | 0.20 |
| 3 | 10 | 0.88 | ns | 0.20 |
| | 30 | 3.38 | ns | 0.20 |
| | 40 | 4.63 | .05 | 0.20 |
| | 60 | 7.14 | .01 | 0.20 |
| | 100 | 12.20 | .01 | 0.20 |
| 4 | 10 | 0.50 | ns | 0.20 |
| | 30 | 2.16 | ns | 0.20 |
| | 40 | 3.00 | .05 | 0.20 |
| | 60 | 4.69 | .01 | 0.20 |
| | 100 | 7.93 | .01 | 0.20 |

출처: 유태용, Hanisch (1993) 재인용.

〈표 9-1〉에 제시된 바와 같이 같은 처치수준 수에서 표본 수가 커질수록 *F*값이 증가함과 동시에 유의한 결과를 나타내고 있다. 그러나 효과강도에는 변화가 없는 것을 알 수 있다. 즉, 사례 수가 증가할 경우 동일한 효과강도임에도 불구하고 유의성은 커질 수 있으며, 만일 연구자가 표집의 수를 크게 늘릴 경우, 실제 모집단에서는 의미 없을 미미한 효과크기일지라도, 표집 대상 연구에서는 유의한 결과로 나타날 수 있다. 반면, 효과강도는 사례 수에 영향을 받지 않는다. 그러므로 처치의 효과강도를 유의성과 별개로 제시해야만 처치 효과를 정확하게 알 수 있다.

효과강도는 연합강도, 즉 독립변수와 종속변수 간의 연관 정도를 양의 개념으로 보여 준다. 그리고 경우에 따라서는 효과크기를 제시함으로써 효과강도를 보여 줄 수 있다. 효과크기는 관계의 강도(연관 정도)와 함께 양의 값인가 음의 값인가에 따라서 효과의 방향 정보를 함께 지닌다. 프로그램 성과를 밝힐 때 개입 전후 집단 간 평균이나 비율 차이를 살펴보는 경우가 많으며, 프로그램 대상 변인의 영향을 살펴보는 경우는 상관관계에 기반하게 된다. 따라서 효과크기 역시 평균, 비율 그리고

상관관계 등에 기초하여 산출이 가능하다.

효과크기의 하나인 $d$(Cohen, 1988)는 표준화된 평균차이 값이며, 에타($\eta$), 상관계수($r$)는 분산분석 값에 기초하여 산출된다. 효과강도는 상관계수제곱($R^2$ 혹은 $r^2$), 에타제곱($\eta^2$), 입실론제곱($\varepsilon^2$), 오메가제곱($\omega^2$) 등에 의해 표현될 수 있다. 효과크기 값들의 일부, 즉 $\eta$나 $r$ 등은 그 값의 제곱이 효과강도가 된다.

프로그램 성과연구에서 효과크기 및 효과강도 값을 제시하게 될 경우, 통계적으로 유의한(significant) 결과뿐만 아니라 그 값의 실제적 유의성(meaningfulness)을 밝혀서 관심의 대상이 되는 현상의 크기 정보를 얻게 된다. 참고로 개별 효과강도 값의 크기는 $\eta^2=R^2>\varepsilon^2=$조정된 $R^2>\omega^2$ 순으로, $\eta^2$과 $R^2$값이 가장 크고, $\omega^2$값이 가장 작게 나타난다. 〈표 9-2〉는 효과강도를 계산하는 식을 제시한 것이다(김형수, 2014).

표 9-2 **효과강도 계산식**

| 효과강도 | 계산식 | 비고 |
|---|---|---|
| $\eta^2$ | $\frac{SS_B}{SS_T}$ | $SS_B$(집단 내 제곱합), $SS_T$(합계 제곱합) |
| | $\frac{t^2}{t^2+df}$ | t(t값), df(자유도) |
| $R^2$ | $\frac{SS_B}{SS_T}$ | $SS_B$(집단 내 제곱합), $SS_T$(합계 제곱합) |
| $\varepsilon^2$ | $\frac{SS_B-(J-1)MS_W}{SS_T}$ | J(집단 수), $MS_W$(집단 내 분산) |
| 조정된 $R^2$ | $\frac{MS_T-MS_W}{MS_T}$ | $MS_T$(제곱합 전체), $MS_W$(집단 내 제곱합) |
| $\omega^2$ | $\frac{SS_B-(J-1)MS_W}{SS_T+MS_W}$ | J(집단 수), $MS_W \hat{\sigma}^2_w$(집단 내 분산) |

## 3. 평가절차 및 모형

프로그램의 평가과정 역시 하나의 프로그램이다. 따라서 체계적인 절차와 준비가 필요하다. 상담이나 사회복지 등을 포함한 정신건강 분야의 프로그램은 그 다양성과 다변성으로 인해 평가절차 역시 매우 다양하다. 따라서 여기에서는 프로그램 평가를 실시하는 과정에서 발생할 수 있는 시행착오를 줄이기 위한 보편적인 절차를 제시하고자 한다.

## 1) 평가절차

### (1) 평가요소

프로그램은 체계적인 관점에서 볼 때, 투입(inputs), 전환(throughputs), 산출(outputs), 성과(outcomes)로 구성된다. 이를 나무에 비유하면 투입은 뿌리, 전환은 줄기, 산출은 열매, 그리고 성과는 열매의 질에 해당한다고 할 수 있다. 따라서 이들 요소는 프로그램 평가의 구성요소이면서 동시에 절차와 맞닿아 있다.

첫째, 투입은 프로그램 목표를 달성하기 위해 요구되는 여러 자원을 의미한다. 조력 전문직에서 투입에는 수혜자, 상담자, 예산, 시설, 장비 등이 포함된다. 각 요소가 구체적으로 정의되면 그에 따른 자료 수집 체계가 마련되어야 한다.

둘째, 전환은 서비스를 전달하는 활동과정을 의미한다. 목적 달성을 위해 자원을 투입해 가면서 프로그램을 진행시키는 것이다. 전환은 서비스의 정의, 과업, 개입 방법 등을 포함한다. 전환에는 전략, 치료 및 개입 유형, 치료 및 개입 방법을 포함한다.

셋째, 산출은 프로그램 적용을 통해서 기대하는 결과를 얻기 위한 서비스 양을 의미한다. 산출의 의도된 목표가 획득된 정도와 연결될 때에 가치를 지니게 된다. 자원의 정도에 따라서 산출 수준은 조절할 수 있다. 산출은 상담 건수, 서비스 참여자 수, 취업 인원, 서비스 제공시간, 서비스 수혜 인원수, 제공된 교육자료 등 모든 활동의 양적 실적을 포함한다.

넷째, 성과는 서비스 수혜자가 프로그램을 통해 삶의 질 측면에서 이룬 측정 가능한 변화를 의미한다. 즉, 프로그램 실시 후 수혜자가 얻은 이익, 변화 혹은 효과 등을 의미한다. 성과는 수혜자의 인지 · 정의 · 행동적 측면에서 지식, 사고, 가치, 태도, 정서, 기술, 행동, 환경, 지위 등의 변화가 일어나는 것과 관련이 있다. 성과는 연속적인 변화의 산물이지만 시기적으로 초기, 중간, 최종 단계를 거친다. 초기 성과는 수혜자의 지식, 태도, 기술의 변화를 포함한다. 프로그램의 목표 달성을 확인할 때 필요하며 진행이 잘 이루어지고 있는지를 밝히는 중요한 지표가 된다. 중간 성과는 초기 성과와 최종 성과를 연계한다. 수혜자의 지식, 태도, 기술 변화에 따른 행동 변화를 의미한다. 최종 성과는 수혜자에게 궁극적으로 기대되는 변화로서 환경과 지위 등의 변화를 포함한다. 수혜자가 더 크게 성장 · 발전하고 유사한 변화가 지역사회에 나타나기를 기대한다. 그러나 프로그램의 최종 성과가 나타나기까지는 오랜 시간이 걸린다.

### (2) 평가절차

대체적으로 프로그램 평가는 전반적인 서술에서 시작하여 목표 확인, 평가 실시, 결과분석 및 보고서 작성 등의 과정을 거친다. 연구자에 따라서는 준비, 기획, 실시, 분석, 보고 및 활용의 단계로 제시하는 경우도 있다. 다음의 내용에서는 프로그램 평가의 과정을 일곱 단계, 즉 평가 준비, 평가목적 확인 및 진술, 평가설계(평가도구 선택), 평가 실시(평가자료 수집), 평가 결과 분석, 평가 결과 보고서 작성, 평가 결과 활용의 단계로 제시하고자 한다.

첫째, 평가 준비 단계는 문제의식을 형성하며 무엇을 어떻게 시작해야 하는지를 확인하는 단계이다. 조력 전문직의 경우 프로그램을 관리하기 위해서 몇 가지 질문에 대해 명확히 해야 한다. 이러한 질문에는 특히 서비스 수혜자에 초점이 맞춰지며, 인구통계학적 특성과 주요 문제, 수혜 서비스 내용, 투입된 자원 총량과 비용, 서비스의 질, 달성된 결과 등이 포함된다. 프로그램 평가를 실시하기 전에 평가를 통해 알고 싶은 것이 무엇인지가 명확해야 하는데, 이를 위해 〈표 9-3〉 프로그램 평가 근거 점검표를 참고하도록 한다.

프로그램 평가 근거 점검표에서 제시하고 있는 항목은 크게 노력성, 효과성, 효율성이다. 노력성 항목에는 프로그램의 규모 및 확장성, 목표 달성에 활용 가능한 자원, 서비스 제공기관 및 제공자의 성장과 전문성 발휘가 포함된다. 효과성 항목에는 프로그램의 효과성, 수혜자 만족도, 수혜자 욕구 충족, 지역사회 여론 형성 효과성이 포함된다. 그리고 효율성 항목에는 프로그램 수행 비용, 예산 결정 근거의 타당성, 소요 비용의 상대적 효율성 평가가 포함된다. 이러한 평가 근거에 대한 항목은 평가의 필요성, 조력 전문직의 전문성 향상과 책무성 달성 측면에서 중요하게 고려되는 항목이다.

둘째, 평가목적 확인 및 진술 단계에서는 평가를 실시하는 이유 또는 목적을 구체

표 9-3 **프로그램 평가 근거 점검표**

| | 고려 항목 | 상담자 | 슈퍼바이저 | 사회복지사 | 행정가 | 위원회 위원 | 우선순위 |
|---|---|---|---|---|---|---|---|
| 노력성 | 1. 프로그램 목표를 달성하기에 자원이 충분한가? | | | | | | |
| | 2. 프로그램 실시자가 충실한가? | | | | | | |
| | 3. 프로그램이 확대 또는 축소되어야 하는가? | | | | | | |
| 효과성 | 4. 서비스 수혜자의 만족도는 어떠한가? | | | | | | |
| | 5. 서비스나 처치가 효과성을 지니는가? | | | | | | |
| | 6. 수혜자의 욕구가 충족될 수 있는가? | | | | | | |
| | 7. 지역사회 여론 형성에 효과적인가? | | | | | | |
| 효율성 | 8. 프로그램 비용이 적정한가? | | | | | | |
| | 9. 프로그램 평가에 근거하여 예산 배정이 결정되는가? | | | | | | |
| | 10. 프로그램의 비용 효율성은 적정한가? | | | | | | |

출처: Austin (1982)에서 발췌 수정.

적으로 기술하고 평가 내용 및 하위 요소를 결정한다. 평가의 적절한 범위를 밝힘과 동시에 범위를 선정하게 된 근거를 제시하여야 한다. 평가목표를 진술할 때에는 구체적인 평가목표를 나열하게 된다.

셋째, 평가설계 단계에서는 연구 실험설계를 한다. 필요한 자료를 효과적으로 정확하게 수집, 분석, 비교할 수 있는 절차를 세워야 한다. 실험설계에는 진실험설계와 준실험설계, 모의실험설계, 단일사례설계 등이 있다. 진실험설계와 준실험설계는 평가 대상의 실험 및 통제 집단 배정이 무선으로 이루어지는지에 따른 구분이다. 무선배정이 이루어지는 경우 진실험설계에 해당한다. 모의실험설계는 독립변수의 조작 가능성을 높이기 위해 실제가 아닌 모의 상황을 구성하여 진행하는 연구설계이다. 단일사례설계는 연구 대상이 한 사례 또는 사람이거나 소수의 한 집단일 때 주로 사용하는 연구설계이다. 실험설계에서는 대개 집단을 대상으로 측정도구를 실시하여 산출된 값을 실험집단과 통제집단 간에 비교한다. 반면, 단일사례설계는 반복측정을 통한 시계열측정 방식을 활용하게 된다.

넷째, 평가 실시 단계에서는 측정도구를 선정하고 자료를 수집한다. 측정도구는 널리 활용되는 것을 사용하거나 필요에 따라 기존 도구를 수정 제작 또는 새롭게 제작하는 과정을 밟게 된다. 자료 수집에서는 전집조사 혹은 표집조사를 하게 되는데, 표집조사를 할 경우 전집의 대표성을 유지해야 하며 자료 수집 시기와 방법을 신중하게 결정해야 한다. 평가 정보는 대개 설문지를 통해 집단적으로 수집되는 경우가 많다. 그러나 수집방법에는 프로그램 관련 기록 검토, 자기보고식 평가, 면접, 관찰 등의 다양한 방법이 있다. 이러한 방법은 비용, 수집을 위한 훈련량, 소요 시간, 반응률, 측정방법 등에서 차이가 있다. 따라서 연구자는 이를 고려하여 수집방법을 결정해야 한다.

평가에 필요한 요소, 즉 효과성과 효율성을 포함한 기준이 구체화되었다면, 평가도구의 내용을 구성할 때에는 변화를 규명할 수 있는 척도와 핵심적으로 평가할 영역을 포함하여야 한다. 또한 조력 전문직의 전문적 발전을 위한 학습과 성장에 도움이 되는 평가 내용을 담고 있어야 한다.

다섯째, 평가 결과 분석 단계에서는 수집된 자료를 이해하기 쉽게 정리 및 요약한다. 통상 통계적 방법을 사용하여 수집된 정보를 수리적으로 요약하는 경우가 많다. 그러나 면접 혹은 관찰 자료와 같은 질적인 자료는 그 내용을 그대로 풀어 제시하거나 적절한 틀에 따라 내용을 정리하여 제시하게 된다.

여섯째, 평가 결과 보고서 작성 단계에서는 평가 결과를 분석한 것을 정리 및 요약하여 보고서 형식을 갖추어서 작성한다. 보고서의 형식은 요구되는 형식을 따르

표 9-4 **프로그램 평가설계 방법의 특성 비교**

| 설계 방법 | 진실험설계 | 준실험설계 | 모의실험설계 | 단일사례설계 |
|---|---|---|---|---|
| 독립변수 조작 | ○ | ○ | ○ | ○ |
| 사전-사후 측정 | ○ | ○ | ○ | ABAB 설계 시 |
| 실험 및 통제 집단 구성 | ○ | ○ | ○ | 기초선 이용 |
| 무선배정 | ○ | × | × | 해당 없음 |
| 외적 타당도 | 대체로 높음 | 낮음 | 매우 낮음 | 낮음 |
| 내적 타당도 | 높음 | 대체로 높음 | 매우 높음 | 대체로 높음 |

**표 9-5 프로그램 평가자료 수집방법 비교**

| 구분 | 평가 정보 수집방법 | | | |
|---|---|---|---|---|
| | 프로그램 기록 검토 | 자기보고식 평가 | 면접 | 관찰 |
| 비용 | 낮음 | 적절 | 비교적 높은 편 | 비교적 높은 편 |
| 자료 수집을 위한 훈련 요구량 | 적음 | 없거나 적음 | 비교적 많음 | 비교적 많음 |
| 소요 시간 | 기록량에 따라 달라짐. 비교적 적음 | 문항 수에 따라 달라짐 | 많음 | 관찰 내용에 따라 달라짐. 비교적 적음 |
| 반응률 | 기록 질에 따라 달라짐. 비교적 높음 | 배포량과 문항 내용에 따라 달라짐 | 높음 | 높음 |
| 측정방법 | 양적 평가. 질적 평가가 상대적으로 어려움 | 양적 평가. 내용에 따라 질적 평가 가능 | 질적 평가. 조작적 정의를 통해 양적 평가 가능 | 질적 평가. 조작적 정의를 통해 양적 평가 가능 |

출처: Hatry et al. (1996)에서 발췌 수정.

게 되는데, 이해 당사자의 요구에 맞춰 조금씩 달라질 수 있다. 구체적인 내용 작성과 참고문헌 정리 등의 형식은 별도로 제시되지 않을 경우 미국심리학회(American Psychological Association)의 규정을 따르는 경우가 많다.

일곱째, 평가 결과 활용 단계에서는 평가를 통해서 얻어진 정보를 프로그램 관계자, 즉 실시자, 수혜자, 지원자 등에게 전달하고 프로그램과 관련된 의사결정 등에 활용한다. 평가보고서를 활용하여 프로그램에 대한 합리적인 답변을 할 수 있게 되므로, 프로그램의 유지와 중단 여부 그리고 확대와 축소 여부를 결정하거나 불필요한 외부 간섭을 배제하는 데 활용할 수 있다.

### 2) 평가모형

평가는 목적이 무엇인가에 따라서 평가방법과 운영과정이 달라질 수 있다. 동시에 평가자가 필요로 하는 정보를 밝히기에 적합한 평가방법과 전략이 결정된다. 다음에서는 프로그램의 평가 목적을 기준으로 한 여덟 가지 모형을 제시하고자 한다. 여기에는 실험평가모형(experimental model), 목표중심 평가모형(goal-oriented model), 인증평가모형(accreditation model), 의사결정중심 평가모형(decision-focused model), 반론중심 평가모형(adversary model), 전문성중심 평가모형(expertise-oriented model), 이용자중심 평가모형(user-oriented model), 그리고 반응중심 평가모형(responsive model)이 포함된다. 이 가운데 실험평가모형, 목표중심 평가모형, 인증평가모형은 고전적 평가모형으로 분류된다. 그리고 의사결정중심 평가모형, 반론중심 평가모형, 전문성중심 평가모형, 이용자중심 평가모형, 반응중심 평가모형은 대안적 평가모형으로 분류된다.

#### (1) 실험평가모형

실험평가모형은 실험설계 방법을 적용하여 프로그램의 효과성을 밝히기 위한 평가모형이다. 대개 프로그램을 적용한 실험집단과 그렇지 않은 통제집단을 두고, 프로그램 실시 전후 및 실시과정에 대하여 평가하고 그 결과를 상호 비교함으로써 객관적이고 과학적인 방법으로 프로그램의 인과적 효과성을 밝히게 된다. 프로그램을 확대 적용하기 전 단계에서 적용될 수 있는 모형이지만, 프로그램의 적용 가능성을 높이기 위한 환경일수록 프로그램의 인과적 효과성, 즉 내적 타당도를 확보하는 것이 어려워지는 단점이 있다.

#### (2) 목표중심 평가모형

목표중심 평가모형은 프로그램이 정한 목표를 달성하였는지를 밝히기 위한 평가모형이다. 이는 Tyler에 의해 교육평가모형으로 체계화된 모형이다. 교육목표를 어느 정도 성취했는지를 측정하는 데 중점을 두고 있으며, 행동 목표는 진술된 교육목표와 수행 결과를 비교하는 것이 핵심이다. 목표중심 평가절차는 9단계, 즉 포괄적 목표 설정, 목표 분류, 분류목표의 행동적 정의, 평가 장면 선정, 측정방법과 도구 개발, 사전검사 측정방법과 도구 개선, 측정 실시, 결과처리, 그리고 해석의 과정을 거친다. 평가에서는 목표달성 척도(goal attainment scaling)를 활용할 수 있다. 이때 대상과 내용을 구체화한 후 그것을 측정할 수 있는 도구를 선정하게 된다. 목표 지향적 접근은 목표가 분명한 프로그램일수록 그 적용이 유리해진다. 그러나 프로그램의 목표가 질적인 경우나 광범위하게 설정된 경우 적용하기 어려워지는 단점이 있다.

### (3) 인증평가모형

인증평가모형은 전문가 집단이 이미 동의한 평가 준거를 가지고 운영 프로그램이나 프로그램 운영기관을 평가하여 기준에 합치하는지의 여부를 밝히는 데 사용되는 평가모형이다. 협의체를 중심으로 선출한 대표자로 전문가 집단을 구성하고 그 집단이 기관을 직접 방문하여 종합 판정하고 인증하게 된다. 인증평가절차에는 협의체 평가를 위한 전문가 선발 및 구성, 선발된 전문가의 현지 방문, 운영 실태 관찰, 평가 준거에 따른 판정, 평가 결과에 대한 협의 및 피드백 제공, 기관의 운영활동 수정 및 보완 등이 포함된다. 인증평가모형에서는 평가 준거 선정과 평가 결과의 신속한 피드백이 중요하다. 인증평가 과정은 평가 준거가 실천적으로 연결될 수 있을지에 대한 근거가 빈약하다는 점, 전문가의 주관적 또는 피상적 경험에 기초한 평가가 이루어질 수 있다는 점, 평가과정을 반복하기 어렵다는 점, 평가 준거가 최소기준인 경우가 많다는 점 등의 한계가 있다.

### (4) 의사결정중심 평가모형

의사결정중심 평가모형은 운영상 의사결정과 프로그램 수행을 감독하기 위해서 실시되는 체계적인 정보 수집과 분석에 초점을 맞춘 평가모형으로 관리지향 평가모형으로도 불린다. 의사결정중심 평가모형은 의사결정자가 의사결정을 하는 데 필요한 정보를 제공하려는 목적으로 실시되므로 평가자의 가치가 배제되어야 한다. 의사결정중심 평가과정 안에서도 여러 모형이 있으나 대체로 상황, 투입, 과정, 산출에 대한 과정평가를 포함한다. 상황평가는 목표를 결정하는 합리적 토대나 이론적 근거와 같은 계획적 의사결정 정보를 제공한다. 투입평가는 목표 성취를 위해 필요한 자원, 절차에 관한 정보와 같은 목표 달성 절차를 설계하는 구조적 의사결정 정보를 제공한다. 과정평가는 프로그램 적용활동의 효율성에 관한 정보를 수집하고 프로그램 절차 및 전략적 방법을 개선하기 위한 수행적 의사결정 정보를 제공한다. 산출평가는 프로그램 성취 결과를 측정하여 해석하며 후속 프로그램에 반영하는 재순환적 의사결정 정보를 제공한다. 정확한 정보 수집을 위해서 평가자가 평가

과정에 깊게 관여함으로써 정확한 정보 수집이 가능한 접근이다. 그러나 평가자가 의사결정에 영향력을 지니게 될 수 있으며 평가과정에서 객관성을 유지하기 어려워지는 단점이 있다.

### (5) 반론중심 평가모형

반론중심 평가모형은 법정 심리절차, 의회 청문활동, 구조화된 논쟁방법을 통합한 평가방법으로 다양한 입장을 고려한 반론을 제기해 가며 합리적인 판단을 하려는 평가모형이다. 부정적인 입장의 반론을 중시하며 프로그램의 장점과 단점을 더욱 정확하게 평가하려는 목적으로 실시된다. 따라서 법적 절차와 방법을 이용하여 찬반 의견을 발표하고 참고인의 출석 상태에서 자신의 입장을 옹호하는 증거를 제시하며 배심원의 결정을 따르는 방식으로 진행된다. 반론중심평가는 문제생성 단계, 문제선정 단계, 논쟁준비 단계, 청문심리 단계의 네 단계를 거치게 된다. 문제생성 단계는 프로그램과 관련된 광범위한 문제를 찾아내는 단계이다. 이 단계에서는 파악된 문제 가운데 논의가 될 만한 문제를 중요도 근거에 따라 순서를 정하여 서면으로 작성한다. 논쟁준비 단계에서는 찬성과 반대 입장을 담당할 평가 팀이 구성되어 논쟁과 심의에 대비한 근거자료를 준비하게 된다. 청문심리 단계는 예비청문 단계와 본격적인 청문심리 단계로 나누어 진행된다. 예비청문 단계에서는 청문담당관과 심리 절차 및 원칙이 정해지며 논쟁 문제, 참석시킬 증인 수, 반대심문의 범위, 근거의 허용 준거 등에 대해 합의한다. 청문심리 단계에서는 양측의 입장에서 문제를 논의하고 반대심문을 한다. 그리고 배심원 기능을 하는 위원회의 심의활동이 이루어진다.

### (6) 전문성중심 평가모형

전문성중심 평가모형은 특정 분야 전문가의 의견을 중시하여 전문적 식견을 바탕으로 프로그램의 장점이나 가치를 판단하는 평가모형이다. 이 모형은 전문가의 판단 자체를 평가 결과로 간주하는데, 전문가의 권위와 전문성을 신뢰할 수 있는 경우에 전문가의 심의와 고찰을 이용한 특정 대상에 대한 가치판단에 따라 프로그램을 평가하게 된다. 전문성중심 평가는 평가자의 감식안, 즉 평가 대상에 대한 해박한 지식과 감정능력에 의존하거나 전문적 심의체계를 구성하여 이루어진다. 전문적 심의체계에는 공식 · 비공식적 심의체계, 특별전문위원회, 특별전담 개인심의체계 등이 있다. 공식적 심의체계는 정기적인 심의를 하기 위해 공식적인 구조와 조직이 갖춰진다. 명시적인 심의 기준과 도구를 마련하여 활용하게 된다. 비공식적 심의체계는 공식 조직이나 심의절차를 갖추지 않은 전문가 심의체계이다. 특별전문위원회는 특별한 사안이 나타나는 경우 구성되어 운영하며, 일회성 평가를 하게 되는 경우가 많다. 특별전담 개인심의체계는 전문가로 인정받는 특정 개인에게 프로그램의 심의와 검토를 의뢰하게 된다. 전문성중심 평가는 전문가 개인 및 집단을 신중히 선정하는 것이 중요하다. 전문가의 전문성이 확보되지 않을 경우 평가 결과는 신뢰할 수 없으며, 전문가에 대한 권위가 인정되지 않을 경우 평가에 대한 이견이 발생할 수 있다.

### (7) 이용자중심 평가모형

이용자중심 평가모형은 수혜자 측면에서 판단하는 프로그램의 유용성에 초점을 맞춘 평가모형이다. 따라서 수혜자 또는 소비자중심 평가모형으로도 불린다. 이 모형은 프로그램에 대한 사용자의 가치판단이 중요하다는 점을 강조한다. 따라서 평가자는 프로그램 목표와는 별개로 수혜자의 요구를 토대로 프로그램의 실제적인 결과와 가치를 평가하게 된다. 이는 프로그램에서 운영자나 관찰자가 아닌 이용자의 입장과 권익을 중시하는 평가모형이다. 이용자중심 평가는 프로그램 운영자에게 수혜자 입장에서 중요한 준거가 무엇인지를 구체적으로 알려 줌으로써 프로그램 활용 효과를 증대시킬 수 있도록 한다. 이 평가모형은 프로그램의 사용자 만족도를 고려하게 되므로 프로그램에 대한 사용자의 인식이 중요하게 된다. 이로 인해 프로그램 평가에 투입되는 시간과 비용이 수혜자에게 전가될 수 있으며, 프로그램 개발목적과 수혜자의 관점이 다를 경우 프로그램을 실패한 것으로 평가하게 되거나 프로그램 개발자의 자료 개발 의욕을 저하시킬 수 있다. 또한 프로그램 수혜 대상이 다양하고 이해관계가 발생할 경우에는 적용하기 어려워지는 단점이 있다.

### (8) 반응중심 평가모형

반응중심 평가모형은 이용자중심 평가모형과 의사결정중심 평가모형을 결합한 것이다. 반응중심 평가모형은 교육활동에 관련된 다양한 관심, 문제, 결과를 포괄적으로 밝히기 위해 실시되며, 평가활동에 평가 관련자들이 참여하고 동시에 반응한다는 점을 강조하는 평가모형이다. 반응중심평가에서는 여러 집단이 가진 다수의

표 9-6 **평가목적에 따른 평가모형 분류**

| 분류 | 모형 | 주요 내용 및 특징 |
|---|---|---|
| 고전적 평가모형 | 실험평가모형 | • 실험연구 방법 활용<br>• 프로그램의 인과적 효과성 평가<br>• 프로그램 효과평가과정의 내적 타당도 중요 |
| | 목표중심 평가모형 | • 교육평가방법 활용<br>• 학습자의 교육목표 성취 여부 평가<br>• 진술된 교육목표와 성취 수행 결과 간 비교에 초점 |
| | 인증평가모형 | • 전문가 준거 활용<br>• 전문가 집단의 기관방문 평가<br>• 프로그램 및 기관과 준거 간 비교에 초점 |
| 대안적 평가모형 | 의사결정중심 평가모형 | • 프로그램 개선을 위한 평가자 정보 활용<br>• 의사결정자를 위해 평가<br>• 의사결정 항목에 대한 평가자의 가치가 배제된 평가 정보 제공에 초점 |
| | 반론중심 평가모형 | • 사법적 심리절차 활용<br>• 합리적 의사결정을 위한 심의 형태 평가<br>• 찬성 및 반대 입장 간의 비교를 통해 프로그램의 장단점 파악에 초점 |
| | 전문성중심 평가모형 | • 전문가 권위 및 식견 활용<br>• 전문가의 비평적 태도 또는 심의체계를 통한 평가<br>• 전문가의 프로그램 장점 및 가치에 대한 견해에 초점 |
| | 이용자중심 평가모형 | • 이용자 또는 수혜자의 인식 활용<br>• 이용자의 자연스러운 참여와 반응에 의한 평가<br>• 이용자 개개인의 다양한 욕구 및 가치에 초점 |
| | 반응중심 평가모형 | • 프로그램 관련자의 다양한 요구와 가치 활용<br>• 프로그램 관련자의 평가 참여와 이를 통한 자연스러운 반응에 따른 평가<br>• 평가방식 안내 및 프로그램 활동에 관련된 다양한 관심, 문제, 결과의 포괄적 정보 제공에 초점 |

상충되는 기준에 주의를 기울인다. 반응중심 평가과정에는 평가 의뢰인, 프로그램 관리자, 평가 관계자 간의 대화, 프로그램 범위와 요구자료의 확인, 관찰자, 판정자 및 도구 선정, 지정된 선행 조건, 수행과정 결과 관찰, 사례연구 및 사실 기술 준비, 사례 또는 기술된 내용의 타당화 및 반증의 시도, 수집된 자료 선별과 정리, 결과보고서 제출 등이 포함된다. 평가를 돕기 위해 기술적 자료와 판단자료를 제공하거나 프로그램 가치에 대한 요약자료를 제공한다. 평가에서는 '지금-여기'를 강조하며, 면접, 관찰, 사회관계망 분석 등의 질적인 방법을 활용한다. 다양한 이해 당사자의 개인적 기대와 가치를 포괄적으로 평가할 수 있는 이점이 있다. 반면, 평가 결과를 조직하고 보고하는 데 평가자의 직관이 요구될 수 있는데 평가자가 객관성을 유지하거나 프로그램의 성과를 타당하게 밝히는 것이 어려워지는 단점이 있다.

### 3) 평가전략

지금까지는 프로그램 평가를 위한 연구설계, 절차, 측정방법 등에 대해 설명하였다. 실제 프로그램 평가에서는 평가 목적과 내용에 따라서 설계의 복잡성이 달라질 수 있다. 프로그램 평가에는 전체적인 프로그램의 효과성을 확인하려는 경우도 있으나, 때로 프로그램의 어떤 요소가 효과를 발휘하는지 또는 어떤 요소를 결합하여 프로그램을 구성하는 것이 더욱 효과적인지를 밝히고 싶은 경우가 있다. 이러한 효과성 평가를 위해서는 그에 적합한 평가전략이 필요하다. 김계현(2000)은 상담성과 연구를 위한 여섯 가지 성과연구 전략을 제시하고 있다. 그 전략은 실제 상담연구에서 많이 시도된 것으로서 프로그램 평가에 준용할 수 있다. 그것은 처치 패키지 전략, 처치요소 분할(dismantling) 전략, 건설(constructive) 전략, 처치구조 변경(parametric) 전략, 처치 간 성과비교 전략, 참가자와 프로그램 진행자 변경(variation) 전략이 포함된다. 다음에서는 이 여섯 가지 전략에 대해 설명하겠다.

#### (1) 처치 패키지 전략

프로그램 평가의 경우 가장 기본적인 질문은 정해진 기준에 비춰 프로그램이 효과가 있는지를 밝히는 것이다. 이때 프로그램 효과는 프로그램의 전체적인 적용과 그에 따른 효과성을 의미한다. 이를 처치 패키지 전략이라고 부른다. 즉, 프로그램의 여러 요소를 패키지로 함께 적용했을 때 그 효과를 밝히는 전략을 의미한다. 이 전략은 전형적으로 처치 조건과 통제 조건을 설정하여 의도된 프로그램을 적용한 처치 조건에서의 효과를 명확히 밝히는 것이다. 대개 실험설계 혹은 준실험설계 방법이 사용된다. 새로운 사회적 문제를 다루기 위해 프로그램을 마련한다고 할 때, 개발자들은 해당 문제의 변화에 영향을 줄 수 있는 주요 요소를 프로그램에 모두 포함시키게 된다. 그리고 그 효과성을 밝힘으로써 프로그램의 타당성을 확인하게 된다. 처치 패키지 전략은 이런 경우에 활용하게 된다.

#### (2) 처치요소 분할 전략

대개 프로그램은 여러 개의 하위 요소를 포함하고 있다. 처치요소 분할 전략은 그러한 여러 하위 요소 가운데 결정적으로 효과를 내는 요소는 무엇인지, 어떤 요소를 결합해야만 효과가 나는지와 같은 질문에 답하고자 할 때 적용할 수 있는 연구전략이다. 즉, 처치요소 분할 전략은 패키지로 되어 있는 프로그램의 여러 처치요소 가운데 직접 효과를 야기하는 활성요소를 밝히기 위해 체계적으로 분할하여 효과의 원인을 분석해 내는 것이다. 특히 제한된 시간에 한정적인 자원을 가지고 프로그램을 운영한다고 할 경우, 상대적으로 덜 효과적인 요소보다 효과적인 요소를 먼저 적용하거나 혹은 선택적으로 적용하고자 할 때 처치요소 분할 전략에 따른 연구가 필요해진다.

고용지원센터에서 실시되는 취업지원 프로그램이나 학습부진 문제를 개선하기 위해 활용되고 있는 학습전략 프로그램은 통상 패키지로 적용되는 경우가 많다. 그러나 그 하위 요소가 많아서 기관이나 학교에서 실시하고자 할 경우 제한된 시간 내에 보다 효율적인 요소로 간명한 프로그램을 구성하여야 할 필요가 생긴다. 처치요소 분할 전략을 적용한 프로그램 핵심 요소 연구는 효율적인 프로그램 구성을 위해 긴요한 전략이 될 것이다.

#### (3) 건설 전략

건설 전략은 이미 효과가 검증된 프로그램에 새로운 요소를 첨가했을 때 프로그램의 효과가 커지는지를 밝히는 평가전략이다. 처치요소 분할 전략이 기존 프로그램의 핵심적인 활성요소를 밝히는 것에 초점을 두고 있다면, 건설 전략은 기존 프로그램에 새로운 요소를 첨가함으로써 프로그램 효과를 개선시키려는 목적에서 실시될 수 있다. 건설 전략에서는 이미 효과가 검증된 표준처치(standard treatment)를 기본으로 새로운 효과를 일으킬 것으로 판단되는 요소를 첨가하게 된다.

표준처치가 되기 위해서는 처치 내용과 과정이 표준화되어 있고 그 효과의 안정성이 밝혀져야 한다. 그러나 국내 정신건강 분야에서 적용되고 있는 프로그램 가운데 그러한 경우를 찾기는 쉽지 않다. 그렇다면 건설 전략은 활용할 수 없는 것인가? 학교 학습에서 학습자의 독립적 학습력을 기르기 위해 실시되고 있는 자기조절학습 프로그램은 비교적 유사한 구성을 가지고 여러 학습자에게 반복적으로 실시되고 있다. 이러한 프로그램의 효과를 메타분석을 통해 종합적으로 밝힌 연구가 제시되고 있다. 이 경우 전체 평균 효과크기에 기초하여 새로운 처치요소를 첨가한 프로그램의 효과크기 변화를 확인하는 과정을 밟을 수 있다. 고용지원센터에서 실시되고 있는 취업지원 프로그램 역시 반복적으로 다양한 대상에게 실시되고 있다. 새로운 요소를 첨가하여 프로그램의 개선을 꾀하고자 할 때도 건설 전략은 유효한 전략이 될 수 있을 것이다.

### (4) 처치구조 변경 전략

처치구조 변경 전략은 프로그램의 내용이 아닌 구조적 측면의 변화를 통해서 프로그램 효과 변화를 파악하는 데 적용할 수 있는 전략이다. 이를테면 프로그램 적용 회기 수, 회기시간과 같은 처치량을 달리했을 때 효과에 변화가 발생하는지를 밝히는 것이다. 앞서 처치요소 분할 전략에서 언급한 바와 같이, 제한된 시간에 제한된 요소를 담은 프로그램을 구성해서 적용해야 하는 경우 과연 프로그램의 전체 회기 수를 줄이는 것이 효과를 감소시키지는 않는지 먼저 밝혀야 할 것이다. 만일 중등학교 장면에서 적용되는 프로그램이라면 대학교나 일반인을 대상으로 하는 경우처럼 한 회기가 2시간 정도 지속되는 프로그램을 적용하는 것이 적절한지도 밝혀야 한다. 이러한 경우에 처치구조 변경 전략을 적용한 평가연구가 수행될 수 있다.

그 밖에 상담의 구조로서 프로그램 구성 인원수, 프로그램 운영 장소 등에 변화를 주었을 때 발생하는 효과 차이에 대한 것도 처치구조 변경 전략을 통해 밝힐 수 있을 것이다.

### (5) 처치 간 성과비교 전략

처치법 간의 효과를 비교하는 연구 문제 및 그에 따른 연구전략을 처치 간 성과비교 전략이라고 부른다. 국내에서 정신건강상의 동일한 문제를 다루는 서로 다른 표준화 프로그램 간의 효과를 비교한 경우는 흔하지 않다. 이 전략과 관련하여 Heppner 등(1999)이 제시한 연구 사례에서는 Deffenbacher(1996)의 보고서가 인용되고 있다. 이 연구에서는 분노조절을 위한 인지-이완 훈련과 대인기술 훈련이 비교되고 있다. 인지훈련은 분노유발 상황 인식, 이완기술 습득, 분노 사고에 대한 인지 재구조화, 역할행동 연습에서 인지기법 적용 등의 요소를 담고 있다. 반면, 대인기술 훈련은 분노유발 상황 인식, 분노유발 상황에서 효과적/비효과적 대처방식 인식, 의사소통 방식 학습, 역할행동 연습에서 의사소통 기술 적용 등의 요소를 담고 있다. 이 두 가지 처치를 집단 프로그램으로 적용하여 처치 간 효과 비교를 실시한 것이다. 처치 간 성과비교 전략에서는 프로그램 운영자에 따른 영향과 같이 의도하지 않은 다른 요소의 영향을 배제해야 한다. 프로그램 운영자를 일치시키거나 운영능력을 대표하는 경력, 자격 등의 요소를 일치시킬 수 있다. 공분산분석과 같은 통계적 방법으로 의도하지 않은 다른 요소의 영향을 배제시킬 수도 있을 것이다.

### (6) 참가자와 프로그램 진행자 변경 전략

앞서 설명한 전략은 프로그램 자체, 즉 내용이나 구조를 변화시키는 전략이다. 반면, 평가연구에서는 프로그램의 내담자와 치료자 변인을 변화시키는 경우도 고려할 수 있을 것이다. 효과의 일반화를 꾀하고자 할 때, 우리는 적어도 대상, 시간, 장소의 세 요소 측면에서 구성된 프로그램이 안정된 효과를 지니는지를 밝혀야 한다. 만일 프로그램이 일반화될 수 없다면 이 세 가지 요소에 따라 프로그램 효과의 변화가 있는지를 밝혀야 할 것이다. 그것이 더 효율적인 프로그램 운영에 필요한 정보이기 때문이다. 참가자 변인을 변화시키는 전략은 대상에 초점을 두고 프로그램 효과를 밝히는 것이다. 내담자의 인지능력, 사고양식, 성격 특성, 성별, 나이, 교육 정도 등이 프로그램 효과와 관련 있는지를 알아보는 것은 내담자 변인을 고려하는 것이다. 그리고 프로그램 진행자의 학위, 경력 수준, 자격증 유무, 사고양식, 성별 등이 프로그램 효과와 관련 있는지를 밝히는 것은 프로그램 진행자 변인을 고려하는 것이다. 학교 장면에서 적용되는 프로그램이 담임교사를 통해 운영되는 경우와 교과 교사 혹은 전문 상담교사를 통해서 운영되는 경우에 따라 효과에 변화가 있는지를 밝힐 때, 또는 고용정보센터에서 운영되는 동일한 프로그램이 운영자의 경력 · 성별 · 학력 등에 따라 그 효과에 차이가 있는지를 밝힐 때, 참가자와 프로그램 진행자 변인을 변화시키는 전략은 유용할 것이다.

이상에서 설명한 여섯 가지 프로그램 평가전략은 상담성과 연구전략에서 활용되는 것이다. 어떤 전략을 적용할 것인지는 프로그램 평가목적에 따라 달라질 수 있다. 프로그램 평가목적이 정해질 경우, 여섯 가지 전략을 이해하고 있어야 평가 항목을 더욱 손쉽게 밝히기 위해 어떤 전략을 활용하면 되는지 판단하는 데 도움이 될 것이다.

### 생각해 보기

1. 광의의 의미에서 평가의 실시, 결과 보급, 그리고 평가 결과의 활용 과정에 대해서 대략적인 흐름을 기술해 보시오.
2. 프로그램 과정평가에 유용한 자료의 유형을 기술하고, 해당 자료는 어떤 시기에 좀 더 수집이 용이하고 유용하게 활용할 수 있는지 토론해 보시오.
3. 당신이 어떤 프로그램이 성공적인지의 여부를 양적으로 평가한다고 한다면 '성공'에 대해 어떻게 조작적으로 정의할 것인지를 고려하여 거기에 포함될 항목을 나열해 보시오.
4. 프로그램의 성공 여부를 판단한 평가 기준에 비춰 당신은 어떤 평가모형을 사용하였다고 생각하는지 동료와 토론해 보시오.
5. 당신이 현장에서 경험한 바 있는 프로그램 평가 경험과 앞에서 적은 내용에 기초해 동료와 토론해 보시오.
6. 성공적인 프로그램 여부를 결정하는 평가 항목 및 그에 따른 평가모형을 나름대로 체계화하여 표로 그려 보시오.

## 적용

1. 당신에게 친숙한 상담 또는 조력 전문직 분야의 프로그램을 다섯 개 정도 적어 보시오. 그리고 그 프로그램이 성공적인지 혹은 좋은 것인지에 대해서 주관적으로 평가하되, 평가를 위해서 당신에게 필요한 정보에는 어떤 것이 있는지 함께 적어 보시오. 다음 양식을 활용 또는 변용하여 작성하시오.

활용양식 예시

| 구분 | 성공 여부 | 좋은 프로그램 여부 | 추가로 필요한 정보 |
|---|---|---|---|
| 프로그램 1 | | | |
| | | | |
| | | | |
| | | | |
| | | | |

제10장

# 프로그램 효과평가

이 장에서는 프로그램의 질 관리를 위해서 이루어지는 프로그램 평가를 누구의 관점에서 하게 되는지에 따라 객관적 효과평가와 주관적 효과평가로 구분하여 제시하고자 한다. 객관적 효과평가는 대체적으로 광범위한 자료 수집에 따른 전문가들의 판단에 의해 이루어지는 평가를 의미하며, 프로그램 수혜자를 통해 개개인의 주관적인 관점을 수집하여 이루어지는 평가는 주관적 효과평가로 지칭한다. 이 장에서는 객관적 효과평가 세 종류(집단비교평가, 단일체계연구설계, 메타분석)와 주관적 효과평가 두 종류(만족도 평가와 목표달성)를 절차와 개략적 방법 측면에서 살펴보겠다.

### 이 장에서 다룰 주제

- 프로그램의 질 관리를 위해서 이루어지는 프로그램 평가에는 어떤 방법들이 있는가?
- 운영 주체 또는 프로그램 수혜자를 통해서 이루어지는 프로그램 평가의 방법에는 어떤 것들이 포함되는가?
- 연구설계 방법을 프로그램 평가에 적용할 때 고려해 볼 수 있는 방법에는 어떤 것들이 포함되는가?
- 주관적인 효과평가방법에 포함되는 종류 및 방법에는 어떤 것들이 있는가?
- 메타분석의 절차와 방법을 이해하고 프로그램 개발에 적용해 볼 수 있는가?

## 1. 집단비교평가

집단비교평가는 특정 프로그램을 경험한 집단과 그렇지 않은 집단, 혹은 다른 프로그램을 경험한 집단 간의 결과를 비교하는 것이다. 집단비교평가는 프로그램의 인과적 효과성을 더욱 정확하게 밝히기 위해 체계적인 연구설계를 주로 따른다. 따라서 집단비교평가는 집단연구설계(group research designs: GRDs)에 기초하는 경우가 많다. 집단연구설계는 프로그램 평가자가 이용할 수 있는 가장 강력한 평가도구이다. 예비(pre-experimental)연구에서는 '내담자 집단이 나아졌는가?' 또는 '소비자는 자신이 받는 사회(복지) 서비스에 만족하는가?'와 같은 단순한 질문에 답할 수 있다. 이보다 조금 복잡한 질문, 즉 '내담자의 변화는 프로그램 때문인가?', '프로그램 X는 프로그램 Y보다 더 우수한가?', '프로그램 X의 효과는 시간 경과 때문인가?'와 같은 질문에 대한 답을 구하기 위해서는 더욱 복잡한 연구설계를 사용해야 한다. 유사-실험(quasi-experimental), 실험(experimental) 연구설계 등이 복잡한 연구설계에 속한다. 여기에서는 집단연구설계를 예비실험, 준실험, 실험 연구설계로 구분하여 설명하고자 한다. 그전에 집단비교평가를 위한 몇 가지 일반적인 원리를 언급하겠다.

## 1) 성과평가의 시작

프로그램의 성과를 평가하기 위해서는 우선 하나의 프로그램을 선정해야 한다. 프로그램 평가는 다양한 목적에서 이루어질 수 있는데, 기관 수준에서 여러 프로그램 보유하고 있는 경우라도, 프로그램 평가는 한번에 하나씩 진행하는 것이 바람직하다. 프로그램이 선정된 후에는 평가의 기준과 지표를 선정해야 한다. 훌륭한 프로그램과 그렇지 못한 프로그램을 구분 지을 수 있는 기준을 정해야 하는 것이다. 기관 차원의 프로그램 목표와 목적이 이미 개발되어 있었다면 그것을 재진술하여 평가 지표로 삼을 수도 있다. 결과평가의 지표가 확정된 후에는 연구 문제나 가설을 수립한다. 연구 문제의 예는 다음과 같다. 직업훈련 프로그램의 경우라면 '프로그램 이수자 중 프로그램 종료 후 6개월 이내에 전일제 직장을 구한 사람의 비율은 얼마인가?', 학습 프로그램의 경우라면 '프로그램 이수자의 학습전략 활용 수준 혹은 학업성취도는 비참여자에 비해 얼마나 향상되었는가?'와 같은 것이 있다. 연구 가설은 연구 결과에 대한 예측에 기초한다. '진로 의사결정훈련 프로그램에 참여한 사람의 경우 비참여자 집단에 비해 의사결정 효능감이 향상될 것이다.'와 같이 단정적인 진술로 표현된다. 시작 단계의 최종 절차는 적절한 연구설계를 선택하는 것이다. 연구설계에서는 질문의 유형, 자료에 대한 접근도, 직원에게서 얻을 수 있는 협조, 연구 결과의 타당도를 오염시킬 수 있는 변인 통제의 중요도, 활용할 수 있는 시간량, 자신이 가지고 있는 분석기술의 정도 등을 고려해야 한다. 여기서 몇 가지 고려해야 할 사항이 있다.

첫째, 평가설계는 평가과정 중 언제, 누구로부터 측정값을 얻을지에 대한 계획이다. 따라서 평가 시기, 대상, 평가 항목을 명확히 해야 하며, 평가계획에는 표집 선정, 평가시기, 자료 수집 절차 등이 포함되어야 한다.

둘째, 평가설계는 이후의 계획이나 모델을 제시하고, 평가 수행 시 지켜야 할 절차와 핵심 특징을 기술하는 것이다. 평가설계는 스케치나 청사진(blueprint)의 기능을 하며, 평가에 필요한 비용, 소요 시간, 평가의 엄격성(rigorousness) 등을 추정할 수 있어야 한다.

셋째, 선택할 수 있는 평가 기준은 다양할 수 있다. Suchman(1967)은 노력, 수행, 타당성, 효율, 과정 등을 제시하였다. Attkisson과 Greenfield(1994)는 접근성, 수용성, 이해성, 서비스 통합, 인식, 이용 가능성, 연속성, 서비스 비용 등을 제시하였다. Shipman(1981)은 프로그램의 필요성, 문제의 중대성, 문제의 심각성, 서비스 중복 정도, 프로그램 수행 충실성, 행정 효율, 다른 프로그램과의 상관, 프로그램 효과(의도한 목적의 달성, 목표가 되었던 내담자의 성공, 비용-효과, 우연이나 의도하지 않게 나타난 효과) 등을 제시하였다. 이러한 여러 평가 기준 가운데 어떤 것을 기준으로 삼을 것인지는 평가 목적 및 결과 활용 측면에서 고려되어야 한다.

넷째, 평가에서 필요한 정보가 명확해지면 이용할 수 있는 자원과 제약사항을 고려하여 평가설계를 선정해야 한다. 프로그램 평가자는 주어진 상황에서 가장 객관적이고 신뢰할 만한 자료를 얻을 수 있어야 한다. 고려사항에는 평가비용, 접근 가능한 자료 유형, 소요 시간 및 평가에 할애할 수 있는 시간, 평가 청중(audience) 등이 포함된다.

실질적인 집단연구설계를 하기 위해서는 절차상 다음 몇 가지에 대하여 생각해 보아야 한다. 집단연구설계를 문서화하게 될 경우 그 과정을 연구절차 부분에서 기호로 표시하는 경우가 있다. 따라서 평가자는 이때 쓰이는 기호를 이해해야 한다. 문서화된 연구설계의 경우는 ○, ×와 같은 기호를 사용한다. ○는 관찰 또는 평가 기간을 의미하며, ×는 중재가 적용되거나 시작될 때를 의미한다. 처치집단, 처치 종류를 구분하여 표기하기 위해 별도의 영문 낱자나 아라비아 숫자를 함께 사용하기도 한다. 자료 수집 단계에서는 대개 측정도구를 활용하는 경우가 많다. 이때 평가자는 이상적인 측정도구를 선택하여 측정에 활용해야 한다. 그렇다면 이상적인 측정도구란 무엇을 의미하는가? 이는 심리측정학적 측면에서 신뢰도와 타당도가 적당하며, 관리가 용이하고, 비용이 적게 들며, 이해하기 쉬운 측정도구를 의미한다. 동시에 결과 측정은 전체 집단을 잘 대표하는 표본집단으로부터 측정 결과를 수집해야 한다. 이는 모집단 전체를 대상으로 측정할 수 없는 경우를 전제한 것이다.

일반적으로 집단연구설계는 다음과 같은 세 가지 특징으로 개념화되는데, 강력한 설계일수록 그 특징이 더 많이 나타난다. 즉, 중재가 시작되기 전에 예비검사를 하였는지, 무선할당을 통해 집단을 구분하였는지, 그리고 다양한 유형의 통제집단을 사용하였는지이다.

### 2) 예비실험 연구설계

예비실험 연구는 '내담자가 서비스에 만족하는가?', '내담자가 프로그램에 참여한 후에 더 나아졌는가?'와 같은 단순한 질문에 대해 적은 노력으로 답할 수 있는 연구 방법이다. 여기에는 단일집단 사후설계(one-group posttest-only design), 비동등집단 사후설계(posttest-only designs with nonequivalent groups), 단일집단 사전-사후설계(one-group pretest-posttest design)가 포함된다.

첫째, 단일집단 사후설계는 가장 기본적인 설계이다. 프로그램이나 중재 후에 내담자가 더 나아졌는지를 결정하기 위해 실시된다. 프로그램 참가 이전의 참가자 상태를 평가할 필요가 없거나 평가할 수 없는 상황에서 적합하다. 비용, 직원 지원, 연구 전문가, 시간 등이 가장 적게 든다. 그러나 중재 후 6개월 혹은 1년 후의 장기적 변화를 알 수 없으며, 중재의 차별적 효율에 대한 정보를 제공하지 못한다. 그리고 변화가 중재 때문임을 명확히 증명할 수 없다.

둘째, 비동등집단 사후설계는 프로그램 참여집단(실험집단, 처치집단)과 비참여집단(통제집단, 무처치집단)을 서로 비교한다. 참여집단과 비참여집단의 비교를 통해 프로그램의 인과적 효과성을 분명히 밝힐 수 있다는 점에서 단일집단 사후설계에 비해 유리하다. 그러나 실험집단과 통제집단이 동질적임을 입증해야 하는 어려움이 있다.

셋째, 단일집단 사전-사후설계는 통제집단을 구하기 쉽지 않지만 사전과 사후에 측정 가능한 경우 활용한다. 보통 새로운 프로그램을 시작하는 경우에 활용된다. 이 설계 역시 집단의 긍정적 변화가 프로그램 이외의 다른 변인, 예를 들어 성숙이나 반복측정의 영향 때문인지를 명확히 밝히기가 어렵다.

### 3) 준실험설계

준실험설계는 예비실험설계보다 발전된 형태로, 더욱 엄격한 평가설계와 더 많은 계획을 요구하기 때문에 더 많은 비용과 자원이 필요하다. 그러나 프로그램의 인과적 영향, 즉 프로그램 참가자의 변화가 프로그램으로 인한 것이라는 '확고한 증거(hard evidence)'를 제공하는 데 있어서는 실험설계보다 미흡하다. 무선할당과 통제집단 사용이 항상 가능하지는 않기 때문에 활용되는 준실험설계는 유사실험설계라고도 불린다. 준실험설계에는 비동등 통제집단설계(nonequivalent control group design), 시계열설계(time series design), 중다시계열설계(multiple time series design)가 포함된다.

첫째, 비동등 통제집단설계는 가장 평범한 설계 중 하나이다. 실험집단과 유사한 특징을 갖는 통제집단에 대해서 사전-사후 관찰 및 측정을 하는 것이다. 사전검사를 통해 집단 간의 동등성에 대한 정보를 어느 정도 확보하게 된다. 다만, 무선할당이 아니기 때문에 집단 간 완전한 동등성을 가정할 수 없으며, 따라서 집단 간의 차이가 중재뿐만 아니라 다른 요인 때문일 수 있음을 배제하기가 어렵다.

둘째, 시계열설계는 여러 시간에 걸쳐 반복 관찰 및 평가를 하는 설계이다. 동일한 피험자나 비슷한 특징을 갖는 다른 피험자를 대상으로 할 수 있다. 관찰 및 평가는 대체로 중재 전 같은 간격으로 3회 관찰하고 중재 후 3회 관찰하지만 필요에 따라 수정될 수 있다. 이 설계는 처치 전 변화를 민감하게 감지할 수 있기 때문에 처치 효과를 더 잘 입증할 수 있으며, 관찰된 자료의 주기적 경향성을 알 수 있다. 그리고 통제집단을 구하기 힘든 경우 유용하며, 새로운 법률이나 정책 평가에 활용될 수 있다. 다만, 프로그램의 효과에 영향을 주는 성숙요인을 통제하기가 곤란하며, 주기적 경향성을 알 수는 있으나 통제는 불가능하게 된다. 그리고 관찰기록 방식 및 절차를 일관되게 유지하지 못할 경우 평가 결과를 신뢰하기가 어렵다.

셋째, 중다시계열설계는 단순시계열설계에 통제집단을 추가하여 내적 타당도, 즉 프로그램 사용자의 변화가 프로그램의 효과임을 더욱 명확히 밝혀낼 수 있는 평가설계이다. 즉, 역사요인이나 성숙요인을 배제할 수 있다는 장점을 지닌다. 시계열설계와 중다시계열설계의 구체적인 종류는 뒤의 단일체계연구설계 부분에서 설명하겠다.

#### (1) 대안 설명의 제거

예비실험 및 유사실험 설계는 내적 타당도 위협으로 인해 대안적 설명, 즉 프로그램 사용자의 변화가 프로그램 효과로 인한 것이 아니라는 설명을 충분히 제거하기가 어렵다. 대안 설명을 제거하기 위해서는 실험연구를 수행하는 것이 가장 바람직하지만 현실적인 문제가 따르게 된다. 실험설계를 설명하기 전에 내적 타당도를 위협하는 대표적인 요인 몇 가지를 살펴보자.

첫째, 역사가 영향을 미칠 수 있다. 역사란 프로그램이 실행되는 동안 관찰에 영향을 미칠 수 있는 사건이 발생하는 것을 의미한다. 둘째, 성숙이 영향을 줄 수 있다. 프로그램 참여자가 처치 전후에 연구의 결과에 영향을 미칠 수 있는 발달상의 변화를 겪을 수 있다. 시간이 지나면서 문제가 저절로 호전되는 경우가 이에 해당된다. 셋째, 검사의 반복에 의한 이월 효과(carry-over effect)가 있다. 검사를 반복(예: 시계열설계를 사용할 경우)하게 되면 이전에 받았던 검사와 친숙하게 되어서 검사 항목이나 반응을 회상해 내므로 검사 점수가 올라가기 쉽다. 또한 반복 검사로 인해 검사에 주의를 덜 기울이거나 지루함을 느끼는 경우에는 오히려 점수가 떨어질 수도 있다. 넷째, 측정 문제가 있다. 측정 대상에 따라 측정방법을 미묘하게 달리하는 경우로, 실험집단에 사전-사후검사를 실시할 때는 시간을 많이 주고 통제집단에 실시할 때에는 시간을 덜 주는 경우가 해당된다. 다섯째, 선발 문제가 있다. 실험집단과 통제집단에 할당되기 이전에 이미 집단 간의 차이가 존재하는 경우이다. 무선할당을 거치지 않고 통제집단을 사용하는 경우 이러한 문제가 발생하게 된다. 여섯째, 피험자 탈락 문제가 있다. 프로그램 참가자가 중도 탈락하는 경우 그들은 평가에서 배제된다. 이를테면 이사, 중도 탈락, 병, 재입원 등을 이유로 사례 수가 줄어들 수 있다. 이때 참가자에 대한 평가 결과는 프로그램의 효과를 충분히 반영한다고 보기 어렵다.

#### (2) 대안 설명에 대한 방어

프로그램 평가 후 연구자가 내린 결론을 반박하는 대안적 설명, 즉 내적 타당도의 위협요인으로부터 연구자의 평가 결과를 보호하는 방법은 '통제하는' 것이다. 우연히 발생할 수 있는 문제를 예견해 보면 통제가 가능해진다. 무선할당이 가능하지 않은 경우, 중요한 변인(예: 교육 연수, 수입, 성)에 대해 집단 참여자와 비참여자 집단 간에 서로 일치시킴으로써 프로그램 효과성에 대한 신뢰를 얻을 수 있다. 그러고 나서 두 집단이 비교 가능하다는 것을 결정하기 위해 통계적 검사를 실시한다. 여기에는 두 집단 간의 평균 차이 비교(통상 t검증이라고 부른다), 세 집단 간의 평균 차이 비교(통상 ANOVA 혹은 분산분석이라고 줄여 부른다) 등을 실시하게 된다. t검증은 두 집단 간의 차이가 통계적으로 유의미하다는 것을 밝혀 준다. 만일 중요한 변인에 대해 두 집단 간 차이가 전혀 없다면, 두 집단은 그 변인에서 유사한 것이다. 그러나 아직 측정되지 않은 변인에 대한 차이는 여전히 존재할 수 있다. 집단이 어떤 측정에 있어서 통계적으로 유사하다는 것을 보여 주는 것은 비교 가능하다는 것을 증명하는 데 도움이 되지만 그들이 동등하다는 것을 확인해 주는 것은 아니다. 그럴듯해 보이는 경쟁 가설에 관심을 가지고 잠재적 변인에 대해서는 우려하지 않아도 되지만 개연성이 높은 경쟁 가설의 경우는 최대한 통제해야 한다.

신뢰성 있는 평가 결과를 산출하는 또 하나의 방법은 실험설계이다. 실험설계는 무선할당을 통해 대안 설명을 제거한다. 만일 무선할당을 거친 통제집단에서 예기치 않은 변화가 일어난다면 역사, 성숙, 검사 등 대안 설명의 영향을 의심할 수 있다.

### 4) 실험설계

실험설계는 프로그램의 효과를 평가하는 엄격하고 이상적인 연구방법이다. 여기에는 고전적 실험설계(classic experimental design), 사후검사 통제집단설계(posttest-only control group design), 솔로몬 네 집단 설계(solomon four-group design) 등이 포함된다.

첫째, 고전적 실험설계는 가장 엄격하고 이상적인 실험설계 방법이다. 실험집단과 통제집단에 참가자를 무선 할당하게 된다. 일반적으로 실험연구의 가장 중요한 기능은 독립변인과 종속변인 간의 인과관계를 규명하는 것, 즉 프로그램이 참가자의 변화에 미치는 인과적 영향을 밝히는 것이다. 따라서 최소한 두 개의 집단으로 구성된 평가설계가 이루어지게 된다. 실험설계에서는 집단이 서로 동등하다는 것을 연구의 처음부터 가정하고, 내적 타당도를 위협하는 요인을 제거하게 된다. 집단의 크기가 25~30명 이하일 경우에는 무선할당을 하더라도 두 집단이 동등하다고 보기에는 무리가 있다. 이 설계의 장점은 평가자가 사전검사 시기 때 두 집단이 대체적으로 동등하다는 것을 점검하고 확인해 볼 수 있으며, 내적 타당도에 대한 일반적인 위협요소를 통제할 수 있다는 점이다. 반면, 검사의 반복 실시가 검사에 대한 민감도 효과를 유발하여 외적 타당도, 즉 일반화 가능성에 영향을 줄 수 있다.

둘째, 사후검사 통제집단설계는 사전검사가 가능하지 않은 경우, 사전검사가 사후검사 결과에 영향을 미칠 가능성이 있는 경우, 사전검사를 하지 않아도 이미 집단의 특성이 잘 드러난 경우에 사용한다. 내적 타당도와 외적 타당도에 대한 위협요소를 적절히 통제할 수 있으며 인과관계를 추론할 수 있는 전형적인 설계이다. 사전검사에 의한 민감성 효과를 방지할 수 있기 때문에 상담에 더 실용적인 평가설계라고 할 수 있다. 그러나 사전–사후 집단 간 차이를 알 수 없으며, 피험자를 각 집단에 무선 할당하기 전에 사전검사 점수로 짝지을 수 없다. 그리고 집단에 따라 피험자의 중도 탈락률에서 차이가 있었는지의 여부를 평가할 수 있는 사전검사 정보가 없으며 통계적 검증력이 낮아질 수 있다.

셋째, 솔로몬 네 집단 설계는 사전–사후검사 통제집단설계와 사후검사 통제집단설계를 결합한 것으로, 매우 엄격 · 정확하고 내적 타당도(검사, 역사)와 외적 타당도가 높다. 사전검사가 처치 효과에 미치는 영향을 직접적으로 평가하기 위해서 최소 네 집단 이상을 두는 설계이다. 내적 타당도의 위협요소를 효과적으로 통제할 수 있다. 반면, 앞의 두 집단설계에 비해 피험자 수와 수집할 자료 등이 많아 2배 이상의 노력과 비용이 요구되며, 처치를 가하지 않는 통제집단과 관련된 윤리적 문제가 발생할 수 있다. 그리고 실험이 끝난 후 처치를 제공할 수도 있으나 현실적 어려움이 따른다.

## 2. 집단내 비교평가

집단내 비교평가의 대표적인 연구설계는 단일체계연구설계(single system research designs)이다. 단일체계연구설계는 다방면으로 사용할 수 있는 평가설계 방법이다. 요구평가, 형성평가, 총합평가, 질평가(quality assurance studies) 등에 적용 가능하며, 개인뿐 아니라 집단, 기관, 사회 단위에도 적용 가능한 방법이다. 단일체계연구설계는 단일사례실험설계(single case experimental designs), 개별연구설계(idiographic research designs)와 동의어로 쓰인다. 통상의 연구법 구분에 따라 '사례'라는 용어 대신 '체계'라는 용어를 사용한 것은 평가의 분석 단위에 다양한 크기(소규모, 중간 크기, 대규모)의 내담자 체계 유형을 포괄할 수 있다는 것을 나타내 주기 위해서이다.

### 1) 단일체계연구 절차

단일체계연구 절차는 몇 가지 과정을 거친다. 측정도구의 선택, 시계열 반복측정, 측정 결과의 시각적 표현, 합리적 추론 등의 과정이 그것이다.

첫째, 측정도구의 선택이다. 시간의 경과에 따라 반복적으로 측정할 수 있으면서 동시에 실용적이고 그 결과가 신뢰성 있고 타당한 측정치를 선택해야 한다. 아울러 프로그램 참가자의 변화를 민감하게 측정해 낼 수 있어야 한다. 여기서 신뢰성 있다는 것은 측정치가 일관성이 있어서 다른 측정치와 동일한 정보를 제공하는 것을 의미한다. 통상 2인 이상의 관찰자 혹은 평정자를 두는 것을 권장한다. 이는 관찰 또는 평정의 신뢰성을 높이기 위한 조치이다. 자료 수집이 용이해야 한다는 것은 다양한 정보 출처로부터 동일한 자료를 뽑아내거나 점수를 매길 수 있어야 한다는 것을 의미한다. 이때 측정치에 대한 평정자 간 일치도가 높아야 한다. 측정치는 비교적 간단하고, 점수 매기기 쉽고, 이해하기 좋고, 프로그램을 실시하는 기관의 설립이념(mission)을 포함하는 측정도구를 선택할수록 타당성이 높아진다. 〈표 10-1〉은 기관의 목적에 따른 적절한 측정치의 예이다.

표 10-1 기관 및 기관 목적에 따른 측정치

| 구분 | 기관의 목적 | 적절한 성과 측정 |
|---|---|---|
| 아동학대 방지 기관 | 아동학대 사건의 예방, 사건 발생 이후의 중재 | 아동학대 및 가정폭력에 대한 보고서 |
| 입양기관 | 아이에게 적합한 가정을 알선 | 연간 입양아동의 수 |
| 심리치료 서비스 기관 | 행동 · 인지 · 정서적 증상의 개선 | 변화 정도를 측정할 수 있는 측정 도구 |

둘째, 시간의 축을 따라 반복측정한다. 우선, 개입 전 단계에서 일정 기간 동안 반복해서 측정한다. 이는 기초선을 잡는 과정이라고 할 수 있고, 기존 자료를 기초선 잡는 데 사용할 수도 있다. 이 측정은 시간의 경과에 따라 문제가 더 좋아지는지, 나빠지는지, 또는 그대로인지를 파악하기 위한 것이다. 개입을 시작하면 측정을 반복해서 실시한다. 이를 통해 개입이 진행되는 동안 내담자가 나아졌는지, 나빠졌는

지, 혹은 그대로인지에 대해 알 수 있게 된다. 기초선과 개입 후 반복측정 결과를 서로 비교함으로써 개입을 한 다음에는 치료 이전과 비교해 내담자(혹은 체계)가 나아졌는지, 나빠졌는지, 혹은 그대로인지를 알 수 있다.

셋째, 측정 결과의 시각적 표현에서는 측정자료를 2차원 그래프에 나타낸다. 이때 가로축은 시간, 세로축은 측정 결과가 된다. 그래프 준비를 위한 일반적인 지침은 다음과 같다(David, Bruce, Deborah, & Logan, 2001).

- 측정점(data point)을 연결하는 선보다 X축과 Y축은 더 굵게(혹은 진하게) 그린다.
- 검은색 잉크만 사용한다.
- 실제 측정점을(●, ○, ▲, △ 등의 모양으로) 표시해 준다.
- 수직선으로 단계를 구분해 준다.
- 각 단계를 이해할 수 있도록 제목을 붙여 준다(예: 기초선, 개입 등).
- 되도록 약자는 쓰지 말고, 공간만 허락된다면 철자를 다 써 준다.
- 수직선에 0점은 X축에 걸리지 않게 조금 올려서 표시한다.
- 그래프는 읽기 쉽도록 가능한 한 크게 그린다.

그리고 주의해야 할 사항은 다음과 같다.

- 유채색이나 회색 잉크를 사용하지 않도록 한다. 유채색이나 회색 잉크는 복사할 때 잘 나오지 않는다.
- 컴퓨터의 3차원 그래프를 사용하지 않도록 한다. 보기에는 좋지만 자료의 위치 지점을 명확히 알기가 어렵다.
- 저널에 당신의 연구보고서를 싣게 되었다면 그림 자체에 그림 캡션을 달지 않도록 한다. 미국심리학회(APA) 양식에 제시된 것처럼 별도의 그림 캡션 페이지를 사용한다.
- 그래프에 위쪽 선과 오른쪽 선은 그리지 않도록 한다.
- 그래프를 가로질러서 Y축으로부터 수평선을 긋지 않도록 한다.
- 단계 양상이 달라지면 측정점을 서로 연결하지 않고 그 사이를 띄워 두도록 한다.

넷째, 시각적 결과에 기초해 합리적인 추론을 한다. 합리적 추론은 결국 프로그램 참가자에게 프로그램이 긍정적 효과가 있었는지의 여부를 답하는 것이다. 이때 측정치는 간접적인 지표보다는 직접적인 지표가 될 수 있는 것을 선택하는 것이 좋다. 프로그램에 대한 성과 측정치가 타당하기 위해서는 측정하고자 하는 것을 정확하게 측정해 주는 지표를 제공할 수 있어야 한다. 예를 들어, 약물중독 프로그램의 효과를 평가하고자 한다면 약물 복용에 대한 내담자의 자기보고보다는 주기적인 소변검사가 더 타당한 측정치가 된다.

## 2) 단일체계연구설계 종류

단일체계연구에서 설계를 기호화할 때 처치 전 단계를 A, 처치 후 단계를 B의 형태로 표기하는 관례에 따라 단일체계연구설계의 종류를 설명하면 다음과 같다.

### (1) B설계

새로운 프로그램, 서비스, 정책 등을 실행함과 동시에 성과 측정치 자료를 수집한다. 기초선 단계가 없어서 프로그램이 효과적인 때와 그렇지 않은 때를 비교할 수 없다. 그러나 '이 프로그램이 실시되면 나아지는가?' 또는 '프로그램 X를 실행하면 성과 측정치 Y는 나아지는가?'라는 가설을 검증하는 데 사용될 수는 있다. 변화를 보여 줄 수 있는(인과적 추론을 할 수 있는) 다른 자료가 전혀 없을 때는 매우 유용한 접근방법이 될 수 있다. 기초선 자료를 모으기 위해 새로운 프로그램의 실시를 연기하는 것이 윤리적으로 적절하지 않거나 논리적으로 가능하지 않을 경우에도 이 연구설계를 선택할 수 있다. 그러나 인과적 추론은 가능하지 않다. 따라서 변화에 대해 다른 대안적 설명, 즉 다른 요소에 의해 변화가 일어날 가능성을 배제할 수 없다.

### (2) A-B 설계

기초선이 있기 때문에 치료 이전의 경향이 치료 이후에 영향을 줄 수 있는 가능성을 제거할 수 있다. 또한 측정행동 자체가 상황에 영향을 주어 변화를 발생시킨다는 경쟁 가설을 배제할 수 있다. 왜냐하면 그와 같은 측정 효과는 기초선을 형성하는 단계에도 동일하게 일어날 수 있기 때문이다. 그러나 관찰되는 변화(성과)가 함께 발생한 역사적 변인 때문일 수 있다는 내적 타당도 위협요인을 완전히 배제할 수는 없다. 그렇지만 여건만 허락된다면 B설계보다는 A-B 설계를 사용하는 것이 바람직하다. 기존 자료 등을 활용하여 기초선을 설정하면 효율적인 프로그램 평가에 도움이 될 것이다.

### (3) A-B-A 설계

실험설계 가운데 가장 단순한 형태이다. 실험설계는 인과적 추론을 가능하게 하며, 관찰된 변화가 다른 외재적 변인 때문이 아닌 프로그램 자체 때문이라는 확신을 어느 정도 가질 수 있게 해 준다. 단일체계연구설계에서는 하나의 개입 방법을 도입 또는 제거하고 그에 따른 측정치의 변화 정도 사이의 기능적 관계를 반복적으로 보여 줌으로써 내적 타당도에 대한 위협을 제거할 수 있다. 그러나 실험설계도 진실험설계의 가장 중요한 준거인 무선할당 준거를 충족시켜 주지는 못한다. Bloom, Fischer와 Orme(1995)은 단일체계실험설계를 집단실험설계와 구분하기 위해 처치철회설계(experimental removal design)라는 용어를 사용하였다. 단일체계실험설계의 경우 개입을 중단 또는 제거하기 때문이다. A-B-A 설계는 프로그램을 시작할 때 극적인 진전을 보이고 철회할 때 악화된다면 이런 변화에 그 프로그램이 아닌 다른 요인이 관련되어 있을 가능성이 줄어든다. 개입 이후 프로그램의 개입 효과가 장기간 유지되는지의 여부도 알 수 있다. 다만, 처치 철회에 따른 윤리적 문제가 발생할 수 있다. 이를 보완하는 설계가 A-B-A-B 설계이다.

### (4) A-B-A-B 설계

중지반전설계(withdrawal-reversal design)라고도 한다. A-B-A 설계에서 반전 후 처치를 한 번 더 두는 설계이기 때문이다. 두 번째 처치, 즉 B단계를 다시 두고 첫 번째 B단계에서 나타난 효과가 다시 발생하는지 확인함으로써 프로그램의 효과를 더욱 명확히 확인할 수 있다. A-B-A-B 설계는 개입 철회와 2차 개입의 과정을 거치면서 프로그램의 효과성을 더 강력하게 밝힐 수 있다는 장점을 가지고 있다. 그러나 이 설계 역시 프로그램 효과성을 증명하기 위해 개입 철회 과정을 거치는 윤리적 문제를 안고 있다.

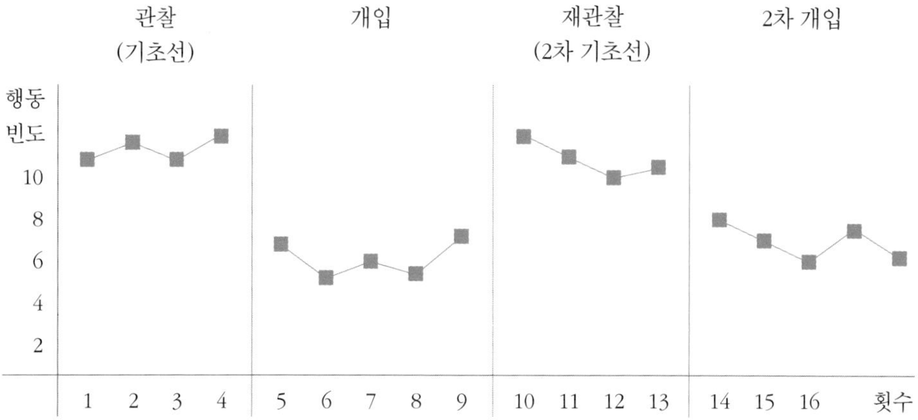


[그림 10-1] A-B-A-B 단일체계연구설계

### (5) 중다기초선설계

중다기초선설계(multiple baseline design)는 A-B 설계가 프로그램의 인과적 효과성을 밝히는 내적 타당도가 약하고 A-B-A-B 설계는 개입 철회에 따른 비윤리적 문제를 안게 된다는 약점을 해소하기 위한 설계이다. 중다기초선설계는 두 개 이상의 A-B 설계를 동시에 적용하는 형태라고 볼 수 있다. 중다기초선설계는 A-B-A-B 설계와 대비해 A-B-B′-B″ 설계로 표시할 수 있다. 이는 목표행동을 여러 개로 나눠 기초선과 개입을 각각 1회씩 적용하는 것이 특징이며, 반전설계를 적용하지 않는다. 이 설계의 핵심은 목표행동의 변화가 프로그램에 의한 효과인지를 확인하기 위해 문제에 대한 개입시기를 각기 달리한다는 것이다. 만일 프로그램을 통한 개입에 효과가 있다면 문제의 변화는 단계별로 개입이 있는 시기에 맞추어 각각의 변화가 일어나게 될 것이다.

만일 학교폭력을 보이는 아동에 대해 프로그램을 실시하고 그 행동 변화를 밝히기 위해 중다기초선설계를 사용한다고 하자. 이때 학교폭력 행동을 다른 아이 때리기, 다른 아이의 것 빼앗기, 거친 말하기의 세 가지로 분류한다. 각각에 대한 기초선 기간을 [그림 10-2]처럼 다르게 한다. 그렇게 해서 세 행동 모두 기초선 기간과 개입기간 간에 현저한 차이가 있다면 그 변화에 대해 프로그램 개입에 의한 영향, 즉 프로그램의 인과적 효과성을 주장할 수 있게 된다.

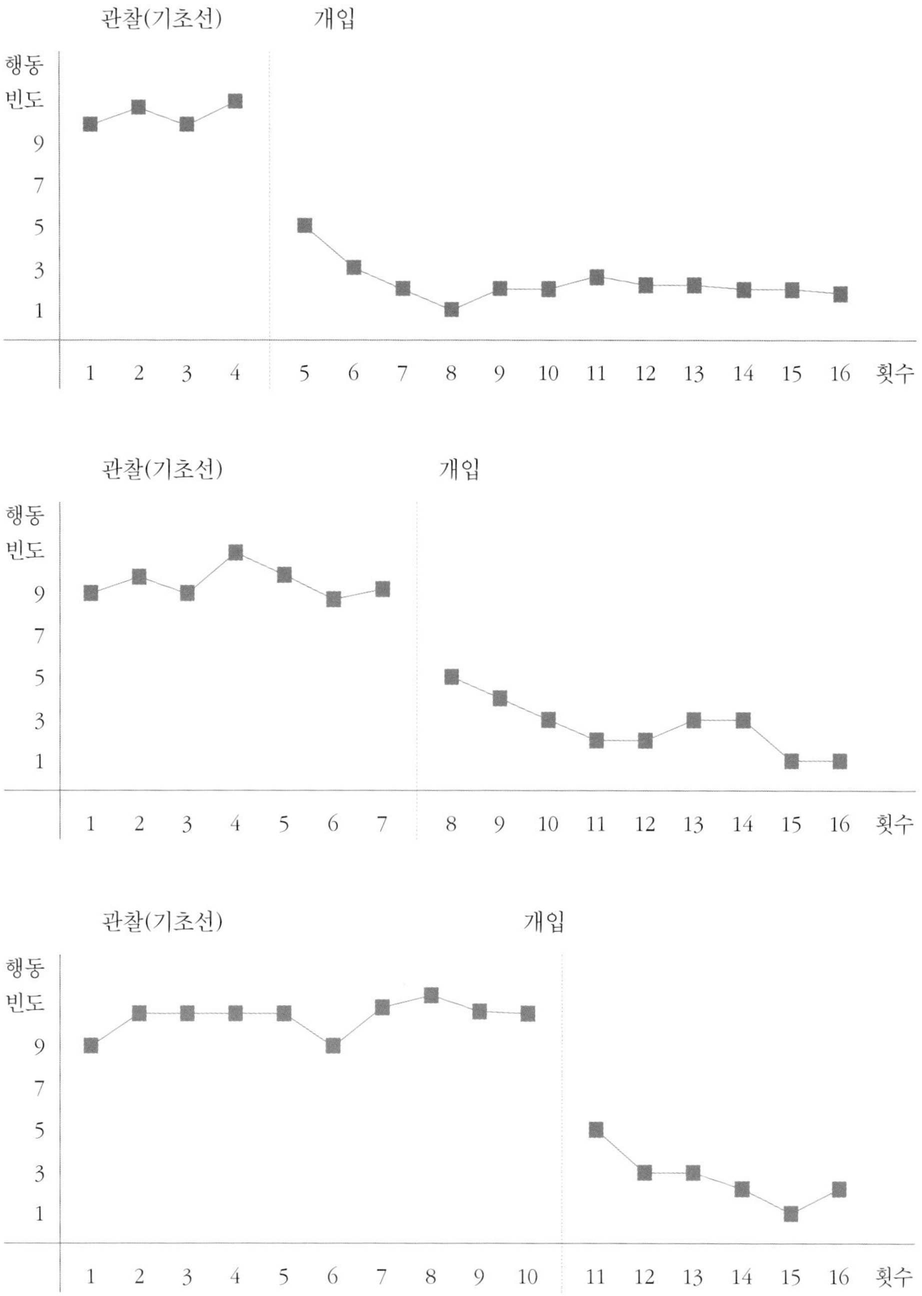


[그림 10-2] 학교폭력 행동에 대한 중다기초선설계

### 3) 단일체계연구설계의 외적 타당도

단일체계연구설계를 활용한 프로그램 평가는 대상 체계가 수적으로 적은 경우가 많기 때문에 외적 타당도, 즉 결과의 일반화 가능성이 낮아질 수 있다. 일반화 가능성을 나타내는 외적 타당도는 연구의 대상이 되는 참여자가 같은 문제를 가지고 있는 전체 모집단을 어느 정도나 대표하는지에 달려 있다. 많은 과학적인 연구에서는 연구 참여자가 그들이 속한 더 큰 모집단의 특성을 반영한다고 보고, 대표성을 뽑아낼 수 있는 정교한 통계적 방법을 사용하여 일반화 정도를 향상시키고자 노력하였다. 그러나 일반적으로 조력 전문직 분야에서 특히 프로그램 평가의 경우 현실적인 한계 때문에 모집단으로부터 무작위로 표본을 추출하는 일은 사실상 불가능하다. 예를 들어, 가정에서 자녀를 학대하는 모든 부모, 학교에서 폭력을 행사하는 모든 학생, 정신건강 정책의 수혜자 모집단 등을 평가설계에 모두 포함시키는 것은 참으로 어려운 일이다. 이로 인해 프로그램 평가연구에서는 일반적으로 접근 가능성에 기초하여 연구 참여자를 선택하는 편의표집 방식을 사용할 수밖에 없다. 그렇다면 단일체계연구설계에서 외적 타당도 문제를 해결하기 위해 어떻게 해야 할까? 그 답은 반복연구를 하는 것이다. 반복연구란 다음과 같이 정의될 수 있다.

연구에서 하나의 실험을 복제하는 과정이다. 즉, 같은 가설, 변인, 표본 추출 절차, 검사도구, 분석기법 등을 같은 모집단의 다른 표본에 대해 반복해서 실시해 보는 것이다(Barker, 1999, p. 409).

프로그램에 적용되는 임상 실제에 관한 대부분의 연구에서 외적 타당도, 즉 일반화 가능성은 무작위 추출이 아닌 반복연구를 통해 달성된다. 이것이 평가연구(특정한 프로그램에 대한 타당한 지식을 개발하는 것이 목적)와 전통적인 행동 및 사회과학연구(이론의 발달과정에 기여할 수 있는 일반화 가능한 지식을 산출하는 것이 목적) 간의 결정적인 차이점이다.

그렇다면 추리통계 방법을 이용해 단일체계연구설계의 일반화 가능성을 높이는 방법을 생각해 보면 어떨까? 그러나 추리통계에 필요한 기본 가정의 충족 여부, 자료의 독립성 문제, 효과성에 대한 보수적 접근 요구 등의 이유로 단일체계연구설계 자료에 대해서는 추리통계 방법을 권하지 않는다. 우선, 추리통계를 위한 기본 가정(동변량성, 정상분포, 자료의 독립성 등)을 단일체계연구설계의 자료가 충족시키지 못할 수 있다. 대개 단일체계연구설계의 자료는 측정치 개수가 적은 경우가 많다. 이는 자유도가 작고 통계적 검증력이 낮아진다는 것을 의미한다. 예를 들어, A단계에 7개의 측정점을 가지고 있고, B단계에도 7개의 측정점을 가지고 있는 A–B 설계를 가정해 보자. A와 B 단계의 차이 검증을 위해 t검증을 시도하는 것은 적절하지 않다. 통계적 검증력을 갖추기 위해서는 적어도 20~30개 정도의 자료가 필요하기 때문이다. 자료의 독립성 문제의 경우, 단일체계연구에서는 하나의 체계(개인 내담자, 소집단, 부부, 가족, 기관, 사회, 국가 단위 등)에서 반복적으로 자료를 추출해 내기 때문에 자료가 서로 독립적이지 못할 수 있다. 선행 측정자료가 후속 측정자료에 미치는 영향, 즉 공분산을 배제하기가 어렵다.

시각적인 자료만을 사용하게 되면 작지만 통계적으로는 유의미하게 나타나는 차이를 발견할 가능성이 줄어든다. 실제로 발생하는 효과 차이를 간과하게 되는 오류를 2종 오류라고 한다. 반대로 실제로는 존재하지 않는 효과 차이를 있는 것으로 주장하는 것은 1종 오류라고 한다. 개입의 효과를 측정할 때 통계적으로 유의하게 차이가 있지만 실제로는 그다지 중요하지 않은 변화를 밝혀낸다는 것은 어떤 의미가 있겠는가? 프로그램 평가에서는 크고 실제적인 차이를 가져오는 개입 방법을 찾아내는 것이 주된 바람이다. 시각적 자료에 기초한 프로그램 평가연구의 경우, 2종 오류가 증가한다는 문제점은 있으나 효과에 대해 과장된 주장을 하게 되는 1종 오류를 줄임으로써 평가자료에 대해 더욱 보수적인 결론을 내릴 수 있도록 해 준다.

이상의 이유로 통계적 추론이 곤란함에도 단일체계연구설계를 적극적으로 활용하게 되는 이유는 다음의 진술에서 잘 표현되고 있다.

변화에 대한 가장 중요한 준거는 그 개입을 통해 실제적인 변화가 있었는가의 여부이다. 통계적인 검증이 없이도 자료를 정밀하게 검증해 보면 실제적으로 유용한 변화가 일어났는지의 여부를 충분히 판단할 수 있다. 결국 결과가 실제적으로 의미가 없는 것이라면 통계적으로 유의하다는 것은 그다지 중요하지가 않다(Thomas, 1975, p. 279).

그렇다면 단일체계연구설계에서는 통계적 추론을 적용할 수 없는 것일까? 그렇지는 않다. 단일체계연구에서도 앞에서 지적하고 있는 설계의 한계를 극복할 경우 통계적 추론이 가능하다. 자료의 독립성이 보장된 상태에서 측정점이 한 개인이 아닌 집단 내 여러 명이 될 경우 측정점 간의 차이를 통계적으로 비교할 수 있을 것이다. 그리고 타당하게 적용할 수 있는 통계적 추리방법으로 시계열분석법(time series analysis)이 있다. 이것은 각 단계에서 얻어진 자료의 수준이나 경향성, 즉 기울기의 변화가 통계적으로 유의한지를 판단하는 방법이다(김계현, 2000).

## 3. 주관적 효과평가

정신건강 프로그램의 질 관리를 위해서 프로그램 운영자가 활용할 수 있는 평가 가운데 하나는 프로그램 수혜자 개개인의 주관적인 관점에서 이루어지는 만족도 평가와 목표달성 척도이다. 만족도 평가는 제공된 프로그램이 수혜자의 여러 기대를 어느 정도 충족시키고 있는지에 관해 수혜자의 관점에서 확인할 수 있는 방법이다. 만족도 평가는 다른 평가와는 달리 프로그램 수혜자 개인만의 관점에서 경험한 프로그램을 평가하도록 한다. 따라서 상대적으로 덜 위협적인 응답을 가능하게 하며 동시에 각각의 주관적 견해를 반영하게 된다. 반면, 목표달성 척도는 프로그램 활용에 따른 효과를 좀 더 구체적으로 평가하고 그 결과를 참가자 혹은 참가집단 간에 비교할 수 있도록 해 주며 유사한 프로그램의 효과 비교에서 활용될 수 있는 방법이다. 만족도 평가와 목표달성 척도는 모두 참가자 개인의 주관적 관점에 기초하여 이루어지기 때문에 이 장에서는 이 두 평가방법을 주관적 효과평가로 분류하여 살펴보고자 한다. 우선, 만족도 평가에서는 중요성과 문제점, 실시 및 몇 가지 만족도 평가의 예를 살펴보겠다.

### 1) 만족도 평가

#### (1) 만족도 평가의 정의와 중요성

프로그램 수혜자에 대한 만족도 평가의 원류는 1960년대 후반과 1970년대 초반에 일어난 소비자 보호운동에서 찾을 수 있다. 소비자가 원했던 것은 서비스 제공자와 협력관계를 맺는 것이었다. 서비스 제공자 역시 소비자의 피드백을 이용하여 서비스의 질적 개선을 위한 노력을 하지 못할 경우 경쟁력을 상실하기 때문에 만족도 평가는 점차 프로그램 관리뿐만 아니라 조직관리에서도 그 중요성이 확대되고 있다. 정신건강 분야의 경우 우호적인 환자가 행하는 추천의 횟수보다 불만족한 환자가 토해 내는 부정적인 말의 횟수가 훨씬 많다(Fisk, Brown, Cannizzaro, & Naftal, 1990). 미국소비자보호원(U.S. Office of Consumer Affairs)의 기술보고서(TARP, 1986)도 이런 견해를 뒷받침하고 있다. 이 보고서에 따르면 상품이나 서비스에 만족한 소비자는 평균 3명의 친구에게 추천하는 반면, 불만족한 소비자는 평균 20명의 친구에게 비판의 말을 한다.

우리나라의 경우, 정신건강 분야의 프로그램은 공익성과 비영리성 기관에 의해 운영되는 경우가 많기 때문에 안정적인 수효와 일정한 재정 지원을 받는 경우가 많았다. 그러나 유사한 기관과 프로그램 증가로 인한 경쟁적 분위기의 확산으로 프로그램 수혜자와 재원 확보를 위한 마케팅이 이루어지고 있다.

만족도 평가는 수혜자 개인으로부터 주관적인 평가 정보를 획득하는 것이다. 평가의 내용은 프로그램의 목적과 구성에 따라 달라질 수 있으나 말 그대로 수혜자의 만족도를 평가의 주요 대상으로 한다. 따라서 그 자체만으로 프로그램 질을 객관적으로 측정하기는 어려울 수 있으나, 여러 개의 성과 측정 수단 중에 하나로 역시 중요하게 간주된다(Ingram & Chung, 1997). 일례로 미국 의료 분야의 경우 각 의료기관이 제공하는 의료 서비스에 따라 열두 가지 매뉴얼을 제공하고 있는데, 그 가운데 『행동건강관리 신임평가 매뉴얼(Comprehensive Accreditation Manual for Behavioral Health Care)』에서는 내담자 만족도를 중요한 평가 항목으로 고려하고 있다. 전체 평가 내용은 환자 중심의 기능, 조직 기능, 일반 기능의 세 부분(sections)으로 나누어 15개 하위 항목으로 구성하고 있는데, 만족도 평가는 '조직 성과 향상' 항목에 포함된다. 즉, 공신력 있는 기관으로 인증받기 위한 평가 항목으로 만족도 평가가 중요하게 고려된다는 것이다. 2004년 이후 15개 중 6개 항목은 삭제되었으나 여전히 만족도 평가를 포함하는 항목은 인증평가 항목에 포함되고 있다.

내담자 만족도 평가의 중요성은 결국 평가의 유용성에서 비롯되는 것이므로 이러한 유용성을 구체적으로 나열해 봄으로써 그 중요성에 대한 인식을 환기시킬 수 있을 것이다.

① 비용이 비싸지 않으면서도 해석이 용이하다.

② 거창한 계획을 세우지 않고도 간단히 실행할 수 있다.

③ 은연중에 내담자의 경험과 관찰이 서비스 제공자에게 중요하다는 사실을 알려 주는 데에도 일조한다.

만족도 평가는 '수혜자 지향적'이며 민주적인 평가 형태이다. 기관 또는 운영자가 제공하는 프로그램의 실시과정과 서비스의 질에 대해 프로그램 수혜자가 최고의 정보를 줄 수 있는 정보 제공자라는 가설과 믿음에서 출발하고 있다. 경우에 따라 프로그램 수혜자의 만족도 평가가 객관적인 평가를 해내지 못한다 하더라도 프로그램의 영향력이나 효용성을 밝혀 줄 수 있는 좋은 평가자료를 얻게 해 준다는 인식에 기초한다. 프로그램 운영자나 수혜자 모두의 입장에서 높은 만족도 평가 결과는 바람직하며, 대외관계나 마케팅 차원에서도 상당한 가치를 가진다.

### (2) 만족도 평가의 문제점

프로그램 수혜자의 만족도 평가에 대해 제기되는 한 가지의 중요한 문제가 있다. 그것은 바로 만족도 평가의 결과가 대부분의 경우 긍정적이라는 점이다. 이는 서비스 만족도 평가에서 좀처럼 깨지지 않는 신화로도 여겨지는데, 그 이유는 어떤 형태의 만족도 평가에서도 대부분의 평가 대상자가 만족하는 것으로 나타나기 때문이다. 의료 서비스의 만족도 조사를 근거로 한 Lebow(1983)의 평가 결과에 따르면 평균 약 75%의 환자가 만족하는 것으로 나타났다. Ingram과 Chung(1997)은 널리 사용되고 있고 잘 알려진 내담자 만족도 질문지(Client Satisfaction Questionnaire: CSQ-8)의 수정판인 CSQ-4를 사용해서 8,522명을 대상으로 전국의 정신건강 관련 조직에 관한 대규모 연구를 진행했는데, 평균 만족도는 77%로 나타났다. 이러한 연구 결과는 뉴질랜드나 캐나다 등에서도 유사하게 나타나고 있다. 뉴질랜드 정신요법을 받은 외래환자를 표본으로 한 연구(Deane, 1993)에서는 조사대상의 90%가 4점짜리 항목 8개 중에 한 항목을 뺀 나머지 모두에 적어도 3점 이상의 점수를 주었으며, 서비스에 대한 만족도를 보인 것으로 나타났다. 그리고 대부분의 사람은 도움이 필요한 경우 프로그램을 다시 찾겠다고 응답하였으며, 유사한 도움이 필요한 친구에게 그 프로그램을 추천할 것이라고 보고하였다.

이처럼 정신건강 분야의 만족도 평가에서 긍정적인 답변이 반복적으로 도출되는 이유는 무엇일까? 이에 대해서는 만족도 평가를 하는 수혜자의 심리적 측면과 조사

방법론적 측면에서 몇 가지 가정을 해 볼 수 있다. 첫째는 프로그램 수혜자의 주관적 효용성에 기초한 평가에 기인하는 것으로 생각해 볼 수 있다. 즉, 프로그램 참가를 위해 크게 비용을 들이지 않는데도 상대적으로 이득을 얻게 됨으로써 프로그램에 대한 주관적 효용성이 커지고 만족감을 느끼게 되는 것이다. 둘째는 프로그램 수혜자가 프로그램 참가를 위해 투입한 노력과 시간으로 인해 만족도가 높아지는 것으로 생각해 볼 수 있다. 프로그램 만족도 평가는 대개 프로그램이 끝날 때 이루어지게 되므로 그 기간 동안 투입한 노력과 시간을 만족도 평가 시 고려하게 되는 것이다. 프로그램에 대해 만족하지 못하면서 오랜 시간 참가하며 노력을 기울인다는 것은 인지적 불일치를 유발하는 것이다. 따라서 이미 수료하게 된 프로그램에 대해서는 기울인 노력과 시간만큼 만족스럽게 여기게 되는 것으로 볼 수 있다. 이러한 가정은 프로그램 중도 탈락자의 경우 상대적으로 만족도가 낮을 수 있을 것이라는 점을 가정하게 한다. 이를 확인해 보기 위해서는 프로그램 중도 탈락자에게 프로그램 만족도 평가를 실시해 볼 수 있을 것이다. 그러나 이러한 경우를 굳이 확인하려는 프로그램 운영자는 찾기 어렵다. 셋째는 바로 이처럼 평가의 방법, 즉 시점과 관련된 것이다. 프로그램이 불만스러운 프로그램 참가자는 중도에 포기하거나 다른 기관의 서비스를 찾아갈 수 있으므로 프로그램 종결 시까지 남아 만족도 평가에 의견을 반영한다고 보기는 어렵다. 그 외에 프로그램 운영자에 대한 불이익을 고려하여 평가를 긍정적으로 하게 될 수 있으며, 사회적 바람직성을 따라 응답하게 되는 응답자의 영향이 만족도 평가에 반영될 수 있을 것이다.

만족도 평가를 체계적으로 실시하려는 연구의 경우 만족도에 영향을 주는 요인을 종합적으로 고려해야 한다. 어떤 프로그램의 만족도 평가 내용을 고려할 때 프로그램 운영자나 연구자는 다음 사항을 함께 고려해야 한다.

- 만족도가 높은 내담자가 설문조사를 완성한다.
- 만족도 연구의 타당성과 신뢰성을 떨어뜨리는 요인이 영향을 준다. 그것은 기억 오류, 면접자 오류, 비중립적 환경의 오류, 사회적 인식, 누가 답했는지가 밝혀질 것이라는 내담자의 인식 등이다.
- 내담자 만족도 연구들이 사용한 정의와 도구는 동일하지 않으며, 따라서 상호 비교분석을 어렵게 한다.

- 내담자가 자신의 프로그램이나 치료자를 선택했다는 사실에 근거하여 '선택 오류'가 생긴다.
- 만족도 평가도구가 임의로 작성된 것일 수 있다. 이 경우 평가도구의 신뢰도와 타당도가 떨어질 수 있다.
- 낮은 응답 비율 또는 비과학적인 표집과정으로 인해 표본의 대표성이 훼손될 수 있다.

그렇다면 이렇게 모두 다 긍정적인 결과가 나올 것이 자명함에도 수혜자의 만족도 평가를 실시해야 하는 이유는 무엇일까? 그것은 다음의 몇 가지 이유에서이다. 첫째, 프로그램 수혜자의 만족도 평가를 통해 피드백을 획득하지 않을 경우 수혜자의 주관적 경험에 대해 조직적이고 체계적인 방법으로 정보를 획득할 수 있는 길은 없어진다. 둘째, 언제나 긍정적인 만족도 평가를 얻게 된다고 하더라도 이를 통해 현재 또는 잠재적 수혜자, 정신건강 종사자, 그리고 운영 지원자를 포함하는 프로그램 관계자를 안심시키는 것은 그리 나쁜 일이 아니다. 셋째, 높은 만족도에도 불구하고 여전히 남아 있는 불만의 소재를 파악하는 것이 필요하다. 프로그램 수혜자의 만족도 평가는 현재 수혜자의 감정을 표시하는 날씨 풍향계와 같다. 의견과 전망은 고객이 더 좋거나 나쁜 경험에 부딪히는 것에 따라 바뀔 수 있다. 그리고 그 결과로 서비스 제공자의 정책이나 담당 전문 분야 및 전문가들이 바뀔 가능성이 있다 (David, Bruce, Deborah, & Logan, 2001).

프로그램 운영자 또는 연구자는 만족도 평가 결과를 해석할 때 다음의 사항을 고려해야 한다.

- 내담자 만족도는 다차원적이다. 내담자의 만족도는 치료환경이 아닌 치료자에 의해 만들어진다. 고객은 그들의 목표치를 채워 주지 못한 비효율적 프로그램으로도 만족할 수 있다.
- 양적 평가는 높은 만족도를, 질적 평가는 낮은 만족도를 산출하는 경향이 있다.
- 내담자가 받은 서비스에 대한 고객평가는 공급자의 신뢰도에 대한 기존의 평판에 의해 영향을 받을 수 있다. 고객은 평판이 좋은 공급자의 실수에는 관대한 반면, 평판이 좋지 못한 공급자의 사소한 실수는 그냥 지나치지 않는다.

- 서비스에 대한 만족도는 나이와도 관계가 있다.
- 서비스에 만족하지 않은 사람은 중단하는 경향이 있다. 만족도로 내담자의 치료기간을 예측할 수 있다.
- 외래 정신치료 환자를 표본으로 살펴본 결과, 내담자 만족도는 증상의 완화 및 개선과 관련 있는 것으로 나타난다.
- 개방형 질문을 사용하면 객관식 질문으로 발견되지 않는 고객의 시각을 알게 해 주는 정보를 제공할 수 있다.
- 전화 설문조사가 우편물 설문조사보다 더 높은 응답 비율을 나타낸다.
- 우편 설문조사에 응답한 사람은 응답하지 않은 사람보다 교육 수준이 더 높은 것으로 나타난다.

### (3) 만족도 평가도구

국내의 경우 정신건강의 각 분야에서 실시되는 만족도 평가는 프로그램 실시와 관련 보고서 형태로 작성되고 있다. 만족도 평가도구에서 평가 문항은 프로그램의 전반적 유용성, 하위 프로그램별 유용성 및 운영방식 등을 고려하기 때문에 프로그램 내용과 실시기관의 특성에 따라 조금씩 다른 형태를 띤다. 〈표 10-2〉에서 〈표

**표 10-2 진로탐색 워크숍 평가서(학생용)**

**진로탐색 워크숍 평가서(학생용)**

평가일:

1. 워크숍의 도움 정도

| 1 | 2 | 3 | 4 | 5 |
|---|---|---|---|---|
| 전혀 도움이 안 됨 | | 보통이다 | | 매우 도움이 됨 |

2. 프로그램 중 가장 도움이 된 내용과 그 이유는?

3. 프로그램 중 가장 도움이 안 된 내용과 그 이유는?

4. 강사의 운영방식에 대한 생각은?

5. 기타: 건의할 사항이나 하고 싶은 이야기를 마음대로 한다면?

표 10-3 **진로탐색 워크숍 평가서(교사용)**

| 진로탐색 워크숍 평가서(교사용) |
|---|
| 1. 워크숍의 도움 정도<br>1 (전혀 도움이 되지 않음) — 2 — 3 — 4 — 5 (매우 도움이 됨) |
| 2. 프로그램의 적용 가능성<br>1 (가능성 없음) — 2 — 3 — 4 — 5 (가능성 많음)<br>-적용이 어렵다면 어느 점에서 |
| 3. 가장 도움이 되었던 프로그램 내용 |
| 4. 가장 도움이 되지 못한 프로그램 내용 |
| 5. 강사 운영방식 |
| 6. 기타 |

10-4〉까지는 진로탐색 프로그램에 대한 학생과 교사의 만족도 평가지의 예이다.

우리나라의 상담 분야에서 이루어지는 만족도 평가의 경우, 지속적으로 운영되는 프로그램에 대해 반복적으로 만족도 평가를 실시하는 경우라도 평가도구에 대해 신뢰도와 타당도를 검증하는 경우는 드물다. 반면, 미국에서는 정신건강 분야에서 수혜자 만족도 평가(Client Satisfaction Questionnaire: CSQ)를 많이 사용하고 있다. 만족도 평가와 관련된 연구의 상당수는 CSQ-8 또는 그것의 단축판을 이용하고 있다. 이것은 서비스 만족도에 대해 동일한 이해를 갖기 위해 표준화된 항목과 방법의 필요성을 인식하고 있다는 사실을 반영하는 것이다. 〈표 10-5〉는 수혜자 만족도 평가(CSQ-8)의 내용이다.

표 10-4 **프로그램 만족도 평가 및 응답 예**

| 청소년 취업지원 프로그램 만족도 평가 및 응답 예 |
|---|
| 1. 재미있었던 내용이나 활동<br>−정보사냥대회에서 인터넷으로 아홉 가지 내용을 찾아내는 게 재미도 있고, 직업의 종류가 다양하고 검색할 수 있는 곳이 많다는 것도 새삼 느꼈다.<br>−새로 친구들을 만난 것. 게임한 것. 인터넷 사용을 직접 해 본 것<br>−실제 인터넷을 하면서 직업을 알아본 것<br>−정보 검색을 통해 자신의 직업에 대해 알 수 있었고, 문의전화 연습을 통해 앞으로 이러한 일이 있으면 할 수 있는 방법 등을 알 수 있었던 것이 즐거웠고 좋았다.<br>−초반의 게임. 전화로 문의해 본 것<br>−정보 검색을 통해 직업의 활동 내용을 알 수 있어 재미있었다.<br>−인터넷을 하면서 그동안 접해 보지 못했던 직업 관련 사이트를 보며 직업에 대한 정보와 찾는 요령을 배울 수 있었다.<br>−문의 연습해 본 것. 많은 도움이 된 것 같다. 나중에 정말 하게 될 때 대본 보며 해 보면…….<br>−취업지원에 대한 문의 연습이 재미있었다.<br><br>2. 도움이 되었던 활동<br>−내가 미래에 하고 싶은 직업에 대한 보수, 갖추어야 할 조건 등을 알아볼 수 있어서 좋았다.<br>−오늘 전화 사용법 및 정보 검색에 대한 취업 정보가 많이 도움이 되었다.<br>−실제 인터넷을 통해 자기가 하고 싶은 직업을 탐색한 것<br>−오늘의 모든 활동이 딱딱하지 않고 재미있었으며 모든 점이 다 도움이 되었던 것 같다.<br>−전화로 문의해 본 것. 정보사냥<br>−면대면으로 전화 통화를 연습하는 것이 실제로 할 때 많은 도움이 될 것 같다.<br>−인터넷을 하면서 직업 관련 사이트와 검색 사이트에 대한 주소를 알 수 있었다.<br>−자신이 관심 있어 하는 직업에 대한 탐색. 비록 모든 것을 자세히 알지 못했으나 여러 가지 측면에서 생각해 볼 기회가 되었다.<br>−자신이 갖고 싶은 직업을 인터넷을 통해 정보를 알아보는 것이 나에게 많은 도움이 된 것 같다. 진짜로 하고 싶은 일이기는 했지만 그 직업에 대해 아는 점이 별로 없었는데 이 시간을 통해 많은 것을 알게 되었다.<br><br>3. 어려웠던 내용이나 활동<br>−전화해서 안내하고 문의하는 것<br>−가르쳐 주시는 분이 친절해서 그다지 어려운 점은 없었다.<br>−없다.<br>−문의전화를 하고 그런 점들이 어려웠지만 알찼다고 생각된다.<br>−어려웠던 점은 없었던 것 같다. |

–좁은 공간에서 조금은 답답했다.
–정보사냥대회. 처음 들어가 보는 사이트에 생각하지도 못했던 과제가 나왔다. 그래도 재미있었다.

4. 바뀌기를 바라는 내용이나 활동
–자리가 넓었으면 좋겠다.
–매일 바뀌어서 바라는 것은 없다.
–전화상담에서 예제를 보고 하긴 했지만 실제로 사람들이 들을 수 있게 실제 전화를 걸어 사람들이 들으면서 학습할 수 있었으면 한다.
–좀 더 넓은 공간에서 움직이면서 활동하였으면 좋겠다.
–없다.
–내용이 취업 위주 같은데 진학에 관한 내용이 조금이라도 있었으면 좋겠다.
–글쎄, 컴퓨터를 일대일로 놓았으면 더 열심히 하지 않았을까? 그것 빼고는 없다.

5. 오늘 받은 과제에 대한 느낌
–걱정이 된다.
–좀 떨릴 정도이다.
–취업상담 전화하는 데 자신감을 갖게 되었고, 많은 정보를 얻고 취업 사이트도 많이 알게 되어 좋다.
–서로 친하지는 않지만 이런 과제를 통하여 더욱 친해질 수 있는 것 같고 좋은 경험이 될 것 같다.
–이걸 꼭 해야 하나 하는 생각이 들고, 도움은 될 것 같은데 오늘의 과제는 친구들과 더 친해지라는 소리 같고, 오늘도 이렇게 끝나는구나. 여기 오기 전에는 정확히 무엇을 하는지 몰랐는데 벌써 3일째니까 익숙해져 가는 것 같다. 이런 유익한 프로그램이 많이 펴졌으면 한다.
–도움이 되는 과제인 것 같다.
–오늘 받은 과제를 해 보면 오늘 한 교육을 더 효과적으로 이해할 수 있을 것 같다.
–새로운, 좋은 사이트를 알게 되어 기뻤고 활용해야겠다는 생각이 들었다. 지금도 좋지만 앞으로 더 향상된 프로그램으로 모든 사람에게 다가섰으면 하는 바람이다.

**표 10-5 수혜자 만족도 평가(CSQ-8) 내용**

귀하가 이 기관에서 받은 서비스에 대한 다음의 몇 가지 질문에 응답해 주시기 바랍니다. 응답 결과는 귀하가 받은 서비스나 프로그램의 개선을 목적으로 사용될 것입니다. 각 질문을 읽고 귀하가 그렇다고 생각하는 번호에 솔직하게 ○표 해 주십시오. 협조해 주셔서 감사합니다.

1. 귀하가 받았던 서비스의 질은 어떠했습니까?
   1) 좋지 않았다 2) 보통이다
   3) 좋았다 4) 매우 좋았다

2. 귀하는 자신이 원했던 서비스를 받았습니까?
   1) 전혀 아니다 2) 아니다
   3) 그렇다 4) 매우 그렇다

3. 귀하가 참여한 프로그램은 자신의 욕구를 어느 정도 충족시켰습니까?
   1) 전혀 충족되지 않았다 2) 약간 충족되었다
   3) 대부분 충족되었다 4) 모두 충족되었다

4. 귀하가 받은 서비스에 대해서 어느 정도로 만족하십니까?
   1) 매우 불만족한다 2) 약간 불만족한다
   3) 대체로 만족한다 4) 매우 만족한다

5. 만약 귀하가 아는 사람이 유사한 상황에 있을 때 이 프로그램에 참여하도록 권하겠습니까?
   1) 전혀 권하지 않겠다 2) 권하지 않겠다
   3) 권하겠다 4) 적극적으로 권하겠다

6. 귀하가 받은 서비스는 자신이 가진 문제를 효과적으로 해결하는 데 도움이 되었습니까?
   1) 전혀 도움이 안 되었다 2) 도움이 안 되었다
   3) 약간 도움이 되었다 4) 매우 큰 도움이 되었다

7. 귀하는 전체적으로 이 프로그램과 서비스에 대해 어느 정도 만족하십니까?
   1) 매우 불만족한다 2) 약간 불만족한다
   3) 대체로 만족한다 4) 매우 만족한다

8. 귀하가 다음에 이러한 서비스를 필요로 할 경우 다시 이 프로그램에 참여하겠습니까?
   1) 전혀 그렇지 않다 2) 그렇지 않다
   3) 그렇다 4) 매우 그렇다

출처: Pascoe & Attkisson (1983), pp. 335-347.

### (4) 만족도 평가방법

만족도 평가는 실시 자체로 의미를 지니지만 바람직한 평가 방식과 과정을 거쳐야만 유용한 정보를 제공할 수 있다. 앞에서 만족도 평가에 영향을 주는 요인을 살펴보았다. 프로그램 수혜자의 개인 내적 특성으로 인한 영향을 통제하는 데에는 어려움이 따른다. 그러나 평가 과정과 방법을 체계화함으로써 더욱 바람직한 만족도 평가를 실시할 수 있을 것이다. 여기에서는 바람직한 만족도 평가방법에 대해서 살펴보고자 한다.

#### ① 평가 항목의 구체화 및 다양화

프로그램의 포괄적 평가는 전반적인 인상에 기초하기 쉬우므로 프로그램의 하위 내용과 운영방식 등에 대한 구체적인 평가를 도출하기가 어렵다. 따라서 평가 항목을 구체화하여야 한다. 평가 항목을 구체화하는 것은 정확한 만족도 평가에도 도움을 준다. 프로그램 수혜자의 만족 또는 불만족은 서비스의 다양한 측면에서 나타날 수 있다. 따라서 평가 항목을 구체화할수록 평가 항목은 다양해지며, 따라서 여러 차원에서 더욱 정확한 만족도 평가가 이루어질 것이다.

프로그램 수혜자의 만족도 평가를 통해 밝힐 수 있는 사항에는 서비스의 유용성, 시설의 접근성, 직원의 능력, 직원의 도우려는 자세, 서비스 공급의 지속성(예: 같은 치료사의 지속성), 서비스 결과의 만족도 등이 포함될 수 있다. 따라서 만족도 평가 항목에 이와 같은 내용을 포함시키는 것이 바람직하다.

#### ② 평가방법의 다양화

우선, 평가도구의 경우 신뢰성이 담보되어 있으며, 다른 연구에서도 성공적으로 사용된 척도를 사용하는 것이 바람직하다. 해당 프로그램과 유사한 다른 프로그램들이 어떻게 평가를 받았는지를 알려면 문헌을 찾아보도록 한다. 필요하다면 프로그램 운영자 또는 선행 연구자에게 그들이 사용한 도구를 요구할 수 있을 것이다. 프로그램이 반복적으로 실시되는 경우 같은 평가도구를 사용하되, 정기적으로 만족도 평가를 수행하고 그 결과를 이전의 평가 결과와 비교해 보아야 한다. 이때 적어도 한두 개의 자유 질문을 포함하는 것이 좋다. 예를 들면, '만약 당신이 이 프로그램을 더 나은 방향으로 고친다면 바꾸고 싶은 것은?' 혹은 '이 프로그램에서 가장 마음에 드는 점은?' 혹은 '가장 나쁜 점은?' 등의 질문을 포함시켜 프로그램 운영자 또는 연구자가 예상하지 못한 수혜자의 불만 사항을 파악하도록 한다. 이렇게 자유 질문은 프로그램 수혜자가 경험한 나쁜 혹은 불쾌한 상황을 아는 데 도움이 된다.

평가 대상의 인원수는 전체 프로그램 참가자를 모두 포함할 수 있어야 한다. 적당한 평가 인원수의 결정방법은 뒤에서 설명할 것이다. 프로그램 평가에 참가한 인원이 적은 경우 그 평가 결과를 지나치게 일반화해서는 안 된다. 프로그램 참가자의 만족도 평가는 프로그램의 '가치'를 이해하는 과정이기도 하다. 최종 참가자와 중도 탈락자를 모두 포함하여 최대 인원의 피드백을 받는 것은 참가자 측면에서의 프로그램 이용 가치를 확인하도록 도와준다. 즉, 어떠한 프로그램을 참가자가 선호하였는지 혹은 기피하였는지에 대한 정보를 얻을 수 있다.

평가 형태도 다양화하여 비상시적인 평가가 가능하도록 할 수 있다. 예를 들면, 투표함(ballot box) 방식을 사용하여 일종의 건의함 형태로 운영할 수 있다. 이 경우 수혜자의 피드백이 더욱 자발적으로 이루어질 수 있다. 평가 형태의 다양화는 동시에 평가 시점의 다양화를 돕는다.

③ 평가 시점의 다양화

프로그램에 남아 있는 사람만을 대상으로 프로그램 평가를 하는 경우에는 프로그램에 불만이 있어 중도 탈락하는 사람의 의견을 얻기 어렵다. 이러한 경우 프로그램을 지속적으로 운영한다고 할 때 앞서 진행되었던 프로그램의 일부 참가자를 중도 탈락하게 만든 문제점이 무엇인지 프로그램 운영자가 파악하지 못할 수도 있다. 이러한 문제점을 극복하기 위해서는 프로그램 만족도 평가의 시점을 다양화할 수 있다. 프로그램을 개선하기 위해서는 서비스 시작부터 진행에 이르기까지의 모든 단계에 대한 내담자의 경험을 잘 알고 있어야 한다. 이를 위해서는 정해진 기간을 두고 프로그램 중간에 만족도 평가를 실시할 수 있다. 예를 들어, 프로그램 평가를 초기, 중기, 종결기로 나눠 실시할 경우 만족도 변화를 파악할 수 있고 중도 탈락된 사람의 영향 또한 파악할 수 있다.

④ 기타

만족도 평가를 실시할 때는 다음 몇 가지 측면에서 균형 잡힌 시각이 필요하다.

첫째, 불만족한 소비자를 만족한 고객으로 바꿀 수 있다는 생각에 사로잡혀서 불만족한 소비자의 문제를 푸는 것에만 초점을 맞추어서는 안 된다. 만족도 평가가 전반적으로 긍정적인 편이라는 점 때문에 오히려 부정적 입장에서 프로그램을 애써 바라보려는 것은 바람직하지 않다. 왜냐하면 프로그램 운영자가 프로그램 수혜자를 만족시키기 위해 노력하는 경우에도 대부분의 강한 불만을 표시했던 참가자의 경우는 그들의 불만에 대해 결코 잊어버리지 않는 경향이 있기 때문이다(Ingram & Chung, 1997).

둘째, 정신건강 분야의 경우 대부분의 만족도 평가는 프로그램 종결 시 현장에서 실시되는 경우가 많다. 그러나 우편 또는 전자우편을 통해 설문조사를 실시한다면 전체 조사 대상 인원의 50% 이상으로부터 응답을 끌어내기 위한 조치를 취해야 한다. 이 역시 균형 잡힌 평가 결과를 얻기 위한 조치이다. 다만, 프로그램 운영자의 만족도 평가 질문지에 대해 응답하려는 동기가 높지 않다는 점을 감안하여 응답 회신 비율을 높이기 위한 조치를 강구해야 한다. 응답자 가운데 일부를 선정하여 경품을 주거나 기프티콘 같은 작은 선물을 준비할 수도 있다.

셋째, 만족도 평가를 통해서 프로그램 비용과 접근성, 프로그램 서비스와 연관된 일반적인 혹은 특정한 세부 과정의 만족도를 평가할 수 있다. 그러나 그 결과를 통해 프로그램이 효과적인가를 객관적으로 증명하였다고 보기 어려우므로 만족도 평가 결과에 대해 해석할 때는 주의를 기울여야 한다.

### (5) 만족도 평가 인원 결정

#### ① 평가 대상 인원선발 방식

프로그램이 한시적이고 제한된 공간 내에서 소수의 사람을 대상으로 진행되는 경우에는 프로그램 종결 시에 참가자 대부분을 대상으로 만족도 평가를 즉시 실시할 수 있다. 하지만 프로그램이 공간적 제약이 적은 상태에서 폭넓은 사람을 대상으로 장기간 지속될 경우 프로그램 만족도 평가에 얼마나 많은 인원을 포함시켜야 할 것인가 하는 문제가 제기될 수 있다. 예를 들어, 우리나라에서는 공공기관 운영에 관한 법률에 의거해 고객에게 직접 서비스를 제공하는 공공기관은 프로그램 및 서비스에 대한 고객만족도 조사를 연 1회 이상 의무적으로 실시해야 한다. 이때 만족도 평가방식으로 대부분 전화 연락 및 방문 방식을 취하고 있다. 이럴 경우 해당 기관은 '얼마나 많은 내담자를 표본으로 추출할 것인가?' 또는 '얼마나 면접을 하면 충분한가?'에 대하여 먼저 결정을 내려야 한다. 이러한 문제는 만족도 평가뿐만 아니라 요구조사에서도 중요하다. 이 문제는 표집 방식의 문제이나, 만일 프로그램 평가자가 무작위 표집이나 대표성이라는 개념에 대한 이해가 없는 경우 특정 인원이 적어도 몇 명은 포함되어야 한다는 방식으로 표본 크기에 영향을 받을 수 있다. 그리고 경우에 따라서는 일종의 정치적인 문제가 될 수도 있다. 이와 같은 할당제 표집은 '편의적 표집'과 같은 문제점을 내포하고 있기 때문에 만족도 평가 시 주의를 기울여야 한다.

그렇다면 과연 표본의 크기는 얼마나 커야 할까? 이에 대한 단순 명쾌한 답은 없다. 표본의 크기를 논의하기 전에 표본이 어떻게 선택되었는지에 대해 살펴보겠다. 프로그램 수혜자의 만족도 평가에서 가장 단순한 방식은 참가자를 모두 포함시키는 것이다. 부모교육 프로그램에 참여한 사람의 수가 40명이라면 만족도 평가에 참가자 모두를 포함하면 된다. 그러나 지난 1~2년간 반복 실시한 학교폭력 예방 프로그램의 참가 학생을 소급하여 만족도 평가를 하고 싶은 경우에는 무작위 표집 방식이 바람직할 것이다. 이는 무작위 표집 방식이 모든 프로그램 참가자를 추적하여 연락해야 하는 수고를 덜어 줄 뿐만 아니라 표본이 전체 인원에 대한 대표성을 지니도록 해 줌으로써 타당한 만족도 평가를 도출할 수 있게 해 주기 때문이다. 무작위 표집은 적극적인 고객만을 선발한다거나 혹은 프로그램에 불만을 가져 중도 탈락한 사람을 모두 포함시킬 가능성이 크기 때문에 균형 잡힌 만족도 평가를 가능하게 할 것이다. 반면, 연락하기 쉽고 평가에 적극적으로 참여한 사람만을 선택하는 편의적 표집 방식을 통해 만족도 평가를 하는 경우에는 편향적 결과를 얻을 위험이 있다. 편의적 표본이란 말 그대로 접근하기 쉬운 사람들을 의미한다. 편의적 표본은 전체 집단에서 무작위로 고른 것이 아니기 때문에 그것이 전체 집단을 얼마나 대표하는지 알기가 어렵다. 그러한 이유 때문에 편의적 표본은 비확률 표본으로 알려지고 있고, 정확하거나 과학적이지 않은 것으로 간주된다. 편의 표집에 의한 평가 결과도 나름대로 유용성을 지닐 수 있으나 그 결과는 어디까지나 예비적이거나 탐색적인 것으로 간주해야 한다.

표집 방식도 중요한데, 예컨대 어떤 문제에 새롭고 실험적인 방법을 적용한 후 그에 대한 만족도 평가를 얻기 위해 신문광고와 같은 방식을 통해 지원자를 모집한다고 생각해 보자. 이때 프로그램 운영자에게 연락을 취하는 사람은 동일한 문제를 가지고 있지만 연락을 취하지 않는 사람보다 프로그램에 대한 평가가 편향될 수 있다. 동기가 높은 지원자에게 만족한 평가를 얻게 된다고 하더라도 그것이 동기부여가 약한 사람, 내성적인 사람에게도 동일한 효력을 발휘할 것이라는 보장은 없다.

② 평가 인원수 결정

몇 명을 표본으로 삼을 것인가를 결정하는 데 대한 일반적 가설에 따르면 프로그램 참가자의 10%가 적절한 표본이다. 하지만 이런 기준을 따를 경우, 모집단의 크기에 따라 추출된 표본의 크기는 너무 작거나 반대로 너무 커질 수 있다. 어떤 규모의 표본이 적당한지를 결정하기 위해서, 우리는 오차 범위와 신뢰 범위를 고려해야 한다. 오차와 신뢰 범위를 고려하여 내려지는 의사결정은 수용될 수 있는 불확실성의 크기, 불확실성을 감소시키기 위해 수반되는 비용, 오류가 야기하는 비용 등을 고려하는 것이기도 하다. 오차 범위는 조사 결과의 정확성과 관련된 것이다. 예를 들어, 만족도 평가 점수의 오차 범위가 10점이라고 한다면 조사 참가자에게서 얻은 점수와 실제 참가자 전체의 만족도 점수 간에 위아래로 10점의 차이가 있을 수 있다는 것을 의미한다. 예를 들어, 오차 범위가 5점인 고객만족도 조사 결과 만족도가 75점이라면 실제 조사에 참가하지 않은 프로그램 수혜자의 점수 범위는 아래로 5점을 뺀 70점이거나 위로 5점을 더한 80점이라는 뜻이 된다. 오차 범위를 줄여서 평가 결과의 정밀도를 높이려 한다면, 즉 전체 집단의 결과를 표본을 통해 더욱 정확하게 예측하고자 한다면 평가에 참여하는 표본을 더 많이 늘려야 한다.

신뢰 범위는 설문조사를 반복했을 때 얼마나 자주 비슷한 결과를 얻게 되는가와 관련한 것이다. 모든 설문조사의 결과는 약간씩 차이가 있을 수 있다. 예를 들어, 통상 자주 쓰이는 95%의 신뢰 수준은 진정한 모집단의 모수가 신뢰구간에 의해 규정한 범위를 벗어날 확률이 5% 미만임을 나타내는 것이다. 즉, 신뢰 범위가 95%라면 이는 100개 표본 중에 95개의 표본은 신뢰 범위 안에 위치하지만 나머지 5%는 신뢰 범위 밖에 위치할 수 있다는 것을 의미한다.

바람직한 평가를 위해 표본의 크기를 적절하게 결정하는 방법은 기본적으로 수리적인 원칙에 기초한다. 프로그램 운영자 또는 연구자 입장에서 평가 인원을 결정하는 절차적 방법은 크게 두 가지가 있다. 첫 번째는 이미 수리적 원칙대로 계산하여 표본 크기를 결정한 후 이를 일목요연하게 기술한 책이나 논문을 찾아서 참고하는 것이다. 이렇게 이미 마련된 도표를 참고하여 프로그램 운영자 또는 연구자는 적절한 신뢰의 수준과 공차 범위 내에서 표본의 크기를 쉽게 결정할 수 있다.

두 번째 접근방법은 오차 범위와 신뢰 범위 그리고 대상집단의 비율에 맞추어 실제 표본의 크기를 계산하는 것이다(Krejcie & Morgan, 1970). 표본의 크기를 계산하는 공식은 다음과 같다.

$$\text{표본 크기} = X^2NP(1-P) \div d2(N-1) + X^2P(1-P)$$

$X^2$ = 3.841( 95%의 신뢰지수에 맞춘 자유도의 카이 제곱의 값)
$N$ = 대상 집단의 크기
$P$ = 대상 집단의 비율(다른 자료가 없을 경우 .50)
$d$ = 오차범위(혹은 정확도, 예를 들어 .05)

대상집단이 적을 경우의 표본 크기는 대상집단이 매우 큰 경우보다 상대적으로 비율이 크다는 점에 주의하여야 한다. 예를 들면, 대상집단의 수가 5,000명일 때 357명(7%)의 표본이 필요한 반면, 대상집단 수가 25명인 경우에는 24명(96%)의 표본이 필요하게 된다. 오차 범위 5%와 95%의 신뢰 수준은 사회과학에서 적절한 정밀도를 담보하기 위한 기준으로 가장 많이 쓰인다.

이 공식에 따라 표본을 추출할 때 유념할 점이 있다. 우편조사의 경우 응답률은 보통 20~30%이다. 프로그램에 참여한 대상집단의 규모가 1,000명이고 임의로 278명을 표본 추출하여 질문지를 보냈다면 50~80명 정도의 응답을 받을 것이라는 예상을 하여야 한다. 실제로는 더 적은 수의 응답을 얻게 될 수도 있다. 따라서 대상집단의 규모가 500명이고 표본으로 217명이 필요하다면 300~400명에게 질문지를 발송해야 한다. 우선, 30~50명의 내담자를 대상으로 예비연구를 해 보면 응답률이 어느 정도가 될지를 예상할 수 있다.

이상에서 살펴본 바와 같이 정말로 신뢰할 만한 표집 방식은 무작위 표집법이다. 편의적으로 추출된 표본을 사용한 연구가 가지는 외부적 타당성은 언제나 한정적일 뿐이다.

다음에는 집단비교평가 및 집단내 비교평가 중 만족도 평가를 함께 적용한 프로그램 예시로서 정서중심치료를 기반으로 한 청소년 정서조절능력 향상 프로그램(김영근, 김성숙, 이영희, 2017; 김영근, 허신도, 이영희, 최민정, 2016)을 소개하였다. 해당 프로그램의 구체적인 내용과 개발 절차는 제12장 집단상담 프로그램 개발의 실제에서 다뤄지고 있다.

### 평가 개요

집단상담 프로그램의 예시로 정서중심치료를 기반으로 한 청소년 정서조절능력 향상 프로그램 평가의 기본 틀은 실험집단과 통제집단 간의 사전-사후 평균 차이 분석 형태로 실시하였다. 덧붙여 청소년과 지도자의 프로그램 효과 인식에 대한 반복측정분산분석과 사후 만족도 평가를 함께 실시하였다.

### 시범운영 평가지

- 사전검사: 정서조절능력(자기정서 인식 및 표현 외 4개 하위요인), 일상적 스트레스(부모관련 스트레스 외 4개 하위요인)
- 사후검사: 정서조절능력(자기정서 인식 및 표현 외 4개 하위요인), 일상적 스트레스(부모관련 스트레스 외 4개 하위요인)
- 반복측정: 청소년과 지도자가 각각 지각한 청소년의 정서인식, 정서표현 및 정서조절의 변화 양상(10점 Likert)을 각 회기마다 8회 반복측정
- 만족도 평가: 프로그램이 진행되는 동안 자신의 변화 정도를 5점 척도로 자가평정

### 자료 분석 방법 및 결과 제시 방법

- 프로그램의 효과평가절차
  - 사전검사에서의 두 집단 간 동질성 검증(t 검증)
  - 사전 집단의 영향을 배제한 사후집단 변화 값 검증(공분산분석: ANCOVA)

–청소년과 지도자가 각각 지각한 청소년의 정서인식, 정서표현 및 정서조절의 변화 양상 분석(반복측정분산분석)
–프로그램이 진행되는 동안 자신의 변화 정도를 5점 척도로 자가평정(기술분석)

## 2) 목표달성도 평가

### (1) 목표달성도 정의와 중요성

만일 기관평가 차원에서 여러 기관에서 실시하고 있는 유사한 프로그램에 대해 그 서비스를 평가하려 한다고 하자. 이때 해당 프로그램의 서비스를 비교할 수 있는 근거로 어떤 것을 사용할 수 있겠는가? 서로 비교 가능한 형태의 평가도구를 각 기관이 활용하고 있지 않을 경우, 이러한 종합적 평가는 어려움을 겪게 될 것이다.

프로그램 운영자가 프로그램을 운영한 후 타당화된 도구로 앞서 제시한 내담자 만족도 평가 질문지나 표준화된 다른 도구를 사용하여 프로그램 평가를 실시한다면 여러 유사 프로그램의 효과를 평가하기가 매우 수월해질 것이다. 그러나 우리나라의 정신건강 기관에서 프로그램을 운영한 후 사용하는 평가도구는 연구목적을 따로 두지 않은 경우 대개 기관별로 임의 제작한 질문지를 사용하는 경우가 많다. 이러저러한 이유로 여러 프로그램 간의 효과성을 서로 비교 · 통합하고자 할 때, 이러한 상황에서 신속하게 활용 가능한 것이 목표달성도 평가이다. 이 절에서는 목표달성도 평가에 사용되는 목표달성 척도의 개념, 구성 요건, 사용 예 등을 살펴보겠다.

### (2) 목표달성 척도

목표달성 척도는 평가나 처치 과정에서 프로그램 수혜자에게 설정된 개인적인 목표치를 스스로 수량화하여 평가하도록 하는 것이다. 목표달성 척도는 1960년대부터 사용되기 시작하였다. 사용된 분야는 의학 분야로서 재활병원에 입원해 있는 뇌손상 환자나 노인 환자, 그리고 운동기능이 지체된 유아를 대상으로 사용되었다. 사회복지 분야에서는 실제 잘 사용되지 않고 있으나, 목표달성 척도가 지닌 개념적인 취지는 잘 인식되고 있다(Ottenbacher & Cusick, 1990). 목표달성 척도는 프로그램 참가자가 목표달성도를 정해진 점수 범위 안에서 선택하는 방식으로 사용하게 된다. 이때 평가되는 여러 유사 프로그램에서 추출되는 목표는 동일해야 한다. 이 과정을 통해 유사한 프로그램에 참가한 여러 프로그램 참가자가 응답한 목표달성도를 서로 비교할 수 있는 형태로 표준화하게 된다. 그리하여 여러 프로그램 또는 기관 간의 목표달성도를 서로 비교할 수 있다. 목표달성 척도는 프로그램 수혜자의 장기적인 변화도 평가할 수 있기 때문에 단기적인 프로그램과 장기적인 프로그램 모두에서 적용 가능하다. 프로그램 참가자는 목표달성 척도를 직접 작성해 봄으로써 다음의 몇 가지 이득을 얻게 된다.

- 프로그램에 대한 현실적인 기대를 세우게 된다.
- 문제를 해결하려는 노력을 촉진시킨다.
- 프로그램의 목표를 지향하도록 돕는다.
- 향상적인 작업 동기를 높인다.

### (3) 목표달성 척도의 구성 요건

#### ① 문제 영역과 목표 설정

그렇다면 목표달성 척도를 잘 갖추기 위해서는 무엇을 고려해야 하는지 살펴보아야 한다. 목표달성 척도의 활용 취지에 부합하기 위해서는 두 가지 요건이 중요하다. 즉, 프로그램이 다루는 문제 영역과 프로그램 운영을 통해 이루려는 목표를 구체적으로 정의해야 한다. 프로그램 참가자가 가진 개인적 문제가 서로 유의한 차이를 지닌 것일 수 있기 때문에 목표달성 척도에 포함되는 문제는 내담자와 직접 관련이 있어야 하고 프로그램을 통해 변화될 수 있는 것이어야 한다. 목표달성 척도를 구성하기 위해서는 초기 단계에서 몇 가지 구체적인 문제 영역과 목표를 결정해 두도록 한다. 전문가들이 목표 정의와 관련해 제시하고 있는 구체적인 기준에 따르면 3~4개 정도의 목표를 갖는 것이 좋다. 프로그램은 시간적으로나 내용적으로 범위가 제한되어 있으므로 목표 설정 시 1~2개는 너무 적고 5개 이상은 너무 많다(Kiresuk, Smith, & Cardillo, 1994). 정의된 목표는 구체적이어야 하며 달성 여부를 측정할 수 있도록 행동적 용어로 정의되어야 한다. 이를 정리하면 SMART 원칙으로 축약 가능하다. 다음은 경영학에서 제시되고 있는 기존의 SMART 원칙(Smith, 1994)

을 일부 변형한 것이다.

① S(specific): 목표는 구체적이어야 한다. 목표 정의를 할 때는 추상적이거나 원론적인 것에 매여서는 안 된다. 이때 설정된 목표는 긍정적인 용어를 사용하여 구체적으로 기술해야 한다.

② M(measurable): 목표는 측정이 가능해야 한다. 목표를 달성했는지 못했는지를 판단할 수 있어야 한다. 이를 위해서는 목표를 세울 때 그 목표의 달성도를 어떻게 따질 것인가를 미리 정해 두어야 한다.

③ A(achievable 또는 action-oriented): 설정된 목표는 성취 가능한 것이어야 한다. 그리고 무엇을 어떻게 할 것인지 행동적인 용어로 정의되어야 한다.

④ R(result-focused): 목표는 결과 지향적이어야 한다. 정신건강 분야의 개별 프로그램은 프로그램 이수를 통해 참가자가 이상적인 상태에 바로 도달할 수 있는 것은 아니다. 그러나 개별 프로그램의 목표는 궁극적으로 이상적인 심신의 건강 상태를 지향한다. 여러 프로그램의 축적적인 효과가 참가자를 이상적 상태에 좀 더 가까워지게 도울 수 있어야 한다는 측면에서, 개별 프로그램은 그러한 이상적인 결과적 상태를 지향해야 한다.

⑤ T(time-limited): 목표는 시간 제한적이어야 한다. 프로그램의 운영기간은 다루는 문제와 대상 특성에 따라 다양할 수 있으나 모두 한시적으로 운영되는 점에서 공통된다. 따라서 프로그램 목표는 제한된 시간 내에 이루어질 수 있는 것으로 정해야 한다.

### ② 목표달성 범위 설정

목표달성 척도를 구성할 때는 구체적인 목표달성 범위를 정해야 한다. 목표달성의 범위는 수치상으로 −2에서 2까지 전체 5점 리커트 척도 형식으로 작성하는 것이 좋다. 범위를 1에서 5까지로 상정할 수도 있다. 그러나 음수에서 양수의 범위를 정하는 것은 목표달성 여부를 결정지을 때 기준점 미만과 초과 여부를 시각적으로 판별하기 쉽게 해 준다. 앞서 기술한 바와 같이, 각각의 목표는 관찰과 측정이 가능한 행동적 용어로 조작적인 정의를 해야 한다. 기대목표를 지향해 가는 과정 동안 중재효과 측면에서 목표달성도를 지속적으로 점검해야 한다. 특히 프로그램 운영자는 프로그램의 종결이 가까워질수록 목표달성도를 주의 깊게 살펴보아야 한다.

#### (4) 목표달성도 평가 실시

목표달성도 확인을 위하여 목표달성 척도를 프로그램 평가기법의 하나로서 기관에서 사용하고자 할 경우에는 몇 가지 단계를 밟아야 한다. 우선, 프로그램 평가자가 적절한 목표를 기술할 수 있도록 훈련되어야 한다. 이에는 여러 시간이 소요될 수 있으며, 기술된 목표를 내담자에게 직접 실시하게 될 경우 1시간 내외가 걸릴 수 있다.

둘째, 평가자료가 수집되면 평가자가 컴퓨터에 입력한다. 그리고 기술 통계치를 산출한다. 기술 통계치는 대개 평균과 표준편차를 구하는 과정이다. 응답자의 응답 점수를 목표별로 모두 더한 후 응답자 인원수로 나누어 평균을 산출한다. 〈표 10-6〉에 따라 평균값은 −2에서 2 사이에 분포하게 된다. 여기서 0은 기대목표에 부합한 것을 의미하며, 2는 목표를 매우 상회한 것, 그리고 −2는 목표에 매우 못 미친 것을 의미한다. 만일 기존 프로그램에서 충분한 목표달성 척도 평가를 실시한 경우, 그 점수들을 활용해 T점수와 같은 표준화 점수를 사용할 수도 있을 것이다. 즉, 기존 자료의 평균과 표준편차 값에 기초하여 현재 프로그램에서 얻은 개개인의 목표달성 점수 또는 집단의 목표달성 점수 평균을 다음 공식에 삽입하여 표준화 점수를 산출할 수 있다. Kiresuk와 Sherman(1968)이 목표달성도 점수를 T점수 체계로

표 10-6 목표달성 척도 예시

| 목표: 자존감 향상시키기 | | |
|---|---|---|
| 목표달성도 | 목표 1 | 목표 2 |
| | 체중관리 | 경제적으로 독립하기 |
| 기대에 매우 미흡(−2) | 체중이 증가한다. | 무직으로 지내기 |
| 기대에 다소 미흡(−1) | 체중을 1kg 미만으로 감량한다. | 생활비 충당이 어려운 시간제 부업 얻기 |
| 기대에 부합(0) | 체중을 3~5kg 감량한다. | 생활비가 충당되는 시간제 부업 얻기 |
| 기대에 약간 초과(1) | 체중을 5~7kg 감량한다. | 생활비가 충당되는 정규직 얻기 |
| 기대에 매우 초과(2) | 체중을 7~10kg 감량한다. | 생활비 충당과 저축이 가능한 정규직 얻기 |

전환하는 절차를 제시한 바 있는데 이를 정리하면 다음과 같다.

① 목표달성도 점수를 모두 합산한다.
② 합산 점수에 K를 곱해 준다. 이때 K는 다음의 식으로 구한다.
③ 합산 점수와 K를 곱한 값에 50을 더해 준다.

$$K = \frac{10}{\sqrt{n - np + n^2}}$$ (p = .30, n = 척도의 개수)

이 공식을 사용하여 다음의 목표달성 척도 예를 계산해 보겠다. 자존감 향상 프로그램 참가자가 외모관리와 자기주장 항목에 대해 모두 기대에 부합하는 달성도를 보였다고 하자.

① 목표달성도 점수 합은 '기대에 부합'의 경우 0점이므로 둘의 합산 점수는 0점이다.
② 자존감 향상 목표를 재고 있는 한 개의 척도를 사용하였으므로, n은 1이고 p는 .3이므로 K를 계산하면 값은 10이다. 따라서 합산 점수 0과 K값 10을 곱하면 값은 0이다.
③ 이상의 값에 50을 더하면 값은 50이 된다.

T점수로 전환된 경우 50점이 평균점이 된다. 따라서 50점은 기대목표에 부합하는 경우를 의미하게 되며, 50점 이상은 목표에 초과한 경우, 50점 미만은 목표에 미흡한 경우를 의미하게 된다. T점수는 표준화 점수이기 때문에 환산된 점수를 다른 집단에서 얻은 점수들과 비교할 수 있다. 편의를 위해 척도의 개수가 늘어날 때의 K값을 미리 제시하면, 척도를 1개 사용하였을 때의 K값은 7.7이다. 척도를 2개 사용하였을 때에는 6.2이며, 3개 사용하였을 때에는 4.56, 그리고 4개 사용하였을 때에는 3.63이다.

### (5) 목표달성도 실시상 제한점

목표달성도 평가과정에서 목표달성 척도를 활용할 때는 몇 가지 제한점을 고려해야 한다. 우선, 목표달성 척도가 목표를 설정하는 단계에서 너무 주관적일 수 있다. 프로그램 참가자가 프로그램에 참가하면서 세우는 목표는 프로그램 운영자가 생각하는 것과 다를 수도 있다는 점을 고려해야 한다. 진로 의사결정 프로그램에 참가한 사람이 프로그램에 적어도 3회 이상 참여한다든가 구직 사이트에 신청해 둔 메일링 서비스를 일일이 읽어 본다든가 하는 목표를 세울 경우, 이것만으로는 프로그램 목표를 달성했는지 알기 어려울 수 있다. 참가자의 목표는 구체적이고 성취 가능한 것이어야 할 뿐 아니라 프로그램의 처치목표를 달성한 것인지 확인해 줄 수 있는 지표를 포함해야 한다.

둘째, 프로그램 참가자에 따라 목표달성 능력이 과도 또는 과소 추정될 수 있다. 프로그램 평가자의 성향에 따라서 도출된 결과를 낙관적으로 보거나 혹은 비판적으로 볼 수 있다. 만일 평가 결과가 프로그램을 운영한 개인이나 기관을 평가하는 항목에 포함될 경우, 목표달성도에 대한 평가 결과 보고는 왜곡될 가능성이 있다. 이러한 문제점을 보완하는 방법 중 하나는 프로그램 목표를 정하는 데 참여한 사람과 프로그램을 운영하는 사람을 분리하는 것이다(Ottenbacher & Cusick, 1990).

셋째, 목표달성 척도를 점수로 환산할 때는 목표 간의 가중치를 고려하기가 어렵다. 목표달성 척도의 점수는 성공과 실패의 연속선상에서 얻어지는 점수이다. 중요한 항목에서 실패하면 사소한 항목 몇 개에서 성공하더라도 그 파급이 덜 클 수 있다. 그러나 이러한 차이를 점수로 환산하는 과정에서 충분히 반영하는 것이 어렵다.

이러한 몇 가지 제한점에도 불구하고 목표달성 척도를 활용하는 것은 유용하다. 이의 활용은 프로그램 참가자의 자각과 목표지향성을 높이며, 주관적인 응답을 함에도 동일 프로그램 참가자 간의 평정자 간 신뢰도는 높다(Malac, Smigielski, & DePompolo, 1991). 목표달성 척도의 내용타당도 역시 적정하며 다른 표준화된 도구와의 상관도 높은 것으로 보고되고 있다(Stolee, Rockwood, Fox, & Steiner, 1992).

〈표 10-7〉은 목표달성도 표 예시이다. 관심이 있는 프로그램을 선정하여 목표달성도 평가를 직접 실시할 때 활용해 볼 수 있을 것이다.

표 10-7 목표달성도 표 예시

목표:

| 목표달성도 | 목표 1 | 목표 2 |
|---|---|---|
| | | |
| 기대에 매우 미흡(−2) | | |
| 기대에 다소 미흡(−1) | | |
| 기대에 부합(0) | | |
| 기대에 약간 초과(1) | | |
| 기대에 매우 초과(2) | | |

## 4. 메타분석

프로그램 개발 또는 개선을 위해서는 특정 프로그램 영역 안에서 행해진 이전 연구의 일관성과 내용 변화에 대한 종합적인 조명이 필요하다. 메타분석은 이전의 다양한 연구, 즉 실험설계, 준실험설계, 종단측정 연구와 같은 단일체계연구와 교차상관연구의 결과를 비교 가능한 형태로 만들어 통합할 수 있게 해 주는 통계적 기법이다. 메타분석을 통해 해당 프로그램의 효과성 여부에 대한 확정적 결론을 내릴 수 있으며 프로그램을 평가하여 개선하는 데 필요한 정보를 제공받을 수 있다.

### 1) 메타분석의 이점

프로그램 개발에 필요한 정보를 얻기 위해 메타분석을 사용하는 것의 장점은 가장 보편적인 다른 경험적 정보 출처, 즉 단일 프로그램 연구와 전통적인 질적 문헌연구 간의 비교를 통해 가장 잘 이해될 수 있다. 단일 프로그램 연구에 대한 메타분석의 가장 큰 장점은 일반화 가능성, 즉 외적 타당도의 향상이다. 단일 연구가 연구 결과의 일반화 정도에서 차이가 있기는 하지만, 모든 1차 연구에서 얻어진 결과는 참가자 특성, 상황적 요인, 연구절차 등에 의해 어느 정도 제한된다. 다른 상황에서 다른 참가자를 대상으로, 그리고 다른 연구절차를 따른 수많은 1차 연구를 메타분석함으로써 우리는 연구 결과 또는 프로그램 효과의 외적 타당도 정도를 더 잘 추정할 수 있을 것이다. 따라서 대부분의 메타분석 연구는 단일 연구에 비해 프로그램 이론을 이해하고 새로운 중재 프로그램을 설계하는 데 유용한 정보를 더 많이 제공한다.

메타분석은 또한 전통적인 문헌연구에 대해서도 중요한 장점을 가지고 있다. 대부분의 전통적인 질적 문헌연구는 각 연구의 결과를 축적하기 위해 '투표 집계' 방식을 사용한다. 그러나 이런 방법은 통계적 검증력(즉, 진정한 차이 또는 프로그램의 효과를 밝혀내는 능력)이 낮으며, 다른 1차 연구 간의 방법론적 엄밀성을 잘 고려하지 못하고, 프로그램의 투입과 결과 사이의 기본 관계를 변화시킬 수 있는 변인의 영향 등을 밝혀 설명하기가 어렵다. 예를 들면, 전통적인 문헌연구는 대개 얼마나 많은 연구가 통계적으로 의미 있는 긍정적 결과, 부정적 결과를 보여 주는지, 그리고 얼마나 많은 연구가 통계적으로 의미 없는지를 분류한다. 이 분류에서 어느 쪽이 더 많은 수를 확보했느냐에 따라 결론이 내려지게 된다. 반면에 메타분석에서는 통계적 유의성에 관계없이 중재와 결과 사이의 상관관계의 크기를 평가하며, 방법론의 질 및 표집 크기 등과 같은 관련 요인에 근거해서 연구의 비중을 달리 평가하고, 프로그램과 결과 사이의 이변수적 관계에 영향을 미칠 수 있는 관련 변인을 통제할 수 있다. 이와 같은 과정은 어떤 프로그램의 실제적 의미를 결정하는 데 사용될 수 있는 효과크기(effect size)에 대한 평가로 이어진다. 요약하면, 메타분석 연구는 일반적으로 전통적 연구에 비해 프로그램과 그 결과 사이의 관계에 대한 더 상세한 평가를 제공하는데, 이는 메타분석이 프로그램 효과에 대한 편향된 평가를 가져올 수 있는 통계적 결과의 타당도 문제를 극복하기 때문이다.

### 2) 메타분석의 제한점

메타분석은 다양한 프로그램 연구를 종합하는 도구로서 나름대로의 장점을 가지고 있으나 잠재적으로 심각한 제한점도 가지고 있다. 메타분석의 주된 제한점은 관련 연구 모두를 다 평가할 수 없다는 점 또는 특정 프로그램 영역에서의 연구에 대한 진정한 무선표집이 불가능하다는 점에 기인한다. 예를 들면, 출판된 연구들에 대한 메타분석은 프로그램 효과크기를 과대평가하고 심지어는 효과가 없는데도 효과가 있다고 할 가능성이 있다. 이와 같은 일은 연구자가 특정 영역에서의 긍정적인 평가만을 발표하고, 그렇지 않은 경우에는 연구 결과를 소위 책상 서랍 속에 넣어둠으로써 일어날 수 있다. 대부분의 프로그램 영역에서 효과를 입증하지 못한 평가 결과는 출판되지 않으며, 그 결과 메타분석을 포함한 연구의 종합 작업에서 제외되는 것으로 믿어지고 있다. 만약 누군가가 어떤 프로그램이 효과가 없거나 역효과가 있을 수 있다는 것을 가정하면서도 오직 긍정적인 결과만을 종합한다면, 그는 모든 연구가 포함되면 효과가 없을 것임에도 긍정적 효과를 발견하기를 기대하는 것과 같다. 결국 메타분석에서는 이런 '책상 서랍 문제'를 얼마나 잘 다루었는지와 그 결과를 핵심적인 프로그램 설계계획에 사용하기에 앞서 관련된 표집의 문제가 중요한 것이다.

관련된 표집 문제란 메타분석에 특정 유형의 양적 연구만이 포함되는 것을 가리키는 것이다. 출판된 경험적 연구 중에서도 많은 연구가 효과크기를 계산하는 데 필요한 기초 통계치를 포함하지 못한 관계로 메타분석에서 제외된다. 다시 말해서 질적 연구방법을 사용했거나 양적 연구방법을 사용했더라도 효과크기를 쉽게 환산할 수 없는 연구는 메타분석에서 체계적으로 제외되는데, 이것이 메타분석 결과의 일반화에 제한점이 될 수 있는 것이다. 이런 연구를 메타분석에서 단순히 제외하는 대신에 효과크기에 대한 평가를 산출하기 위한 교정절차 및 계산법이 사용되어 왔다.

메타분석에 포함된 개별 연구와 관련된 또 다른 이슈는 효과크기의 연구 맥락 의존성에 관한 것이다. 두 연구가 다른 것은 다 같다고 해도 다른 비교집단을 사용한다면 효과크기에 대한 평가는 다르게 나올 것이다. 예를 들면, 어떤 메타분석은 처치집단과 무처치집단을 비교하는 연구를 대상으로 하는 반면, 다른 연구들은 처치집단과 대안 처치집단을 비교할 수 있다. 무처치집단은 자연적 변화를 보이거나 혹은 전혀 변화를 보이지 않을 수 있다. 그러나 대안 처치는 기초선의 변화를 가져올 수 있으며, 이는 효과크기를 축소시키는 결과를 가져올 수 있다. 이 점은 특히 단일 집단 사전-사후검사 연구를 포함하는 메타분석의 평가에서 중요한데, 그것은 이들 연구가 실제적인 비교집단을 전혀 포함하고 있지 않기 때문이다. Lipsey와 Wilson(1993)은 단일 집단 연구로부터 얻은 효과크기가 통제집단 또는 비교집단이 있는 연구를 포함한 경우보다 61% 정도 크게 나온다는 것을 발견했다. 메타분석은 효과크기를 계산하기 위해 이와 같은 세 유형의 비교연구를 제각각 분석 · 보고할 수도 있고 그렇지 않을 수도 있다.

메타분석의 타당도를 위협하는 요소에는 유사하지 않은 연구를 섞어 놓는 데서 발생하는 문제와 질이 떨어지는 연구를 포함하는 문제가 있다. 첫 번째 위협요소는 사과와 오렌지를 섞는 것이라는 이름으로 불려 왔다. 서로 다른 모집단을 대상으로 다른 변인을 조작 · 측정한 연구들의 통계적 결과를 묶은 메타분석은 알맹이 없는 고차원 분석으로 끝날 수도 있다. 이러한 문제의 극복을 위한 열쇠는 모든 연구의 집합에서 너무 넓지도 않고 너무 좁지도 않게 합리적으로 분석 대상 연구물을 선발하는 것이다. 두 번째 위협요소는 '버릴 것인가 말 것인가'(Eysenck, 1978)로 불려 왔다. 선발에서의 편향을 극복하기 위해서는 가능한 한 모든 연구를 다 포함시키는 것이 바람직하다는 주장도 있다. 그러나 방법론적으로 취약한 연구를 포함시키는 것은 분석 결과를 왜곡시킨다는 주장도 있다. 그 외에 메타분석에만 근거한 관계를 인과관계로 해석하고자 할 때에는 신중해야 한다. 메타분석으로 얼마만큼의 인과관계를 추론할 수 있는가는 분석에 포함된 1차 연구에 의해 결정되는 것이다. 이와 같은 잠재적 제한점이 있음에도 질적 연구와 양적 연구의 통찰을 모두 담고 있는 메타분석은 프로그램의 초기 개념 형성을 극적으로 향상시키는데, 이러한 작업은 경험적 프로그램 개발 접근방법을 사용함으로써 정교화될 수 있다.

### 3) 메타분석과 프로그램 개발

첫째, 메타분석은 프로그램 개발자에게 여러 가지 실행환경과 참가자를 대상으로 특정 유형의 프로그램과 원하는 결과 사이의 관계에 대한 정확한 평가를 제공할 수 있다. 이러한 평가는 대개 결과에 대한 프로그램의 효과크기에 대한 평가로 표현된다. 효과크기는 1차 연구의 부분으로서 수집된 표집자료로부터 계산된다. 그리고 연구의 사례 수 등을 고려하여 값을 교정함으로써 모집단의 효과크기를 추정하게 된다. 효과크기는 처치집단과 통제집단 사이의 평균 차이를 표준편차로 나눈 값이다. 간단히 말해서, 일반적인 메타분석에서 얻는 효과크기 추정치는 1차 연구들의 효과크기 추정치의 평균이다.

개발하고자 하는 프로그램의 다양성과 적절성에 대한 처치의 평균 효과크기를 평가하는 것은 중요하다. 메타분석에서는 대개 평균 효과크기의 표준편차와 개별 효과크기의 범위가 제시된다. 또 메타분석에 포함된 각 연구에 대해 개별 효과크기와 신뢰구간이 제시될 때도 있다. 이러한 자료 요약은 계획하고 있는 프로그램에서 기대할 수 있는 결과의 범위에 대한 대략적인 지표를 제공한다.

프로그램 개발 시에 계획하고 있는 새로운 프로그램과 관계 있는 메타분석 연구를 발견하였다면 그 결과의 실제적 의미를 해석할 수 있다. 이때 참고할 수 있는 기준은 Lipsey(1990)가 제시하고 있다. 즉, Lipsey는 프로그램 효과성 연구에 대한 186개의 메타분석 중에서 선발한 102개의 평균 효과크기의 누적 분포에 근거해서, 즉 메타분석에 대한 메타분석을 통해서 효과크기가 .00~.32는 작은 것으로, .33~.55는 중간으로, .56~1.20은 큰 것으로 간주할 것을 제안하였다. 효과성의 범주는 넓고 크기 때문에 어떤 프로그램에서는 매우 강한 효과를 보일 수 있다. 따라서 제시된 기준은 하나의 틀로서 고려할 수 있을 것이다.

메타분석에서 얻어지는 효과크기 추정치의 장점 중 하나는 그것이 실제적인 해석에 매우 유용한 일반적인 통계치로 쉽게 전환될 수 있다는 점이다. 각 효과크기와 동치인 상관계수, Cohen의 U3, 비중복률, Rosental과 Rubin의 '이항 효과크기 지표(binomial effect size display: BESD)' 값으로 변환할 수 있다. 〈표 10-8〉에서는 이 가운데 각 효과크기에 따른 U3값과 비중복률을 제시하고 있다. U3값은 처치집단의 평균이 무처치 혹은 대안처치 집단의 분포에서 어디에 위치하는지를 백분위로 표현한 값이다. 예를 들어, 효과크기가 0인 경우 처치집단의 평균값이 비교가 되는 무처치 혹은 대안처치 집단의 50퍼센타일에 위치한다는 것을 의미한다. 그리고 효과크기가 .8이라면 처치집단의 평균이 비교집단의 79퍼센타일에 위치한다는 것을 의미한다. 비중복률은 처치집단의 분포 가운데 비교집단의 분포와 중첩되지 않는 영역을 백분율로 표현한 값이다. 따라서 효과크기가 0이라면 결국 처치집단과 비교집단 간에 차이가 없어서 분포가 완전히 중첩되어 중복되지 않는 영역이 없으므로 값은 0이 되는 것이다. 이들 통계치 각각은 프로그램 개발자가 자신이 관심을 가지고 있는 영역에 대한 이전의 효과성 연구 결과의 실제적 의미를 이해하는 데 도움

표 10-8 효과크기, U3, 비중복률 간의 상호관계

| Cohen의 기준 | 효과크기 (effect size) | Cohen의 U3 (percentile standing) | 비중복률 (percent of nonoverlap) |
|---|---|---|---|
| 큰 효과크기 | 2.0 | 97.7 | 81.1% |
| | 1.9 | 97.1 | 79.4% |
| | 1.8 | 96.4 | 77.4% |
| | 1.7 | 95.5 | 75.4% |
| | 1.6 | 94.5 | 73.1% |
| | 1.5 | 93.3 | 70.7% |
| | 1.4 | 91.9 | 68.1% |
| | 1.3 | 90 | 65.3% |
| | 1.2 | 88 | 62.2% |
| | 1.1 | 86 | 58.9% |
| | 1.0 | 84 | 55.4% |
| | 0.9 | 82 | 51.6% |
| | 0.8 | 79 | 47.4% |
| 중간 효과크기 | 0.7 | 76 | 43.0% |
| | 0.6 | 73 | 38.2% |
| | 0.5 | 69 | 33.0% |
| | 0.4 | 66 | 27.4% |
| | 0.3 | 62 | 21.3% |
| 작은 효과크기 | 0.2 | 58 | 14.7% |
| | 0.1 | 54 | 7.7% |
| | 0.0 | 50 | 0% |

을 준다.

둘째, 메타분석은 원하는 건강행동 변화를 이끌어 낼 것으로 가정되는 매개변인과 프로그램 사이의 효과크기를 밝히는 데도 유용하다. 프로그램과 매개변인 사이의 '연결 강도'에 관한 정보는 어떤 맥락에서의 변화를 가져올 것으로 가정되는 매개변인을 변화시킬 수 있는 프로그램 요소를 찾고자 하는 프로그램 개발자에게는 매우 중요한 것이다. 성공적인 프로그램은 매개변인의 변화를 통해서 행동의 변화를 가져올 가능성이 높다. Hansen과 McNeal(1996)은 이를 극대 기대효과의 법칙이라고 묘사했다. 이는 어떤 프로그램을 통해 얻을 수 있는 행동적 결과 변화의 크기는 매개변인과 목표행동 사이에 존재하는 관계의 강도에 직접적으로 제한받는다는 법칙이다. 메타분석은 매개변인과 결과 사이의 상관관계 또는 관련성을 측정하는 다른 수치에 대한 정보를 종합하여 원하는 결과에 영향을 미칠 수 있는 프로그램의 잠재적 가능성의 극대치를 평가할 수 있다. 메타분석은 또한 새로운 프로그램에서의 잠재적 매개변인 효과를 계산하는 데도 이용될 수 있다. 특히 이런 정보는 어떤 프로그램이 모집단 내의 다른 성별 또는 다른 하위 집단에도 영향을 미칠 가능성이 높은지를 고려할 때 이용될 수 있다.

## 4) 메타분석 절차

어떤 경우에는 이전에 출판된 메타분석이 많이 있을 것이다. 그러나 평가하고자 의도했던 개입 프로그램 요소를 적절하게 언급한 어떤 메타분석 자료도 찾을 수 없다면 자기가 직접 메타분석을 하려 할 것이다. 이 작업은 어렵거나 시간을 소모하는 일이 아니다. 특별히 초점이 좁으면 더욱 그렇다. 메타분석의 실시는 개별 연구나 프로그램 평가를 실행하는 것과 매우 비슷하다. Durlak와 Lipsey(1991)는 메타분석 절차의 질문을 명확히 하기, 연구물 찾기, 변인 코딩하기, 효과크기 계산하기, 자료 분석하기, 해석과 결론 기술하기의 6단계로 제시하고 있다. 다음 내용은 이 6단계 절차에 몇 가지 부가 설명을 추가한 것이다.

첫째, 연구에 대한 명확한 질문 혹은 구체적 가설을 세운다. 메타분석이 연구 결과를 종합하여 있는 그대로 보여 준다는 점에서 기술적인 면이 있으나, 종합적인 효과 분석뿐만 아니라 여러 매개변인에 따른 효과 차이 등을 밝히기 위해서는 프로그램 효과에 영향을 주는 요소에 대한 정보를 연구자가 가지고 있어야 한다. 그리고 이를 통해 구체적인 질문과 가설을 세워야 한다.

둘째, 분석에 포함될 연구물을 찾는다. 프로그램 개발에서는 연구자의 시간이 상대적으로 제한된다. 이에 연구자는 이용하기 쉬운 연구만을 표집하여 사용할 수 있다. 그러나 연구자는 질문과 관련 있는 모든 연구를 최대한 모아야 한다. 연구자는 여러 출처를 통해 자료를 검색해야 한다. 우리나라는 학술자료의 정보화가 잘되어 있다. 국회전자도서관(www.nanet.go.kr), 한국교육학술정보원(www.riss4u.net) 등은 회원 가입만으로 직접 개인 컴퓨터를 통해 자료 검색 및 출력이 가능하다. 북미 지역의 경우는 인터넷 데이터베이스만을 이용할 경우 전체 연구물의 2/3가량을 놓칠 수 있다는 점을 지적하고 있다. 우리나라의 경우는 여러 분야의 다양한 데이터베이스에 있는 정보를 국가전자도서관(www.dlibrary.go.kr)에서 검색할 수 있다. 다만, 이 역시 완벽한 것은 아니므로 충실한 정보 검색을 위해서는 기존에 찾은 연구물의 참고문헌을 확인하여 직접 연구물을 수집하는 과정이 필요하다.

셋째, 수집된 자료의 분석을 위해 코딩한다. 메타분석에서 아마도 가장 어렵고 시간을 소모하는 단계는 변인을 코딩하는 단계일 것이다. 코딩되는 변인은 참가자의 특성(나이, 성별, 인종, 교육 수준, 인지능력), 프로그램 개입 특성(기간, 환경, 운영 형식), 개별 연구물의 평가설계 방법(연구설계, 통제집단의 유형)을 포함한다.

넷째, 효과크기를 계산한다. 대부분의 개입연구는 집단 간 자료를 비교하는 것이기 때문에, 개입연구 메타분석은 일반적으로 표준화된 효과크기를 사용한다. 이 통계치를 구하는 것은 세 가지 기본 통계 정보인 평균, 표준편차, 표집 크기를 알면 쉬워진다. 통계치는 기본적으로 두 집단(통제 또는 비교 집단과 처치집단)의 평균 차이를 전체 표준편차로 나누는 것이다. 간혹 평균과 표준편차가 제시되지 않는 연구도 있다. 이 경우는 t값, F값, p값, r값 등을 사용할 수 있다. 통계 패키지나 수리적 계산이 가능한 프로그램을 사용하면 각 연구의 효과크기, 전체 평균 효과크기, 표준오차, 신뢰구간 등을 계산할 수 있다. 신뢰구간은 효과크기가 다른 효과크기와 유의한 차이가 있는지를 보여 줌으로써 해당 프로그램의 전체적인 효과성에 대해 신속한 평가를 가능하게 해 준다. 연구 결과의 타당성을 검증하는 과정에서 출판편향 분석(publication bias analysis)을 하기도 하는데, 이때 시각적으로 확인하는 funnel plot 분석이나 funnel plot의 비대칭성에 대해 객관적으로 검증하기 위한 통계적 분석 방법으로 효과크기와 표준오차의 관계에 대한 회귀분석인 Egger's regression test를 실시할 수 있다.

다섯째, 효과크기에 기초하여 자료를 분석한다. 매개변인별로 효과크기를 산출하여 최적의 요건을 밝힐 수 있으며, 이때 집단 간 차이를 통계적으로 분석하는 것도 가능하다. 특정한 구성요소의 조절효과는 메타 분산분석을 통해서 밝힐 수 있다.

여섯째, 분석 결과에 기초하여 해석 및 결론을 내린다. 자료의 해석은 앞서 제시한 Cohen(1988)의 기준에 따라 효과크기의 크고 작음을 가리는 것이다. 그리고 효과크기를 보다 의미 있게 해석하기 위해 비중복 백분위 지수(U3: pencentile standing)를 함께 제시할 수 있다. [그림 10-3]에서와 같이 비중복 백분위 지수는 실험집단이 통제집단에 비해 얼마나 효과가 있는지를 나타내기 위한 것으로, 실험집단의 평균값이 통제집단의 분포상에서 위치하는 X축 지점의 백분위 값을 의미한다. 예시 그림에서는 전체 효과크기 .921과 그에 해당하는 U3(82.12%)를 함께 제시하고 있다.

메타분석의 연구모형은 고정효과 모형과 무선효과 모형이 있다. 고정효과 모형은 분석에 포함된 개별 연구들의 효과크기가 동일하다고 가정하는 모형으로, 메타분석을 통해 산출된 결과를 모집단으로 일반화하기 어렵고, 연구 결과를 특정 집단에 한정하고자 하는 경우 사용한다. 반면, 무선효과 모형은 분석에 포함된 개별 연구들의 효과크기가 서로 다르다는 것을 가정하는 모형으로, 메타분석을 통해 산출된 결과를 모집단으로 일반화하여 적용할 수 있다(Hedges & Vevea, 1998). 즉, 분석에 포함된 개별 연구들이 개별 연구자들에 의해 각각 독립적으로 이루어지고, 연구결과를 일반화하여 적용하려는 목적인 경우는 무선효과 모형을 적용하게 된다. 메타분석이 더욱 다양하고 정교하게 발달하면서 전체 효과크기에 영향을 미치는 개별 예측 변인에 의한 효과크기를 고려하지 못한 채 분석을 해내는 전통적인 메타분석의 한계를 보완하고자 효과크기에 영향을 미치는 변인들을 동시에 투입해서 효과크기를 산출하는 다층메타분석 등이 제안되고 있다. 다음 예시는 직장인 스트레스 관리 프로그램의 효과에 대한 메타분석 결과이다(왕은자, 전민아, 홍희정, 2016).

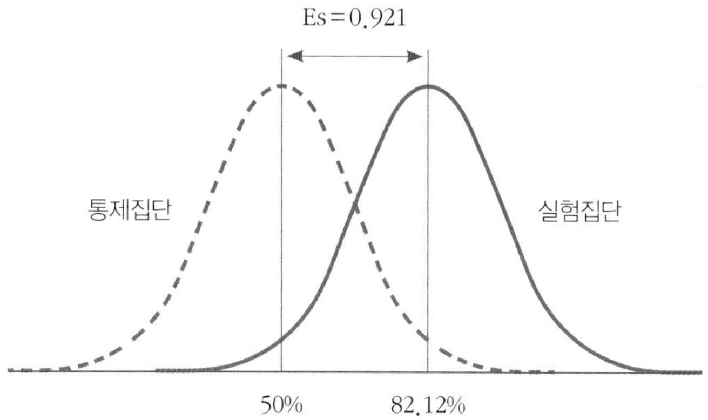


[그림 10-3] 스트레스 관리 프로그램의 전체 평균효과크기와 비중복 백분위 지수(U3)

**표 10-9 직장인 스트레스 관리 프로그램의 전체 효과크기(예시)**

| 모형 | k | ES(U3) | SE | 95% CI | Q(df) | $I^2$ | p |
|---|---|---|---|---|---|---|---|
| 고정효과 | 212 | .839(79.954%) | .024 | .792~.885 | 597.203(211) | 64.669 | .000 |
| 무선효과 | 212 | .921(82.121%) | .041 | .841~1.001 | | | |

k=산출된 효과크기 수, *ES*=효과크기, *U3*=(%), *SE*=표준오차, *CI*=신뢰구간, *Q*=관찰된 분산, *df*=자유도, $I^2$=실제 분산 비율

〈표 10-9〉는 전체 평균 효과크기를 제시하는 예시자료이다. 표에서는 효과크기 개수, 효과크기와 *U3*, 신뢰구간 등을 함께 제시하고 있다.

### 정신건강 연구에서의 메타분석 적용

과거 20년 동안, 학문의 전통적인 질적 분석은 심리학적, 교육학적, 행동주의적 프로그램의 효과성에 대한 확실한 증거를 제시하지 못했다. 1970, 80년대 초까지 복지 서비스에 대한 평가 연구에서는 프로그램의 효과가 거의 없다는 보고가 많았기 때문에 이러한 연구 영역에 대하여 '0에 가까운 효과의 나열'이라는 표현이 쓰이기도 하였다(Chen & Rossi, 1983; Rossi & Wright, 1977). Rossi(1978)는 프로그램을 통한 사회적 변화를 산출하는 것의 어려움을 반영하는 법 시리즈를 냉소적으로 표현했다. 평가의 금속 법칙(metallic laws of evaluation)은 다음과 같다.

① 철칙(iron law): 어떤 사회적 프로그램이라도 그 효과는 0이다.
② 스테인리스 철칙(stainless steel law): 사회적인 프로그램의 효과적인 평가를 잘 디자인해도 그 효과는 0이다.
③ 동칙(copper law): 사회적인 프로그램을 개인 변화를 위해 아무리 설계해도 그 효과는 0이 될 것이다.

그렇지만 Lipsey와 Wilson(1993)은 같은 평가문헌을 메타분석 기법을 사용하여 분석하고는 프로그램 개발 영역에 대하여 매우 다른 결론을 얻었다. 메타분석은 일반적인 위약(placebo) 효과로 설명할 수 없는 긍정적인 효과의 강하고 극적인 패턴을 보여 준다. 더 자세히 말하면, 9,400개의 개별 프로그램 효과 연구와 100만 명 이상의 참가자를 포함한 156개의 메타분석에 대한 엄격한 평가는 프로그램의 평균 효과크기가 .47임을 보여 주었다. 이 작업에 포함된 건강행동 메타분석의 예를 들면 다음과 같다.

① 부모교육 프로그램의 경우, 섭생(regimen), 예방행동, 자기보호, 그리고 관련 주제에 관하여 전체 결과의 평균 효과크기는 .74로 나타났다.
② 외과의사의 수술실 흡연 중지/감소 프로그램의 경우 중지 비율에 대한 평균 효과크기는 .34로 나타났다.
③ 작업장 흡연 중지/감소 프로그램의 경우 중지 비율에 대한 평균 효과크기는 .34로 나타났다.
④ 만성통증 환자에 대한 비의료적인 심리학적 처치의 평균 효과크기는 1.10으로 나타났다.
⑤ 만성 척추고통 환자에 대한 다중훈련의 평균 효과크기는 1.25로 나타났다.
⑥ 우울에 대한 운동요법의 평균 효과크기는 .54로 나타났다.
⑦ 성인 당뇨 환자에 대한 교육적 개입을 통해 지식, 신진대사 조절, 자기보호, 심리적 결과에서 나타난 평균 효과크기는 .43으로 나타났다.

Lipsey와 Wilson(1993)의 이 연구는 프로그램 개발에 대한 메타분석의 유용성에 관한 가장 강력한 예 중 하나이다.

건강행동 프로그램 구성에서 메타분석의 가치에 대한 다른 유용한 예는 학교 약물남용 예방 영역에서 찾을 수 있다(Tobler & Stratton, 1997). 이 영역에서의 메타분석은 알코올, 담배, 마리화나, 그리고 다른 약물 사용에 대한 지식과 태도를 변화시킨다고 보고하고 있다. 더 중요한 것은 비록 약물 사용 행동이 줄어들었다고 하더라도, 어떤 유형의 중재는 예방, 연기 또는 약물사용의 감소에서 다른 효과를 보인다. Rundall과 Bruvold(1988)는 흡연과 알코올 프로그램에서 장단기 효과를 결합시켜서 흡연행동에 대한 평균 효과크기를 .25(n=41), 알코올 행동에 대한 효과크기를 .14(n=19)로 보고하였다. Bangert-Drowns(1988)는 약물 사용을 포함한 14개 프로그램에 대한 평균 효과크기를 .12로 제시하였다. Tobler 등(2000)은 207개 프로그램을 메타분석해서 또래 간 상호작용을 강조하는 프로그램이 DARE(Drug Abuse Resistance Education)와 같은 비상호작용적인 프로그램보다 통계적으로 더 의미 있음을 발견하였다. 잘 실행된 프로그램, 상호작용적인 프로그램의 평균 효과크기는 .16이었으나, 비상호작용적인 프로그램의 평균 효과크기는 .03이었다. 이런 메타분석 결과는 청소년 대상 약물예방 프로그램을 개발하는 데 시사점을 제공해 준다.

## 생각해 보기

1. 친숙한 심리교육 프로그램을 다섯 개 정도 적어 본 후 그 프로그램들의 효과를 밝히기 위해 적용된 평가방법을 기술해 보시오.
2. 기술한 프로그램들은 어떤 평가 설계를 적용하였는지 기술해 보시오.
3. 앞서 기술한 프로그램 평가도구의 내용을 개선하여 프로그램 평가절차 및 도구를 새롭게 개정해 보시오.
4. 프로그램 전체 참가자 수가 1,000명이었다. 신뢰수준 95%에서 오차 범위 5% 이내로 만족도 대상집단의 수를 결정하고자 한다. 만족도 평가에 몇 명을 포함시키면 되겠는지 결정해 보시오.

## 적용

1. 학습자가 작성 중이거나 관심이 있는 프로그램을 선정하여 다음의 목표달성도 표 예시를 통해 목표달성도 평가를 실시해 보시오.

| | 목표 | |
|---|---|---|
| 목표달성도 | 목표 1 | 목표 2 |
| | | |
| 기대에 매우 미흡(−2) | | |
| 기대에 다소 미흡(−1) | | |
| 기대에 부합(0) | | |
| 기대에 약간 초과(1) | | |
| 기대에 매우 초과(2) | | |

제6부

# 영역별 프로그램 개발의 실제

지금까지 상담 및 심리교육 프로그램 개발의 원리와 절차를 단계별로 살펴보았다. 제6부 '영역별 프로그램 개발의 실제'에서는 최근 상담 및 심리교육 영역에서 개발된 몇몇 프로그램을 예시로 들어 각 프로그램의 개발과정을 살펴보고, 앞에서 설명한 좋은 프로그램이 되기에 필요한 조건들을 되짚어 보고자 한다.

제11장

# 교육 프로그램 개발의 실제

이 장에서는 한국고용정보원에서 개발한 창직교육 프로그램(김중진 외, 2016, 2017)을 소개하고, 앞에서 설명한 상담 및 심리교육 프로그램 개발 절차를 토대로 이 프로그램의 개발과정을 확인하고자 한다.

우선, 창직교육 프로그램 개발 기초연구에서 제시하고 있는 프로그램 개발 절차는 [그림 11-1]과 같다. 창직교육 프로그램 개발 1차 연도 연구에서는 [그림 11-1]에서 제시한 바와 같이 기획, 설계, 실행, 책무성 확보의 프로그램 개발 네 단계 중 기획과 설계에 해당하는 기존 연구 분석, 요구분석, 프로그램 구안까지를 포함하고 있으며, 향후 2차 연도 연구에서는 1차 연도 연구에서 개발한 프로그램을 바탕으로 프로그램 실시를 위한 매뉴얼(지침서) 제작 과정을 담고 있다. 따라서 이 장에서는 프로그램 기획과 설계 단계를 중심으로 프로그램 개발과정을 살펴볼 것이다.

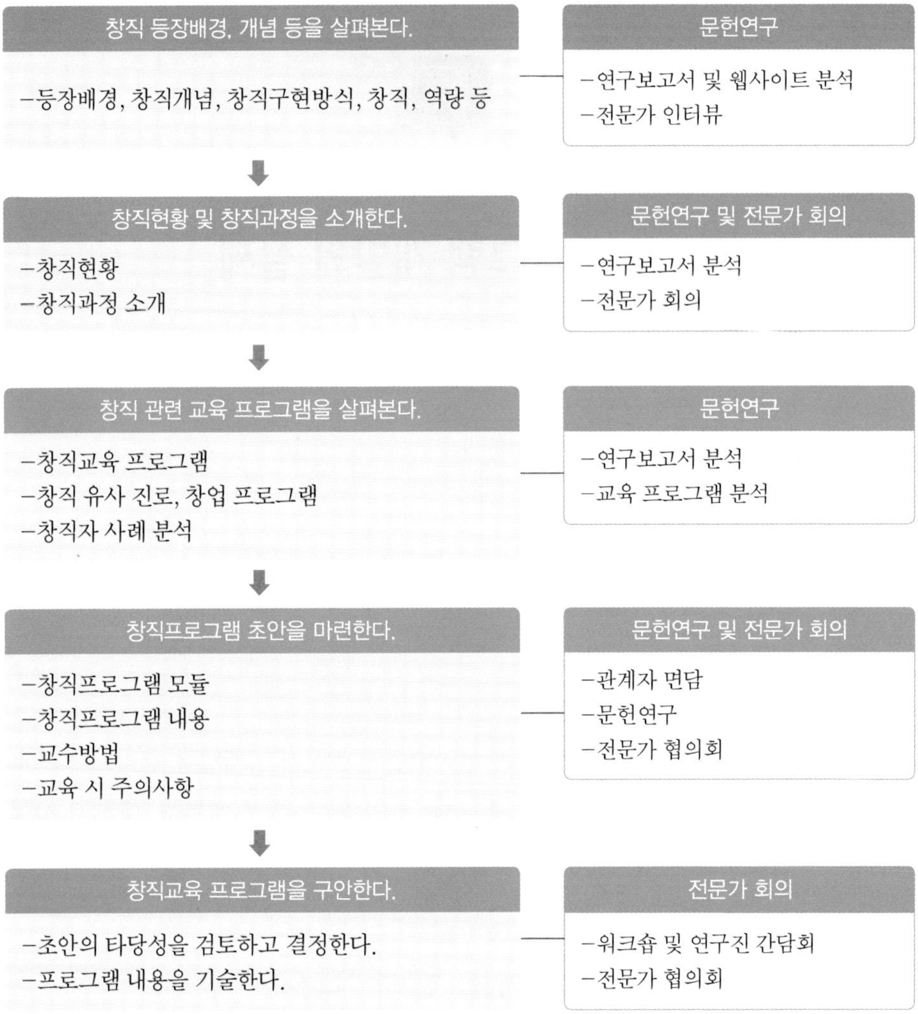


[그림 11-1] 연구내용 및 방법

출처: 김중진, 최영순, 최화영, 허영숙(2016).

## 1. 프로그램 기획

프로그램 기획은 프로그램의 구체적인 내용을 개발하기 전 프로그램의 전반적인 필요성과 요구를 파악하고 비전을 설정하며, 프로그램 개발의 일정을 수립하는 단계이다. 이 창직교육 프로그램에서는 첫째, 프로그램의 연구 배경을 설명하면서 프로그램 개발의 필요성과 목적을 확인하고, 둘째, 요구분석을 통해 현장 환경과 상황을 검토하였다.

## 1) 프로그램 개발의 필요성 확인

프로그램 기획의 첫 번째 단계는 프로그램 개발의 타당성을 확인하는 단계로, 이 단계에서 왜 이 프로그램을 개발해야 하는지에 대한 분명한 대답을 제시할 수 있어야 한다. 이 장에서 소개하는 창직교육 프로그램은 창직 활성화를 도모하고 역량 있는 예비창직자를 육성하기 위해 개발되었는데(ⓒ), 이러한 프로그램 개발의 필요성과 목적에 대해 다음과 같이 기술하고 있다.

**1. 연구배경**

창직(創職)은 창의적 아이디어와 활동을 통해 새로운 직업을 발굴(개발)하고, 이를 바탕으로 노동시장에 진입하는 것을 말한다. 즉, 기존 직업의 선택을 넘어 직업세계의 변화를 감안하여 새로운 직업을 만드는 자기주도적 활동이다.

창직사업은 지난 2010년부터 정부 주도로 시작되어 고용노동부와 중소기업청에서 지원해 왔다. 고용노동부에서는 창직활동을 지원하기 위해 창조캠퍼스, 청년창직인턴제 등의 사업을 시작하였다. 중소기업청에서도 1인 창조기업 지원사업을 통해 창의적인 아이디어가 있는 국민 누구나 창직 · 창업을 통해 경제적 가치로 전환할 수 있도록 지원하고 있다.

ⓐ 창직이 관심의 대상이 된 것은 시대적 변화에 따른다. 청년층의 눈높이에 맞는 양질의 일자리 공급이 더딘 가운데 일자리를 구하는 청년층의 유입은 늘고 있다. 청년들의 취업이 어려울 뿐만 아니라 자신이 좋아하는 일자리를 찾는 청년층도 증가하고 있다. 한편, 불확실성에 대비하여 기업의 아웃소싱이 증가하는 가운데 소비자의 요구 다변화로 개인의 창의적 아이디어와 활동을 통해 새로운 일자리를 만들고 일거리를 확보하는 것이 과거보다 훨씬 용이해졌다.

…… (중략) ……

이러한 노동시장의 변화 속에서 창직의 개념이 민간영역에 빠르게 전파되고 있다. 창직 관련 협회가 생겨나고 창직을 소개하거나 오디션을 통해 우수 창직자를 선발하는 방송 프로그램 등도 생겨나고 있다. 또한 서울시, 부산시, 제주자치도 등 지자체를 중심으로 창직아이디어 공모전을 개최하고, 교육활동과 운영자금을 지원하는 등 창직활동을 지원하는 사례도 많아지고 있다.
그럼에도 창직이 활성화되는 데 아직 어려움이 많다. 창직의 개념 및 특성이 정확히 인식되지 못하였을 뿐만 아니라 창직자가 되기 위해 필요한 역량에 대한 정립이 이루어지지 않았다. ⓑ 창직(활동)의 성패는 예비창직자의 역량에 달려 있다. 역량 있는 예비 창직자를 양성하는 것이 중요하다. 그럼에도 아직 창직을 위해 필요한 역량을 기반으로 한 표준화된 창직교육 프로그램이 마련되어 있지 못하다.
또한 창직교육에 활용할 교재나 도구도 마땅치 않다. 이러한 이유로 창직교육 기관마다 자체 개발한 프로그램을 사용하고 있어 그 내용이 각기 다르다. 심지어 개발과정에 대한 연구보고서 등 근거자료가 부재하여 교육내용의 품질에 대한 확신이 어렵다.
고용부에서 운영하는 창직사업의 운영과정에서도 크게 다르지 않다. 창직 운영자나 심지어 창직강사나 멘토 등 창직지도 전문인력조차도 별도 교육과정을 이수하지 않고 교육을 진행하고 있다. 때문에 창직에 대한 내용을 잘못 이해하고 있거나 개인마다 다르게 전달하기도 한다.

2. 연구목적
ⓒ 본 연구의 목적은 창직활동에 필요로 하는 지식과 능력을 분석하고 이를 토대로 교육 프로그램을 개발하는 데 있다. 창직은 교육대상에 따라 교육내용이 달라진다는 점에서 본 연구에서는 현재 고용부에서 진행하고 있는 대학생을 대상으로 하는 청년취업아카데미 창조적 역량인재과정에 사용될 프로그램의 구안에 초점을 맞춘다. 2016년은 1차 연도 사업으로 청년층을 대상으로 창직활동을 지원하는 교육 프로그램을 구안하고, 2017년에는 1차 연도에 구안한 교육과정을 재검토하고 모듈별로 학습할 교육목표와 내용, 그리고 교육에 사용할 읽기자료, 활동지 등 학습 콘텐츠를 개발하여 보급한다.

출처: 김중진 외(2016).

프로그램의 필요성에 대한 인식은 현장 전문가의 문제의식, 국가나 사회의 현안 이슈, 혹은 조직 차원의 문제의식 등 여러 출처를 통해서 제시될 수 있는데, 연구배경에서 확인한 바와 같이 창직교육 프로그램의 필요성 인식은 노동시장의 변화 속에서 '창직'의 개념이 빠르게 확산되는 현실에 기초하고 있음을 알 수 있다(ⓐ).

또한 프로그램 기획에서 중요하게 고려해야 할 사항은 실제로 프로그램이 개발되었을 때 프로그램에 참여할 잠재적 대상자 집단의 특성인데, 이 프로그램의 경우 잠재적 대상자 집단은 이미 고용부에서 진행하고 있는 청년취업아카데미 창조적 역량인재과정의 대상자인 일반 대학생을 대상으로 하고 있어 별도의 잠재적 대상자 분석 과정은 거치지 않은 것으로 보인다.

## 2) 요구분석

프로그램에 참가할 잠재적 대상자와 관련 조직이 가지고 있는 요구를 정확히 분석하는 것은 프로그램 개발의 성패를 좌우하는 매우 중요한 요소 중 하나이다. 요구분석에는 기존 자료 분석, 면담, 관찰, 집단토의, 설문조사 등 다양한 방법이 있는데, 이 연구에서는 기존 자료를 분석하여 창직현황을 살펴보는 것과 창직교육 프로그램 개발에 따른 관계자들과의 면담을 통해 프로그램에 포함되어야 할 교육내용에 대해 확인하는 것 두 가지 요구분석 방법을 활용하였다.

### (1) 기존 자료 분석

요구분석에서 기존 자료를 사용하는 것은 접근과 사용편의성 때문에 시간과 비용의 측면에서 경제적이라는 장점이 있어 다른 요구분석 방법을 사용하기 전에 충분히 활용할 가치가 있다. 이 창직교육 프로그램 개발에서도 다음과 같이 창직의 개념 및 역량에 대한 기존 자료를 분석하고(ⓐ), 창직 현황을 살펴봄으로써(ⓑ) 프로그램의 이론적 배경을 충분히 검토 제시하는 것을 우선적으로 고려하였음을 확인할 수 있다.

ⓐ <u>제2장 창직의 개념 및 역량</u>

제1절 창직의 이해

1. 창직도입 배경

창직(創職)이라는 용어는 2009년 7월 26일『매경 Economy』의 〈1인창직(創職) 시대 두드리면 열린다: 1인 창직시대 살아가는 법-마음을 열면 기회가 널려 있다〉에서 처음 소개되었다. 주요 골자는 일자리 없는 경제성장이 지속되는 가운데 경제불안으로 취업이 어려워지고 있어 개인이 직접 이전에 없던 직종을 만들어 내면서 1인 기업가가 되어야 한다는 것이다. 취업난의 해결책으로 기존 일자리에 들어가기보다는 새로운 직업을 발굴하여 스스로 일자리를 만들어 내자는 것이다.

…… (중략) ……

2. 창직 개념 및 의의

창직의 개념은 다수의 연구자가 다양한 형태로 제시하고 있다. 이장우(2010)는 창조경제의 특성을 토대로 창직의 개념을 제시하고 있으며, 광의의 의미와 협의의 의미를 제시하였다. 창직(창조적 직업능력개발)을 "자신의 재능과 아이디어를 적극적으로 현실화하여 경제적 · 예술적 · 사회적 가치를 창출해 냄으로써 창조적 일감과 일자리를 만들어 나가고 자기주도적으로 직업과 일자리를 개척하는 활동"으로 광의로 정의하고 있다. 협의의 개념으로 '창직'은 자신의 능력과 적성을 중심으로 ① 새로운 경제 패러다임(창조경제)과 ② 사회적 네트워크를 적극 활용해 ③ 스스로의 일자리를 만들고 자기 자신을 고용하는 창조적 활동으로 정의하고 있다.

…… (중략) ……

3. 창직 운영 형태

…… (중략) ……

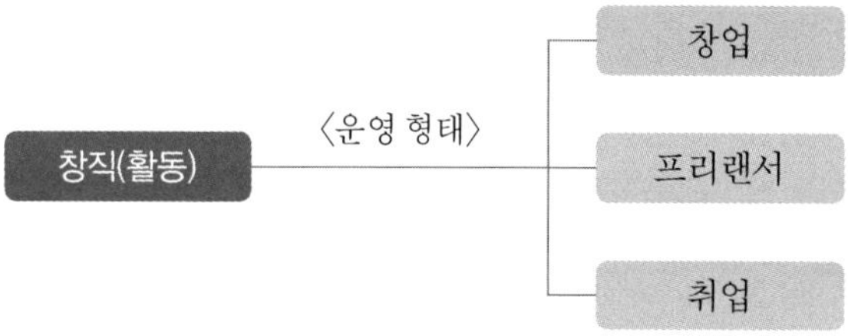


[그림 11-2] 창직의 운영 형태

…… (중략) ……

제2절 창직과정에서 직면하는 어려움과 창직역량

…… (중략) ……

ⓑ <u>제3장 창직 현황 및 창조적 역량인재양성과정</u>

…… (후략) ……

출처: 김중진 외(2016).

이 밖에도 프로그램의 잠재적 대상자에 대한 인구통계 정보, 성별, 사회경제적 수준 등 다양한 자료를 재사용하여 분석함으로써 프로그램 대상자의 요구를 보다 명확히 할 수 있을 것이다.

### (2) 주요 정보제공자 조사

주요 정보제공자(key informants) 조사는 프로그램과 관련된 문제에 대한 정보를 가장 적절히 파악한다고 여겨지는 사람들을 대상으로 수행하는 요구조사의 한 형태이다. 이 프로그램의 경우에는 창직 프로그램과 관련된 정보를 현장에서 가장 가까이 경험한 기교육 수료자를 포함한 예비창직자, 창직운영기관 멘토, 창직자 등의 주요 정보제공자를 대상으로 간담회 형식의 초점집단을 활용하였다. 요구분석의 내용은 다음과 같다.

**창직 요구분석 개요**

예비창직자(교육수료자 포함), 창직운영기관 멘토, 창직자 등과의 간담회를 개최하여 창직교육 과정 개설 시 필요한 교육내용을 도출하였다. 간담회에는 총 10명이 참여하였으며 주된 질문은 다음과 같다.

1. (공통: 교육내용 관련)
   1-1. 창직교육 시 핵심적으로 포함되어야 할 교육내용은 어떤 것이 있습니까?
   1-2. 교육내용 중 가장 강조되어야 할 교육내용은 무엇입니까?
   1-3. 현재 창직교육에서 부족한 부분은 무엇이라고 생각하십니까?
   1-4. 창직을 시작하고 난 후 필요한 역량은 무엇이라고 생각하십니까?
2. (공통: 교육운영 관련)
   2-1. 창직교육 프로그램의 효과를 높이기 위해서는 어떤 운영방식이 효율적이라고 생각하십니까?(① 참가자 활동 위주, ② 강사 강의 위주, ③ 혼재)
   2-2. 효율적 창직교육 프로그램을 위한 적정 참가자 인원은 몇 명 정도라고 생각하십니까?
3. (기창직자에게만 해당)
   3-1. 귀하의 창직 경험에 비춰 볼 때 예비창직자(후배) 교육 시 꼭 포함되어야 할 교육내용에 대해 말씀해 주세요.

3-2. 창직자에게 가장 필요한 역량(능력)은 무엇이라고 생각하십니까?
3-3. 실제 창직 시에 가장 어려웠던 점은 무엇인가요?
3-4. 어려웠던 부분 중 교육으로 준비가 가능한 것은 무엇이며, 어떻게 교육해야 할까요?

4. (예비창직자-교육수료생)
4-1. 창직교육에서 가장 인상 깊었던 내용은 무엇입니까?
4-2. 창직교육에서 가장 집중이 잘 되었던 교육방법은 무엇입니까?
4-3. 향후 창직교육에서 개선되었으면 하는 사항이 있습니까?

5. (멘토/창직전문가)
5-1. 창직활동 중(창직교육 시, 멘토링 시) 창직자에게 가장 필요한 교육내용은 무엇이라고 생각하십니까?
5-2. 창직교육생을 멘토링하는 과정에서 (교육생이) 가장 부족한 지식이나 역량은 무엇이라고 생각하십니까?
5-3. 현행 창직교육과정에서 가장 큰 문제점은 무엇인가요?

출처: 김중진 외(2016).

이와 같이 초점집단을 활용하면 집단에 참가한 집단 구성원 간의 활발한 토의와 상호작용을 통해 주요 정보제공자의 요구를 확인할 수 있다. 초점집단을 활용한 요구조사에서는 참여자의 심도 있는 의견을 이끌어 내기 위해 효과적인 질문을 하는 것이 무엇보다 중요한데, 이 연구에서는 기존 창직교육과정을 경험한 정보제공자들이 필요로 하는 교육내용과 방법에 초점을 두고 구체적인 질문을 통해 그들의 요구를 확인하였다.

이러한 주요 정보제공자 조사의 장점은 요구조사의 대상 수가 상대적으로 적어 적은 비용으로 소수의 사람들로부터 질 높은 정보를 도출해 낼 수 있다는 것이다. 그러나 조사에 포함된 정보제공자가 누가 되는지에 따라서 수집된 정보의 내용이 달라질 수 있으므로 도출된 정보의 일반화에 한계가 있다. 이러한 한계점을 보완하기 위해서는 창직교육 수련생 및 잠재적 대상자 집단을 대상으로 하는 설문조사가 추가적으로 이루어질 수 있다.

# 2. 프로그램 설계

## 1) 프로그램의 이론적 모형

프로그램의 이론적 기초를 확립하는 것은 프로그램을 통해서 이루어질 변화의 모형을 개발하는 것으로, 다른 말로 프로그램의 가설을 설정하는 것과 같다. 이렇게 설정된 프로그램의 이론적 기초를 토대로 프로그램의 목적과 목표가 구체적으로 기술될 수 있다. 이 창직교육 프로그램의 목적은 창직 활성화를 도모하고 역량 있는 예비창직자를 육성하는 것으로, 이 연구는 기존 유사 교육내용에 기초하여 교육내용을 어떻게 구성할 것인지에 초점을 두었으며, 그러한 교육내용이 잘 전달된다면 역량 있는 예비창직자를 육성하는 데 도움이 될 것이라는 직접 효과 가설에 기초하고 있다고 볼 수 있다.

## 2) 프로그램 내용의 추출과 분석

프로그램의 내용 구성 단계는 프로그램에서 궁극적으로 달성하려고 하는 목표가 잘 구현되도록 하는 데 필요한 이론적 구인을 추출해 내고 그것을 프로그램의 구성요소로 삼아 잘 구현할 수 있는 구체적인 내용들로 연결지어 조직하는 과정이다. 이를 위해 이 연구에서는 기존 자료, 즉 다양한 관련 문헌 및 기존 프로그램의 검색과 수집을 통해 관련 영역에서 이미 사용되고 있는 다양한 내용을 수집하고, 이를 비교, 분석하는 방식으로 정리하였다.

프로그램과 관련된 기존 자료를 검토할 때에는 '이 프로그램의 대상이 되는 집단의 특징 및 다루려는 문제는 무엇인가?', '이 문제의 해결과 관련된 중요한 이론은 무엇인가?', '이 문제의 개입과 관련된 중요한 변인은 무엇인가?', '기존 프로그램의 내용 및 절차상의 한계는 무엇인가?'와 같은 질문을 가지고 접근하는 것이 좋다. 이 창직교육 프로그램 개발 연구에서도 이러한 질문을 통해 기존 창직 및 유사 교육프로그램의 내용을 살펴보고 분석하는 과정을 거쳤는데, 그 내용의 일부를 소개하면 다음과 같다.

## 제3절 창직 및 창직 유사 교육 프로그램 분석

창직사업이 시작된 지 불과 5~6년밖에 되지 않아 창직자로 불릴 만한 사람을 찾기 어렵고 특히 관련 국내 창직 사례도 많지 않다. 따라서 현재 운영 중인 창직교육 프로그램과 창업, 진로 등의 유사 프로그램을 참고하여 활용 가능성을 높인다.

현재 활용되고 있는 창직교육 프로그램은 고용부에서 운영 중인 창직사업(취업아카데미 창조적 역량인재 과정)의 참여 운영기관이 사용하는 것과 한국 창직협회 및 신직업 창직가협회 등 민간단체에서 사용하고 있는 프로그램이 대표적이다.

단, 이들 교육 프로그램은 심도 있는 연구를 통해 개발되기보다는 운영기관 및 협회 관계자들의 논의와 합의를 통해 구성하였다. 특히 이들 교육 프로그램은 상세한 내용이 제시된 교재가 부재하여 프로그램의 구체적인 내용을 파악하기 어렵다는 한계가 있다.

### 1. 창직교육 프로그램

#### 가. 창조적 역량인재 과정

1) 한국생산성본부

창직과정 운영기관인 한국생산성본부에서는 '창직역량 강화 교육과정'을 운영하고 있다. 필수과정에서는 창직의 이해, 동기부여 등이, 심화과정에서는 창직모델 구축, 창직 스킬강화 등이 포함되어 있다.

2) 한국소호진흥협회

창직과정 운영기관인 한국소호진흥협회의 '창직교육 프로그램'은 창직 및 비즈니스의 이해, 기업업무의 이해, 미래의 준비 등으로 구성되었다. 각각 7시간으로 운영된다.

…… (중략) ……

**표 11-1 한국생산성본부 '창직역량 강화 교육과정'**

| 주제 \ 기관(강좌명) | | 한국생산성본부(창직역량강화 교육과정) |
|---|---|---|
| 필수 과정 | 사업 소개 | –창조적 역량 인재양성사업 소개<br>–사업진행 프로세스 및 보고서 작성법 |
| | 창직의 이해 | –창직의 개념<br>–직업세계의 변화<br>–창직 사례 |
| | 동기부여 | –팀빌딩<br>–사업참여 의식 고취(특강, 우수사례자 발표 등) |

| | | |
|---|---|---|
| | 창직 기획력 향상 | –기획 프로세스<br>–창직 수행계획 수립 워크숍 |
| 심화 과정 | 창직모델 구축 | –창직 시장분석(성공요소, 시장동향)<br>–조사 및 분석기법<br>–창직사업모델 구축 |
| | 창직스킬 강화 | –커뮤니케이션 스킬<br>–홍보 및 마케팅<br>–프레젠테이션 스킬 |

자료: 한국생산성본부 내부자료.

출처: 김중진 외(2016).

이 프로그램에서는 이와 같은 창직교육 프로그램 외에도 진로, 직업, 창업과 관련된 창직 유사 프로그램(예: CAP+프로그램, 행복내일 취업지원프로그램, allA 프로그램 등)을 검토하여 다음과 같은 결론을 도출하였다.

ⓐ 현재 운영되고 있는 창직교육 프로그램을 종합한 결과, 교육대상은 예비창직자(대학생) 및 창직지도사(강사) 등이지만 대부분 예비창직자를 대상으로 삼고 있다. ⓑ 프로그램의 주요 내용은 '창직의 이해', '동기부여', '직업세계 트렌드 및 미래 직업세계', '신직업', '창직방법', '창직역량', '창직실습', '창직사업 소개' 등으로 구성되어 있다. 이 외에도 창직사업계획서 작성과 발표 등이 포함되어 있다.

창직운영기관의 프로그램의 경우, 고용노동부의 창직과정 세부 운영지침에 제시된 필수 · 선택 교육내용을 주로 따른 것으로 보인다. 이 지침에 따르면, 필수로는 '창직과정의 이해', '신직업의 이해', '창직역량 진단 및 평가', 선택으로는 '창직아이디어 구체화 전략', '기업가 정신', '기타 창직역량 강화에 필요한 교육' 등이 제시되어 있다.

진로교육 프로그램의 경우, 창직과 연관된 직업세계의 이해를 비롯하여 창직진입 시 본인의 진로를 재검토해 보는 차원에서 진로계획, 진로의사결정 등의 교육내용이 창직과정에 활용할 수 있을 것으로 보인다.

창업과 마찬가지로 창직과정에서도 창직상황에서 만나는 모든 지식과 기술 등을 다루어야 하며, 특히 동기유발, 지식, 기술, 전략 등이 요구된다. ⓒ 창업 교육과정에서 다루는 교과목 중에서 '기업환경의 분석'과 창직운영지침에 제시된 '기업가 정신', 그리고 '아이디어 분석' 등은 창직에 특화하여 제공할 필요가 있다.

출처: 김중진 외(2016).

앞에서 제시한 바와 같이 기존 창직 관련 프로그램의 분석을 통해 기 프로그램은 대부분 예비창직자를 대상으로 하고 있고(ⓐ), '창직역량', '창직과정과 방법' 등의 내용으로 구성되어 있는 것으로 파악하고(ⓑ), 이 연구에서 개발할 창직 프로그램에는 '기업가 정신', '아이디어 분석'과 같은 보다 기초적이면서도 필수적인 내용들이 포함되어야 함을 피력하면서(ⓒ), 창직교육 프로그램의 정체성 및 독창성을 분명히 하고 있다. 이에 더하여 창직교육 과정에서 창직역량 강화를 위한 구성요소 및 효과적인 교수법 등 교육 프로그램의 근거가 될 만한 이론 또는 주요 변인에 대한 질문을 갖고 분석하였더라면 보다 효과적인 분석이 되었을 것으로 보인다.

### 3) 프로그램 내용의 선정과 조직

이 연구에서는 기존 프로그램 분석 내용을 바탕으로 다음과 같은 프로그램 구성 방향을 수립하고 프로그램 초안을 구성하였다.

본 교육 프로그램의 구성 방향은 다음과 같다.

첫째, 본 프로그램은 모듈로 구성하여 대상에 상관없이 활용할 수 있도록 하였으나 활용이 가장 많을 것으로 보이는 고용부 창조적 역량인재과정(대학생 및 청년층)을 주요 목표 대상으로 한다.

둘째, 창직이 취업 · 창업 · 자유업 등으로 구현되므로, 창직과 관련된 해당 분야의 내용도 포함되어야 하나, 본 연구에서는 창직에 국한하였다. 이는 창직과 창업 용어가 함께 사용되는 등 혼란스러운 가운데 창업에 대한 내용이 포함될 경우 차별성을 갖지 못하기 때문이다. 그럼에도 창직에 활용 가능한 취 · 창업 과목은 반영하되 창직의 특성을 최대한 부각하여 차별화한다.

셋째, 창직활동을 통한 새로운 직업을 만드는 것뿐만 아니라 교육대상자가 생애주기 동안 변화하는 직업세계에 맞춰 적극적 진로활동을 수행하고 지속적인 성장과 발전을 할 수 있도록 지원하기 위해서는 창직역량이 중요하므로 이를 키우는 데 초점을 맞춘다.

넷째, 창직에 직접적으로 관련된 직업과 관련된 내용, 예컨대 직업세계의 이해, 직무분석, 노동시장 이해 등의 교육은 가급적 많이 제공한다. 또한 창직 활동에 도움이 되는 실무적인 지식, 예컨대 직무조사 방법, 설문지 개발방법 등에 대해서도 강조한다.

2. 주요 내용

ⓐ 창직교육 프로그램 초안은 크게 세 가지 영역으로 구분하였다.

초기 문헌 고찰을 통해 '창직 선수이해교육', '창직 이해를 위한 교육', '창직활동을 위한 교육', '창직실현을 위한 교육'으로 분류하였으나, 전문가 자문회의 후 '창직 선수이해' 및 '창직이해를 위한 교육' 내용이 유사하다는 지적이 있어 '창직 인프라교육'으로 재정리하였다. 따라서 본 초안은 ① 창직 인프라 교육, ② 창직활동을 위한 교육, ③ 창직 실현을 위한 교육으로 재분류하였다.

가. 창직 인프라 교육

창직 인프라 교육은 창직활동에 본격적으로 들어서기 전에 기본적으로 알아야 할 내용으로 자기의 이해, 창직진로계획 및 의사결정 방법 및 중요성을 포함하였다. 또한 창직의 등장배경, 개념, 직업세계 변화 트렌드, 신직업 등 최근 직업과 관련된 활동 등을 소개한다. 이 외에도 지속 가능한 창직역량을 지원하기 위해서 수요와 공급, 실업률 등 노동시장의 원리와 기본 용어, 그리고 창직 기업가 정신도 포함하였다.

나. 창직활동을 위한 교육

창직활동을 위한 교육에서는 실질적인 창직활동을 위해 필요한 교육내용으로 꾸려졌다. 미래사회 트렌드 이해, 직업세계의 변화 이해, 창직을 위한 직업정보서 및 직업정보시스템 탐색방법, 창직 관련 산업, 시장의 분석 및 관련 기업과 소비자의 이해, 창직방법, 창직 사례연구 등이 포함되었다.

다. 창직 실현을 위한 교육

창직활동으로 구현한 아이디어를 통해 실제 창직실천계획서를 작성하고 작성된 계획서를 토대로 실제 현장에서 취업, 창업, 자유업으로 구현하기 위한 자원 확보와 네트워크 형성 등을 위한 방법 및 기업, 공공기관, 일반인들에게 창직을 브랜딩하는 방법, 지속 가능한 창직활동을 영위하기 위해 필요한 방법과 계획수립 등의 교육도 포함된다.

출처: 김중진 외(2016).

앞에서 제시한 창직교육 프로그램의 구성요소는 ① 창직 인프라 교육, ② 창직활동을 위한 교육, ③ 창직 실현을 위한 교육으로(ⓐ), 이 세 가지 구성요소를 잘 구현하는 내용들로 프로그램을 구성하고 조직함으로써 궁극적으로 프로그램의 목적, 즉 역량 있는 예비창직자 양성을 달성하고자 하였다.

창직교육의 특성상 이론보다는 현장실무적인 요소가 더 많이 반영되다 보니 이론을 통해 프로그램에 필요한 이론적 구인을 추출하기보다는 실제현장에서 이루어지는 교육경험을 토대로 적절하다고 생각되는 잠재적 이론을 적용하고 그 타당성을 검증받고자 하였고, 프로그램을 구성하는 내용의 도출근거 또한 대부분 기존 프로그램에서 제시하고 있음을 알 수 있다. 기존 프로그램의 검토를 통해 기존에 있던 활동을 그대로 활용하거나 약간의 수정을 거쳐 프로그램 초안을 구성하였고, 새로운 프로그램 내용요소를 개발하여 추가하지는 않은 것으로 보인다.

이렇게 도출된 창직교육 프로그램의 타당성을 검증받고자 이 연구에서는 워크숍을 개최하고 창직 관련 기관 대표와 연구원, 교수 등 총 15명이 참석하여 프로그램 검토를 거쳤는데 주요 검토 의견은 다음과 같다.

① 창직교육 프로그램 영역 명칭의 변경

당초 창직 인프라 교육, 창직활동을 위한 교육, 창직 실현을 위한 교육에서 창직 워밍업!, 창직 스타트업!, 창직 러닝업 등 친근한 표현으로 수정을 요청하였다.

② 창직 인프라 교육과 창직활동을 위한 교육 모듈의 통합

창직 인프라 교육과 창직활동을 위한 교육의 구분이 불명확하여 두 영역의 모듈을 통합하고, 창직활동을 위한 교육과정을 창직아이디어 발굴부터 창직모델 구축까지 절차에 입각하여 제시하면 보다 명확할 것이라는 의견이 있었다.

③ 창직활동을 위한 '창직 스타트업!' 내용 재구성

- 창직활동을 위한 창직아이디어를 구현하고 이를 창직비즈니스모델로 만들어 실행 후 재수정하는 방식의 창직활동이 필요하기 때문에, 활동의 순서에 맞춰 교육을 제공하면 이해가 더욱 쉬울 수 있다는 의견이 있었다.
- 의견을 반영하여 모듈은 순서에 맞춰 창직 ideation → 창직타당성 분석 → 창직비즈니스모델링 → 창직활동모델링 등으로 재구성하였다.

④ 창직모듈에 대한 의견

…… (중략) ……

⑤ 창직러닝업~ 내용 조정

…… (후략) ……

출처: 김중진 외(2016).

앞에서 제시한 바와 같이 프로그램 내용의 선정 및 평가를 위해, 프로그램 영역과 관련하여 비교적 동질적 특성을 가진 사람들로 구성된 초점집단에게 프로그램이 필요한 문제상황에 대한 토론, 문제해결을 위한 자원 및 지금까지의 해결방안, 그리고 제시된 프로그램 내용에 대한 평가 등을 시행할 수 있다. 이 프로그램에서는 워크숍을 통한 초점집단을 활용하였고, 구성원의 상호작용을 통해 수렴된 이와 같은 의견을 반영하여 프로그램의 구성을 〈표 11-2〉와 같이 변경하였다.

표 11-2 **영역별 모듈 변경 전과 후**

| 변경 전 | | → | 변경 후 | |
|---|---|---|---|---|
| 영역 | 모듈명 | | 영역 | 모듈명 |
| 창직 인프라 교육 | 창직을 위한 자기탐색 | | 창직 워밍업! | 소개(Intro) |
| | 창직 진로계획 및 의사결정 | | | 창직이란 무엇일까(창직이해) |
| | 창직 관련 노동시장 이해 | | | 왜 창직인가?(동기부여) |
| | 창직동기 부여 | | | 나는 창직을 할 수 있을까?(자기이해) |
| | 창직의 기초 | | | 직업세계의 변화 |
| | 직무분석 | | | 창직노동시장의 이해 |
| 창직 활동을 위한 교육 | 미래직업 변화 트렌드 | | | 창직 사례연구 |
| | 창직 정보탐색 | | | 직무분석 |
| | 창직환경 및 시장분석 | | 창직 스타트업! | 창직 ideation |
| | 창직방법론 | | | 창직 타당성 분석 |
| | 창직 사례연구 | | | 창직 비즈니스 모델링 |
| 창직 실현을 위한 교육 | 창직실현을 위한 자원분석 | | | 창직활동 리모델링 |
| | 창직활동계획서 작성 | | 창직 러닝업~ | 창직실현을 위한 자원분석 |
| | 창직브랜딩 | | | 창직 브랜딩 |
| | 창직 지속 가능성 | | | 창직 인턴 및 창직 인큐베이팅 |

출처: 김중진 외(2016).

이와 같이 프로그램 설계 단계에서 기존 자료의 분석을 통해 프로그램 구성 방향을 잡고, 프로그램 내용을 구성하는 과정에서 지속적으로 전문가 검토와 수정을 거치는 것을 확인할 수 있다. 이렇게 전문가 의견을 반영하여 구안한 창직교육 프로그램은 [그림 11-3]~[그림 11-6]과 같이 총 3개의 영역과 15개 모듈로 구성되었다.

**영역별 모듈(1)**

창직활동에 본격적으로 들어가기 전, 기본적으로 알아야 할 내용

**창직 워밍업!**

| 모듈 | 세부 내용 | 필요성 | 비고 | | 도출 근거 |
|---|---|---|---|---|---|
| Intro | -창직활동 개요<br>-창직사업 소개<br>-창직사업 구성원 역할 | 창직 및 창직사업(프로그램)의 맥락에 대한 이해를 돕고, 창직활동 청사진을 제공함 | -필수<br>-동영상 제작 등 | « | -자문회의<br>-한국생산성본부<br>-한국소호진흥협회 |
| 창직이란 무엇일까? (창직이해) | -창직 등장배경/필요성<br>-창직의 의미/정의<br>-창직과 창업(유사개념) | 창직의 개념, 의미 등 창직에 대한 기본적 이해 | -필수 | « | -대구 경북디자인센터<br>-크레벤지식서비스<br>-한국생산성본부<br>-한국창직협회 |
| 왜 창직인가? (동기부여) | -기업가정신, 창직역량<br>-롤모델(창직자) 소개<br>-우수 창직 사례 | 롤모델(창직자) 및 버전 제시 등을 통해 적극적 창직활동 고취 | -필수<br>-재미있게 구성<br>-창직자 및 창직 전문자 강의 | « | -대구 경북디자인세터<br>-크레벤지식서비스<br>-한국생산성본부<br>-한국창직협회 |
| 나는 창직을 할 수 있을까? (자기이해) | -진로 이해/계획 수립<br>-흥미와 적성 찾기<br>-직업세계 이해 필요성<br>-진로계획 수립 방법 | 본인의 진로에 대한 이애 전공,경험,지식 등을 토대로 창직을 이해하도록 지원 | -선택<br>-강의 및 활동 | « | -한국고용정보원 |

[그림 11-3] 창직 워밍업! 영역별 모듈(1)

출처: 김중진 외(2016).

## 영역별 모듈(2)

실질적 창직 활동을 위해 필요한 내용

### 창직 워밍업!

| 모듈 | 세부 내용 | 필요성 | 비고 | | 도출 근거 |
|---|---|---|---|---|---|
| 직업세계 변화 | –미래 직업세계 트렌드<br>–직업의 과거, 현재, 미래 | 창직 아이디어 구현을 위해 직업세계의 변화 흐름 파악 및 주요 변동요인 분석 | –필수<br>–많은 시간 할애 | « | –창직교육센터<br>–크레벤지식서비스<br>–한국소호진흥협회<br>–한국창직협회 |
| 창직 노동시장 이해 | –노동시장의 원리, 구조<br>–고령화, 실업률 등 기초 용어 이해 | 인력의 수요와 공급 원리 등 경제에 대한 기본적인 용어 등 지식을 이해 | –기초용어 수준 제공 | « | –자문회의 결과 |
| 창직 사례 연구 | –다양한 창직 사례<br>–신직업 소개 | 창직(자)사례를 통해 주의사항 파악<br>신직업을 통해 창직에 활용 | –필수<br>–강의 및 토론 | « | –대구 경북디자인센터<br>–한국창직협회 |
| 직무분석 | –과업 등 직무관련 용어<br>–직무/역량 도출 방법<br>–자격과 훈련 | 창직으로 구현하고자 하는 직업의 직무개요 등을 기술하기 위한 직무 분석 이해 | –필수 | « | –자문회의 결과<br>–한국소호진흥협회 |

[그림 11–4] 창직 워밍업! 영역별 모듈(2)

출처: 김중진 외(2016).

프로그램을 구성하는 세부내용은 각각에 대한 평가뿐 아니라 적절한 배열의 순서로 구성되어야 한다. 상담 및 심리교육은 최종적으로 인간의 행동, 인지, 정서 등의 변화를 목표로 하고 있는데, 이와 같은 변화는 일련의 단계와 과정을 거쳐서 이루어지기 마련이므로, 이런 변화를 목표로 실시되는 프로그램은 그 변화의 원리를 고려하여 프로그램을 구성해야 한다. 이 프로그램의 경우 크게 창직 워밍업 → 창직 스타트업 → 창직 러닝업의 세 영역을 단계별로 구성하였는데, 이는 단순한 활동에서 점차 복잡한 활동으로 나아가도록 구성하고, 정의나 개념을 익히는 것에서부터 점차 적용과정으로 나아가도록 구성하는 가장 보편적인 논리적 순서를 따르고 있다.

## 영역별 모듈(3)

실질적 창직 활동을 위해 필요한 내용

### 창직 스타트업!

| 모듈 | 세부 내용 | 필요성 | 비고 | 도출 근거 |
|---|---|---|---|---|
| 창직 ideation | –직업정보 탐색<br>–창직아이디어 도출방법<br>–직업명, 작업개요 작성 | 창직아이디어 구안을 위해서 작업 정보 검토 및 창직아이디어 도출하여 기본적인 작업 내용을 기술함 | –필수<br>–강의와 실습 병행<br>–많은 시간 할애 | –자문회의 |
| 창직 타당성 분석 | –타당성 분석 기법/방법<br>–창직 현장조사 방법 | 창직 아이디어 타당성 방법을 익히고, 실제 현장에서 타당성을 분석해 봄 | –필수<br>–강의 및 실습<br>–현장조사 등 | –대구 경북디자인센터<br>–크레벤지식서비스<br>–한국소호진흥협회 |
| 창직 비즈니스 모델링 | –창직 비즈니스 모델링 구축 방법과 절차 이해<br>–창직 비즈니스 모델을 포함한 창직 활동계획서 작성 | 지속 가능한 창직을 위해서 대상목표, 제공 제품 및 서비스, 수익 창출방안 등을 구안하여 정리함 | –필수<br>–강의 및 토론 | –대구 경북디자인센터<br>–한국창직협회 |
| 창직활동 리모델링 | –창직 비즈니스 모델 점검<br>–창직 비즈니스 모델 재구성 | 구인한 창직 비즈니스 모델이 현장에서 적용 가능한지 타진하고 수정함 | –필수<br>–강의 및 토론 | –대구 경북디자인센터<br>–한국창직협회 |

[그림 11–5] 창직 스타트업! 영역별 모듈(3)

출처: 김중진 외(2016).

## 영역별 모듈(4)

현장에서 취업, 창업, 자유업으로 구현하는 데 도움을 주는 내용

### 창직 러닝업~

| 모듈 | 세부 내용 | 필요성 | 비고 | 도출 근거 |
|---|---|---|---|---|
| 창직실현을 위한 자원 분석 | -보유자원 분석 및 자원 확보 전략<br>-창직 지원 소스 및 제도 | 원활한 창직 실현을 위해서 창업/취업/프리랜서로 활동하기 위한 자금, 사무실, 특허, 세무, 인력 등 검토받을 수 있는 방법 및 제도 소개 | -필수<br>-강의 | -한길석(2007)<br>-대구 경북디자인센터<br>-크레벤지식서비스 |
| 창직 브랜딩 | -창직 홍보 및 취업과 창업을 위한 네트워킹 | 창직 활성화 및 수익확보를 위한 대내외적 네트워크 구축<br>작업에 대한 홍보, 마케팅 등 | -필수<br>-강의 및 실습<br>-창직자와 토론<br>-멘토링 및 발표 | -크레벤지식서비스<br>-한국생산성본부<br>-한국소호진흥협회 |
| 창직인턴 및 창직인큐베이팅 | -기업/공공기관 등 창직 구체화 실습 | 창직을 구현하기 위한 인턴 또는 인큐베이팅 과정 | -필수<br>-강의 및 실습<br>-토론 및 멘토링 | -자문회의 |

[그림 11-6] 창직 러닝업~ 영역별 모듈(4)

출처: 김중진 외(2016).

이렇게 구안된 모듈별 35개 세부내용별 교육내용은 주요 내용별 해당 분야 전문가에게 의뢰하여 학습목표, 학습내용(단원, 주요 내용), 학습시간, 학습방법, 선수학습 내용, 기타 고려사항의 순으로 작성하도록 하고, 최종 작성된 결과를 토대로 내부 연구진 회의를 통해 수정되었다. 작성내용 예시는 〈표 11-3〉과 같다.

**표 11-3 모듈별 작성내용 샘플**

| 모듈명 | 나는 창직을 할 수 있을까?(자기이해) | |
|---|---|---|
| 세부내용 | 1. 진로이해/계획 수립 | |
| 학습목표 | 자기이해를 바탕으로 자신의 진로를 체계적으로 설계하고 준비해야 하는 이유와 필요성을 명확하게 인식할 수 있으며, 이를 토대로 창직을 이해하도록 지원할 수 있다. | |
| 학습내용 | | |
| 단원 | 주요 내용 | 비고 |
| (1)<br>자기이해와<br>진로 설계의<br>관계 | –자기이해의 중요성을 설명하고, 진로설계와의 관련성을 이야기한다.<br>※ 자기이해의 중요성<br>① 개인의 특성과 능력은 사람마다 다르고 각 직업마다 요구하는 능력과 특성도 다르다.<br>② 자신의 특성과 능력에 알맞은 직업에 종사할 때, 최대한의 능력을 발휘할 수 있으며, 성취감과 자신감을 맛볼 수 있다.<br>③ 자기의 특성과 능력을 알아야 자기의 갈 길이 보인다.<br>④ 자기를 알아야 장점을 계발하고 단점을 보완할 수 있다.<br>⑤ 자신의 한계를 알아야 자유로울 수 있다.<br>⑥ 직업세계의 변화가 심한 시대에는 특히 자신의 흥미와 능력을 고려하여 직업을 선택하는 것이 중요하다.<br>–자신이 어떠한 직업을 선택해야 할 것인지는 인생에 있어 중요한 문제이며, 자신을 이해하는 것은 진로 설계를 하는 데 있어서 기본이 되는 부분임을 인식한다. 진로 선택 시 좀 더 자신에게 맞는 현명한 선택을 위해 여러 측면을 살펴본다.<br>※ 직업 선택 시 고려할 수 있는 다양한 요인(적성, 흥미, 성격, 가치관, 전공, 신체조건, 가정환경 등)에 대하여 이야기를 나눠 본다. | |
| (2)<br>자기이해 | –다양한 요인을 탐색하며 자신에 대한 이해를 높인다.<br>※ 자기이해방법(개별 작업 후 그룹 또는 전체 공유)<br>① 자기 스스로 성찰해 보는 방법<br>② 어떤 구체적인 활동을 통하여 알아보는 방법<br>③ 다른 사람에게 물어보는 방법<br>④ 표준화된 심리검사를 활용하는 방법<br>–이해된 자신을 바탕으로 어떤 일을 하면 좋을지 생각해 본다.<br>※ 특정 직업명을 이야기할 수도 있고, 다양한 요인을 통해 보여진 자신의 모습을 고려하여 직업명이 아닌 '어떤 일'에 대한 설명을 할 수도 있다. 이때 창직에 대한 개념이 함께 반영될 수 있도록 자유롭게 사고할 수 있는 기회를 준다(조별로 작업하거나, 옆 사람이 추천해 줄 수도 있다). | |

| | |
|---|---|
| 학습시간 | 최소 1시간 |
| 학습방법 | 진행자의 강의전달식, 개별 활동 및 그룹별(조별) 활동 병행 |
| 선수 학습내용 | · |
| 기타 고려사항 | –다양한 요인 중 하나만 고려해서 진로결정을 하는 것은 충분하지 않으며, 요인들이 모두 일관되게 한 가지 진로에 맞지 않는 경우도 있다. 자신에 대해 다양한 측면에서 이해하고 고려한 자신에게 맞는 진로를 알아보는 것이 필요하다. |

출처: 김중진 외(2016).

## 3. 프로그램 실행과 평가

프로그램이 만들어졌다면 실제적으로 프로그램을 실행하고 실행한 프로그램에 대한 평가를 통해 프로그램의 성과를 확인하고 더 나은 프로그램의 개발과 운영이 이루어질 필요가 있다. 프로그램이 실행되는 현장에서는 다양한 요인이 상호작용함으로써 실행과정에 영향을 미칠 수 있으므로 성공적인 프로그램 실행을 위해서는 철저한 사전준비가 이루어져야 한다. 이 연구에서는 사전준비의 하나로 프로그램 운영매뉴얼을 개발하였는데 이 절에서는 프로그램 개발과정 중 실행 준비 단계에서 이루어지는 운영매뉴얼 개발 절차에 대해 살펴보고, 실제 프로그램 운영과 평가를 위해 고려해야 할 점들을 살펴보기로 한다.

### 1) 운영매뉴얼 개발

운영매뉴얼은 개발된 프로그램을 운영할 때 활용 가능한 지침서이다. 이 창직교육 운영매뉴얼에는 교수자가 프로그램 운영 시 어려움이 없도록 창직교육과정과 교육내용을 소개하고 있으며, 또한 교수 및 학습 시 참고할 읽기자료, 활동지, 교육자료 등을 포함하고 있다. 이러한 운영매뉴얼을 개발하기 위해서 1차 연도에 개발한 창직교육 프로그램 초안을 바탕으로 다음과 같은 개발과정을 거쳤다.

(1) 기초연구 수행: 교육과정 도출

ⓐ 창직교육과정을 구성하기 위하여 2016년 기초연구[1)]를 수행하였다. 해당 연구에서는 문헌연구, 요구분석, 전문가 회의 등을 통해 창직교육에 필요한 내용을 3개 영역, 15개 모듈로 구성하였다. 2차 연도인 2017년 사업수행 시 전문가 워크숍을 통해 중복된 내용과 불필요한 모듈(창직사업 소개 등) 등을 삭제 · 조정하여 최종 3개 영역, 11개 모듈로 재구성하였다.

표 11-4 창직교육과정 수정 사항

| 유형 | 전 | 후 | 주요 변화 |
|---|---|---|---|
| 전체 구조 | 3개 영역,<br>15개 모듈 | 3개 영역,<br>11개 모듈 | 중복 삭제,<br>불필요한 내용 삭제 |
| 명칭 변경 | 창직스타트업! | 창직세팅업! | 명칭 변경 |
| 삭제 및 통합 | 창직사업 소개 | – | 삭제 |
| | 창직 동기부여 | 창직이해 | 창직이해로 통합 |

(2) 집필진 구성

ⓑ 창직은 진로, 직업, 창업 등 다양한 영역이 개입되고 창직 후 창업, 자유업, 취업 등으로 진입할 수 있어 창직전문가, 직업전문가, 직무분석전문가, 진로전문가, 창업전문가, 교육전문가 등 총 11명으로 집필진을 구성하였다. 특히 현장의 목소리를 담고 활용 가능성을 타진하기 위하여 고용부 창직과정에 참여하고 있는 창직강사, 창직멘토, 창직운영기관 담당자를 집필진에 참여시켰다.

집필진은 11개 모듈별로 1~3명씩 중복되게 구성하였다. 창직이해, 자기이해 등 이미 충분한 자료가 있는 경우 1~2명으로 배치하고 창직세팅업!처럼 창직 아이디어 도출부터 창직모델링까지 연속적인 과정인 경우 전체 과정을 3명으로 구성하여 상호연계성을 높이도록 하였다. 창직시장 정착에 필수적인 홍보, 마케팅, 자원분석 등의 모듈은 가급적 창직교육에 경험이 있거나 창직교육 이후 후속지원 경험이 있는 전문가를 배치하여 활용성을 높였다.

1) 자세한 내용은 창직교육 프로그램 개발 기초연구(1차년도)(김중진 외, 2016)를 참조.

(3) 집필 가이드라인 작성

- 대상: 청년층
- 작성내용: ① 모듈별 학습목표 및 내용, ② 교수 시 주의 사항, ③ 읽기자료, 교육자료, 활동지 등 교수학습에 도움이 되는 내용 등
- 개발방향: ① 창업, 진로 등의 교육내용을 분절하지 않고 융합하여 제시할 수 있도록 함, ② 다양한 창직 사례를 소개하여 예비창직자들이 쉽게 이해할 수 있도록 지원하고, 개인이 도출한 창직 아이디어(직업)는 개인별로 다양하게 구현할 수 있으므로 가능한 많은 사례를 제시해 각자에게 맞는 방안을 도출할 수 있도록 지원해야 함, ③『우리들의 직업만들기』 등 그간의 자료를 활용하고 창직 및 창업 전문가가 활용했던 강의안, 집필 원고 등을 참고, 수정하여 활용하는 등 현장 활용성을 제고함, ④ 교육내용은 가급적 자세하고 상세한 내용을 담을 것. 따라서 개념, 용어설명, 방법, 활용방안 등을 자세히 소개할 것, ⑤ 집필진의 의견이 아닌 보편타당하고 객관적인 내용을 담을 수 있도록 할 것, ⑥ 지나치게 구조화된 내용보다는 교수자가 유연성 있게 활용할 수 있도록 구성함

(4) 집필 및 원고검토 등 조정

…… (후략) ……

출처: 김중진, 최영순, 최화영(2017).

이와 같이 프로그램의 내용을 구성한 이후 프로그램 운영매뉴얼을 개발하는 과정에서도 프로그램은 지속적으로 검토되고 수정될 수 있다(ⓐ). 또한 운영 매뉴얼을 집필할 집필진 구성을 살펴보면, 창직 관련 다양한 전문가를 포함하여 총 11명의 집필진을 확보하였는데(ⓑ), 좋은 프로그램 개발을 위해서는 이렇게 충분한 예산이 투입될 필요가 있음을 알 수 있다. 이러한 과정을 거쳐 운영매뉴얼에 포함된 창직모형 및 구성요소는 다음과 같다.

**창직 3개 영역**

창직영역은 창직이 이루어지는 과정을 중심으로 제시하였다.

[그림 11-7] 창직교육과정 구성

- 창직워밍업!: 본 영역에서는 창직활동에 들어가기 이전에 확인해 보고 알아야 할 내용으로 ① 창직이해, ② 자기이해, ③ 직업세계 이해와 창직, ④ 직무분석과 창직 등 4개 모듈로 구성된다.
  창직활동을 본격적으로 시작하기에 앞서 창직의 본질을 이해하고 자기이해를 통해 본인의 창직활동에서 창직의 의미를 되새기는 시간이다. 그리고 창직 아이디어 도출에 긴요한 지식인 직업세계 변화와 창직 아이디어 도출에서 창직모델의 구현에 필요한 직무분석 방법 등을 학습한다.

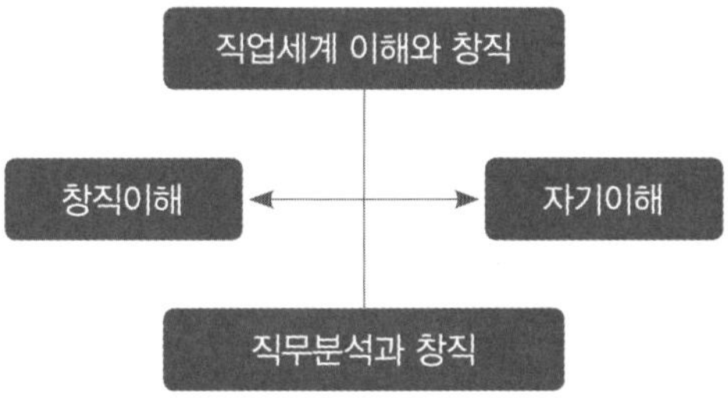


[그림 11-8] 창직워밍업! 구성

- 창직세팅업!: 본 영역에는 실질적으로 창직활동을 위해 필요한 내용이 포함되어 있다. ① 창직 아이디어 도출, ② 창직 아이디어 검증, ③ 창직플래닝, ④ 창직모델링 등 4개 모듈로 구성된다. 창직 아이디어를 구현하여 동료와 전문가, 시장으로부터 타당성을 확보하고 이를 토대로 창직모델을 구현한다. 창직세팅업!은 단선적 구조가 아니며 복선적 관계를 갖는다. 즉, 아이디어 도출 후 시장 검증 단계에서 수정이 불가피한 경우 다시 창직 아이디어 도출로 돌아와 재작업을 한다.

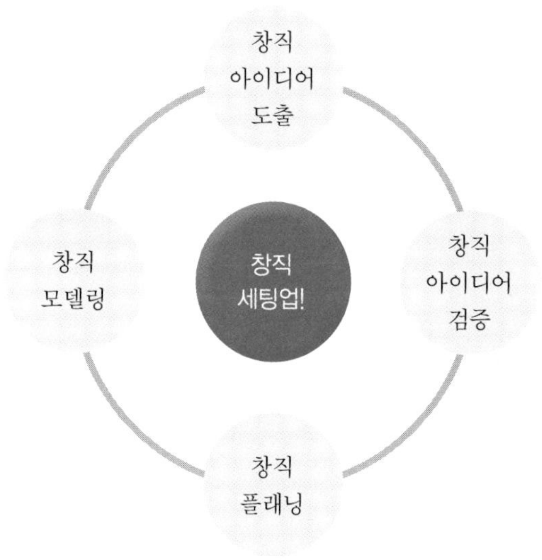


[그림 11-9] 창직세팅업! 구성

• 창직러닝업!: 본 영역에서는 구현한 창직모델을 시장에서 확산시키기 위하여 알아야 할 지식과 기술을 학습한다. ① 창직브랜딩, ② 창직자원 분석, ③ 창직계획서 작성 등으로 구성된다. 창직을 수요자에게 알리는 창직브랜딩, 내·외부 자원을 분석하여 자원확보 계획을 수립하는 창직자원 분석, 그리고 창직 구현 시 창직자에게 안내자 역할을 하고 정부 기관 등 외부로부터 자원을 획득할 때 설득 자료로 사용할 수 있는 창직계획서 작성 등이 있다.

[그림 11-10] 창직러닝업! 구성

…… (중략) ……

각 모듈은 학습목표와 학습내용으로 구성된다. 학습목표는 각 단원에서 학습하여 성취하고자 하는 목표이다. 학습내용은 각 모듈에서 학습해야 하는 내용이다. 지금까지 창직과 관련된 교재가 개발된 것이 없어서 본 연구에서는 학습에 필요한 내용을 구안하고 기술하는 데 중점을 두었다. 또한 교수과정에서 확인하고 유념해야 할 사항 등도 '교수 TIP'으로 소개하고 있다. 또한 활동 과정에서 활동에 따른 지침과 학습자가 따라 할 수 있는 각종 예제도 포함하였다. 이 외에도 학습에 도움이 되는 읽기자료, 활동지, 교육자료 등이 제시된다.

읽기자료에서는 창직자, 예비창직자, 인사담당자, 창직전문가 사례 및 인터뷰 등이 소개되고 있다.

표 11-5 **창직 모듈 구성요소**

| 구성요소 | 설명 |
|---|---|
| 모듈명 | 학습 모듈의 명칭 |
| 학습목표 | 모듈에서 성취해야 할 학습목표 |
| 학습내용 | –모듈에서 습득해야 할 학습내용 제시<br>–교수 TIP: 교수 시 확인 및 유념해야 할 사항<br>–활동<br>–예제 |
| 학습지원 콘텐츠 | 읽기자료, 활동지, 교육자료, 동영상 |

출처: 김중진 외(2017).

창직워밍업 영역의 첫 번째 모듈 창직이해에 대한 매뉴얼 예시를 일부 소개하면 다음과 같다.

| 창직워밍업! A | 1. 창직이해 |
|---|---|
| 학습목표 | 창직의 등장 배경 및 필요성을 이해할 수 있다.<br>창직의 개념과 정의를 이해할 수 있다.<br>창직을 둘러싼 창업, 취업 등의 개념들과의 관계를 이해할 수 있다.<br>창직을 통해 구현 가능한 진로를 이해할 수 있다.<br>창직과정을 통해 습득 가능한 역량에 대해 이해할 수 있다. |

| 교수 TIP! | ▶ 본 과정은 창직교육과정을 시작하는 첫 단계로, 창직워밍업!은 ① 창직 이해, ② 자기이해, ③ 직업세계 이해와 창직, ④ 창직과 직무분석으로 구성된다.<br>▶ 창직이해에서는 창직의 개념부터 창직활동을 통해 구현 가능한 것이 무엇인지 소개한다. 특히 창직활동을 적극적으로 하기 위해서는 창직의 개념과 의미를 충분히 이해해야 한다. 따라서 교수자는 창직을 충분히 이해해야 하는 이유에 대해 구체적으로 설명한다. 창직의 의미와 창직을 통해 구현되는 모습, 그리고 창직 시 겪는 어려움, 이 과정을 통해 습득 가능한 역량 등을 소개하여 본 활동의 참여 동기를 강화한다.<br>▶ 본 모듈의 참가자가 창직에 대한 이해가 충분치 않고 개념 정립이 쉽지 않다면, 향후 다른 모듈을 통해 구체화할 수 있음을 알려 적극적인 참여를 독려한다. |
|---|---|

### 1.1 창직의 등장 배경

창직(創職)이라는 용어는 2009년 7월 26일『매경 Economy』의 〈1인 창직(創職)시대 두드리면 열린다: 1인 창직시대 살아가는 법-마음을 열면 기회가 널려 있다〉에서 처음 소개되었다. 주요 골자는 일자리 없는 경제성장이 지속되는 가운데 경제 불안으로 취업은 어려워지고 있어 개인이 직접 이전에 없던 직종 을 만들어 내면서 1인 기업가가 되어야 한다는 것이다. 취업난의 해결책으로 기존 일자리에 들어가기보다는 새로운 직업을 발굴하여 스스로 일자리를 만들어 내자는 것이다.

사실 창직은 예전부터 있었다. 현재 대중화된 직업인 '다이어트프로그래머', '웨딩컨설턴트' 등의 직업은 한 개인의 노력으로 시작되어 오랜 기간에 걸쳐 직업으로 성장한 것이다.

창직이 부각된 배경에는 일 환경 변화와 일자리 문제가 있다.

…… (중략) ……

〈읽기자료 1〉 기업에서 바라본 창직(천일식품 인사팀 김인규 매니저)

▶ 창직은 창직활동 후 취업으로 이어질 수 있어 기업에서 창직을 어떻게 바라보고 있는지 살펴보는 것도 중요하다. 고용부 창직과정의 멘토로도 활동하고 있는 김인규 인사팀장을 통해 창직활동과 창직활동에 참여한 학생에 대해 기업은 어떻게 생각하고 있는지 들어 본다.

Q: 창직활동 이수자와 비이수자의 차이점을 느끼시나요?
(면접 시 달랐던 점, 비창직자의 회사활동과의 차이점 등등 긍정적 사례를 소개해 주세요.)

A: 기업에서 신입사원 채용 시 중요한 요소 하나는 전공에 대한 깊이와 직무의 연계성이고, 또 다른 하나는 개인의 구체적인 성장목표, 방법, 경험, 인성에 진정성이 있느냐를 평가합니다.
최근 지원자를 면접할 때 느끼는 것은 대학, 인턴, 자기학습 등의 경험을 질문했을 때 본인이 직접 경험한 것보다는 간접적인 경험들을 '자기 것으로' 만들어 이야기하는 면이 많다고 생각합니다. 창직활동을 해 본 사람들은 인터뷰 시 직접 경험하고 추진했던 것들을 구체적으로 답변합니다. 이는 비이수자와 이수자의 큰 차이로 보입니다.
다만, 회사활동에서는 문제해결에 있어 경험과 사실들을 체계적으로 구조화시켜 보고하는 스킬이 있어야만 다음 단계로 진행이 되는데, 이런 구조화 역량들을 더 키운다면 창직활동자들은 매력적인 평가를 받을 수 있다고 생각합니다.

…… (후략) ……

출처: 김중진 외(2017).

이와 같이 교육 프로그램의 경우 운영매뉴얼을 통해 교수자가 활용할 수 있도록 다양한 읽기자료를 포함하고, 별도의 교수팁을 제공하는 것은 프로그램의 보급 및 프로그램의 효과 관리를 위해 중요한 부분이다.

그 밖에 프로그램 운영관리를 위해서는 인적 · 물적 자원 확보와 관리, 예산수립 및 확보와 관리, 관련 기관과의 협력, 프로그램 마케팅 및 홍보, 참여자 모집과 선발 등에 대해 사전에 고려해야 한다. 이 창직교육 프로그램의 경우에는 기교육과정에 보급하고 활용할 프로그램으로 기타 프로그램 운영관리에 대한 전략은 포함되어 있지 않은 것으로 보인다.

### 2) 프로그램 효과평가

이 창직교육 프로그램 개발과정에서는 운영매뉴얼 개발까지를 포함하고 있지만, 향후 프로그램의 효과 검증을 위해 프로그램 평가를 설계한다면 어떤 평가모형이 가능할지 생각해 볼 수 있다. 우선, 교육평가모형을 바탕으로 프로그램이 정한 목표를 달성하였는지를 확인하는 목표중심 평가모형을 생각해 볼 수 있다. 간단히는 각 회기 학습목표를 바탕으로 목표달성 척도를 활용할 수 있고, 학습목표 달성 여부를 확인하는 체크리스트를 활용할 수도 있을 것이다.

다음으로 프로그램을 경험한 집단과 그렇지 않은 집단, 혹은 기존의 다른 프로그램을 경험한 집단 간의 결과를 비교하는 집단비교평가를 통해 프로그램의 효과를 확인할 수 있는데, 이때 창직교육 프로그램에 참여한 사람들의 창직역량에 대한 평가가 대표적인 성과지표가 될 것이다.

제12장

# 집단상담 프로그램 개발의 실제

이 장에서는 집단상담 프로그램의 예시로 정서중심치료를 기반으로 한 청소년 정서조절능력 향상 프로그램(김영근, 김성숙, 이영희, 2017; 김영근, 허신도, 이영희, 최민정, 2016)을 소개하면서 앞에서 설명한 프로그램 개발 절차를 확인하고자 한다.

이 프로그램은 프로그램 기획, 프로그램 구성, 예비연구, 프로그램 실시 및 개선의 4단계 과정을 거쳐 개발되었다. 각 단계별 세부 프로그램 개발과정은 〈표 12-1〉과 같다.

표 12-1 **청소년 정서조절능력 향상 프로그램 개발과정**

| 단계 | 프로그램 개발 | 주요 내용 |
|---|---|---|
| 1. 프로그램 기획 | 목표 수립 | 청소년 정서조절능력 향상 프로그램 개발 기획<br>프로그램 목적 및 목표의 정립 |
| | 문헌연구 | 정서중심치료 관련 이론 검토<br>정서중심치료와 정서조절 관련 선행연구 및 문헌조사<br>자료 분석 및 프로그램 내용에 대한 이론적 검토 |

| | | |
|---|---|---|
| | 요구분석 | 요구조사를 위한 설문지 문항구성 및 설문지 제작: 청소년용/상담 및 교육 전문가용<br>요구조사 설문 실시 및 완료(2016년 4~5월): K 지역 18개 시 · 군 청소년상담복지센터를 통해 초등 5, 6학년/중등 1, 2학년 총 250부, 각 지역별 상담 및 교육전문가 60부 |
| 2. 프로그램 구성 | 구성원리 | 프로그램 요소의 수집 및 개발<br>문헌연구: 정서조절능력, 스트레스 및 정서조절기술 등 |
| | 내용구성 | 프로그램 요소의 선정 및 조직, 내용 및 전략 선정<br>프로그램 목적과 목표 및 활동요소의 관계가 적절한지 검토 |
| | 예비 프로그램 개발 | 예비 프로그램 초안 개발<br>예비 프로그램 구성 및 지침서와 워크북 제작 |
| 3. 예비연구 | 예비집단 실행 | 예비 프로그램 실시: 실험집단과 통제집단은 각각 초등학생 3집단, 중학생 2집단으로 각 34명, 총 10집단 68명을 대상으로 연구(2016년 6~7월) |
| | 평가 및 수정 · 보완 | 프로그램 성과평과 및 과정평가 실시<br>참여자들의 평가와 피드백을 바탕으로 활동요소 수정 및 보완 |
| | 프로그램 완성 | 최종 프로그램 개발 완료<br>지도자용 지침서, 청소년용 워크북, PPT, 회기평가지 제작 등<br>집단상담 지도자 매뉴얼 교육 실시 |
| 4. 프로그램 실시 및 개선 | 본집단 실시 | 청소년 정서조절능력 향상을 위한 프로그램 '내 마음아, 부탁해' 배포: K도 18개 시 · 군 청소년상담복지센터를 통해 초등 5, 6학년/중등 1, 2학년 대상으로 실험집단 18집단 122명, 통제집단 17집단 117명, 총 35집단 239명을 대상으로 함(2016년 9~11월) |
| | 평가 | 프로그램 사전-사후 검사, 회기별 평가, 만족도 조사 분석, 프로그램 모니터링 및 프로그램 효과성 평가 보고서 |

출처: 김영근 외(2016).

## 1. 프로그램 기획

프로그램의 기획 단계는 ① 대상자 결정, ② 요구조사, ③ 환경/상황 검토, ④ 프로그램의 비전 및 목적의 정립, ⑤ 일정계획 수립 등으로 구성된다. 이 연구에서는 정서조절 및 정서치료 관련 문헌 검토를 통해 프로그램 개발 필요성을 확인하고, 프로그램의 잠재적 대상자 및 제공자를 포함하는 주요 정보제공자 조사를 통해 요구분석을 실시하였다.

### 1) 프로그램 개발의 필요성 확인

프로그램 기획이 효과적으로 이루어지기 위해서는 프로그램 개발의 필요성과 요구를 분명하게 확인하는 과정이 반드시 필요하다. 이 정서조절능력 향상 프로그램의 경우 다음과 같이 청소년의 정서조절능력 향상의 중요성을 들어(ⓐ) 프로그램 개발 필요성을 제기하였다.

(전략)

정서인식과 정서표현 능력은 정서조절을 위한 기초가 되는 능력으로서(Mayer & Geher, 1996), 청소년이 정서를 제대로 인식하고 표현하지 못할수록 자신의 정서를 억압하게 되고 부정적 정서를 더 많이 느끼는 등 지나치게 사고와 행동을 억압하거나 과잉 행동을 나타낼 수 있다(이지영, 권석만, 2006; 허재홍, 2014). 그리고 정서인식과 정서표현의 어려움은 성인기에 비해 청소년기에 더 많이 발생하는데(Honkalampi et al., 2009; Sakkinen et al., 2007), ⓐ 청소년의 정서적 문제는 곧 문제행동 및 사회적 부적응으로 이어질 수 있기 때문에 적절한 정서인식과 정서표현, 정서조절은 청소년의 건강한 성장과 적응에 미치는 영향이 매우 크다고 볼 수 있다. 이처럼 청소년의 성장과정에서 나타나는 다양한 문제행동과 사회적 부적응의 원인 중 하나가 정서조절이며(이유현, 정소희, 최웅용, 2014; Cole, Martin, & Dennis, 2004), 최근 정서조절에 대한 연구들이 지속적으로 관심을 받고 있다. 따라서 본 연구에서는 정서중심치료의 이론적 접근을 바탕으로 청소년 정서조절능력 향상 프로그램을 개발하여 실제 상담현장에 적용해 보고 그 효과를 검증해 보고자 하였다.

(후략)

출처: 김영근 외(2017).

프로그램 개발의 필요성을 확인하기 위해서는 먼저 개발하고자 하는 프로그램의 주제, 목적 등을 명료화하는 작업이 필요하다. 이를 위해서 유사한 기존 프로그램이 어떤 형태로 진행되고 있는지, 동일 기관에서 그와 관련된 기존 프로그램이 있는지 등을 종합적으로 분석해야 한다. 이 연구에서는 다음과 같이 기존 청소년 대상 집단상담 프로그램을 검토하고 그 한계점을 지적하면서(ⓑ) 이 프로그램이 가지는 유사 프로그램과의 차별성을 강조하였다.

최근 들어, 청소년 시기 정서조절의 중요성을 인지하여 몇몇의 연구자가 이들을 대상으로 한 다양한 정서조절 프로그램을 개발 및 실시하였다.
특정 아동 및 청소년을 대상으로 한 집단상담 프로그램을 살펴보면 가정학대 피해 가출 청소년(박은민, 김봉환, 2009), 보호자의 학대 및 양육거부 또는 가출 등을 이유로 공동생활 가정에서 생활하는 아동(손경숙, 2007), 충동성과 공격성이 높은 중학생(라정숙, 2009), 분노문제가 급증하는 초등학교 고학년 아동(김정은, 김유미, 2013)을 위한 집단상담 프로그램 등이 있다. 이에 대한 다양한 도구적 접근으로는 역할놀이 활용 집단상담 프로그램(강민정, 2016), 정서중심 집단미술치료 프로그램(김태희, 2015), 집단영화치료 프로그램(강은주, 천성문, 2011), 놀이중심의 정서조절 프로그램(이정자, 2013)이 있다. 정서요소에 따른 접근으로는 자신의 정서탐색, 정서인식, 정서표현, 정서조절(박은민, 김봉환, 2009), 자기정서, 타인정서, 적응적 정서표현(강은주, 천성문, 2011), 자기정서의 이해, 타인정서의 공감, 부정적 정서조절(손경숙, 2007), 분노억제, 분노표출, 분노조절(김정은, 김유미, 2013)의 요소를 활용한 프로그램이 있다.
그러나 ⓑ 정서 관련 연구를 다룬 기존의 연구들 중에는 심리적 기제 중 우울이나 분노와 같은 특정 부정정서를 주제로 정서적인 문제를 제한하여 청소년기에 겪을 수 있는 다양한 정서의 어려움 중에서 일부만을 다루고 있었다(라정숙, 2009; 박은민, 김봉환, 2009; 오지혜, 2015). 이는 특정한 부정정서를 다루는 것뿐만 아니라 정서 문제 접근에 있어 정서적 경험과정 또는 정서 다루기의 내면적 의미나 맥락을 구체적으로 보여 주지 못한다는 한계가 있다. 이처럼 특정 부정정서만을 다룸으로써 겉으로 드러나는 문제증상을 감소시키는 차원도 중요하지만, 이와 함께 부정적인 정서에 대처할 수 있는 적응능력의 향상을 위한 예방적 노력이 중요하다. 즉, 문제 증상의 감소뿐만 아니라 그것에 대처할 수 있는 적응 능력의 향상을 위한 예방적 노력이 중요하며 이러한 예방적 프로그램의 필요성이 제기되고 있고(강은주, 천성문, 2011; 최수미, 김수현, 조영일, 2012), 예방적인 노력에 대한 연구가 비교적 최근에 이루어지고 있다(김태희, 2015; 이정자, 2013; Suveg et al., 2006). Greenberg(2012)는 증상 해결을 위한 측면뿐만 아니라 적응적 정서에 대한 이해와 정서 변화 과정을 다루는 것의 중요성에 대해 강조하였다. 따라서 본 연구에서는 아동과 청소년을 대상으로 정서 문제 접근에 있어 정서의 이해와 정서적 경험 과정 또는 정서 다루기의 내면적 의미나 맥락에 구체적으로 초점을 맞추어 정서조절능력 향상을 다루고자 하였다.

출처: 김영근 외(2017).

이와 같이 현재 운영되고 있는 프로그램의 실태를 검토하는 것은 개발하고자 하는 프로그램의 필요성을 확인하는 초석이 된다.

### 2) 요구분석

이 연구에서는 프로그램과 관련된 문제에 대한 정보를 가장 적절히 파악한다고 여겨지는 사람들을 대상으로 수행하는 주요 정보제공자 조사를 통해 요구분석을 실시하였다. 청소년 250명에게 정서조절의 어려움과 원인, 주된 정서, 정서조절 어려움의 해결방법, 정서조절 프로그램의 필요성, 참여 의사 등의 문항으로 구성된 설문조사를 실시하였고, 청소년상담복지센터 상담사와 K도센터 상담사 및 멘토지원단, 초등학교, 중·고등학교 전문상담교사와 담임교사 등 상담 및 교육 전문가 60명으로부터 청소년 상담 지도 시 어려움, 청소년이 겪는 정서적 어려움, 정서조절 상담 개입의 필요성, 정서조절 프로그램 실시의 필요성 및 구성요소와 운영방식에 대한 요구조사를 실시하였다. 요구분석 결과는 다음과 같다.

요구분석 결과 청소년은 정서조절에 실제 어려움을 겪고 있으며 특히 친구와 형제·자매와의 관계에서의 갈등, 상처받았던 기억, 무시당한다고 느껴질 때 정서조절에 어려움을 느낀다고 응답하였다. 대다수의 청소년은 기분 나쁜 감정을 해소하는 방법을 배운 적이 없기 때문에 정서조절방법을 배울 수 있는 프로그램의 필요성과 참여 의사를 긍정적으로 밝히고 있었다.

상담 및 교육전문가 요구분석 결과, 청소년을 상담, 지도하면서 겪는 어려운 부분은 무기력함, 비협조적 태도, 지속적인 상담 시간의 부족으로 나타났다. 또한 청소년의 정서조절 능력의 중요성에 대해 매우 중요하다고 응답한 비율이 95% 정도 되었다. 청소년 정서조절 프로그램의 필요성에 대해서는 상담 및 교육전문가 모두 동의하고 있었다. 프로그램 운영방식에 있어서는 놀이 중심의 매체와 심리극 등의 실습 및 체험형 활동을 선호하였다. 프로그램 실시 회기 및 시간에 있어서는 상담 및 교육 전문가들의 요구조사에서 주 1회, 2개 교시, 총 4주(36.7%)가 다른 선택지보다 가장 높게 나온 것으로 학교 현장의 요구도를 반영하였다.

출처: 김영근 외(2017).

주요 정보제공자 조사에는 이처럼 해당 문제에 대한 전문가 집단이나 프로그램의 잠재적 수요자 집단을 포함시키는 것이 일반적이다. 조사에 포함된 정보제공자가 누가 되는지에 따라서 수집된 정보의 내용이 달라질 수 있는데, 이 연구에서는 조사에 포함된 구성원이 프로그램의 대상 집단을 대표할 수 있고, 충분한 인원을 포함함으로써 수집된 정보의 신뢰도를 높였음을 알 수 있다.

## 2. 프로그램 설계

### 1) 프로그램의 이론적 모형

이 연구에서는 정서조절능력 향상의 원리를 설명하기 위해 정서중심치료를 채택하였다. 즉, 내담자와 관계를 형성하고, 정서활성화 및 정서탐색의 과정을 거친 다음, 정서의 재구성을 통해 새로운 정서 및 의미가 생성된다는 정서중심치료의 치료적 개입을 기초로 하여 프로그램의 개념 틀을 세우고자 하였다. 정서중심치료의 접근에 대한 설명은 다음과 같다.

ⓐ Greenberg와 Paivio(2008)에 따르면, 정서중심치료의 치료적 개입은 3단계 과정을 통해 이루어지는데, 첫째, 내담자와 관계를 형성하고, 둘째, 정서활성화 및 정서탐색의 과정을 거쳐, 셋째, 정서의 재구성을 통해 새로운 정서 및 의미가 생성된다. 즉, 안전한 환경을 제공해 주는 치료적 관계 안에서 힘들었던 내적 경험을 회피하지 않고 주의를 기울임으로써 활성화된 정서에 머무르고 그 경험에 담긴 느낌이나 정서를 언어로 상징화하게 되면 이전에는 생각할 수 없었던 새로운 의미를 창조하고 구성할 수 있게 된다. 이처럼 새로운 의미가 출현하고 내면에 숨어 있던 생존과 성장, 인정의 욕구에 대한 자각이 일어나게 되면 이런 욕구나 목표를 충족시킬 수 있는 새로운 대처방식과 내적 자원을 만나게 되는데 이런 과정을 통해 자기진정능력과 정서조절능력이 향상된다. 다시 말해, 자신의 정서적 경험이 수용되고 그 내면적 의미를 깨닫게 될 때 정서에 담긴 의미와 욕구를 알게 됨으로써 약한 자기(self)를 점차적으로 진정시키는 방법을 알게 되고 정서조절이 가능하게 되며 진정한 자기를 확인해 나갈 수 있게 된다(김창대, 2009).

…… (중략) ……

정서중심치료의 접근은 심각한 정신병을 가진 사람보다는 우울하고 불안한 내담자, 대인관계 문제 등 일상에서 삶의 문제를 겪고 있는 사람들에게 가장 효과적이다(Paivio & Greenberg, 1995). 이는 정서중심치료가 일상에서 우울, 불안, 대인관계문제 등 삶의 다양한 스트레스를 겪는 청소년에게 특정한 문제 중심이 아니라 보편적으로 적용될 수 있는 정서조절능력 함양과 같이 정서를 적절히 다루어서 적응을 높일 수 있는 방향으로 나아갈 수 있는 가능성을 시사하는 것이다. 이와 관련하여 김태희(2015)는 관심군 청소년이 심리적, 정서적 문제로 인해 부적응 행동과 사회성 결여 등 적응상의 부정적인 결과를 겪을 수 있으므로 자신의 정서를 인식하고 표현하는 것과 같은 정서조절 과정에서 겪는 어려움의 문제를 예방하고 적응 능력을 향상시키기 위한 프로그램의 필요성을 제기하였다. 또한 이정자(2013)는 정서조절 프로그램이 위기청소년의 발생 및 확산 예방에 기여하며 나아가 위기청소년을 대상으로 하는 예방적 목적의 프로그램이라는 점에서 연구의 의의를 강조하기도 하였다. 이와 더불어 Kim(2011)은 상담에서의 예방상담이 갖는 필요성과 중요성에 대해 역설하였다. 즉, 청소년기의 발달적 측면에서 그 중요성을 살펴볼 때 정서조절 능력이 잘 발달하지 않으면 청소년기 이후 삶의 부적응으로 이어질 개연성이 높으므로 증상의 해결을 위한 문제해결적인 측면의 개입과 더불어 예방적 프로그램으로의 개입 또한 매우 중요하다 하겠다.

> 이러한 예방적 접근을 통해 청소년이 경험하는 부정적 정서를 통제하려 하기보다는 이를 적절히 조절할 수 있도록 돕는다면 청소년 스스로 일상에서의 스트레스를 관리할 수 있는 능력을 키워 주어 이것이 잘되지 않았을 때 발생할 수 있는 다양한 문제를 예방할 수 있다는 데서 그 중요성이 있다고 하겠다. 이처럼 정서중심치료에서 정서변화의 원리는 부정적인 정서를 긍정적인 정서로 변화시키는 것뿐만 아니라, 변증법적으로 반대되는 적응적 정서를 활성화하여 부적응적 정서를 변화시키는 데에도 적용(Greenberg, 2002)될 수 있으며 건강한 자원을 가진 청소년들도 이러한 원리를 습득하고 있을 때 문제가 발생하기 전에 예방적 차원으로 활용될 수 있다.

출처: 김영근 외(2017).

대부분의 프로그램이 그러하듯 정서조절능력 향상 프로그램도 다수의 구성요소를 갖게 되므로 프로그램의 이론적 가설은 다중 매개변인을 포함한다. 정서중심치료의 3단계 치료적 개입과정을 기반으로 하는 이 프로그램은 정서활성화 및 정서탐색의 과정을 거쳐 정서의 재구성을 통해 궁극적으로 정서조절능력이 향상될 수 있다고 보았다(ⓐ). 이러한 매개효과 가설은 프로그램을 통해 이루어지는 변화 과정을 설명할 수 있다. 프로그램의 변화과정에 대한 설명은 다음과 같다.

> 본 연구에서는 정서에 대한 경험적 지원을 중시하며 통합적이고 체험적인 치료적 접근 방법인 정서중심치료의 과정(Greenberg, 2002)을 참고하여 프로그램의 내용을 구성하였는데 이는 ⓑ <u>치료 장면에서 힘든 감정을 직접적으로 다루는 새로운 경험을 통해 억압된 감정을 불러냄으로써 진정한 변화를 이끌어 낼 수 있다. 또한 정서를 생생하게 체험하는 것이 변화의 시작이 되며 내담자는 치료자와 감정을 교류하고 자기 공감 능력을 발전시키며, 느낌을 이야기하고, 이를 상징화하고 수용하며, 자각하는 능력을 발전시켜 나가는 과정을 통해 정서를 스스로 조절하는 법을 배우게 된다</u>(Greenberg & Paivio, 2008). 또한 정서조절에 어려움이 있는 내담자들의 정서를 조절하는 능력을 향상시키는 개입이 내담자의 적응과 심리적 건강을 증진시킴으로써 심리치료적 효과를 증대시킬 수 있다(김태희, 김갑숙, 2014; Fosha, 2000; Greenberg, 2002; Omaha, 2004).

출처: 김영근 외(2016).

이와 같이 좋은 프로그램은 탄탄한 이론모형에 근거한다. 이 프로그램이 근거한 정서중심치료 이론은 프로그램의 목적인 정서조절능력 향상에 도달하는 과정에 정서활성화 및 정서탐색과 같은 매개변인이 필요하고, 그러한 요인을 촉진하는 활동이 어떤 순서로 제공되어야 하는지 등에 대한 기본 지침을 제공하고 있다(ⓑ).

## 2) 프로그램 내용의 선정과 조직

프로그램 개발자는 이론적 가설을 확립하여 프로그램을 구성함에 있어서 효과가 있는 것으로 보이는 구성요소를 단순히 결합시키기보다는 어떻게 하면 원하는 결과를 얻도록 최적화시킬 수 있는지를 고려해야 한다. 이 프로그램은 앞서 설명한 정서중심치료의 이론적 모형과 치료단계 및 과정, 개입 접근에 따라 활동 내용을 구성하였다. 구체적으로, 정서중심치료 개입의 3단계(관계 형성, 활성화 및 탐색, 정서의 재구성)를 바탕으로 하는 네 가지 구성요소(관계 형성, 정서 인식 · 탐색 · 표현, 정서 활성화 · 수용 · 재구성, 정서조절)별로 회기 목표를 구성하였다. 프로그램의 구성원리와 단계별 목표는 다음과 같다.

본 프로그램은 8회기로 구성하였으며, 1~3회기는 관계 형성과 정서인식, 정서표현의 단계로 놀이, 게임, 역할극 등을 통해 자신의 정서를 인식하고 표현해 보도록 하였다. 4~6회기는 정서활성화, 정서수용, 정서재구성의 단계로 감정 별자리 활동에서 정서를 활성화하여 생생하게 경험해 보고, 정서적 경험을 POWER 정서도식에 적용해 보도록 하였다. 7~8회기는 정서조절의 단계로 세잎 클로버 화분 만들기 활동을 통해 자신의 정서를 돌보고 연약한 자기를 점차적으로 진정시키는 방법을 습득하여 집단원의 지지와 상호작용을 바탕으로 정서조절을 함양할 수 있도록 하였다.

표 12-2 정서조절능력 향상 프로그램 구성원리 및 흐름

| 단계 | I | II | III | IV |
|---|---|---|---|---|
| 구성요소 | 관계 형성 | 정서인식<br>정서탐색<br>정서표현 | 정서활성화<br>정서수용<br>정서재구성 | 정서조절 |
| 회기 | 1회기 | 2, 3회기 | 4, 5, 6회기 | 7, 8회기 |
| 목표 | 신뢰감 형성<br>정서의 의미<br>정서조절의<br>필요성 이해 | 다양한 정서인식 및<br>정서표현, 자신 및<br>타인의 정서 탐색 | 부정적 정서<br>활성화,<br>머무르기,<br>재경험하기<br>POWER<br>원리이해<br>소망, 욕구 찾기<br>정서 수용하기<br>정서재구성 | 자기진정기술<br>새로운 의미 찾기<br>내적 자원 찾기<br>정서조절능력 향상 |
| 전략 및 활동요소 | 프로그램소개<br>프로그램<br>구조화<br>'기분을 말해 봐'<br>게임 | 주의조절기술연습<br>(호흡법)<br>YOU & I 공감대화법<br>'퐁당퐁당 내 마음'<br>게임<br>'우.드.소' 역할극<br>(우리만의 드라마를<br>소개합니다) | 주의조절기술<br>연습(호흡법)<br>YOU & I 공감<br>대화법<br>나의 감정 별자리<br>POWER 도식 | 나의 감정 돌보기<br>집단원과<br>상호작용<br>지지하기<br>세잎클로버 화분<br>감정구슬주머니 |

출처: 김영근 외(2017).

앞에서 제시한 바와 같이 이 프로그램의 활동은 프로그램의 흐름과 관련하여 프로그램의 이론적 근거가 되는 정서중심치료 개입의 3단계를 바탕으로, 프로그램의 최종 목표를 달성하는 데 영향을 주는 매개변인을 촉진하는 순서로 구성되어 있다.

프로그램의 내용요소를 선정하고 조직하는 과정에서 정서중심치료를 이론적 배경으로 하는 프로그램 개발 논문 및 정서조절과 관련된 프로그램 논문 리스트를 작성하고, 그중에서도 청소년을 대상으로 하는 9편의 논문 프로그램 구성과 내용요소 등을 최종적으로 검토하였다. 채택한 내용요소의 평가 기준과 선정의 근거는 요구분석 내용에 따라 체험적 과정으로 감정조절을 위한 구체적 방법을 연습할 수 있

는가로, 이를 위해 프로그램 개발자들은 8회차에 걸쳐 프로그램 주제와 내용요소가 유기적으로 잘 구성되었는지, 서로의 의견을 나누고 수정하는 작업을 반복하였다(김영근 외, 2016). 이와 같이 프로그램 내용을 선정하고 조직하는 과정에서는 경험적으로 구성요소를 촉진하는 활동을 채택하고 이에 더해 잠재적 대상자의 요구를 반영하는 새로운 활동들을 개발하고 추가하는 작업이 필요하다.

이런 방식으로, 연구자들은 8회기로 구성된 이 프로그램을 통해 정서조절의 변화과정을 경험함과 동시에, 회기 안에서 체험적 활동을 통해 정서조절 전략을 배우고, 매 회기마다 구성원이 함께 반복 연습하여 정서조절능력을 향상시킬 수 있도록 세 가지 전략을 제시하였는데, 그 내용은 다음과 같다.

첫째, 각 회기 프로그램 도입에 정서조절기술인 호흡법을 매 회기 연습하여 신체가 정서조절기술을 기억하도록 훈련하고 실제 부정적 정서가 과활성화되어 외현화 행동이 표출될 때, 스스로 신체반응을 자각하고 행동을 조절할 수 있도록 하였다. 나쁜 감정을 느끼면 가장 먼저 호흡이 방해를 받는다(Greenberg & Paivio, 2008). 이때 호흡에 주의를 기울이면 현재 일어나는 내면의 감각에 자연스럽게 주의가 기울여지고 마음이 명료해지며, 호흡이 느려지거나 정상적인 호흡으로 돌아오게 된다. 정서중심치료에서 호흡은 정서를 조절하는 가장 중요한 기술 중의 하나이며, 강력한 자기진정 효과가 있다.

둘째, 활성화된 정서를 수용하고 정서를 재구성하는 데 있어, POWER의 원리(−Problem, 문제가 뭐지? −emOtion, 느껴지는 감정은? −Want, 지금 원하는 것은? −mEan, 중요한 의미 찾기 −Real needs, 자신의 진짜 욕구)와 도식을 활용해 눈에 보이지 않는 정서를 시각화하여 자신의 정서를 실제 눈으로 보고 느낄 수 있도록 하였으며, 정서 변화의 과정 속에서 정서 이면에 숨겨져 있는 욕구를 스스로 찾을 수 있도록 하였다. 정서중심치료에서는 그들이 느낀 감각과 정서에 관해 지속적으로 초점을 맞추도록 도와 부적응적 정서를 촉발시킨 이면의 정서에 초점을 맞추게 되면 적응적인 대응을 가능하게 하는 새로운 목표와 동기에 초점을 맞추게 된다고 본다.

셋째, YOU&I 공감대화법을 통해 자신의 정서뿐만 아니라 타인의 정서를 이해하고 공감해 주는 활동으로 자연스럽게 자신의 정서를 솔직히 드러내고 타인의 정서도 있는 그대로 받아 주는 경험을 하도록 하였다. Greenberg와 Paivio(2008)는 정서를 통제하기보다는 적응적 정서의 촉진이 정서조절에 있어서 중요하다고 보았는데 적응적 정서를 갖기 위해 정서자각과 정서를 명료하게 해야 함을 주장하였다. 이러한 정서자각은 자기정서를 이해하고 타인을 이해하는 공감능력도 높여 주는데(장정주, 2012), 공감이 언어로 표현되는 과정에서 타인의 감정과 욕구를 파악하게 되고 이는 정서인식 및 표현능력 향상에 영향을 준다. 즉, 정서자각은 공감능력을 높여 주고, 이를 상호 간에 적절하게 표현하는 과정을 통해 자신의 정서를 적응적으로 조절하게 된다(강유선, 2013).

출처: 김영근 외(2017).

이와 같이 구성된 프로그램은 내용타당도를 검토하기 위해 정서중심치료와 관련하여 수년간의 강의 경험이 있는 상담 전공 교수에게 전체 프로그램 구성 원리와 구안 방향, 내용과 활동의 적합성 등을 감수받았다. 또한 회기목표와 활동 내용이 학교상담현장에 적절한지 검증하기 위해 아동, 청소년 상담현장에서 10년 이상의 경력을 가진 박사과정 2인과 학교상담현장에서 7년 이상 종사하고 있는 2인에게 자문을 받아 타당도를 높였다. 감수 및 자문 내용이 어떻게 이루어지고 반영되었는지에 대한 기술이 보다 면밀히 이루어졌다면 프로그램 구성에 대한 신뢰를 높일 수 있었을 것이다. 또한 보다 객관적인 평가방법으로 어떤 내용요소가 더 효과적인 것인지를 평가하기 위해 비교되는 내용요소를 실시하고 그 효과를 비교하는 핵심요소 비교연구를 실시할 수도 있다.

### 3) 예비연구

이렇게 프로그램의 내용을 구성하고 나면 프로그램을 실시하기 전에 예비 프로그램의 실시를 통해 프로그램이 실제로 실행될 때 발생할 수 있는 한계점을 가능한 미리 발견하고 수정·보완하고자 예비연구를 실시한다. 이 프로그램의 경우, 초등학교 5학년부터 중학교 2학년까지 정서조절의 어려움을 겪는 청소년을 대상으로 예비 프로그램을 실시하였고, 실험집단과 통제집단 각각 초등학생 3집단, 중학생 2집단씩 총 10집단 68명이 참여하였다. 예비연구를 통해 프로그램의 적합성과 활동의 효과, 흥미, 한계점 등의 측면을 평가하였으며 청소년의 정서조절능력 향상에 대한 효과를 파악하였다. 각 집단마다 프로그램 사전, 사후에 정서조절능력 척도와 일상적 스트레스 척도를 실시하였고, 매 회기마다 회기평가를 진행하였으며, 프로그램 만족도 조사는 사후에만 실시하였다. 실시 결과, 정서조절능력 총점이 유의하게 증가하여 프로그램을 통해 청소년의 정서조절 능력이 향상되었음을 확인하였다. 스트레스의 경우 통계적으로 유의하게 감소하지는 않았지만 사전 사후 점수의 평균이 감소하였음을 확인하였다. 또한 프로그램의 목적과 목표에 부합한 프로그램 요소로 청소년들에게 적절한 활동, 내용, 전략이었는지 참여자들의 평가와 예비 프로그램에 함께한 지도자, 보조지도자들의 피드백, 그리고 상담전공 교수 1인과 박사과정생 2인의 의견을 바탕으로 내용요소 수정 및 프로그램을 보완하였다. 예비 프로그램 실시 및 회기 관찰 후 수정 내용은 다음과 같다.

첫째, 청소년이 정서를 좀 더 쉽게 이해할 수 있게 감정, 기분이라는 용어를 함께 사용하도록 수정, 보완하였다. 둘째, 신체가 정서조절기법을 기억하도록 호흡법을 매 회기 도입에 연습하는 것으로 수정, 보완하였다. 셋째, 개인의 정서를 깊이 있게 경험할 수 있으나 집단원과의 상호작용 활동이 부족하다는 의견을 반영하여 수정, 보완하여 최종 프로그램을 확정하였다.
예비 프로그램을 실시한 후 반응 및 만족도 평가, 성취도 평가, 과정평가, 효과평가 등 다양한 평가를 바탕으로 프로그램을 수정하는 작업을 거쳤으며, 수정한 내용을 반영한 최종적인 정서조절능력 향상 프로그램을 〈표 12-3〉에 제시하였다.

출처: 김영근 외(2017).

이처럼 프로그램 설계 과정에서 프로그램 내용요소를 선정하고 조직하는 단계, 예비연구 단계를 거치는 동안 지속적으로 결과를 반영하고 수정하는 작업이 이루어진다.

### 4) 프로그램 최종 구성

예비연구를 통해 수정 · 보완된 프로그램의 최종 구성은 〈표 12-3〉과 같다.

표 12-3 최종 개발된 정서조절능력 향상 프로그램

| 단계 | | 회기 | 제목 | 목표 | 활동 내용 |
|---|---|---|---|---|---|
| I | 관계 형성 | 1 | 정서!<br>너 뭐니? | 정서조절<br>필요성 이해<br>신뢰감 형성하기 | 도입: 사전검사 실시, 프로그램 구조화<br>전개: 정서의 정의, 정서조절의 필요성<br>집단규칙, 별칭 정하기<br>자기소개(기분을 말해 봐-동물게임)<br>정리: 오늘의 기분 |
| II | 정서인식 및<br>표현,<br>정서탐색 | 2 | 내 마음의<br>정서<br>이름표 | 다양한 정서인식 | 도입: 호흡법 및 주의조절 기법 배우기<br>전개: 감정게임 하기(퐁당퐁당 내 마음)<br>YOU & I 공감대화법 연습하기<br>정리: 오늘의 기분 |
| | | 3 | 대화가<br>필요해 | 자신 및 타인의<br>정서에 대한 탐색,<br>이해<br>정서 표현 | 도입: 호흡법 및 주의조절 기법 연습하기<br>전개: 우리만의 드라마를 소개합니다(역할극)<br>YOU & I 공감대화법으로 공감해 주기<br>정리: 오늘의 기분 |
| III | 정서활성화,<br>정서수용,<br>정서재구성 | 4 | 마음이<br>원하는<br>것!! | 정서활성화<br>정서재구성<br>핵심정서, 욕구 찾기 | 도입: 호흡법 및 주의조절 기법 연습하기<br>전개: POWER 원리 및 도식 이해하기<br>주요 인물들의 복잡한 정서를 시각화해 보기,<br>팀별 POWER 도식 연습<br>정리: 오늘의 기분 |
| | | 5 | 내 마음<br>ZOOM IN | 정서활성화<br>부정적 정서<br>머무르기<br>정서수용,<br>정서재구성<br>핵심정서, 욕구찾기 | 도입: 호흡법 및 주의조절 기법 연습하기<br>전개: 나의 정서 별자리 그려 보고 속상하고 힘들었던 기억 미술 매체로 표현하기<br>POWER 도식으로 정서, 소망, 욕구 찾기<br>정리: 오늘의 기분 |
| | | 6 | 내 마음<br>나누기 | 정서활성화<br>욕구 찾기<br>정서재구성<br>공감능력 향상 | 도입: 호흡법 및 주의조절 기법 연습하기<br>전개: 나의 정서 별자리 나누기<br>YOU & I 공감대화법으로 집단원의 공감, 위로, 지지 주고받기<br>정리: 오늘의 기분 |

| | | | | | |
|---|---|---|---|---|---|
| IV | 정서조절 | 7 | 내 마음 가꾸기 | 자기진정기술 찾기<br>새로운 의미 찾기<br>내적자원 찾기 | 도입: 호흡법 및 주의조절 기법 연습하기<br>전개: 세잎 클로버에 나의 정서 돌보는 방법, 나에게 해 주고 싶은 칭찬, 격려하기<br>(자기위로, 자기수용, 자기양육기술)<br>집단원과 상호작용 경험하기<br>정리: 오늘의 기분 |
| | | 8 | 내 마음아, 부탁해 | 정서조절능력 향상<br>긍정적 자기감 형성 | 도입: 호흡법 및 주의조절 기법 연습하기<br>전개: 정서조절의 세 가지 전략 확인<br>(정서조절기법, POWER 도식, YOU&I 공감대화법)<br>정서구슬 주머니 표현하기<br>소감문 작성, 사후검사 실시하기<br>정리: 오늘의 기분 |

출처: 김영근 외(2017).

## 3. 프로그램 실행과 평가

### 1) 프로그램 실행과 모니터링

이 연구는 경상남도청소년지원재단의 '청소년 정서지원 프로그램의 개발 및 연구'의 일환으로 수행되어, 프로그램 실시는 도내 18개 시 · 군에 있는 학교에 직접 찾아가는 집단상담 형태로 진행되었다. 실험집단은 초등학생, 중학생 각각 9집단 122명이고 통제집단은 초등학생 9집단, 중학생 8집단 117명으로 총 35집단 239명을 연구대상으로 하였고, 그중 실험집단에는 주 1일, 1일에 2회기씩, 총 8회기 프로그램이 실시되었다.

이 프로그램의 운영은 K도 18개 시 · 군 청소년상담복지센터 지도자 1인과 보조지도자 1인이 한 조가 되어 프로그램을 실시하였으며 총 32명의 지도자, 보조지도자가 지역별로 함께 진행하였는데, 지도자 구성 및 프로그램 교육에 대한 설명은 다음과 같다.

지도자들은 정서중심치료 이론 특강 교육과 청소년 정서조절능력 향상 프로그램 8회기 매뉴얼 교육을 6시간 동안 이수하면서 실제 프로그램이 진행되듯이 매 회기 내담자 경험을 하였다. 또한 지도자들은 교육이수와 함께 프로그램의 구안방향과 회기별 목표, 정서중심치료적 접근방법 등이 담긴 매뉴얼을 통해 어느 기관에서나 일관성 있게 집단상담이 진행되도록 연구의 타당도를 높였다. 더불어 프로그램이 매뉴얼대로 충실하게 진행되도록 매뉴얼 교육 시와 실제 프로그램 진행 중에 지속적으로 피드백을 주고받으면서 중재의 충실도를 높였으며, 프로그램 종료 후에도 간담회를 통해 매뉴얼대로 진행되었는지에 대해 피드백을 받았다.

출처: 김영근 외(2017).

이와 같이 집단상담 및 심리교육 프로그램의 경우 구조화된 절차와 진행 방향이 어느 정도 계획되어 있고, 프로그램의 효과를 검증하기 위해서는 지도자가 프로그램의 매뉴얼을 숙지하고 계획된 절차와 내용을 따르는 것이 중요하다. 이를 위해 프로그램을 실시하기 전에 개발된 프로그램에 대한 충분한 교육이 이루어져야 하고, 프로그램 종료 후 매뉴얼대로 진행되었는지 평가하는 것이 필요하다.

### 2) 평가 설계와 효과 검증

이 프로그램의 효과를 검증하기 위해 연구 참여자를 대상으로 프로그램 시작 전과 프로그램 종료 후에 각각 실험집단과 통제집단 간의 사전, 사후검사를 실시한 결과 유의미한 정서조절능력 향상 및 스트레스 감소 효과를 확인하였다.

이 연구에서는 프로그램의 효과성 검증을 위해 대표적인 실험설계방법인 사전-사후 집단비교평가 외에 추가적으로 청소년과 지도자가 매 회기별 평가를 실시하였다. 프로그램 경험 안에서 지각한 정서의 인식, 표현, 조절을 10점 척도로 평가하여, 동일한 활동에 대한 서로 다른 시각의 차이와 상호 간에 지각한 정서인식, 표현, 조절의 변화 정도를 살펴보았다. 1회기를 기준점으로 한 단순 대비분석(simple contrast analysis)을 실시한 결과, 1회기 대비 후반부 회기로 갈수록 정서인식, 표현, 조절에 있어 뚜렷한 차이를 보인 것으로 나타났다. 이러한 반복측정을 통해 개입이 진행되는 동안 내담자가 나아졌는지 나빠졌는지 혹은 그대로인지 프로그램에 의한 변화 추이를 알 수 있다.

마지막으로, 이 연구에서는 대표적인 주관적 효과평가인 만족도 평가를 활용하여 프로그램을 통한 자신의 변화 정도 및 프로그램 자체에 대한 평가를 실시하였다. 평가결과, 청소년들은 주로 프로그램을 다 마친 뿌듯함과 후련함을 많이 표현한 반면 지도자의 경우는 정서를 직접 다루는 프로그램이라 새롭고 좋았으나, 정서중심치료를 적용한 프로그램의 경험이 많지 않았고, 정서 용어나 정서도식을 청소년에게 좀 더 쉽게 잘 전달하지 못한 아쉬움을 표현한 부분이 많은 것으로 나타났다. 이러한 만족도 평가는 기억 오류, 선택 오류, 면접자 오류, 비중립적 환경의 오류, 사회적 인식, 누가 답했는지 밝혀질 것이라는 내담자의 인식 등의 다양한 요인으로 평가 결과의 타당성과 신뢰성이 떨어지는 단점이 있음에도 불구하고, 프로그램 수혜자의 주관적 경험에 대해 확인할 수 있는 간편하고 용이한 방법으로, 여전히 남아있는 프로그램 개선 사항에 대한 소재를 파악할 수 있다.

제13장

# 증거기반 심리상담 프로토콜 개발의 실제

이 장에서는 증거기반 실무(Evidence-Based Practice: EBP)에 기반한 상담 개입 프로그램의 하나로 외상 후 스트레스 장애(posttraumatic stress disorder: PTSD)에 대한 상담 프로토콜을 개발하고 그 효과를 검증한 Cloitre와 동료들의 연구 두 편(2002, 2010)을 앞에서 설명한 프로그램 개발 절차에 따라 소개하고자 한다.

## 1. 프로그램 기획

교육 · 심리 · 사회적 전문서비스 프로그램은 참여자들의 심리 · 사회적 문제를 해결 또는 개선할 목적으로 개발된다. 여기서 소개할 아동성폭력(child abuse: CA) 생존자에 대한 개입 프로토콜은 다음과 같은 필요성과 목적을 가지고 기획되었다.

현장에서 정신건강 및 심리적응을 돕는 조력 전문가가 절감하고 있는 개인적인 동기에 의해서든, 외부의 필요와 요구에 의해서든, 프로그램 기획이 효과적으로 이루어지기 위해서는 프로그램 개발의 필요성과 요구를 분명하게 확인하는 과정이 반드시 필요하다. 이 연구에서는 CA의 심리적 후유증이 PTSD 이상의 복잡한 치료적 고려사항을 필요로 한다는 점을 피력하며(ⓐ) 다음과 같이 개발 필요성을 시사하였다.

> PTSD 평생유병률은 5~10%로 특히 여성의 경우 남성유병률의 2배에 이른다(Kessler, Sonnega, Bromet, Hughes, & Nelson, 1995). 여성의 경우 가장 많이 보고되는 트라우마는 어린 시절 성적 학대가 주를 이룬다. 성인이 되어 성폭행을 당한 경우보다 어렸을 때의 트라우마 경험이 있는 여성이 2배가량 더 많음에도 불구하고(예: Finkelhor, Hotaling, Lewis, & Smith, 1990), 이들에 대한 상담 개입방안에 대해서는 임상적으로 충분히 검증되지 않았다. ⓐ 지금까지 성폭행 관련 PTSD에 대해 잘 검증된 두 가지 치료법이 있지만(Foa, Rothbaum, Riggs, & Murdoch, 1991; Resick & Schnicke, 1992), 어린 시절의 학대 경험을 다룬 것은 없다. 그 이유 중 하나는 CA의 심리적 후유증은 PTSD 진단을 넘어서는 복잡한 치료적 고려사항이 있기 때문이다. DSM(4th ed.: DSM-IV; American Psychiatric Association, 1994) PTSD field trials(Roth, Newman, Pelcovitz, van der Kolk, & Mandel, 1997)에 따르면 CA 관련 PTSD의 평생유병률은 67%로, 이 집단에서 PTSD는 축 I 장애로 이어진다. 정서조절 및 대인관계 기능의 문제는 PTSD 증상에 더해 비슷한 빈도로 나타나는 두 가지 증상으로 확인되었다. 여기서는 이들이 보이는 세 가지 핵심 문제, 즉 PTSD 증상, 정서조절 문제, 대인관계 어려움에 대해 다루고자 한다.
>
> 아동 성폭력 경험이 있는 여성의 정서조절 및 대인관계 문제는 잘 보고되어 왔다. 정서조절과 대인관계 문제는 어렸을 때의 학대와 직접적인 영향이 없는 것으로 보이지만, 연구에 따르면 ⓑ 초기 트라우마가 어린 시절인 경우에 성인 이후인 경우에 비해 정서조절, 분노 조절, 대인관계에서 더 많은 어려움을 겪는 것으로 나타났다(van der Kolk, 1996). …… (중략) …… 아동 성폭력 경험자에 대한 최근 연구에 따르면(예: Rorty, 1996; Zlotnick, 1999), 응답자의 70% 이상이 쉽게 화가 나고, 마음을 가라앉히기 어렵고, 화난 일을 쉽게 잊어버릴 수 없다고 보고했다. 또한 분노를 경험하는 것에 대한 두려움과 이를 적절하게 표현하는 것에 대해 어려움을 느끼고 일시적인 해리를 경험했다. 이러한 정서조절문제는 대인관계 어려움에서도 중요한 영향력을 행사한다. 권력 관계에서의 갈등 관리 또는 협상이 필요한, 정서적 부담이 수반되는 상황에서 전형적인 대

인관계 어려움이 발생한다. DSM-IV field trials에 따르면, PTSD 증상이 있는 CA 생존자의 91%가 비난에 민감하게 반응하고, 다른 사람의 입장에서 듣고 이해하지 못하며, 협상 없이 관계를 끊어 버리거나 일을 그만두게 되는 문제를 겪었다고 한다. 이런 대인관계 기능 손상은 삶의 많은 부분에 걸쳐 나타난다. 이들 대부분은 연인이나 결혼 관계의 불만족, 부모 역할 갈등, 직장에서 기능 수행의 문제, 사회적 고립 등을 보고했다(Briere, 1988). ⓒ CA 생존자들이 겪는 사회적 역할 수행의 어려움뿐만 아니라 정서 및 대인관계 어려움에 대한 잦은 보고는 이러한 문제들에 따른 구체적인 개입의 필요성을 시사한다.

출처: Cloitre, Koenen, Cohen, & Han (2002).

'좋은' 프로그램은 이와 같이 명료한 정체성을 가지고 있다. 어렸을 때 성적 학대 경험이 있는 여성들은 소위 전형적인 PTSD 진단을 넘어서는 어려움을 보이고(ⓑ), 이에 따라 상담 개입 시 이러한 점을 고려한 별도의 구체적인 개입 필요성을 시사함으로써(ⓒ) 이 프로그램의 정체성을 명확히 하고 있다.

다음으로, 개입 프로그램의 주제, 목적 등을 명료화하기 위해 유사한 프로그램이 어떤 형태로 어떻게 진행되고 있는지 기존 프로그램의 실태를 검토함으로써 개발하고자 하는 프로그램의 필요성을 확인하였다. 구체적으로, 다음과 같이 외상에 대한 정서적 처리를 위한 대표적인 개입 방법인 노출치료의 성과와 부작용을 언급하면서 이를 보완할 수 있는 새로운 개입법에 대한 타당성을 확보하고 있다.

외상에 대한 정서적 처리가 PTSD 증상 해결에 중요한 요소라는 데 대체로 동의하지만, 노출 중재가 문제가 될 수 있음을 나타내는 임상 연구들이 상당하다. ⓐ 증상 악화, 높은 중도 탈락률 및 순응 문제들이 정서적 집중 치료 형태와 관련이 있다(Burnstein, 1986; McDonough-Coyle et al., 2000; Pitman et al., 1991; Scott & Stradling, 1997; Tarrier et al., 1999).
ⓑ 안타깝게도 노출치료에서 낮은 성과를 보인 내담자들의 특징은 전형적인 CA 생존자의 특성이었다. 구체적으로, 노출 기반 치료가 잘 이루어지지 않는 환자는 ① 고통을 견디고 분노와 불안과 같은 감정을 관리하는 데 어려움을 나타내고, ② 스트레스를 받으면 해리되기 쉬우며, ③ 상담사와 좋은 협력 관계를 유지하는 데 어려움을 보인다

(Chemtob, Novaco, Hamada, Gross, & Smith, 1997; Cloitre & Koenen, 2001; Jaycox & Foa, 1996). 트라우마 생존자들은 상담의 대인관계적 특성, 특히 '다른 사람을 믿고 자신의 고통을 함께하는 것'을 견뎌 내기 어려워하는 것으로 알려져 있다(Turner, McFarlane & van der Kolk, 1996, p. 538). 이 어려움이 주로 고통스러운 경험을 지속적으로 말로 표현해야 하는 노출치료에서 더 심화되는 것이다.

그러나 내담자가 ⓒ 노출치료를 성공적으로 받는다면 장기적으로는 다른 치료보다 훨씬 효과적이라는 연구 결과들이 있다. PTSD가 있는 CA 생존자를 세 가지 치료 조건으로 무작위 배정한 최근 연구에 따르면, 노출 기반 치료 집단(41%)은 인간중심치료(9%) 또는 대기자 집단(13%)에 비해 높은 중도 탈락률을 보였으나, 치료 완료자는 3개월 및 6개월 추적 관찰에서 PTSD 증상 경감 유지 효과가 유의미하게 높은 것으로 나타났다(McDonough-Coyle et al., 2000). 이는 성폭행 관련 PTSD가 있는 여성 연구에서 노출치료는 3개월 추적 관찰에서 PTSD 증상 심각도를 지속적으로 개선하는 경향이 있는 반면 지지적 상담 및 증상 중심의 인지행동치료는 더 이상의 변화를 가져오지 못했다는 결과와 맥락을 같이한다(Foa et al., 1991).

따라서 본 상담개입에서는 노출치료를 제외하기보다 잠재적인 장기성과를 고려해서 CA-PTSD 여성에게 트라우마와 관련된 특성들을 완화시킬 수 있는 스킬을 제공하고 학습하도록 하면 노출치료 성과를 높일 수 있을 것으로 가정하였다.

출처: Cloitre et al. (2002).

이 연구에서는 우선 CA 생존자의 특성에 대한 경험적 연구들을 충분히 검토하였고(ⓑ), 기존 노출치료의 장단점을 확인하여(ⓐ, ⓒ) 프로그램의 구성에 대한 경험적 근거를 마련하였다.

## 2. 프로그램 설계

### 1) 상담 개입의 이론적 모형

좋은 프로그램은 잘 검증된 이론이든 가설 수준의 이론이든 '이론'에 기초한다. 이 프로그램 연구자들은 CA-PTSD 여성을 위해 기존 노출치료의 잠재적 장기성과를 고려하되, 일상생활 능력의 회복 또는 강화를 노출치료에서 과거를 탐색하기 위한 전제 조건으로 보았다. 이러한 준비가 잠재적 부작용은 최소화하되 과거의 외상적 사건에 직면하고 의미를 재평가하는 이점을 향상시킬 수 있다는 것이다(Cloitre, et al., 2010). 이러한 가설을 근거로 이 프로그램은 다음과 같은 두 단계의 연속 처치로 구성하고, 이러한 처치가 PTSD 증상 완화뿐만 아니라 정서조절 문제 및 대인관계 기술 부족에서도 향상이 있을 것으로 가정하였다.

앞에서 제안한 모든 것을 고려하여 CA-PTSD 여성을 위해 개발한 개입 방안은 두 단계의 연속 처치로 이루어진다. ⓐ 첫 번째 단계는 정서조절 및 대인관계 기술 훈련(Skills Training in Affect and Interpersonal Regulation: STAIR)에 초점을 두는 것으로, 이 단계의 목적은 내담자가 매일매일의 일상에서 부정적으로 영향을 미치는 정서조절과 대인관계 문제를 직접적이고 구체적으로 다루고, 2단계 노출치료를 효과적으로 사용할 수 있도록 준비시키는 것이다. ⓑ 두 번째 단계는 PTSD 증상을 완화시키기 위해 장기노출치료(prolonged exposure: PE)의 수정 버전을 사용하여 트라우마의 정서적 과정을 소개하고 다룬다. 노출치료를 하기 전에 이 첫 번째 기술훈련 단계가 작업동맹을 맺을 시간을 제공하고 정서조절능력을 향상시킴으로써 노출치료의 효과적인 사용을 촉진할 것으로 가정하였다. 또한 ⓒ 이러한 2단계 개입을 통해 PTSD 증상 완화뿐만 아니라 정서조절 문제 및 대인관계 기술 부족에서도 향상이 있을 것으로 가정하였다.

출처: Cloitre et al. (2002).

이와 같이 이 프로그램은 기존 경험적 연구 결과들을 토대로 기술훈련이 노출치료를 더 효과적으로 이루어질 수 있도록 촉진하는 중재변인이 된다고 가정하고, CA-PTSD 여성을 위한 개입 방안을 기술훈련(ⓐ) → 노출치료(ⓑ)의 두 단계로 구성함으로써 이러한 개입을 통해 PTSD 증상 완화뿐만 아니라 정서조절과 대인관계 기술 촉진에서도 성과를 보일 것으로 기대하였다. 이러한 변인 간의 관계를 기초로 하여 이 프로그램의 효과 검증을 위한 성과변인으로 PTSD, 정서조절, 대인관계 기술이 채택될 수 있다(ⓒ).

### 2) 프로그램 내용의 선정과 조직

하나의 프로그램은 여러 가지 구성요소로 이루어진다. 개인이나 집단의 변화를 촉진하는 구체적인 사건 또는 자극이 프로그램을 구성하는 각각의 구성요소가 될 수 있고, 이러한 구성요소는 프로그램의 목표를 달성하기에 도움이 되는지의 여부와 정도에 따라 최종 프로그램의 내용으로 선정된다. 이 프로그램은 CA 생존자를 위한 다음과 같은 2단계 처치로 구성되어 있다.

프로그램은 두 단계로 구성되어 있는데, 첫 번째 단계인 STAIR는 8번의 주 1회 1시간 세션으로, 두 번째 단계인 Modified PE는 주 2회 1시간 반 세션으로 구성되었다. 각 단계 처치에 대한 간단한 설명은 다음과 같다.

STAIR. STAIR는 정서조절과 대인기술 개발을 목적으로 하는 인지행동적 개입이다. 이 개입은 일반적인 인지행동치료와 변증법적 행동치료(Linehan, 1993)에서 가져와 CA 외상 집단에 맞게 수정되었다. 각 회기는 CA 외상 경험과 그로 인한 전형적인 결과의 맥락에서 이해되는 특정 기술 부족에 초점을 두고 있다. 회기별 주제는 다음과 같다. ① 느낌을 알아차리고 명명하기, ② 정서조절(특히 분노와 불안), ③ 고통 감내, ④ 감정 수용과 긍정 정서 경험 강화, ⑤ 트라우마 기반 대인관계 스키마를 확인하고 일상생활에서의 작동 알아차리기, ⑥ 트라우마가 만들어 낸 감정과 현재 대인관계 목표 사이에서의 갈등을 알아차리기, ⑦ 권력과 통제 이슈와 관련된 역할극, ⑧ 권력 차이를 수반하는 대인관계 상황에서 유연성을 개발하는 것과 관련된 역할극. 역할극은 정서의 인식과 표현을 강조한다. 여기에는 내담자한테 문제가 되는 전형적인 대인 행동과 새로운 대안 행동에 대한 역할극이 포함되어 있다. 모든 회기는 같은 형식과 구조로 이루어져 있는데, 개입의 근거와 목표에 대한 심리교육으로 시작하고, 기술 습득, 기술 적용 및 실습으로 이어진다. 회기 사이에 과제를 부여하여 현재 삶의 어려움에 기술을 적용하도록 한다.

Modified PE. 2단계에서는 Foa와 Rothbaum(1998)이 제안한 연장된 상상적 노출 기법(prolonged imaginal exposure technique)을 사용했다. 여기서는 내담자가 자신의 외상 사건을 구체적이고 정서가 수반되는 방식으로 반복해서 묘사하도록 한다. 강간 피해자를 위해 개발된 PE를 본 연구 참여자에 맞게 여러 가지 방법으로 수정 · 적용하였는

데 자세한 내용은 다음과 같다. 강간 관련 단서에 대한 직접 노출을 제외하는 대신 다음 세 가지 요소를 추가하였다. 첫째, 노출 후 안정성 체크, 즉 내담자가 노출 후 자신의 정서상태를 확인하고, 정서를 조절하는 대처기술을 사용하여 현재로 돌아올 수 있도록 안내하는 것을 포함하였다. 둘째, 참여자가 노출치료 도중 공포, 불안, 해리, 슬픔을 인식하는지, 그 정서를 얼마나 강렬하게 느끼는지를 확인하는 정서중심 처리 과정이 추가되었다. 마지막으로, 내러티브에 고착된 부정적인 대인관계 도식을 확인하도록 요청한다. 상담사는 이 부정적인 대인관계 도식을 STAIR 중에 생성된 보다 적응적인 스키마와 대조함으로써 과거와 현재의 상황과 개인적 자원 사이의 차이점을 강조한다. 회기 마지막 구성요소는 현재의 일상에서 일어나는 문제에 대처기술을 적용하고 현재의 대인관계에 새로운 대인관계 스키마를 적용하는 것을 검토하는 과정이 수반된다. 회기 간 과제로 적어도 하루에 한 번 녹음된 내러티브를 듣는 것이 포함되어 있다.

출처: Cloitre et al. (2002).

앞에서 제시한 바와 같이, 프로그램을 구성하는 내용요소는 무작위로 선정되고 단순히 나열되는 것이 아니라, 참여자의 문제를 가장 효과적으로 해결하고 개선할 수 있는 방식으로 선정되고 조직된다. 이 프로그램은 앞서 설명한 경험적 연구 결과들을 기초로 하여, CA-PTSD 여성들에게 보다 효과적인 개입을 제공할 수 있도록 기존 자료로부터 활동들을 선정하고 어떤 순서와 방법으로 그 활동들을 제시할 지에 관한 지침을 마련하였다. 이와 같이 좋은 프로그램은 프로그램을 구성하는 활동이 변화이론에 기초하여 하나의 체계를 이루어 참여자들에게 제공된다.

## 3. 프로그램 실행과 평가

### 1) 참여자 모집과 선발

내담자를 대상으로 진행되는 모든 연구는 참여자 모집과 선발 과정이 매우 중요하다. 특히 특정 증상을 가진 내담자에 대한 개입 프로토콜을 적용할 때 잠재적 대상자 집단의 특성을 파악하고 연구참여자의 적합성 기준을 명확히 제시하는 것이 필요하다. 이 연구에서는 다음과 같이 두 번의 면담을 통해 참여자를 선발하였고, 선발 기준과 제외 기준을 명시하고 있다.

> 연구참여자는 커뮤니티 광고 또는 입소문을 통해 신청한 자발적 신청자 중 전화 스크리닝 및 평가 과정을 통해 선정되었다. ⓐ 평가과정은 다음과 같은 두 번의 면담으로 이루어졌다: 첫 번째는 연구에 대한 설명, 사전동의서 작성, 설문지, 트라우마 병력, 기타 병력, 건강상태에 대한 면담. 두 번째는 Axis I과 Axis II 경계선 성격장애 평가를 위한 진단 인터뷰.
> 선발기준으로는 어릴 적 성적 학대나 신체적 학대 또는 둘 다를 경험한 것과 관련이 있는 PTSD 증상(DSM-IV 진단기준에 따른)이 요구되었다. 성적 학대란 18세 이전 양육자 또는 참여자에 대해 권한을 행사할 수 있는 특정 개인에 의해 적어도 한 번 이상의 성적 접촉(애무, 질, 구강, 또는 항문 성교) 경험을 말하고, 가해자는 참여자보다 5세 이상 많고, 참여자의 의지에 반하는 성적 접촉을 시도한 경우이다. 신체적 학대란 18세 이전 부모 또는 다른 성인이 고의적 폭행, 밀침, 상해 등으로 멍이나 상처, 뼈나 이가 부러짐, 피가 났던 경험을 말한다. 또한 참여자는 적어도 한 번의 학대 경험에 대한 명확한 기억을 갖고 있어야 한다. 참여자는 18~65세 사이, 치료 기간 동안 지역에 거주 예정인 사람으로 제한했다. 제외 대상은 3개월 이내 정신 장애, 물질남용, 식이장애, 해리 장애, 조울증, 자살 시도 경험, 정신과 입원 경험이 있는 사람이다.

출처: Cloitre et al. (2002).

이와 같이 상담 프로그램의 경우 프로그램 실시 이전에 참여자 모집과 선정이 이루어지고, 이때 여러 형태의 사전 면담을 거치게 된다. 이 연구에서는 대상자 특성상 전화 스크리닝과 두 번의 면담을 통해 철저한 평가과정이 이루어졌다(ⓐ). 사전 면담은 프로그램의 성격에 따라 간단히 신청서 검토로 이루어질 수도 있고, 집단 면담의 형태로 이루어질 수도 있다. 어떠한 형태의 사전 면담이든 사전 면담의 기본 목적은 참여자가 참여를 통해 무엇을 얻기를 기대하는지 확인하고, 그 기대가 프로그램의 목적에 맞는지 평가하는 것이다. 이 과정에서 프로그램에 대한 안내가 이루어지고 참여대상자의 특성을 탐색한다. 이 연구에서는 CA-PTSD 여성이라는 대상 특성상 연구참여자 적합성 기준에 따라 선발을 위한 평가가 추가적으로 이루어졌고, 선발된 대상에 대한 선정기준 및 제외기준을 명확히 하였다.

## 2) 프로그램 실행과 모니터링

프로그램 실행을 위해 프로그램 참여 대상자와 함께 주요하게 고려해야 할 대상은 촉진자(이 프로그램의 경우 상담사)이다. 특히 이 프로그램의 참여 대상자인 CA 생존자들이 상담의 대인관계적 특성을 견디기 어려워하는 특성을 고려한다면, 보다 숙련된 상담사들이 이 프로그램의 처치 단계를 잘 숙지하고 이행하는 것이 필요하다. 이 연구에서는 프로그램 실시 전에 다음과 같은 훈련과 평가가 이루어졌다.

> 상담회기는 5명의 박사급 여성 상담사가 진행하였고, 각 3~6명의 내담자를 상담하였다. 상담사들은 매뉴얼대로 상담을 진행하도록 훈련받았고, 매주 Marylene Cloitre(프로그램 개발자)에게 슈퍼비전을 받았다. 상담사들은 또한 연구 첫 해 Edna B. Foa가 지도감독하는 PE 1일 워크숍에도 참여하고, 연구 2년차 초기 Edna B. Foa와 함께 1일 감독 및 검토 워크숍을 수행하였다. 모든 상담 회기는 녹음되었고, 회기 준수 여부를 모니터링하였다. 프로그램은 12주 동안 16개의 세션, 2단계로 구성되었다. 첫 단계는 8주간 1시간 정서조절 및 대인관계 기술 훈련(Skills Training in Affect and Interpersonal Regulation: STAIR)으로, 두 번째 단계는 4주간 매주 2회 1.5시간 수정된 장기 노출치료(modified Prolonged Exposure)로 이루어졌다.

출처: Cloitre et al. (2002).

이와 같이 상담 및 심리교육 프로그램의 경우, 프로그램의 참여자 특성에 대한 기술도 중요하지만 프로그램을 운영하는 운영자가 누구인지 또한 중요하다. 특히 이 프로그램과 같이 특정 증상을 겪고 있는 심각한 내담자를 상담하는 상담사라면 상담사가 개입을 진행하기에 충분히 훈련되었는지 그 기본 자격은 물론 상담을 진행할 때 훈련받은 매뉴얼대로 진행했는지를 평가하는 과정도 반드시 필요하다.

## 3) 평가 설계와 효과 검증

### (1) 프로그램의 최소 효과 검증

이 연구는 전형적인 실험설계를 적용하여 프로그램의 효과성을 확인하였다. 앞에서 제시한 STAIR-modified PE를 적용한 실험집단과 통제대기집단을 두고, 프로그램 실시 전후 및 실시과정에 대하여 평가하고 그 결과를 상호비교함으로써 프로그램의 인과적 효과성을 검토한 것이다. 추가적으로 실험집단의 상담 후 측정값과 3개월 후, 9개월 후 측정값을 비교·분석하여 상담 추후 유지효과를 확인하였다.

프로그램의 효과를 검증할 때 유의해야 할 사항 중 하나는 프로그램이 매뉴얼에 맞게 이루어졌는지를 확인하는 사전 검토가 이루어져야 한다는 것이다. 이 연구에서는 평정자가 녹음된 상담 내용을 평가하여 상담이 프로토콜에 맞게 이루어졌는지 평정하고 프로토콜에 맞게 이루어지지 않은 사례는 제외하고 평가하여, 연구 결과가 이 프로그램의 효과임을 증명하고자 하였다. 또한 PTSD 환자를 대상으로 하는 프로그램이므로 12주 대기통제집단에게도 매주 15분 임상 코디네이터와의 전화상담을 제공하여 모니터링을 실시하였다. 이는 연구 윤리는 물론 상담 윤리에서 간과하지 말아야 할 중요한 사항이다.

연구 결과, 실험집단에서 정서조절, 대인관계기술, PTSD 증상의 유의미한 개선 및 지속 효과를 확인하였다. 구체적으로 Phase 1에서는 부정정서 및 분노표현의 유의미한 경감 효과가 나타났으나 PTSD 증상 개선은 나타나지 않다가, Phase 2에서는 노출치료가 PTSD 증상 개선에 효과를 보였고, 부정정서 및 분노표현의 유의미한 경감 효과는 나타나지 않았다.

이 연구의 주요 목적은 아동성폭력과 관련된 PTSD가 있는 여성을 대상으로 새로운 처치인 STAIR-modified PE의 효과성을 확인하는 것으로, 이러한 새로운 개입방법이 시도될 때는 언제나 이러한 프로그램의 최소 효과 검증이 필요하다. 이전 방법만큼 또는 그 이상의 효과가 있는지 여부를 확인하고, 더 생산적이고 더 나은 방법을 찾아갈 수 있기 때문이다. 이 연구에서는 새로운 프로그램을 적용한 집단과 통제집단의 비교를 통해 프로그램의 최소한의 효과를 확인하고, 더 나아가 다른 프로그램과의 비교를 추후 연구로 제안하였다.

### (2) 다른 프로그램과의 비교 효과 검증

프로그램의 최소효과 검증 이후 후속 연구로 진행된 Cloitre 등(2010)의 연구에서는 효과가 검증된 기술훈련/노출치료 프로그램을 적용한 집단을 지지적 상담/노출치료 집단 및 기술훈련/지지적 상담 집단과 비교하였다. 비교집단에 대한 설명과 연구 가설은 다음과 같다.

> 지지적 상담은 각각의 특정 치료 모듈을 대체하는 비특정 상담을 제공하는 것을 말한다. 기술훈련/노출치료 집단과 지지적 상담/노출치료 집단비교는 치료 단계, 회기 수, 상담사 접촉을 통제하고 노출치료 전 기술훈련을 제공하는 것의 이점을 평가하기 위함이고, 기술훈련/노출치료 집단과 기술훈련/지지적 상담 집단의 비교는 노출(부작용의 추정원인)이 제거된 경우, 동일한 대조군의 비노출치료의 역효과를 확인하기 위함이다. 기술훈련/노출치료 집단이 PTSD 증상, 정서 조절 및 대인관계 문제를 감소시키는 데 있어 지지적 상담/노출치료 집단보다 더 효과적이고, 중도 탈락 감소, 노출치료 중 PTSD 증상 감소 효과 또한 높을 것으로 가설을 세웠고, 기술훈련/지지적 상담 집단도 크게 다르지 않을 것으로 보았다.
>
> 요약하면, 기술훈련/노출치료가 전형적인 노출치료에 비해 효과적이면서 비노출치료에서 기대하는 안전함을 제공하는 것으로 보았다.

출처: Cloitre et al. (2010).

참여자 모집과 선발 과정 및 프로그램 실행은 이전 연구와 유사한 과정을 거쳤으므로 자세한 설명은 생략하고, 이 연구의 경우 비교집단이 설정됨에 따라 모든 참가자에게 사전 동의를 받고, 세 가지 치료 조건 중 하나에 무작위로 할당됨을 안내하고, 무작위로 할당된 각 조건 내에서 참가자는 세 명의 상담사 중 한 명에게 할당되었다. 세 가지 상담 조건에 대한 기술은 다음과 같다.

**기술훈련/노출치료**. 기술훈련/노출치료는 매주 1회 16회기로 구성, 8회기는 기술훈련, 8회기는 노출치료로 구성되었다. 기술훈련은 DBT에서 차용되었는데, 첫 네 세션은 정서조절을 다루며, 감정을 인식하고 이름 붙이기, 정서관리, 고통 감내, 감정수용과 긍정정서 경험에 초점을 두었다. 다음 네 세션은 대인관계 문제를 다루고, 부적응적 스키마 탐색, 효과적인 자기주장, 사회적 맥락 인식, 대인관계 기대와 행동에 대한 유연성에 중점을 둔다.

노출치료의 경우 본 연구 참여자에 맞게 다음 두 가지를 수정한 것을 제외하고는 prolonged exposure protocol을 따랐다: ① 외상자극에 대한 실제(in vivo) 노출은 대인관계 기술 연습으로 대체함, ② 의미분석(meaning analysis)은 트라우마 내러티브에 내재된 폭력 관련 스키마를 확인하고 평가한 이후에 이루어짐. 노출에는 아동기와 이후 성인이 되고 난 이후의 트라우마 모두를 포함하고, 참여자에게 고통 정도와 중요도 순으로 검토되었다.

**지지적 상담**: 기술훈련/지지적 상담과 지지적 상담/노출치료 조건에서 지지적 상담요소는 학대와 관련된 일상의 어려움들에 대해 내담자 주도적으로 논의하는 것이다.

출처: Cloitre et al. (2010).

비교연구 결과, 기술훈련/노출치료가 지지적 상담/노출치료나 기술훈련/지지적 상담보다 더 효과적인 것으로 나타났다. 이후 이 연구의 논의에서는 여러 임상 세팅에서 EBT를 적용하고 효과적으로 사용할 수 있도록 하는 일반화 과정에 대한 연구의 필요성을 피력하였고, 이에 대한 연구설계는 Cloitre 등(2014)에서 확인할 수 있다.

# 참고문헌


강진령(2019). **집단상담의 실제(3판)**. 서울: 학지사.

강혜영(2011). 상담에서의 마케팅 연구동향과 과제. **아시아교육연구, 12**(3), 99-124.

고용노동부(2020). **취업성공패키지업무매뉴얼**. 세종: 고용노동부.

권경인, 조수연(2015). 집단상담 윤리: 개관. **상담학연구, 16**(4), 65-88.

권두승(2005). 청소년 프로그램 실행 및 운영. 한국청소년개발원 편. **청소년프로그램 개발 및 평가론**(pp. 179-217). 서울: 교육과학사.

권일남, 전명순, 김태균, 김정율(2016). **청소년프로그램 개발과 평가**. 서울: 창지사.

기영화(2008). **평생교육 프로그램 개발**. 서울: 학지사.

김계현(2000). **상담심리학 연구: 주제론과 방법론**. 서울: 학지사.

김동일, 고혜정, 조영희(2015). 다층메타분석을 활용한 학습장애 및 학습부진 학생들의 수학 연산능력 향상을 위한 중재 효과분석. **특수교육저널: 이론과 실천, 16**(10), 1-23.

김민경, 박유정(2015). 학습부진 및 학습장애를 위한 어휘교수전략에 관한 고찰: 국내 연구 동향 및 효과 분석. **학습장애연구, 12**(2), 227-246.

김상곤, 최승희, 안정선(2012). **사회복지프로그램 개발과 평가**. 서울: 학지사.

김선연(2018). 디자인 씽킹에 기반한 집단 창의성 사고과정 모형 개발. **교육공학연구, 35**(3), 621-653.

김영근, 김성숙, 이영희(2017). 정서중심치료를 기반으로 한 청소년 정서조절능력 향상 프로그램 개발 및 효과성 연구. **상담학연구, 18**(4), 225-248.

김영근, 허신도, 이영희, 최민정(2016). 청소년 정서조절능력 향상 프로그램 개발 및 효과성 연구. 2016년 청소년 정서지원 프로그램 개발 연구보고서. 경상남도청소년지원재단.

김영숙, 김욱, 엄기욱, 오만록, 정태신(2002). **사회복지프로그램 개발과 평가**. 서울: 교육과학사.

김윤나, 오승근, 정건희, 손진희, 양은일(2018). **청소년프로그램 개발과 평가**. 서울: 신정.

김은하(2015). '셀프다큐를 활용한 자기성장 집단상담 프로그램' 개발 및 효과 검증. **한국웰니스학회지, 10**(4), 263-274.

김정은, 권현철(2012). 정서중심 집단상담 프로그램이 고등학생의 정서지능과 사회성에 미치는 효과. **재활심리연구, 19**(3), 663-678.

김중진, 최영순, 최화영(2017). **창직교육프로그램 개발 기초연구(2차년도)-창직교육운영매뉴얼 및 콘텐츠 개발**. 충북: 한국고용정보원.

김중진, 최영순, 최화영, 허영숙(2016). **창직교육프로그램 개발 기초연구(1차년도)**. 충북: 한국고용정보원.

김진화(2001). **평생교육 프로그램 개발론**. 서울: 교육과학사.

김진화, 정지웅(2000). **사회교육프로그램 개발의 이론과 실제**. 서울: 교육과학사.

김창대(2002). 청소년 집단상담 프로그램 개발과 평가. **청소년 집단상담의 운영**(pp. 75-108). 서울: 한국청소년상담원.

김창대, 김동민, 최한나, 김은하(2014). **북한이탈주민 맞춤형 정서 · 심리상담 전문상담사 매뉴얼**. 서울: 남북하나재단.

김창대, 김동민, 최한나, 김은하, 조수연(2014a). **북한이탈주민 맞춤형 정서 · 심리상담 프로그램 연구결과보고서**. 서울: 남북하나재단.

김창대, 김동민, 최한나, 김은하, 조수연(2014b). **북한이탈주민 맞춤형 정서 · 심리상담 프로그램 운영결과보고서**. 서울: 남북하나재단.

김창대, 김형수, 신을진, 이상희, 최한나(2011). **상담 및 심리교육 프로그램 개발과 평가**. 서울: 학지사.

김형수(2014). 프로그램 성과 연구에서 통계적 유의성과 효과강도의 활용. **상담학연구, 15**(1), 17-33.

김형식(1999). **사회복지 프로그램 평가**. 서울: 아시아미디어리서치.

김희정(2018). 제3국 출생 북한이탈가정 아동대상 애착기반정서조절프로그램 개발 및 효과 검증. 서울대학교 대학원 박사학위논문.

또래상담 홈페이지. https://www.peer.or.kr:448/

미디어통계포털. https://stat.kisdi.re.kr/main.html (2022. 3. 15.)

박성영(1997). '영화'를 통한 상담 가능성 연구-정신분석학적 영화보기를 통하여. 감리교신학대학교 대학원 석사학위논문.

박은아, 김현정, 천성문(2018). 유치원 교사를 위한 상담기술 훈련프로그램 개발과 효과. **상담**

학연구, 19(5), 161-190.

박인우(1995). 효율적 집단상담프로그램 개발을 위한 체계적 모형. **지도상담, 20**, 19-40. 대구: 계명대학교.

박형원(2004). 가정폭력 노출 아동의 공격행동 감소 프로그램 개발 및 효과성 연구. 이화여자대학교 대학원 박사학위논문.

변창진(1994). **프로그램개발**. 대구: 홍익과학사.

삼성사회정신건강연구소(2016). **초등인성교육프로그램 『나, 너, 우리』 교사용 지침서**. 서울: 삼성사회정신건강연구소.

서울대학교 대학생활문화원(2021). 대인관계향상 집단상담프로그램. **강사용 워크북**.

서울특별시 서울 청년 포털. https://youth.seoul.go.kr/site/main/home (2021. 7. 26.)

성낙돈, 김창엽(2011). **평생교육프로그램 개발론: 마케팅이론으로 풀어보는**. 서울: 청목.

신동열, 나상훈, 김영주(2020). **심리상담마케팅**. 경기: 정민사.

안병민(2015). **마케팅 리스타트**. 경기: 책비.

안성식, 이제경(2011). 서브퀄 모델을 이용한 대학커리어센터의 서비스품질측정. **진로교육연구, 24**(1), 67-84.

양병찬(2001). 평생교육사 실무가이드. **한국교육개발원 평생교육센터 평생교육소식, 2001 가을호**, 10-11.

양일호, 최현, 임성민(2014). 좋은 과학 영재 수업에 대한 학생과 교사의 생각 비교. **한국과학교육저널, 34**(1), 10-20.

오세조, 박충환, 김동훈, 김영찬, 박진용(2017). **고객중심과 시너지 극대화를 위한 마케팅원론**(전정판 3판). 서울: 박영사.

오혁진(2005). 비영리마케팅. 한국청소년개발원 편. **청소년프로그램 개발 및 평가론**(pp. 153-177). 서울: 교육과학사.

왕은자, 전민아, 홍희정(2016). 직장인 스트레스 관리 프로그램의 효과에 대한 메타분석. **상담학연구, 17**(5), 487-512.

위키피디아. 브레인스토밍. ko.wikipedia.org

유순근(2017). **서비스마케팅**. 서울: 무역경영사.

유태용, Hanisch, K. A. (1993). 가설검증에서 통계적 유의도와 효과강도 통계치 간의 관계. **한국심리학회 1993년도 연차대회 학술논문발표회 논문집**, 319-330.

이경희, 이규미(2012). 고등학생의 사회성 향상을 위한 집단상담 프로그램. **상담학연구, 13**(3), 1537-1561.

이민홍, 정병오(2012). **사회복지프로그램 개발과 평가**. 서울: 나눔의 집.

이상희(2006). 직장인의 스트레스 관리능력 향상을 위한 웹기반 상담프로그램 개발 및 효과분석. 서울대학교 대학원 박사학위논문.

이선숙(2018). 사회정서학습 프로그램의 개발과 효과평가: 일반고등학교를 중심으로. 건국대학교 대학원 박사학위논문.

이선숙, 박종효(2019). 사회정서학습 프로그램이 일반고등학교 여학생의 정신건강에 미치는 효과. **상담학연구, 20**(5), 311-332.

이은주, 공윤정, 이혜은, 신학승(2018). 청소년거주형 치료프로그램의 치료적 요인 및 변화결과 분석. **상담학연구, 19**(6), 291-316.

이장호, 강숙정(2016). **집단상담의 기초: 원리와 실제**. 서울: 박영사.

이재규(2004). **학교에서의 집단상담: 실제와 연구**. 서울: 교육과학사.

이지수(2006). **장애아동의 학교적응을 위한 학교 사회복지 프로그램의 개발과 효과**. 경기: 한국학술정보.

이창호, 강혜영, 유현실(2011). **청소년상담프로그램 개발**. 부산: 한국청소년상담복지개발원.

이형득, 김성회, 설기문, 김창대, 김정희(2002). **집단상담**. 서울: 중앙적성출판사.

이화정, 양병찬, 변종임(2003). **평생교육프로그램 개발의 실제**. 서울: 학지사.

인성교육지원센터. http://insung.kedi.re.kr (2022. 3. 15.)

임은미(2001). 청소년상담 프로그램의 특수성과 과제. **청소년상담 프로그램 개발론**. 서울: 한국청소년상담원.

임정하, 김경민, 송지은, 최정원(2021) 연령대별 SNS 이용행태에 따른 잠재프로파일 유형에 관한 연구. **KISDI STAT Report, 21권 20호**, 1-10.

장동일(2017). 신문을 활용한 세계시민교육 프로그램 개발 및 효과측정 연구: 초등학교 고학년을 중심으로. 단국대학교 대학원 박사학위논문.

정무성, 정진모(2001). **사회복지 프로그램 개발과 평가**. 서울: 양서원.

정성란, 고기홍, 김정희, 권경희, 이윤주(2019). **집단상담**(2판). 한국상담학회 상담학 총서 4. 서울: 학지사.

조성우, 안정선, 최승희, 김상곤(2018). **쉽게 배우고 바로 활용하는 사회복지프로그램 개발과 평가**. 서울: 학지사.

조창호, 최송희, 김동중(2021). 메타분석을 통한 또래교수 수업이 수학 학업성취도와 정의적 영역에 미치는 효과. **한국수학교육학회지 시리즈 A 〈수학교육〉, 60**(1), 41-59.

최경애(2010). 개입연구 방법을 활용한 노인 당뇨병 환자의 자기관리 프로그램 개발: 임파워

먼트 관점 중심. 이화여자대학교 대학원 박사학위논문.

최일섭, 이창호(1993). **사회계획론**. 서울: 나남출판.

최호윤(2007). **사회복지 프로그램개발과 평가**. 서울: 21세기사.

한국교육개발원, 교육부(2020). 교육기본통계조사.

한국청소년개발원(1997). **프로그램 개발 및 평가론**. 서울: 인간과 복지.

한국청소년개발원(2005). **청소년프로그램 개발 및 평가론**. 서울: 교육과학사.

한국청소년상담복지개발원(2018). **초등인성교육프로그램『올바름』지도자 지침서**. 부산: 한국청소년 상담복지개발원.

한국청소년상담복지개발원(2019). **또래상담 운영학교 지침서 및 교사 매뉴얼**. 부산: 한국청소년상담 복지개발원.

허은영, 강혜영(2010). 새터민 청소년을 위한 진로지도 프로그램 개발. **진로교육연구, 23**(4), 39-55.

홍부길(1994). **비영리조직 마케팅과 사회 마케팅**. 서울: 이화여자대학교 출판부.

황성철(2005). **사회복지프로그램 개발과 평가**. 경기: 공동체.

황은숙(2007). **이혼가정 부모교육 프로그램 개발**. 경기: 한국학술정보.

Aiken, L. S., & West, S. G. (1991). *Multiple regression: Testing and interpreting interactions*. Newbury Park, CA: Sage.

American Psychological Association. (2002). Criteria for evaluating treatment guidelines. *American Psychologist, 57,* 1052-1059. (APA, 2006에서 재인용)

American Psychological Association. (2004). Guidelines for psychological practice with older adults. *American Psychologist, 59,* 236-260.

American Psychological Association. (2006). Evidence-based practice in psychology. *American Psychologist, 61,* 271-285.

Anastasi, A., & Urbina, S. (1996). *Psychological testing* (7th ed.). Englewood Cliffs, NJ: Prentice Hall.

Attkisson, C. C., & Greenfield, T. K. (1994). Client satisfaction questionnaire-8 and service satisfaction scale-30. In M. E. Marish (Ed.), *The use of psychological testing for treatment planning and outcome assessment*. Hillsdale, NJ: Erlbaum.

Austin, D. M. (1998). *A report on progress in the development of research resources in social work*. Austin, TX: University of Texas School of Social Work.

Austin, M. J. (1982). *Evaluating your agency's programs.* Beverly Hills, CA: Sage Human Services.

Bangert-Drowns, R. (1988). The effects of school-based substance abuse education: A meta-analysis. *Journal of Drug Education, 18,* 243-264.

Barker, R. L. (Ed.). (1995). *The social work dictionary* (3rd ed.). Washington, DC: NASW Press.

Barker, R. L. (Ed.). (1999). *The social work dictionary* (4th ed.). Washington, DC: NASW Press.

Baron, R. M., & Kenny, D. A. (1986). The moderator-mediator variable distinction in social psychological research: Conceptual, strategic and statistical considerations. *Journal of Personality and Social Psychology, 51,* 1173-1182.

Bloom, M., Fischer, J., & Orme, J. G. (1995). *Evaluating practice: Guidelines for the accountable professional.* Boston: Allyn & Bacon.

Bradshaw, J. (1977). The concept of social need. In N. Gilbert & H. Specht (Eds.), *Planning for social welfare: Issues, models, and tasks.* Englewood Cliffs, NJ: Prentice-Hall.

Bronfenbrenner, U. (1977). Toward an experimental ecology of human development. *American Psychologist, 32*(7), 513-531.

Bronfenbrenner, U., & Morris, P. A. (1998). The ecology of developmental processes. In R. M. Lerner (Ed.), *Handbook of child psychology* (5th ed., Vol. 1, pp. 993-1028). New York: Wiley.

Cambridge Dictionary (2021). https://dictionary.cambridge.org/dictionary/english/program (2022. 2. 26.)

Chambers, D. E. (2000). *Social policy & social program: A method for the practical public policy analyst* (3rd ed.). Boston: Allyn & Bacon.

Chelmisky, E. (1985). *Program evaluation: Patterns and directions.* Washington, DC: American Society for Public Administration.

Chen, H. T., & Rossi, P. H. (1983). Evaluating with sense: The theory-driven approach. *Evaluation Review, 7*(3), 283-302.

Cloitre, M., Henn -Haase, C., Herman, J. L., Jackson, C., Kaslow, N., Klein, C., Mendelsohn, M., & Petkova, E. (2014). A multi-site single-blind clinical study to compare the effects of STAIR treatment as usual narrative among therapy to women with PTSD in public sector mental health settings: Study protoc ol for a randomized controlled trial. *Trials, 15,* 197-207. https://doi:10.1186/1745-6215-15-197

Cloitre, M., Koenen, K. C., Cohen, L. R., & Han, H. (2002). Skills training in affective and interpersonal regulation followed by exposure: A phase-based treatment for PTSD related to childhood abuse. *Journal of Consulting and Clinical Psychology, 70*(5), 1067-1074. https://doi.org/10.1037/0022-006x.70.5.1067

Cloitre, M., Stovall-McClough K. C., Nooner, K., Zorbas, P., Cherry, S., Jackson, C. L., Gan, W., & Petkova, E. (2010). Treatment for PTSD related to childhood abuse: A randomized controlled trial. *American Journal of Psychiatry, 167,* 915-924. https://doi.org/10.1176/appi.ajp.2010.09081247

Cohen, J. (1988). *Statistical power analysis for the behavioral sciences* (2nd ed.). New York: Academic Press.

Cohen, J. (1990). Things I have learned (so far). *American Psychologist, 45,* 1304-1312.

Conrad, K. J., & Miller, T. Q. (1987). Measuring and testing program philosophy. *New Directions for Program Evaluation, 33,* 19-42.

Corey, M. S., Corey, G., & Corey, C. G. (2019). **집단상담 과정과 실제**(10판). (김진숙 외 역). 서울: CENGAGE Learning. (원전은 2012년에 출간)

Corey, M., & Corey, G. (2007). **집단상담: 과정과 실제**. (김진숙, 김창대, 박애선, 유동수, 전종국, 천성문 역). 서울: 시그마프레스. (원전은 2006년에 출간)

Council on Accreditation. https://coanet.org/standards/

Cranton, P., & Weston, C. B. (1989). Considering the adultness. In P. Cranton (Ed.), *Planning instruction for adult learners.* Toronto: Wall & Thompson.

Cronbach, L. J., Ambron, S. R., Dornbuschm S. M., Hess, R. D., Hornik, R. C., Philips, D. C., Walker, D. F., & Weiner, S. S. (1980). *Toward reform of program evaluation.* San Francisco, CA: Jossey-Bass.

David, R., Bruce, T., Deborah, R., & Logan, T. (2001). *Program evaluation: An introduction.* Pacific Grove, CA: Brooks & Cole.

Deane, F. P. (1993). Client satisfaction with psychotherapy in two outpatient clinics in New Zealand. *Evaluation and Program Planning, 16,* 87-94.

Deffenbacher, J. L. (1996). Cognitive-behavioral approaches to anger reduction. In K. S.

Dobson & K. D. Craig (Eds.), *Advances in cognitive-behavioral therapy* (pp. 31-62). Thousand Oaks, CA: Sage.

Dentsu(2008). The change of consumer action model: From AIDMA to AISAS.

DePoy, E., & Gilson, S. F. (2003). *Evaluation practice: Thinking and action principles for social work practice.* Pacific Grove, CA: Brooks & Cole.

Dick, W., & Carey, L. (1996). *The systematic design of instruction* (3rd ed.). Glenview, IL: Scoot, Foreman and Company.

Donaldson, S. I. (2001), Mediator and moderator analysis in program development. In Steve Sussman (Eds.), *Handbook of program development for health behavior research & practice* (pp. 470-496). Thousand Oaks, CA: Sage.

Durlak, J., & Lipsey, M. (1991). A practitioner's guide to meta-analysis. *American Journal of Community Psychology, 19,* 291-332.

Eysenck, H. (1978). An exercise in mega-silliness. *American Psychologist, 33,* 517.

Finn, S. E., & Martin, H. (1997). Therapeutic assessment with the MMPI-2 in manages health care. In J. N. Butcher (Ed.), *Objective personality assessment in managed health care: A practitioner's guide* (pp. 131-152). Minneapolis: University of Minnesota Press.

Finn, S. E., & Tonsager, M. E. (1992). Therapeutic effects of p roviding MMPI-2 test feedback to college students awaiting therapy. *Psychological Assessment, 4,* 278-287.

Fisk, T. A., Brown, C. J., Cannizzaro, C., & Naftal, B. (1990). Creating patient satisfaction and loyalty. *Journal of Health Care Marketing, 10*(2), 5-15.

Flash, C. (1995). *Using student evaluations to increase classroom effectiveness.* Minneapolis: University of Minnesota.

Fong-Beyette, M. L. (1988). Do counseling and marketing mix? *Counselor Education and Supervision, 27,* 315-319.

Frueh, B. C. (1995). Self-administerd exposure therapy by a vietnam veteran with PTSD. *The American Journal of Psychiatry, 152*(12), 1831-1832.

Goodlad, S., & Hirst, B. (1989). *Peer tutoring: A guide to learning by teaching.* England: Kogan Page.

Green, L. W., & Kreuter, M. W. (1991). *Health promotion planning: An educational and environmental approach* (2nd ed.) Mountain View, CA: Mayfield.

Greenberg, L. S., & Newman, F. L. (1996). An approach to psychotherapy change process research: Introduction to the special section. *Journal of Consulting and Clinical Psychology, 64,* 435-438. (APA, 2006에서 재인용)

Gross, M. J. (1978). The importance of budgetting. In S. Slavin (Ed.), *Social administration.* New York: Haworth Press & CSWE.

Guy-Evans, O. (2020, Nov 09). Bronfenbrenner's ecological systems theory. *Simply Psychology.* https://www.simplypsychology.org/Bronfenbrenner.html

Hansen, W. B., & McNeal, R. B., Jr. (1996). The law of maximum expected potential effect: Constraints placed on program effectiveness by mediator relationships. *Health Education Research, 11,* 501-507.

Hatry, H., van Houten, T., Planz, M. C., & Greenway, M. T. (1996). *Measuring program outcomes: A practice approach.* Alexandria, VA: United Way of America.

Heimlich, J. E., & Norland, E. (1994). *Developing teaching style in adult education.* San Fransisco: Jossey-Bass.

Heppner, P. P., Kivlighan, D. M., Jr. & Wampold, B. E. (1999). *Research design in counseling* (2nd ed.). Pacific Grove, CA: Brook/Cole.

Hopkins, S. (1995). *Marketing career counseling services.* ERIC Digest. EDO-CG-95-83.

https://writing-report.tistory.com/18 수정 인용

Hummel, J. (1996). *Starting & running a nonprofit organization* (2nd ed.). Minneapolis, MN: University of Minnesota Press.

Ingram, B. L., & Chung, R. S. (1997). Client satisfaction data and quality improvement in managed mental health care organizations. *Health Care Management Review, 22,* 40-52.

Kaufman, R. (1982). Means and ends: Need assessment, need analysis, and front-end analysis. *Educational Technology, 22*(11), 33-34.

Kavale, K. A., & Mostert, M. P. (2004). Social skills interventions for individuals with learning disabilities. *Learning Disability Quarterly, 27*(1), 31-43.

Kazdin, A. E. (1977). Assessing the clinical or applied signif icance of behavior change through social validation. *Behavior Modification, 1,* 427-452.

Kettner, P. M., Moroney, R. M., & Maring, L. L. (1999). *Designing and managing programmes: An effective-based approach* (2nd ed.). Beverly Hills, CA: Sage.

Kiresuk, T. J., & Sherman, R. E. (1968). Goal attainment scaling: A general method for evaluation community mental health programs. *Community Mental Health Journal, 4,* 443-453.

Kiresuk, T. J., Smith, A., & Cardillo, J. E. (1994). *Goal attainment scaling: Applications, theory, and measurement.* Hillsdale, NJ: Erlbaum.

Knowles, M. (1998). *Modern pratice of adult education.* New York: Association Press.

Krejcie, R. V., & Morgan, D. W. (1970). Determining sample size for research activities. *Educational and Psychological Measurement, 30,* 607-610.

Kreuter, M. W., & Green, L. W. (1978). Evaluation of school health education: Identifying purpose, keeping perspective. *Journal of School Health, 48,* 228-235.

Krisberg, B. (1980). Utility of process evaluation: Crime and delinquency programs. In M. Klien & K. Teilmann (Eds.), *Handbook of criminal justice evaluation* (pp. 217-236). Beverly Hills, CA: Sage.

Lebow, J. L. (1983). Research assessing consumer satisfaction with mental health treatment: A review of findings. *Evaluation and Program Planning, 6,* 211-236.

Lee, H. J., & Ko, H. K. (2015). The effect of cooperative learning and peer tutoring program on cognitive domain and affective domain: A meta-analysis. *The Journal of Educational Research in Mathematics, 25*(1), 113-137.

Lipsey, M. W., & Wilson, D. B. (1993). The efficacy of psychological, educational, and behavioral treatment: Confirmation from meta-analysis. *American Psychologist, 48*(12), 1181-1209.

Lolina Consulting Group. http://lolina-health.com/services/program-implementation-and-evaluation/

Malac, J. F., Smigielski, J. S., & DePompolo, R. W. (1991). Goal attainment scaling and outcome measurement in postacute brain injury rehabilitation. *Archives of Physical Medicine Rehabilitation, 72,* 138-143.

Maruish, M. E. (1999). Therapeutic assessment: Linking assessment and treatment. In M. Hersen, A. Bellack (Series Eds.), & C. R. Reynolds (Ed.), *Comprehensive clinical psychology Assessment* (Vol. 4, pp. 563-600). New York: Elsevier Science.

Maslow, A. H. (1971). The father needs assessment: Some important considerations. *Performance and Instruction Journal, 22*(8), 21-23.

Mavis, T. (1982). An evaluation of individual, group and video therapy for woman sexually molested as children. Doctoral Dissertation. University of Washington.

Moskowitz, J. M. (1989). Preliminary guidelines for reporting outcome evaluation studies of health promotion and disease prevention program. *Evaluating health prevention programs* (New Directions for Program Evaluation, No. 43). San Francisco: Jossey-Bass.

Napier, R. W., & Gershenfeld, M. K. (1973). *Groups: Theory and experience.* Boston: Houghton Mifflin Company.

Nguyen, T. D., Attkisson, C. C., & Bottino, M. J. (1983). The definition and identification of human service needs in a community. In R. A. Bell, M. Sundel, J. F. Aponte, S. A. Murrell, & E. Lin (Eds.), *Assessing health and human service needs: Concepts, methods, and applications.* New York: Human Sciences Press.

Office of Personnel Management. https://www.opm.gov/policy-data-oversight/worklife/news-attachments/program-development-evaluation-model-fact-sheet.pdf

Ottenbacher, K. J., & Cusick, A. (1990). Goal attainment scaling as a method of clinical service evaluation. *American Journal of Occupational Therapy, 44,* 519-525.

Oxford Dictionary (2021). https://www.lexico.com/definition/programme (2022. 2. 26.)

Pascoe, G. C., & Attkisson, C. C. (1983). The evaluation ranking scale: A new methodology for assessing satisfaction. *Evaluation and Program Planning, 6,* 335-347.

Patterson, J. B. (2009). Professional identity and the future of rehabilitation counseling. *Rehabilitation Counseling Bulletin, 52*(2), 129-132.

Patti, R. J. (1983). *Social welfare administration: Managing social program in a developmental context.* Englewood Cliffs, NJ: Prentice-Hall.

Petosa, R. (2001). Identifying and overcoming barries to empirically based health behavior program planning. In S. Sussman (Ed.), *Handbook of program development for health behavior research & practice* (pp. 48-67). Beverly Hills, CA: Sage.

Piaget, J. (1952). *The origins of intelligence in children.* New York: International University Press.

Price, R. H., van Ryn, M., & Vinokur, A. D. (1992). Impact of preventive job search intervention on the likelihood of depression among the unemployed. *Journal of Health and Social Behavior, 33,* 158-167.

Prochaska, J. O., & Diclemente, C. C. (1983). Stage and processes of self change of smoking: Toward an integrative model. *Journal of Consulting and Clinical Psychology, 51*, 390-395.

Rapp, C. A., & Poetner, J. (1992). *Social administration: A client-centered approach.* New York: Longman.

Ritchie, M. H. (1989). Enhancing the public image of school counseling: A marketing approach. *The School Counselor, 37*(1), 54-61.

Rogers, C. R. (1951). *Client-centered therapy.* Houghton Mifflin.

Rossi P. H. (1978). Issues in the evaluation of human services de livery. *Evaluation Review, 2*(4), 573-599.

Rossi, P. H., Freeman, H. E., & Lipsey, M. W. (1999). *Evaluation: A systematic approach* (6th ed.). Thousand Oaks, CA: Sage.

Royse, D., Thyer, B. A., & Padgett, D. K. (2016). *Program evaluation: An introduction to an evidence-based approach* (6th ed.). Belmont, CA: Brooks & Cole.

Royse, D., Thyer, B. A., Padgett, D. K., & Logan, T. K. (2001). *Program evaluation: An introduction* (3rd ed.). Belmont, CA: Brooks & Cole.

Royse, D., Thyer, B. A., Padgett, D. K., & Logan, T. K. (2015). *Program evaluation: An introduction to an evidence-based approach.* Boston, MA: Cengage Learning.

Rubin, A., & Babbie, E. (1997). *Research methods for social work.* Pacific Grove, CA: Brooks & Cole.

Rundall, T. G., & Bruvold, W. H. (1988). A meta-analysis of school-based smoking and alcohol-use prevention programs. *Health Education Quarterly, 15*, 317-334.

Sackett, D. L., Rosenberg, W. M., Gray, J. A., Haynes, R. B., & Richardson, W. S. (1996). Evidence based medicine: What it is and what it isn't. *British Medical Journal, 312*, 71-72. (APA, 2006에서 재인용)

Schalock, R. L., & Thornton, C. V. D. (1988). *Program evaluation: A field guide for administrators.* New York: Plenum Press.

Scriven, M. (1967). The methodology of evaluation. In R. W. Tyler, R. M. Gagne, & M. Scriven (Eds.), *Perspectives of curriculum evaluation* (Vol. 1, pp. 39-84). Chicago: Rand McNally.

Sheafor, B., Horesjsi, C. R., & Horesjsi, G. A. (1997). *Techniques and guidelines for social work practice* (3rd ed.). Boston: Allyn & Bacon.

Shipman, M. (1981). *The limitation of social research*. London: Longman.

Skidmore, R. (1995). *Social work administration: Dynamic management and human relationships*. Boston: Allyn & Bacon.

Smith, H. (1994). *10 natural laws of successful time and life management*. New York: Warner Bools.

Stadler, H. A. (1988) Marketing counseling: Caveat emptor. *Counselor Education and Supervision, 27*, 320-322.

Stolee, P., Rockwood, K., Fox, R. A., & Steiner, D. L. (1992). The use of goal attainment scaling in a geriatric care setting. *Journal of the American Geriatrics Society, 40*, 574-578.

Straus, S. E., Glasziou, P., Richardson, W. C., & Haynes, R. B. (2018). *Evidence-based medicine: How to practice and teach EBM* (5th ed.). New York: Elsevier.

Suchman, E. A. (1967). *Evaluative research*. New York: Russel Sage Foundation.

Suchman, E. A. (1969). Evaluation educational programs. *The Urban Review, 3*(4), 15-17.

Sussman, S. (Ed.). (2001). *Handbook of program development in health behavior research and practice*. Thousand Oaks, CA: Sage.

Tannenbaum, R., & Schmidt, W. H. (1960). How to choose s leadership pattern. *Harvard Bussiness Review, 36*, 95-101.

Technical Assistance Research Programs Institute [TARP]. (1986). *Consumer complaint handing in America: An update study*. Washington, DC: Consumer Affairs Council of the U.S. Office of Consumer Affairs, U.S. Department of Commerce.

The Free Dictionary (2021). https://medical-dictionary.thefreedictionary.com/program+development (2022. 2. 26.)

Thomas, E. J. (1975). Research methods in interpersonal practice. In N. A. Polansky (Ed.), *Social work research* (pp. 254-283). Chicago: University of Chicago Press.

Thorne, F. C. (1947). The clinical method in science. *American Psychologist, 2*, 159-166. (APA, 2006에서 재인용)

Thyer, B. A., & Myers, L. L. (2011). The quest for evidence-based practice: A view form the United States. *Journal of Social Work, 11*, 8-25.

Thyer, B. A., & Pignotti, M. (2011). Evidence-based practices do not exist. *Clinical Social*

*Work Journal, 38,* 325-333.

Tobler, N., & Stratton, H. (1997). Effectiveness of school-based drug prevention program: A meta-analysis of the research. *Journal of Primary Prevention, 18,* 71-128.

Tobler, N., Roona, M., Ochshorn, P., Marshall, D., Streke, A., & Stackpole, K. (2000). School-based adolescent drug prevention programs: 1998 eta-analysis. *The Journal of Primary Prevention, 20*(4), 275-335.

Topping, K. (2001). *Peer assisted learning: A practical guide for teachers.* Cambridge, MA: Brookline Books.

Toseland, R. W., & Rivas, R. F. (1995). *An Introduction to group work practice* (3rd ed.). Needham Heights, CA: Allyn & Bacon.

Tripodi, T. (1987). Program evaluation. In A. Minahan (Ed.), *Encyclopedia of social work.* Silver Spring, MD: National Association of Social Workers.

University of Wisconsin. https://fyi.extension.wisc.edu/programdevelopment/files/2020/05/LogicModel2020-graphic-2.pdf

University of Wisconsin. https://fyi.extension.wisc.edu/programdevelopment/

Vinokur, A. D., Price, R. H., Caplan, R. D., van Ryn, M., & Curran, J. (1995). The OBS I preventive intervention for unemployed individuals: Short-and long-term effects on reemployment and mental health. In L. R. Murphy, J. J. Hurrell, S. L. Sauter, & G. P. Keita (Eds.), *Job stress interventions* (pp. 125-138). Washington, DC: American Psychological Association.

Walz, G. R. (1985). The marketing of counseling. ED264498.

Warger, C. L. (1991). Peer tutoring: When working together is better than working alone. Research & Resources on Special Education 30. ERIC Document Reproduction Service No. ED 345 459.

Webster Dictionary (2021). https://www.merriam-webster.com/dictionary/planning (2021. 11. 2.)

Wilson, F. R. (1987). Marketing of group counseling services. *Journal for Specialists in Group Work, 12*(1), 10-17.

Witmer, L. (1996). Clinical psychology. *American Psychologist, 51,* 248-251. (Original work published 1907) (APA, 2006에서 재인용)

Wittman, P. P. (1988). Marketing counseling: What counseling can learn from other health care professionals. *Counselor Education and Supervision, 27,* 308-314.

Wlodkowski, R. J. (1995). *Enhancing adult motivation to learn* (2nd ed.). San Francisco: Jossey-Bass.

York, R. O. (1982). *Human services planning: Concepts, tool and methods.* Chapel Hill, NC: University of North Carolina Press.

YTN & Digital YTN. (2009. 9. 11.). 영산대학교 취업프로그램 ISO 인증. (2009. 12. 15.)

# 찾아보기

## 인명

## 내용

ㅎ

# 저자 소개

**김창대**(Changdai Kim)

서울대학교 교육학과 석사

미국 컬럼비아대학교 상담심리학 석사, 박사

**전** 한국상담학회 회장

**현** 서울대학교 교육학과 교수

주요 저 · 역서

상담연구방법론(공역, 2022, 학지사)

학교상담과 생활지도(3판, 공저, 2020, 학지사)

애착(역, 2019, 연암서가)

상담학개론(공저, 2011, 학지사)

**김은하**(Eunha Kim)

서울대학교 교육학과(교육상담전공) 석사, 박사

**전** 한국게슈탈트상담심리학회 회장

**현** 단국대학교 교육대학원 교수

주요 저 · 역서

상담연구방법론(공역, 2022, 학지사)

학교 생활지도와 상담(공저, 2017, 학지사)

영화치료의 기초: 이해와 활용(2판, 공저, 2021, 박영스토리)

**김형수**(Hyoungsoo Kim)

서울대학교 교육학과(교육상담전공) 석사, 박사

**전** 한국상담학회 총무이사

**현** 단국대학교 교육대학원 교수

주요 저 · 역서

상담연구방법론(공역, 2022, 학지사)

청소년 상담학 개론(2판, 공저, 2020, 학지사)

성격의 이해와 상담 개정(2판, 공저, 2018, 학지사)

재난대응 위기상담(공저, 2017, 학지사)

**신을진**(Euljin Shin)

서울대학교 교육학과(교육상담전공) 석사, 박사

전 숭실사이버대학교 상담심리학과 교수

현 수업과성장연구소 대표

주요 저서

학습상담(2판, 공저, 2022, 학지사)

온라인 수업, 교사실재감이 답이다(2020, 우리학교)

교사의 성장을 돕는 수업 코칭(2015, 에듀니티)

청소년상담학개론(공저, 2014, 학지사)

**이상희**(Sanghee Lee)

서울대학교 교육학과(교육상담전공) 석사, 박사

전 한국기업상담학회 초대회장

삼성그룹 생활문화센터 상담실장

현 이음심리상담연구소 자문 및 수석상담사

주요 저 · 역서

기업 · 조직상담핸드북(공역, 2019, 학지사)

또래상담(2판, 공저, 2010, 학지사)

게슈탈트 상담의 이론과 실제(공역, 2010, 학지사)

**최한나**(Hanna Choi)

미국 오하이오 주립대학교 임상상담학 석사

서울대학교 교육학과(교육상담전공) 박사

전 인천광역시 청소년상담지원센터 소장

현 숙명여자대학교 교육학과 교수

주요 저 · 역서

상담연구방법론(공역, 2022, 학지사)

상담의 실제: 시작부터 종결까지(공역, 2019, 시그마프레스)

상담 수퍼비전의 이론과 실제(2판, 공저, 2019, 학지사)

ACT 상담의 난관 극복하기(공역, 2017, 학지사)

**상담 및 심리교육 프로그램 개발(2판)**

Program Development in Counseling and Psychoeducation (2nd ed.)

2011년 6월 15일 1판 1쇄 발행
2020년 9월 25일 1판 5쇄 발행
2022년 9월 20일 2판 1쇄 발행
2023년 9월 20일 2판 2쇄 발행

지은이 • 김창대 · 김은하 · 김형수 · 신을진 · 이상희 · 최한나
펴낸이 • 김진환
펴낸곳 • (주)학지사
04031 서울특별시 마포구 양화로 15길 20 마인드월드빌딩
대표전화 • 02-330-5114 팩스 • 02-324-2345
등록번호 • 제313-2006-000265호

홈페이지 • http://www.hakjisa.co.kr
인스타그램 • https://www.instagram.com/hakjisabook

ISBN 978-89-997-2751-1 93180

정가 25,000원